l ziemlich
Als-ob-Kaffee, / Am
/ Und man genießt die Dorsche, /
, / Als ob man Nachricht hätt. // Man trägt
en wär.   Leo Strauss

Frido Mann

TEREZÍN
oder
Der Führer schenkt den Juden eine Stadt

Eine Parabel

LIT

Schauplatz ist die heute wieder bewohnte Garnisonsstadt Terezín (Theresienstadt) in Nordböhmen, während der Naziherrschaft ein als idyllisches Musterghetto aufgemachtes Sammel- und Durchgangslager im Dienste der Endlösung.

Erzählt wird die Geschichte der Einstudierung eines im Ghetto verfaßten Bühnenstückes, welches die dortigen Verhältnisse in symbolischer Schärfe nachzeichnet. Es handelt vom Entschluß des Todes, aus seinem Amt abzudanken, wodurch die Menschen unsterblich gemacht und in einen unerträglichen Schwebezustand zwischen Licht und Finsternis versetzt werden. Nachdem das Stück der Ghettobewohnerschaft zunehmend ihre wahre Situation vor Augen geführt hat, bricht ein Aufruhr aus. Dieser wird niedergeschlagen, das Stück kurz vor der Uraufführung verboten und das Probenensemble vollzählig liquidiert oder deportiert.

Jahrzehnte später findet sich auf abenteuerliche Weise das Manuskript des Stückes und mit ihm der einzige Überlebende des Ensembles. Er spielte den abdankenden Tod. Beide machen die Rekonstruktion des damaligen Geschehens möglich. Sie geben Zeugnis ab vom Kampf der menschlichen Akteure gegen die Vergewaltigung ihrer Würde durch die Herrschaft der Lüge.

Die Erzählung bewegt sich nicht nur im ständigen wechselseitigen Übergang zwischen Wirklichkeit und deren Wiedergabe in spielerischer Form. Aufgezeigt wird auch, über Analogien zwischen gestern und heute, die potentielle Omnipräsenz der angeprangerten Verbrechen. Hauptabsicht dieser mehrfachen Parabel ist es, den Mut und den Willen zur Erinnerung zu wecken, die immer auch ein Bekenntnis zur Mitverantwortung miteinschließt und damit vorbeugende Erinnerung ist.

Der Bericht beruht auf wahren Begebenheiten. Er erhebt jedoch nicht den Anspruch auf vollständige Wiedergabe der historischen Realität. Die im Gegenteil bewußt vorgenommenen fiktionalen Überlagerungen dienen dem Aufweis tieferer Zusammenhänge.

Über den Autor

1940 als Sohn von Michael Mann (jüngster Sohn von Thomas Mann) in Monterey (Kalifornien) geboren. Nach dem Krieg Übersiedlung nach Europa.

Musikstudium in Zürich und Rom. Studium der Theologie, Psychologie und Medizin in München und Münster/Westf.

Professor für Medizinische Psychologie an der Universität Münster, Gastdozent an der Karls-Universität Prag.

1985 Veröffentlichung des autobiographischen Romans "Professor Parsifal". 1992 "Der Infant". Mitherausgeber von "Fliege nicht eher als bis dir Federn gewachsen sind. Gedanken, Texte und Bilder krebskranker Kinder" (LIT Verlag). 1994 Literaturpreis der Stadt Zürich für "Terezín oder Der Führer schenkt den Juden eine Stadt". 1995 Veröffentlichung der brasilianischen Übersetzung bei Ars Poetica Editora in São Paulo/Brasilien.

Für Petr Kien und seine Mitstreiter

Für Frido Mann

Kurz bevor er in den späten 30er Jahren Selbstmord beging,
indem er sich vor einen ankommenden Zug legte,
hatte der ungarische Dichter Attila Jószef ein Begrüßungsgedicht
für Thomas Mann geschrieben. "Der Dichter lügt nie,"
sagte er, "er spricht von der Wahrheit, nicht von der
Wirklichkeit". Er sprach in diesem Gedicht
über den "Zauberberg", und jetzt, 60 Jahre später,
wird mir klar, daß beide, Jószefs Gedicht
und der "Zauberberg" zwillingshafte
Haupteinflüsse meines Lebens waren.
Und diesen Erkenntnisschock verdanke ich
Frido Mann und seinem außergewöhnlichem
Buch (Terezín) nicht nur aufgrund einer verblüffenden Verbindung
von Wirklichkeit und Fantasie, von Leben und Theater.
Das Buch hat, in dieser sehr späten Phase meines Lebens,
dem rätselhaften Zufall von vor 25 Jahren,
der mich nach Deutschland brachte und dazu führte,
daß ich, als Jude, hier lebe und arbeite,
einen neuen Sinn gegeben.

Meine Dankbarkeit gehört Frido Mann.

George Tabori

For Frido Mann

Shortly before he committed suicide, in the late
Thirties, by lying down in front of an oncoming train,
the Hungarian poet Attila Jószef had written
a poem welcoming Thomas Mann. "The poet never lies."
he said, "he speaks of the truth, not of the
real." He was speaking, in this poem,
about "Zauberberg" and now, 60 years later,
it occurs to me that both Jószef's poem
and the "Magic Mountain" were, in a way,
the twin-influences of my life.
And for this shock of recognition I am
grateful to Frido Mann and his extraordinary
book: not only because of a stunning combination
of fact and fantasy, of life and theater.
It has, at this very late stage of my life,
given a new meaning to the puzzling
accident of my coming, some twentyfive years ago
to live and work, as a Jew, to Germany.

My gratitude belongs to Frido Mann.

George Tabori

For it so happened that I visited the sinister place, Theresienstadt near Prague, where my deplorable auntie (I am really rather fond of her) had to spend the past years. The place has to be described... Klaus Mann, 6th Army Group Press

Camp (Bavaria), am 24. Mai 1945 an seine Mutter Katia.

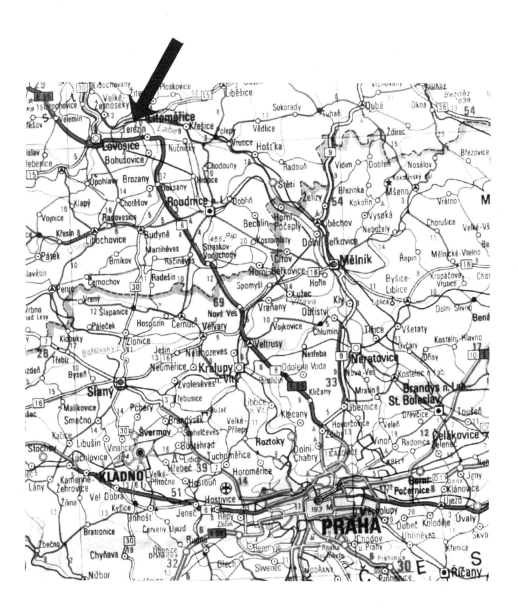

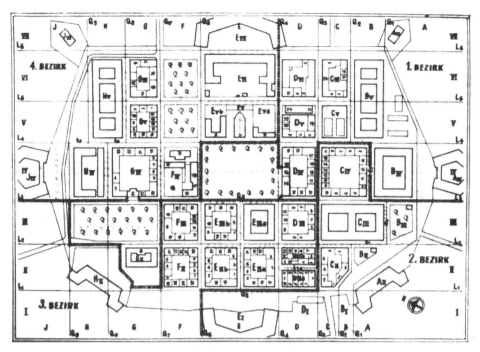

Abb. 2: Plan vom Lager Terezin

Abb. 3: Josef Novák (1931–1944)

7

Abb. 4: Pavel Sonnenschein (1931–1944)

I

Es war eine beschwerliche Reise dorthin.

Ein verrotteter und verdreckter Omnibus brachte mich auf einer langen Fahrt durch anstrengend wechselhafte Landstriche in die gezeichnete Stadt.

Nie hätte ich gedacht, daß es mich je an diesen fatalen Ort verschlagen würde. Dazu noch dienstlich.

Die Zeitzeugen, die ihr Wissen über das in jener ehemaligen Festungs- und Garnisonsstadt errichtete Ghetto niedergelegt haben, sind an einer Hand zu zählen. Die meisten leben nicht mehr, und ihre Werke sind vergriffen oder liegen in Archiven vergraben. Andere sind frühzeitig mit unbekanntem Ziel ausgewandert. Die auf die Befreiung bald folgende Gegendiktatur im selben Land sorgte dafür, daß die betreffenden Ereignisse dem weiteren Stillschweigen und Vergessen anheimfielen, während andere willkürlich hochgespielt wurden. Dies kam auch der übrigen, dem Vergessen und Verdrängen zugeneigten Menschheit entgegen. Damit setzte sich das fort, was ein Teil des damaligen Grauens gewesen war: die Lüge, die Vertuschung, die Schönfärberei.

Erst nach der neuerlichen Befreiung des Landes im Zuge gesamteuropäischer und weltweiter Machtverschiebungen rückte das Geschehen wieder in die Schlagzeilen. Demnächst sollte in der Stadt selbst eine Gedenkfeier stattfinden. Mit mehreren Festreden, einer Denkmalseinweihung, feierlichen Konzertveranstaltungen und der Vorführung alter Dokumentarfilme in einem früheren Kinosaal der Wachmannschaften. Auch ein Ghettomuseum an Ort und Stelle sollte durch den neugewählten Präsidenten der Republik eröffnet werden. Aber das Ganze nicht etwa in einer bereits bestehenden Gedenkstätte oder auf dem freien Feld einer planierten Festung oder Barackensiedlung. Nein. In der Stadt selbst, so, wie sie damals gewesen war. Umschlossen vom selben hohen Steinwall, die Anlage und die monumentalen Bauten praktisch unverändert, nur deren Fassaden etwas weiter abbröckelnd, alles wieder normal besiedelt, und auch die martialischen Kasernen mit neuen Militärs belegt. Auf der heute dichtbefahrenen Durchgangsstraße, der einzigen Verbindung zwischen der Hauptstadt des Landes und dessen nördlicher Grenze, hatte es bisher keinen Hinweis, keine aufklärenden Inschriften, keinerlei Gedenktafeln gegeben. Eine kleine, lieblos hergerichtete, mit Imbißbuden versehene Gedenkstätte befand sich, wie zur bewußten Ablenkung, in einem ehemaligen Sondergefängnis außerhalb der Stadt.

Die alten Gebäude in der Stadt waren jetzt Wohnhäuser und kleine Läden, darunter eine Drogerie mit Insektiziden im Schaufenster. Es gab ferner eine Schule, eine Klinik sowie Kinderspielplätze auf dem Grundriß verschwundener Gebäude. Die berüchtigte Ghettokommandantur war inzwischen ein gemütliches Hotel. Auf einigen Hausmauern war noch in abschilferndem Schwarz die Blockbezifferung aus der Ghettozeit erkennbar.

Eigentlich hätte ich es ahnen müssen, daß es mich mit dieser Berichterstattung treffen würde. Als früherer politischer Auslandskorrespondent und jetziger Kulturredakteur bei Radio Brüssel galt ich als besonders prädestiniert dazu. Ging es doch bei diesem Bericht um einen besonderen Ausschnitt aus dem Geschehen von damals: um das Kulturleben der Ghettostadt. Dem Anschein nach randständig und wenig spektakulär. Die allgemein zugänglichen Quellen berichten darüber nicht viel. Nach meinem Dafürhalten aber offenbart die Geschichte, die ich erzählen will, den geistigen Kern des damaligen Ghettoalltages. Das sich im Spannungsfeld zwischen staatlicher Verordnung und individuellem Äußerungsbedürfnis bewegende Kulturleben ist ein besonders charakteristisches Merkmal dieses Ghettos gewesen. Mein Bericht handelt von Menschen, die dort ihrem Erleben, ihren Gedanken und ihren Beziehungen untereinander künstlerischen, wissenschaftlichen und philosophischen Ausdruck verliehen. Menschen, die in diesem Ghetto lebten, kämpften, hofften, verzweifelten und starben. Die besonderen politischen und geschichtlichen Gegebenheiten sind ein Rahmen. Ich will nicht sagen: zufällig oder gar austauschbar, aber doch verhältnismäßig zweitrangig.

Ich fuhr in das ehemalige Ghetto, um meine Recherchen an Ort und Stelle abzuschließen. Ich war spät dran. Die Vorbereitungen auf die Gedenkfeier liefen auf Hochtouren. Ich mußte mich beeilen, um noch etwas vom alten Gesicht der Stadt mitzubekommen. Denn mein Anspruch war es, möglichst lückenlos das Geschehen von damals aus dem Vergessen und Verdrängen in die Erinnerung zurückzuholen. Erinnerung schließt immer auch ein Bekenntnis zur Mitverantwortung am Vergessen und Verdrängen mit ein, nicht nur am nachträglichen, auch an demjenigen, das die Ereignisse erst möglich machte. Erinnerung beinhaltet demnach nicht nur das Bild des Vergegenwärtigten, sondern auch ein Spiegelbild des Erinnernden selbst: seine Fähigkeit und Bereitschaft zur Erinnerung mitsamt ihren Einschränkungen, Brechungen, Widerständen, Verletztheiten, also auch die Verweigerung der Erinnerung und die Triebfeder für das Vergessen und Verdrängen. Die Hauptabsicht meines Berichts ist es, den ständigen Kreislauf unseres Vergessens und Verdrängens mit dem Mut und dem Willen zur vorbeugenden Erinnerung zu durchbrechen.

Zur Verfügung standen mir nur zwei Quellen: Ein erst kürzlich unter abenteuerlichen Umständen entdecktes handschriftliches Fragment eines im Ghetto geprobten Bühnenstückes sowie die kärglichen Erinnerungen des einzigen überlebenden Mitspielers in diesem Stück. Beides gehört zusammen und ergänzt einander. Mein mündlicher Zeuge ist der nach Finnland emigrierte Schauspieler Paavo Krohnen. Mit seinem Bericht hat er lebendigen Fluß in das Bühnenfragment gebracht. Umgekehrt erwies sich der mir zugängliche Text trotz eingeschränkter Lesbarkeit und evidenter Lücken und Widersprüche als verläßlicher Fixpunkt.

Meine Fahrt in die Ghettostadt war beherrscht von Gedanken an damals, an diesen Paavo Krohnen, an seine Mitstreiter, deren Schicksal bis zum Ende. Ich führte fast alle meine schriftlichen Aufzeichnungen mit mir. Sie waren eine Last, gaben mir jedoch zugleich auch einen gewissen Halt. Es war noch nichts Ausformuliertes darunter. Nur Notizen, Protokolle, Skizzen und Entwürfe. Ein ziemliches Chaos. Das Ergebnis meiner etwas kaleidoskopisch und oft sprunghaft verlaufenen Gespräche mit Paavo Krohnen.

Ich hatte dabei immer wieder erfahren müssen, wie quälend für ihn die Wiedergabe dieser Geschichte war. Besonders anfangs wollte er von alledem nichts mehr wissen. Wenn er nicht weiterkam, wenn er unterbrach oder stockte, dann führte ich dies zuerst auf sein Alter und den großen zeitlichen Abstand zu den Ereignissen zurück. Aber es war mehr als das. Mein Berichterstatter baute Mauern um seine Erinnerung. Er wußte das. Er gehörte nicht zu denen, die sich durch exzessives Wühlen in der Vergangenheit Erleichterung verschaffen. Für ihn galt die Devise: Was im Dunkeln bleibt, braucht nicht mehr Angst zu machen. Daran ändern auch die wenigen glücklichen Augenblicke nichts, die Paavo Krohnen in jener Hölle vergönnt waren und zu seinem Überleben beitrugen. Besonders, da bei dem Ganzen auch noch eigene schuldhafte Verstrickungen mitspielten, wie er dies von sich selber behauptete.

Je länger ich mir dies vor Augen führte, desto mehr litt ich mit ihm. Ich konnte immer besser seinen Widerstand nachvollziehen, machte ihn langsam zu meinem eigenen. Ich lernte die Namenlosigkeit verstehen, mit der Paavo Örtlichkeiten, Personen sowie Einzelheiten von damals belegte. Dasselbe gilt für die von ihm vorgenommenen Umbenennungen, Verschiebungen und Abweichungen von der Realität. Verfärbungen der Erinnerung können ähnlich lindernd wirken wie deren Verdunkelung. Vielleicht spielte auch der Blick durch die Brille der Gegenwart mit eine Rolle. Vor allem am Anfang seines Berichts, als Paavo Krohnen erst mühsam in die Vergangenheit zurückfinden mußte. Ich meine damit die augenscheinlichen Gemeinsamkeiten zwischen allen möglichen Formen der grausamen und zerstörerischen Gewalt damals und heute sowie die Gemeinsamkeiten ihrer Vertuschung, ihrer Rechtfertigung, Beschönigung und Tabuisierung. Sie erschweren oft die Unterscheidung, führen leicht zu ungerechtfertigten Vereinfachungen und Verallgemeinerungen. Ich wußte das. Trotzdem ließ ich mich besonders während meiner Fahrt in die die Zeiten so finster umspannende Stadt in den Bann dieser schrecklichen Gemeinsamkeiten ziehen. Was nichts an der Einmaligkeit des Grauens ändert. Auch schließe ich nicht aus, daß Paavo Krohnen nachträglich einiges mit anderen Lagern und Ghettos verwechselt hat, in denen er ebenfalls inhaftiert gewesen war. Und wenn ich vielleicht noch eines vermerken darf: Paavo Krohnen ist und war Schauspieler. Ich meine damit das besondere Verhältnis des Theatervolks zur Wirklichkeit. Aber das sei hier nur ganz am Rande erwähnt. Die tiefen Verletzungen, die Paavo Krohnen davongetragen hat, rechtfertigen allein seinen Umgang mit der Wahrheit und bestärken mich in meinem Respekt vor seiner Darstellung. Die Worte, die er heute für die Geschehnisse von damals findet, haben für mich jede Gültigkeit.

Ich werde seine Art der Darstellung unverändert übernehmen. Ich werde nichts weglassen, nichts ändern, nichts ergänzen, werde mich auch wertender Kommentare enthalten, so weit ich es kann. Die Namen und Bezeichnungen, die Paavo sich auszusprechen weigerte, werden auch in meinem Bericht nicht vorkommen. Paavo hat kein einziges Mal den Namen der Ghettostadt über die Lippen gebracht. Nicht einmal den des Staates und des Gesamtimperiums, in dem ihm das alles angetan worden war. Er hat sie mit eigenen Bezeichnungen versehen. Und wenn er dies tat, dann sagten mir seine Blicke und Gesten alles. Besonders, wenn er von den Opfern sprach, dem 'Stamm', wie er ihn nannte. Es war ein einziges Mal, daß ich mich etwas zu weit vorwagte. Noch ziemlich am Anfang. Ich vergesse sein Entsetzen nicht.

Nein, nein, nein, rief er so laut wie nie wieder und wurde feuerrot im Gesicht. Den Namen dieser Stadt? Nein, nein. Nicht diesen Namen...

Das zeigte mir, daß seine Weigerung nicht nur dem Schmerz der Erinnerung entsprang. Es sprach auch Wut daraus, eine erbitterte Gegenwehr, die aktive Entscheidung, einen Schutzwall um sich aufzubauen.

Ich glaube, daß ich ihn seitdem verstand.

Es gab zwischendurch Phasen, in denen ich dabei war, meine Faktensammlung abzubrechen und mein Vorhaben aufzugeben. Das war, wenn Paavo Krohnen unter meiner Ausfragerei so litt, daß ich mich wie ein Voyeur fühlte und mich schämte. Obwohl ich von Anfang an glaubte, behutsamer und einfühlsamer mit ihm umzugehen als meine Kollegen aus dem Fernsehen, die es vor mir mit ihm versucht hatten. Vielleicht war Paavo Krohnen durch meine Vorgänger ein wenig vorgeschädigt. Jedenfalls schmolz, je schmerzlicher ich dies erfuhr, desto rascher mein anfänglicher Enthüllungseifer dahin. In mehreren Schüben. Bis ich jeweils fast auf dem Nullpunkt war. Am Schluß blieb, wie so oft, ein Kompromiß übrig. Diese Schrift hier.

II

In dem Omnibusvehikel, das uns in die Stadt brachte, war es schrecklich unbequem und laut und vor allem dunkel. Die zerkratzten und verdreckten Fensterscheiben machten jeglichen Ausblick unmöglich. Sie ließen mich während der Fahrt immer wieder mit Schaudern an die nur außen künstlich aufgemalten Fenster der Fahrzeuge für die Menschentransporte damals denken. Wie ich von Paavo wußte, erfolgten diese nicht nur mit den berüchtigten Güterzügen, sondern auch mit Lastwagen oder, wie in seinem Fall, mit Bussen. Den damaligen und heutigen Bussen gemeinsam war, daß es in ihnen nur vorne und hinten kleine Luken gab. Damals waren diese meist mit Gepäck verstellt. Heute waren sie die einzige Ausblicksmöglichkeit, da sie, anders als die großen Fenster, gelegentlich gereinigt oder ausgewechselt wurden.

Ab und zu klammerten sich meine Blicke an die funktionslose Neonlampe in der Mitte der leicht nach oben gewölbten Plastikdecke unseres Gefährtes. Angesichts der dicken Ablagerung an totem Ungeziefer und Dreck wäre auch in eingeschaltetem Zustand kaum Licht von der Lampe zu erwarten gewesen. Im Bus gab es nur wenige Einzelsitze. Das übrige waren hintereinandergereihte Holzbänke für vielleicht zwanzig, dreißig Personen. Sie waren hart und voller Spreißel, vereinzelt standen Nägel heraus. Es gab auch keine Stangen oder Schlaufen zum Festhalten für die Fahrgäste. Der Boden hatte schon lange keinen Besen mehr gesehen. Überall an Decke und Wänden platzte die einst weiße Plastikverkleidung aus ihren Nieten.

Heute war das Fahrzeug höchstens zu einem Viertel besetzt. Wir fuhren mit Sicherheit dieselbe Strecke wie die Transporte damals. Immer noch die einzige Verbindung von allen Punkten der Staatsgrenze im Norden zur Festungsstadt. Eine von Schlaglöchern durchsiebte Asphaltstraße, die den Reisenden eine weitere Beschwernis war.

Sind die aber alt... Mußt du die alle lesen?, unterbrach ein kleiner Junge meine Gedanken während der Fahrt.

Er war vielleicht acht-, neunjährig. Seine etwas jüngere Schwester und er waren die einzigen Kinder hier. Sie hatten beide schon länger einen gebückten, alten, kahlköpfigen Herrn belagert, der unweit von mir etwas verloren auf einer der Holzbänke saß. Um ihn herum lagen Bücher ausgebreitet. Uralte, nur noch von ein paar Fäden zusammengehaltene Kostbarkeiten in abgegriffenem Ledereinband mit verblassenden Goldlettern darauf. Eines davon hielt er in der Hand und las darin. Der Mann schien die Frage des Jungen nicht gehört zu haben, schien überhaupt die Anwesenheit der Kinder nicht zu bemerken.

Plötzlich wurde er von einem Stoß von unten so heftig geschüttelt, daß ihm die Brille vom Gesicht rutschte. Er schaute kurz verwirrt auf, murmelte etwas und lächelte verlegen. Daraufhin herrschte die Mutter ihre beiden Kinder an, den Alten endlich in Ruhe zu lassen.

Ich war fasziniert von der Anmut und der jugendlichen Frische dieser Frau. Sie wirkte so mädchenhaft jung, daß sie auch eine Schwester der Kinder hätte sein können. Sie hatte besonders volles, dunkles Haar. Die Kinder hingegen sahen elend aus. Sie waren spindeldürr und blaß. Außerdem waren sie unentwegt mit ihrer laufenden Nase beschäftigt. Unweit von ihnen saßen eine dicke Alte mit einer grellfarbenen Perücke und einem Arm in einer Seidenschlinge sowie ein Greis in einer verfleckten, durchgeschwitzten Jacke und einem schmutzigen Collier, das auf ein ehemaliges Priesteramt hindeutete. Der Mann bewegte andauernd stumm die Lippen. Seine entzündeten, glanzlosen Augen auf die schmutzstarrenden Fensterscheiben gerichtet, vollführte er sonderbare Bewegungen mit dem ausgestreckten Zeigefinger, so als erklärte er wie ein Fremdenführer die Sehenswürdigkeiten der vorbeiziehenden Gegend.

Was wohl diese Menschen in die Festungsstadt führte? Waren es derzeitige Bewohner? Etwas anderes konnte ich mir nicht vorstellen. Auch nicht, daß sie etwas mit jenen Vorbereitungen auf die Gedenkfeier zu tun hatten.

Ich sah wieder hinüber zu dem lesenden Gelehrten. Dabei mußte ich an Professor Iltis denken. Professor Aaron Iltis, der seinerzeit auf demselben Transport wie Paavo Krohnen in die Ghettostadt deportiert worden war. Mit einem der fensterlosen Busse auf dieser Strecke hier.

Iltis war ein international bekannter Philosophieprofessor gewesen, der zuletzt an der Universität Krakau gelehrt hatte, der zweitältesten Universität Mitteleuropas, wie er selber immer wieder herausstrich. Von seinen Anhängern war er als der Begründer einer metaphysischen Anthropologie gefeiert worden, nicht nur von herausragender Bedeutung für die Philosophie seiner Zeit, sondern auch für die praktische Medizin, insbesondere die homöopathische Richtung. Als Verfolgter des Imperiums war Iltis nach und nach aus seinen öffentlichen Ämtern entfernt worden. Schließlich wirkte er nur noch als Privatgelehrter.

Unvorsichtigerweise, vielleicht auch in provokatorischer Absicht, hatte Iltis nach der Besetzung der Republik ausgerechnet in deren Hauptstadt ein Sommerseminar über seinen neuen anthropologischen Denkansatz abgehalten. Und Paavo Krohnen, damals schon über seinen Schauspielerberuf hinaus ein geistig überaus vielseitig ausgerichteter und begeisterter Anhänger der Theorien von Iltis, hatte an diesem Seminar teilgenommen. Er hatte alles darangesetzt, sich aus den vertraglichen Verpflichtungen gegenüber seinem Bühnenhaus freizumachen, und er war gekommen. Schon während der ersten Woche hatte es wieder eine großangelegte Razzia auf Angehörige des 'Stammes' gegeben. In dieser war der gesamte, von Anfang an von der Geheimpolizei beschattete Philosophiekurs miterfaßt worden. Alle Teilnehmer wurden verhaftet und in verschiedene Straflager gebracht. So auch Iltis und Paavo Krohnen. Beide zuerst voneinander getrennt. Erst später wurden sie zusammen über Umwege ins 'Lazarett' oder die 'Siedlung' überführt, wie das Ghetto damals in der Sprache der Machthaber schönfärberisch hieß.

Es war kein Zufall, daß sie beide gerade dorthin kamen. Die Besonderheit dieses Ghettos bestand darin, daß es nicht nur ein Aussonderungs-, Sammel- und Durchgangslager für die Massendeportationen in den sicheren Tod war, sondern auch ein sogenanntes Muster- und Vorzeigelager für die regelmäßigen Besuche seitens internationaler Menschenrechtskommissionen, die durch weltweite Proteste und Anklagen auf die Verhältnisse in den Lagern allgemein aufmerksam geworden waren und sich durch persönlichen Augenschein von der Haltlosigkeit der Vorwürfe überzeugen sollten. Ein Potemkinsches Dorf, aufgemacht als idyllische Enklave, halb Sanatorium, halb Kulturoase, hermetisch abgeriegelt durch den hohen Steinwall um die ehemalige Festung. Ein großes, attraktives Schaufenster, das den Blick von den umliegenden, wahren Zuständen ablenken sollte. In diesem 'Lazarett' gab es keine Sträflingskleider, keine Baracken, weniger schwere Arbeit und etwas mehr zu essen. Dementsprechend war es vorzugsweise mit nicht voll arbeitsfähigen Bevölkerungsteilen belegt, vielfach mit Kindern und Greisen, aber besonders mit sogenannten 'Renommierten', einer Elite von Künstlern und Intellektuellen, wie eben auch Iltis und Paavo Krohnen. Diese hatten mit ihrem Namen und ihrer Tätigkeit zur programmatischen Kosmetik der Stadt mit beizutragen, die Besucherkommissionen einzulullen, das internationale Gewissen zu beruhigen.

Paavo Krohnen hatte mir viel von Iltis erzählt. Er hatte ihn fast so abgöttisch verehrt wie den Ghettopoeten und Stückeschreiber Pierrot. Iltis war dann, wie fast alle anderen Ghettobewohner damals, nach dem Aufruhr um das legendäre Festspielstück umgekommen. Zusammen mit dem ganzen Schauspielensemble, außer Paavo Krohnen.

Warum ausgerechnet ich als einziger noch hier sitze, weiß ich nicht, es ist das reinste Wunder, hatte mir Paavo immer wieder beteuert, wenn er mir in unseren Gesprächen seinen Gang durch die Hölle mehrerer Todeslager bis zu seiner Befreiung nachzeichnete.

Viele seiner Mithäftlinge hatte er vergessen. Iltis nicht. Seinen Schilderungen nach konnte ich mir den Professor genau vorstellen. Ich mußte jedenfalls beim Anblick des lesenden alten Herrn vorne auf der Holzbank während meiner Fahrt wiederholt an Iltis denken. Paavo Krohnen hatte mir voller Bewunderung von ihm erzählt. Wie er es während des Transportes fertiggebracht hatte, sich in dem Gewühl von Ellbogen, Füßen und Gepäckstücken ein Plätzchen abzustecken, um dort seine im Rucksack mitgeschleppten Bücher zu studieren. Durch zwei mühsam voreinandergehaltene Brillen hindurch. Und wie er, wie ganz nebenbei, zwischendurch auch noch mehreren Kindern von seiner kärglichen Essensration abgegeben hatte.

Es muß ziemlich lange gedauert haben, bis es Paavo Krohnen gelungen war, sich einen Weg zu seinem Lehrer zu bahnen und die ersten Worte seit ihrer Trennung voneinander mit ihm zu wechseln. Irgendwann hatte er ihn entdeckt und ihn zuerst von weitem beobachtet, wie er las und die Kinder fütterte. Vor allem zwei von ihnen in seiner unmittelbaren Nähe: Inga und Mario, die in der Stadt noch viel Geschichte machen sollten. Genauso ein Geschwisterpaar wie die zwei Kinder, die während meiner Fahrt jetzt vor dem alten Mann herumturnten, etwa gleich alt und ähnlich blaß und schmal.

Bei meinen Gedanken daran griff ich mechanisch nach meinem Proviantbeutel, den ich mir vor der Abfahrt des Busses gefüllt hatte. Mit widerlichen, kleinen, bräunlichen Kaustangen undefinierbarer Substanz. Das einzige, das es aus einer trüben, aquariengroßen Glasschale im Grenzkiosk zu kaufen gab, nachdem ich es versäumt hatte, mich vor dem Grenzübertritt ausreichend zu versorgen. Ich mußte, so unpassend der Vergleich war, an Paavos Beschreibung des Alltagsfraßes im Ghetto denken. Neben kärglichem Brot und Kartoffeln und immer äußerst knappem Wasser eine breiige und stinkend faulige Einheitsnahrung mit Einheitsfarbe und Einheitsgeschmack aus dem Einheitstopf der Zentralküche. Nur seiner Konsistenz nach in verschiedenen Variationen ausgegeben: dick, dünn, flüssig, cremig oder körnig oder, vor allem bei den Transporten, in zusammengepreßter Form. Alles immer in Minimalzuteilung gerade zum Überleben und nur über Lebensmittelkarten beziehbar. Die Eßkultur schien sich in der Nachfolgediktatur in diesem Lande nicht wesentlich gebessert zu haben. Und jetzt stand man erst wieder an einem neuen Anfang. Oh, noch ein Krümelchen..., hatten die beiden Kinder Inga und Mario mit ausgestreckten Händen und mit schwacher Stimme Iltis zugerufen, als dieser ihnen wieder einmal etwas zugesteckt hatte. Dabei hatte der

Professor kaum von seinem Buch aufgeblickt, so als wolle er die Kinder nur etwas ruhigstellen, um ungestört weiterlesen zu können.

Oh, noch ein Krümelchen... Oh, ja.

Mario hatte sich dann sofort den Bissen in den Mund geschoben, während Inga ihn noch eine Weile für sich aufhob. Sie war mit einem braunen, zerfransten, einäugigen Teddybären beschäftigt. Ein Überbleibsel aus ihrer früheren Welt, an das sie sich klammerte. Man sah es ihrem traurigen, verlorenen Blick an, was ihr das Tier bedeutete. Erst nachdem sie es einige Male liebevoll gestreichelt und an sich gedrückt hatte, gönnte sie sich den Essenshappen. Für Iltis selbst war schließlich fast nichts mehr übriggeblieben. Obwohl er nach seiner vorangegangenen Haft kaum mehr über Kräftereserven verfügte.

Paavo hatte dies dem Professor schon von weitem angesehen und immer drängender etwas über dessen zwischenzeitliches Schicksal zu erfahren begehrt. Als er schließlich durch das Gewühl hindurch zu ihm vorgedrungen war und ihn dann mit Mühe kurz von seinen Büchern hatte losreißen können, hatte er das Wichtigste vernommen.

Man hatte ihn in ein Arbeitslager mit einer Verbrennungsanlage für getrockneten Klärschlamm gesteckt und sich dort eine besondere Schikane für ihn ausgedacht. Während der ganzen Haft hatte man ihn immer wieder dieselben Körbe flechten, auftrennen und wieder flechten lassen. Trotz oder wahrscheinlich wegen seines schweren Rückenleidens in tief gebückter Haltung. Außerdem war er wiederholt fast auf Nullration gehalten worden. Bei einer vermutlich durch die Verbrennungsvorgänge verursachten Massenvergiftung waren innerhalb kurzer Zeit unzählige Häftlinge dahingerafft worden. Auch wenn Iltis wie durch ein Wunder davongekommen war, hatte die Epidemie bei ihm schwere, dauerhafte Schäden zurückgelassen.

Paavo Krohnen hatte das viel größere Glück gehabt, in einen landwirtschaftlichen Betrieb abgestellt zu werden, in dem eine besondere Kartoffelsorte gezüchtet wurde. In einer Größe und Qualität, die er noch nie gesehen hatte. Sie waren ausschließlich bestimmt gewesen für die obersten Spitzen der Besatzungsmacht. Paavo, der so direkt an der Quelle saß, hatte von diesen köstlichen Erzeugnissen einiges für seinen Eigenbedarf abzuzweigen vermocht. Trotz strengsten Verbotes und schärfster Kontrollen. Damit hatte er in leidlich gekräftigtem Zustand den gemeinsamen Transport ins Ghetto antreten können. In Anbetracht dieses Vorteils den meisten anderen gegenüber, hatte er bewußt auf die Entgegennahme unverhoffter Extrazuteilungen während der Fahrt verzichtet. Irgendwann hatte ein Engel eine in grauem, abgeschabtem Fell eingefaßte Feldflasche durchs Gedränge gereicht, damit jeder einmal seine Zunge daran netzen konnte. Zuerst die Kinder, dann die Alten, dann der Rest. Alles in strenger Ordnung und mit bewundernswerter Disziplin. Paavo hatte trotz seines höllischen Durstes die Flasche an sich vorbeiziehen lassen. Als die Prozedur zu Ende war, hatten zwei, drei der am hintersten Busende Eingepferchten ein Lied angestimmt: 'Auch wenn tief der Himmel hängt, Freude in unseren Herzen…' Es war jedoch bald wieder im allgemeinen Husten und Röcheln untergegangen.

Bei der Wiedergabe dieser Episode war es das erste Mal, daß Paavo Krohnen mir gegenüber so etwas wie ein Schuldgefühl durchblicken ließ, daß er zu den Überlebenden gehörte.

Wieder drängten sich mir Parallelen zwischen damals und heute auf. Ich sah die schlechtgekleideten, blassen und krank aussehenden Menschen um mich herum im selben Land, Jahrzehnte später. Ich blickte in die traurigen Gesichter und hörte den beengten Atem um mich herum. Obwohl meine Mitreisenden, wenn auch nicht bequem, alle immerhin auf Brettern saßen und sich auf ihren nächsten Zwischenhalt an einer der Benzinstationen freuen konnten. Ich wußte, daß dies hier vergleichsweise ein Paradies war. Aber gerade das gab mir zu denken.

Ich mußte mir unbedingt ein bißchen Bewegung verschaffen. Es drängte mich zu einer der vier Luken unseres Busses. Die beiden vorn in der Nähe des Fahrers waren etwas größer als die hinteren. Ich hatte schon lange nicht mehr hinausgeschaut. Ich erwartete nichts Besonderes. Das letzte Mal hatte ich viel Steppenland gesehen: braunes, stacheliges Gras. Dazwischen hin und wieder ein verfallenes Dorf, einen langen, meterhohen Metallzaun oder Baumstrünke von toten oder abgeholzten Wäldern.

Ich begab mich mit bleiernen Gliedern nach vorn und spähte hinaus. Eine überraschend schöne, fast liebliche Landschaft tat sich vor meinen Augen auf. Oder sie wirkte auf den ersten Blick so im Kontrast zu vorhin. Grüne, hügelige Flächen mit Pappeln, Obstbäumen und Büschen. Im Hintergrund bläulich schimmernde Berge. Aber diese Schönheit blieb nicht einheitlich. Zwischendurch zogen weite, freie Felder vorbei, auf denen wahllos große, verrostete Rohre herumlagen. Vor mir tauchte plötzlich eine Riesenhalde aus einer kalkigen Masse auf mit darauf abgelagerten Glas-, Gummi- und Metallabfällen. Daneben eine verlassene, rauchgeschwärzte Industrieanlage mit kalten Schloten, zerbrochenen Fenstern und zerbröckelnden Backsteinmauern und einem Schienengewirr davor. Ich hatte gehört, daß kürzlich hier in der Nähe ein heimlich betriebener Reaktor entdeckt und wegen seines hochgefährlichen Zustandes stillgelegt worden war. Bald überwog wieder die grüne, hügelige Idylle. Inmitten derselben ragten wie Stacheln vereinzelte Betonsilos empor.

Ich merkte beim Hinausschauen immer deutlicher, daß ich den schönen Gegensatz zum Häßlichen nicht genießen konnte. Ich war wie fixiert auf das Häßliche, so als hätte ich nur noch den Blick dafür übrig und wollte und könnte das andere nicht mehr sehen. Es war wie das andere Extrem dessen, was ich sonst bei den Menschen kannte und verurteilte, seitdem mir dies Paavo so eindrucksvoll nahegebracht hatte: die Neigung, immerfort nur das Schöne und Heile zu sehen und das Häßliche zu verdrängen, es allenfalls als Nebenprodukt des Notwendigen, des Nützlichen, des Wirtschaftlichen gelten zu lassen. Damals wie heute. Vielleicht ging ich jetzt nur auf die Gegenseite, um mich als einen dieser Menschen zu bestrafen. Oder ich hatte so sehr gelernt, das Schöne als Trug und Täuschung zu entlarven, daß ich an dessen wahre Existenz gar nicht mehr glauben konnte.

Je mehr mir von diesen Mammut-Industrieruinen begegneten, desto beängstigenderen Bildern sah ich mich ausgesetzt. Ich erblickte in den rauchgeschwärzten Gebäudefassaden immer unausweichlicher eine Tarnung für weit Dunkleres. Eine von ihnen stellte sich mir als ein inzwischen ausgehobenes, geheimes Waffenlager dar, eine andere als Werk zur Herstellung von Selbstschußanlagen, eine dritte als ehemaliges vermintes, unterirdisches Internierungslager mit feuchten, dunklen Zellen und einer noch tiefer gelegenen Hinrichtungsstätte. Die Oberfläche eines Massengrabes.

Endlich war das Ungetüm vorbei. Weiter vor meiner Luke verharrend, schloß ich die Augen. Der vor mir vorbeiziehende Landschaftsstreifen wurde jetzt abgelöst durch einen dichten Reigen innerer Bilder und Eindrücke. Es war eine Zusammenballung von vielen Schilderungen Paavos, vermischt mit eigenen Erinnerungen an meine Begegnungen mit ihm.

Ich sah Paavo Krohnen über das erwähnte Textfragment gebeugt. Bei seinem ersten Besuch im Friedensmuseum in Brüssel, wozu ich ihn endlich doch hatte bewegen können. Ich sah, wie er neugierig und gequält zugleich den Papierstoß betrachtete, ohne ihn zu berühren, unverwandt und doch wie nach etwas Verlorenem suchend. Er wußte zuerst nichts anzufangen mit diesem vergilbten, überall an den Seiten eingerissenen Wust, mit lauter Strichen, Korrekturen, Einschüben und überklebten Stellen. Die Schriftzüge waren von eindrucksvoller Größe und Klarheit. Sie wirkten wie eine kämpferische Maßnahme gegen jeden Ausdruck des Sichkleinmachens und der Getretenheit, wie eine Selbstaufmunterung des Schreibenden, auch inhaltlich das aufs Papier zu bringen, was ihm auf der Seele brannte. Ich kam mir vor wie bei der Eröffnung eines Testamentes, mit Paavo Krohnen als Vollstrecker und zugleich als Testator aus weit zurückliegender Zeit.

Paavo Krohnen hatte dieses legendäre Manuskript zwar selber nie in der Hand gehabt. Aber als einstiger Mitspieler hatte er den Text und dessen Bedeutung mit allen Einzelheiten der schauspielerischen Umsetzung genauso gut gekannt wie die anderen Mitglieder des Probenensembles. An wen und was er sich jetzt noch erinnerte, war eine andere Frage. Zum Verfasser des Bühnenstücks, dem Ghettopoeten Pierrot, wie er ihn nannte, verband ihn noch heute eine überstarke Beziehung.

Sie führte dazu, daß er besonders am Anfang seines Berichtes, auch noch nach jenem Treffen in Brüssel, seine eigene Aufgabe in jenem Stück, ja sich selbst, verwirrend mit der Person jenes Pierrot verwechselte und durcheinanderbrachte.

Dies hatte immer offenkundiger etwas mit Paavos herausragender Rolle im Stück zu tun, einer, um es vorwegzunehmen, Art Gegenposition zu Pierrots Rolle als Vertreter des Lebens. Und dies sollte, aus Paavos Sicht, recht bald zu einer seltsamen Symbiose nach der Art eines gegensätzlichen Geschwisterpaares führen.

Paavo Krohnen selbst hatte nur zwei kopierte Seiten dieses Handschriftentextes bei seiner Deportation aus dem Ghetto versteckt mit sich geführt und dann durch die Odyssee verschiedener Internierungslager hindurch retten können. Es war eine einzige, wenngleich die wichtigste Szene seiner Rolle: der sogenannte Abdankungsmonolog. Diese Seiten enthielten dieselben auffallend großen und steilen Schriftzüge wie das gesamte, später aufgefundene Manuskript: Pierrots Handschrift. Beides, sein Auszug und der Gesamttext, waren auf den freigebliebenen Rückseiten von Deportationsformularen der Ghettobehörden niedergeschrieben worden.

Nach seiner Befreiung hatte Paavo seine Blätter einem Freund übergeben. Über diesen war er bald auf Umwegen in das erwähnte Brüsseler Friedensmuseum gelangt, welches während des kalten Krieges von einer pazifistischen Organisation gegründet worden war. Es liegt zwischen der Avenue Henri Dunant, an der ich wohne, und dem großen Friedhof nahe beim NATO-Hauptquartier im Osten der Stadt, wo ich im Zusammenhang mit meiner früheren Auslandskorrespondententätigkeit oft war.

In diesem Museum lagen Paavos zwei Seiten Jahrzehnte lang mehr oder weniger unbeachtet in einer Vitrine.

Eines Tages jedoch erschien eine ältere Besucherin, die lange davor stehenblieb. Sie studierte sorgfältig den Text hinter der Scheibe, schickte sich zwischendurch wiederholt zum Gehen an, kehrte jedoch jedesmal wie zu einem Magneten zur Vitrine zurück und las und prüfte weiter.

Dann rief sie plötzlich laut und aufgeregt:

Von dem hab ich noch ganz, ganz viel.

Ganz, ganz viel... bei mir zuhause, rief sie immer wieder. Solange, bis die von den Wächtern herbeigerufene Museumsleitung erschien und sie eingehend befragte.

Es stellte sich heraus, daß die Frau als Überlebende eines anderen Lagers kurz vor ihrer Befreiung anonym ein umfangreiches Handschriftenmanuskript zugesteckt bekommen hatte.

Zur Weitergabe an die Nachwelt, sagte sie. Aber ich wußte nicht, wohin damit. . . mit dieser Schrift. . . ohne Titel . . . ohne Namen. . . ohne erkennbaren Schluß. . . Nur 'Festspielstück' stand darauf. . . Ich habe es also bei mir zuhause aufbewahrt. . . erst mal. . . ein so wichtiges Dokument. . . bis jetzt.

Die Frau überbrachte ihr Exemplar auf schnellstem Wege der Museumsleitung.

So 'ganz, ganz viel' war dieses Manuskript gar nicht. Eher ein dünnes Bündel, nur zu verständlich unter den Umständen des Ghettos. Sogleich setzten fiebrige Rekonstruktionsversuche und Recherchen ein. Man stieß zwar beim Durchblättern bald auf denselben Text, der in der Vitrine gelegen hatte, wenn auch mit kleineren Abweichungen. Aber weiter kam man nicht. Auch die Fahndung nach dem ursprünglichen Besitzer jener zwei Schlüsselseiten blieb erfolglos.

Wieder verstrich eine viel zu lange Zeit.

Dann erfolgte die große politische Wende in der Republik, ihre Rückkehr zur Demokratie nach einem mit zwei Diktaturen ausgefüllten halben Jahrhundert. Die Geschehnisse im Ghetto während der ersten Diktatur rückten schlagartig ins öffentliche Licht. Alles, was zum ehemaligen Ghetto gehörte, wurde interessant. Die Stadt, die damaligen Bewohner, deren Schicksal. Alles. Auch das Theatermanuskript. Theateragenturen und Bühnenhäuser rissen sich darum, Heerscharen von Dramaturgen mühten sich, den Text zu entziffern. In der Brüsseler Schauspielschule unternahm man tastende Versuche, seinen Inhalt nachzuspielen. Eine Reihe von Experten erhielt den Auftrag, aus dem Fragment eine Neuschrift zu erstellen. Man begann, aus der Unvollständigkeit des Manuskripts immer sicherer zu schließen, daß es im Ghetto nie zu einer Uraufführung des Stückes gekommen war. Jetzt schalteten sich auch die Medien ein. Die Leitung des Friedensmuseums hielt eine Pressekonferenz ab. Es wurde Verbindung mit diversen Fernsehanstalten der befreiten Republik aufgenommen. Von dort war zu erfahren, daß die ersten Planungen und Vorbereitungen der internationalen Gedenkfeier in der Stadt anliefen.

Inzwischen hatte auch die Suche nach dem einstigen Rolleninhaber des rätselhaften Abdankungsmonologes in das Suomen Kansallisteatteri, dem Nationaltheater in Helsinki, geführt: zu Paavo Krohnen, der dort jahrzehntelang dem Schauspielensemble angehört hatte und erst kürzlich und spät in Pension gegangen war.

Krohnen hatte zuerst alle Annäherungsversuche der Journalisten strikt abgewehrt. Wobei die wenig feinfühlige Art einiger gleich mit einem ganzen Stab von Fernsehtechnikern und Aufnahmegeräten anrückender Reporter ihn zu immer größerer Gegenwehr getrieben hatte. Nach mehreren fehlgeschlagenen Vorstößen und Überlistungsversuchen zum Beispiel mit plump im Gebüsch versteckten Kameras kam man auf die Idee, mich zu ihm zu schicken. Ich sollte mich als Großneffe eines anderen, inzwischen verstorbenen Mithäftlings von ihm ausgeben und damit sein Vertrauen und seine Bereitschaft zu mehreren großen Fernsehinterviews erwirken. Unter anderem auch durch die Überbringung einer angeblichen Einladung an ihn durch den neugewählten Präsidenten der Republik zu jenen Gedenkfeierlichkeiten in der Stadt.

Ich war über den Einsatz solcher billiger Tricks empört und wollte mich anfangs weigern. Aber ich beschloß, anstelle des ursprünglichen Auftrages ein andersartiges, doppeltes Spiel zu treiben: einerseits Paavos Vertrauen zu gewinnen ohne diese kindischen Neffen- und Präsidentenfinten und andererseits meine im Hintergrund lauernden Kollegen so lange wie möglich in Schach zu halten und dann ganz abzudrängen. Ich fühlte mich durch das unwürdige Kesseltreiben gegen den armen Alten immer lebhafter in meinem Vorsatz bestätigt, eine eigene Reportage zu verfassen. Natürlich ohne Kamera und Tonband. Solche Gerätschaften hätten einem Menschen mit dieser Vergangenheit nur noch mehr Angst eingejagt.

Die einzige, ich glaube, verzeihliche Ungenauigkeit, die ich mir erlaubte, als ich ihn schließlich anrief, war, mich ihm nicht als Journalist, sondern als freier Schriftsteller vorzustellen.

Ich möchte ein Buch darüber schreiben, sagte ich.

Ein Buch?

Krohnen war am Telefon anfangs sehr mißtrauisch und verhalten.

Bestimmt, ich bin nicht einer von denen, beteuerte ich. Ich will keine Fernsehaufnahmen, kein Tonband, nichts. Ich will darüber nur schreiben, ganz seriös. . . einen Bericht, eine Erzählung, vielleicht einen Roman. . . Ich weiß es noch nicht.

Es blieb eine Zeitlang still am Telefon.

Ich habe bisher schlechte Erfahrungen gemacht, sagte Krohnen schließlich leise.

Ich weiß. . . Ich habe das auch aufs schärfste mißbilligt, fiel ich ihm fast ins Wort.

So, so. . . einen Roman?, sagte er nach einer Weile.

Seine Stimme wurde weicher, so daß ich Hoffnung zu schöpfen begann.

Ich war überrascht, wie schnell er dann auf mich einging.

Er sprach fließend englisch, wenngleich mit drolligem Akzent.

Wir können uns gerne treffen, sagte er schließlich.

Dann vereinbarten wir einen Termin. Unser Treffpunkt sollte der Bühneneingang des Kansallisteatteri im Zentrum von Helsinki sein.

23

Ich war mit dem Taxi vom Flughafen viel zu früh am Theater eingetroffen und hatte mich trotzdem gleich an die Pforte begeben.

Suchen Sie Professor Krohnen?, kam mir dort ein bebrillter junger Mann in braunem Anzug zuvor, der gerade vorbeiging.

Ich war überrascht. Ich hatte von einer Professur von Paavo Krohnen, offenbar an der hiesigen Universität oder Kunsthochschule, nichts gewußt, hatte ihn nie mit diesem Titel angesprochen. Aber ich war innerlich viel zu angespannt und auf die bevorstehende Begegnung eingestellt, um mir darüber Gedanken zu machen oder gar nachzufragen. Ich gedachte auch Krohnen auf keinen Fall anders anzusprechen als bisher.

Der sitzt schon seit einer Stunde im Cafe, sagte der Mann mit einer etwas wegwerfenden Handbwegung.

Dann führte er mich, wieder sein ehrerbietigstes Gesicht aufsetzend, durch eine Glastüre in den angrenzenden Raum zu Krohnen hin.

Er saß tief in einem dunklen Ledersessel. Ein hageres Männlein mit ungemein markanten Zügen. Vor allem das vielfach zerfurchte Gesicht mit schneeweißen Brauen und tief gesenkten Lidern, welche die erschreckend fahlen und toten Augen bedeckten.

Krohnen erhob sich, reichte mir lächelnd die Hand und wies mich an einen großen Tisch in der Nähe.

Sie wollen bestimmt kein Fernsehinterview?, fragte er fast barsch mit einer überraschend rauhen Stimme.

Als ich entschieden verneinte, wurde er sofort wieder freundlich.

Ich wiederholte meine Absicht, einen Roman oder eine Kurzgeschichte zu verfassen. Dann kamen wir ins Gespräch. Am Anfang war es noch mühsam und stockend. Ich führte dies auf unsere Sprachverständigung zurück, obwohl sein Englisch recht sicher wirkte. Ich habe es mir an sich zum Prinzip gemacht, Interviews in der Muttersprache des anderen zu führen. Doch in der kurzen Zeit konnte ich eine so schwierige und fremde Sprache wie das Finnische nicht erlernen. Nach und nach mußte ich jedoch einsehen, daß dies nicht der eigentliche Punkt war.

Auch wenn Paavo Krohnen auf meine Fragen einging, so wirkte die Art seiner Formulierungen, die herbeibemühten Füllwörter und Floskeln, die Kunstpausen, deutlich ausweichend.

Ja...so ist das, sagte er immer wieder in gedehntem Singsang oder: Ja...so war das, um dann eine längere Pause einzuschieben, als wollte er damit Zeit gewinnen.

Umständlich und bedächtig breitete er schließlich sein reiches, vielseitiges Leben vor mir aus. Dies jedoch immer unter sorgsamer Aussparung des für mich zentralen Ausschnittes im Ghetto. So als wäre dieser jetzt für ihn ein scharf abgegrenztes, schwarzes Loch. Um dieses sprang er herum, berichtete von vorher und nachher, so als hätte es das Dazwischen nie gegeben. Mit Zeitangaben blieb er überaus sparsam. Sein jetziges Alter, um daraus das damalige zu errechnen, erfuhr ich nie.

Sein Schauspielerberuf hatte seine Wurzeln in der frühen Kindheit, wie ich bald hörte. Seine Eltern hatten ihn bereits als Vierjährigen in einem Film auftreten lassen. Bald spielte er diverse Kinderrollen, darunter in auffälliger Häufung auch sterbende Kinder.

Immer mit großem Erfolg, sagte er.

Paavo Krohnen nannte stolz seine späteren illustren Lehrer. Auch die Hervorhebung seiner Verdienste als Regisseur, Dramaturg und Essayist schien ihm wichtig. Zwischen den Zeilen spürte ich immer deutlicher, daß seine Arbeitsamkeit eine Art Flucht, seine Erfolge ein Ausgleich zu seiner lebenslangen Bindungslosigkeit und Einsamkeit als Junggeselle waren.

Ja...so war das...ja...so ist das, sagte er immer wieder gedehnt und mit nachgeschobener Kunstpause.

Irgendwann wurde mir klar, daß ich ihn einfach reden lassen mußte. Ich hörte mir an, in welchen Ländern und auf welchen Kontinenten er auf der Bühne gestanden oder in Filmateliers gearbeitet hatte, vor und nach seinem festen Engagement in Helsinki, mit seinen diversen Sprachen, die er ausreichend beherrschte.

Mit geradezu komischer Akribie zählte er seine einzelnen Auftritte auf.

Ich habe 118 Mal den Guten Gesellen in 'Jedermann' gespielt, sagte er. Und 82 Mal den Truffaldino in Goldonis 'Diener zweier Herren', 49 Mal die Titelrolle in 'Peer Gynt' und 21 Mal den Jago in Shakespeares Othello.

Und nach einer bedeutsamen Pause:

Der schottische Dichter Jonathan Evergreen hat mir ein eigenes Stück und einen Balladenzyklus gewidmet.

Es war mir keineswegs unsympathisch oder gar zuwider, wie Paavo Krohnen mit seinen Trophäen um sich warf. Es klang überhaupt nicht eitel oder gar exhibitionistisch nach der Art mancher anderer Schauspieler, mit denen ich zu tun gehabt habe. Es wirkte eher rührend und naiv. Ja, ich meinte in seiner Selbstdarstellung doch ganz leise etwas von dem bisher so konsequent von ihm ausgesparten dunklen Lebensabschnitt mitschwingen zu hören. Sicherlich ganz unbeabsichtigt. Gerade deswegen vielleicht umso echter und überzeugender. Es sprach aus dem, was auf den ersten Blick wie Prahlerei aussah, eher so etwas wie ein ersatzweiser Lebenshunger, ein Nachholbedarf, die Sucht nach einem Ausgleich für das, was ihm weggenommen worden, möglicherweise für immer verloschen war. Vielleicht war es auch eine verzweifelte Flucht nach vorn aus seiner Verletzt-

25

heit heraus unter Aufbietung aller noch vorhandenen, ins Bejahende gewendeten Kräfte.

Als irgendwann das Gespräch auf den schicksalshaften Sommerkurs bei Professor Iltis kurz vor seiner Inhaftierung kam, geriet die Grenze zum bisher ausgesparten schwarzen Loch plötzlich ins Schwimmen. Paavo merkte dies selber, aber zu spät. Wahrscheinlich an seiner eigenen zitternden und stark zurückgehenden Stimme, als er zum erstenmal mir gegenüber den Namen Iltis aussprach. Da jedenfalls sah ich den Zeitpunkt gekommen, einen neuen Vorstoß zu wagen. Aber wieder schätzte ich die Lage falsch ein. Paavo unternahm zwar einen ersten Anlauf in den ausgesparten Ausschnitt seiner Vergangenheit. Er stocherte angestrengt in der Kruste herum, die sich über das versunkene Grauen gelegt hatte. Aber er kam nicht weiter. Entweder ließ er rasch vom Gegenstand ab: '. . . ich weiß nicht mehr, kann mich nicht erinnern', oder er brachte selbst die wenigen Dinge durcheinander, die er bereits ausgesprochen hatte.

Ich konnte doch nicht wissen, daß so lange später einer kommen und mich das alles fragen wird, so sagte er recht hilflos.

Umso mehr überraschte und freute mich, daß Paavo plötzlich ein ganz neues, bedeutsames Muster in unser Gespräch einbrachte: seine seltsame Gleichsetzung mit dem Stückeschreiber Pierrot.

Das Stichwort war das 'Bühnenstück', der 'Text', das 'Manuskript'. Da lebte er plötzlich auf. Der Bann schien gebrochen. Jetzt bekam ich Zugang zu ihm.

Meinen Text habt ihr ausgegraben?, rief er begeistert und verwirrt aus, als ich vor seinen Augen den Faden von der Entdeckung des Gesamtmanuskriptes zu seinem Rollentext zurückverfolgte. Mein komplettes Manuskript? In Brüssel?

Ich hätte mich ärgern können, daß ich nicht gleich eine Kopie in meinem Gepäck mitzuführen gewagt hatte. Aber vielleicht wurde er gerade deshalb immer neugieriger.

In Brüssel?, wiederholte er. In Brüssel? . . . Mein Manuskript? Das muß ich sehen. Wo ist es?

Dann begann er förmlich zum Aufbruch nach Brüssel zu drängen.

Ich war fassungslos. So weit hatte ich nie gedacht.

Vielleicht hatte ich insgeheim davon geträumt, ihn irgendwann später zu einer Reise dorthin zu bewegen, zur Entzifferung der Textstellen, die sonst keiner verstand. Meine Kollegen und ich hatten wiederholt diese Möglichkeit angesprochen, sie aber jedesmal als Illusion verworfen. Von mir hatte man am allerwenigsten diesen Erfolg erwartet.

Ich war so verwirrt, daß ich, statt ihn auf seinen eigenen Vorschlag festzulegen, der Versuchung erlag, seine überraschende Neugierde zum Weiterbohren zu nutzen: Das Ghetto. Ein Gefangenenghetto, in dem Bühnenstücke geschrieben und aufgeführt oder zumindest geprobt werden durften? Hatte das etwas mit dem berüchtigten Muster- und Vorzeigecharakter dieses Lagers zu tun? Was war der konkrete Anlaß für die Erhebung dieses Stückes zum Festspielstück gewesen?

Ich stellte alle diese Fragen in einem Zug.

Wahrscheinlich fühlte er sich nicht nur vom Inhalt, sondern auch vom impulsiven Ton meiner Fragen bedrängt, von meiner ungebremsten Begeisterung darüber, bei ihm endlich eine offene Türe gefunden zu haben. Er verwechselte meine Wißbegierde mit der Sensationslust meiner Kollegen, die er so unangenehm zu spüren bekommen hatte. Jedenfalls verkehrten sich – wir saßen noch keine Stunde zusammen – Paavo Krohnens Züge ins Gequälte und Abweisende. Er wurde immer einsilbiger und begann hilflos zur Decke zu schauen. Dann murmelte er irgendwelche Verse aus seinem Bühnenrepertoire.

Plötzlich kam er wieder auf den gesamten Handschriftentext zurück. Bald ein zweites, dann ein drittes Mal. Diesmal freilich wie auf ein fremdes, von seiner Leidensgeschichte losgelöstes Objekt und nicht mehr, wie vorhin, auf einen alten Besitz aus eigener Hand.

Für mich stand fest, daß wir das Gespräch beenden mußten. Aber ich spürte, daß es nicht das letzte war. Bestimmt würden wir es in absehbarer Zeit fortsetzen.

Es ist sehr wertvoll, Sie kennengelernt zu haben, sagte er mir mit einem liebenswürdigen Lächeln beim Abschied.

Ich fühlte mich ermutigt und in meiner Gewißheit bestärkt.

Zwei Monate später sahen wir uns wieder. In Brüssel. Bei dem Manuskript, im Friedensmuseum. Gleich mehrere Male. Meistens zu zweit in einem leerstehenden Büro, in welchem man uns angenehm in Ruhe ließ. Einen Besuch im Brüsseler Nationaltheater oder auch an anderen Bühnen oder Museen, in Schulen oder sonstigen öffentlichen Anstalten hatte er erfolgreich verweigert. Aus Angst vor erneuten Zugriffen seitens des Fernsehens. Dieses ließ sich aus den Räumen unseres Friedensmuseums leicht fernhalten. Auch in seinem Hotel blieb er dank unserer Bemühungen inkognito.

All dies trug dazu bei, daß Paavo Krohnen nach anfänglichen Hemmnissen Vertrauen faßte und verhältnismäßig rasch auftaute. Seine Erzählung begann flüssiger zu werden. Die dazwischengeschobenen 'ja...so ist das' und 'ja...so war das' wurden seltener. Mir war, als wagte er es zum ersten Mal ernsthaft, seinen Blick ungehindert in die Vergangenheit schweifen zu lassen.

Mein Transportbus in die Festungsstadt begann sein Tempo zu verlangsamen und schärfere Kurven zu drehen. Ein sicheres Zeichen für die lange erwartete Unterbrechung der Fahrt. Die Benzinstation. Ich war gerade dabei, einen Packen

Karteikarten aus meiner Aktentasche zu sortieren, da kam der Bus endlich zum Stehen.

Ho...ho..., erschallte es wie ein Schlachtruf vom Fahrersitz her, nachdem die Bremsen gequietscht hatten.

Es war das Halte- und Aufbruchsignal unseres Fahrers am Anfang und am Ende eines jeden Zwischenaufenthaltes. Rasch erhob er sich und öffnete die Türe. Der Mann, ein kaugummikauendes, breitbeiniges Muskelpaket in knirschenden Lederstiefeln und mit einem roten Halstuch, sah nicht wie ein Einheimischer aus. Eher wie ein von weither verirrter Abenteurer, der sich von der Firma dieses Transportbusses als Gelegenheitsfahrer hatte anheuern lassen.

Ho...ho..., rief er nochmals und grinste über das ganze Gesicht.

Das Licht, das durch die geöffnete Türe hereinbrach, blendete empfindlich. Benommen taumelten die Fahrgäste ins Freie und glitten auf die sonnendurch-glühte Erde.

Wir befanden uns an einer der ganz wenigen Benzinstationen im Lande, in der es noch Treibstoff gab. Streng rationiert natürlich. Es war ein verfallener Schuppen mit abblätternder, schmutzigweißer Farbe. Eine quadratisch abgegrenzte, hell gebliebene Fläche auf der Hauswand unter dem Vordach mit einem freiem Haken ließen vermuten, daß hier noch kürzlich ein Bild gehangen haben mußte. Vielleicht das messinggerahmte Standardporträt des letzten, gestürzten Regierungschefs der Republik. Auf dem Dach des Hauses waren die Überreste eines durchgerosteten Wetterhahnes zu erkennen, nicht weit vom Haus entfernt die einer Wasserpumpe. Es roch penetrant nach altem Öl. Die Luft wirkte wie aus Glas. Das Licht hatte etwas Schrilles an sich, als wollte es endlose Fernen durchbrechen.

Nachdem ich, wie die meisten anderen, hinter dem Schuppen meine Blase geleert hatte, begab ich mich zurück in die Nähe des Busses.

Wir hatten etwa eine halbe Stunde Zeit.

Ich setzte mich auf die Erde und lehnte mich an das riesige Hinterrad des Busses. Als nächstes entnahm ich meinem Proviantbeutel eine der klebrigbraunen Kaustangen aus dem Grenzkiosk. Wasser war hier keines aufzutreiben. Lustlos biß ich auf dem trockenen Zeug herum. Dann holte ich meine Schreibsachen aus dem Rucksack und notierte rasch ein paar Gedanken auf einer Karteikarte. Eine andere versah ich mit den wichtigsten Stellen, die ich in der Stadt zu besichtigen gedachte und zeichnete diese gleichzeitig in dem Stadtplan ein, den ich mir aus einem historischen Atlas kopiert hatte. Die heute unveränderte Anlage der alten Garnisonsstadt. Einen aktuellen, gedruckten Plan gab es nicht. Nicht einmal – oder schon gar nicht – in der Stadt selbst. Ein Kollege von mir aus der benachbarten Redaktion, der etwa schon ein Jahr vor mir dorthin gereist war, hatte in mehreren Läden der Stadt vergeblich danach verlangt. Er war nur mit einem traurigen Kopfschütteln oder einem verlegenen Lächeln abgewiesen worden. Ein Stadtplan in einer Stadt ohne Namen? Nicht nur Paavo Krohnen hatte ihr den Namen verweigert, offenbar auch deren jetzige Bewohner.

In meinem Plan hatte ich die Straßennamen weggelassen, um Platz für die gegenwärtig geltenden Benennungen zu haben. Im Gegensatz zu den Bezeichnungen der Straßen, Plätze und öffentlichen Gebäude während der Ghettozeit kannte ich die jetzigen nicht. Ich wollte sie an Ort und Stelle in meinen Plan nachtragen. Paavos Angaben zu damals waren bereits in einer anderen, zweiten Kopie aufgezeichnet.

Die immer tiefer in meinen Schattenplatz eindringende Trockenheit und Hitze begann mein Hirn zu lähmen. Ich war froh, als es Zeit zum Aufbruch war.

Der grinsende, breitbeinige Mister Ho...ho...erschien und bedeutete uns, in den Bus zu steigen.

29

III

Während ich mich, ziemlich willenlos in meiner Lethargie, in den Omnibus zurückbegab, überkam mich eine seltsame Anwandlung. Mir war, als fielen plötzlich die letzten Schranken zwischen Paavos Transport damals und meiner jetzigen Fahrt weg, als schmölze mein Erleben sozusagen in das seinige hinein. Auf gleicher Fahrtstrecke, in einem ebenfalls fast fensterlosen Gefährt. Es drängte mich, den Rest der Fahrt ganz dort zu sein, wo er und die mit ihm wie Vieh Verfrachteten damals gewesen waren. So, wie ich es aus seinen Erzählungen kannte.

Nach dem Einstieg drängte ich mich wieder nach vorn zur Luke. Als der Bus losfuhr, glaubte ich mich plötzlich nirgends mehr festhalten zu müssen. Ich fühlte mich unsichtbar eingequetscht und hin und her geschubst von einer wogenden Masse verhungernder, verdurstender und in ihrer eigenen Ausdünstung erstickender Menschen, zwischen Ellbogen, Füßen, Taschen oder irgendwelchen harten Gegenständen. Genau wie Paavo Krohnen, überführt von einem anderen Lager ins Muster- und Vorzeigeghetto. Unweit von uns kauerte, irgendwo eingepfercht, sein Lehrer Iltis mit dessen Büchern, davor die Kinder Inga und Mario, daneben wieder andere...

So fuhren wir in tag- und nachtverschmelzender Zeitlosigkeit dahin. Irgendwann erschütterte dröhnender Flugzeuglärm die Luft. Ein scheinbarer Vorbote für das Ende der Fahrt. Dann versank alles wieder in dunkle Zeitlosigkeit. Der gewohnte Geräuschpegel stellte sich wieder ein: Gestöhne, Husten, Jammern, zwischendurch keuchende Laute, zusammen mit dem zermürbenden Busmotorenlärm und dem Schlagen der Räder.

Es muß ziemlich kurz vor der endgültigen Ankunft gewesen sein, daß Paavo Krohnen seltsame Gesprächsfetzen aufschnappte.

Sattsehen, sattsehen, rief eine helle Kinderstimme. Es war Mario, der seine kleine Schwester an der Hand festhielt. Ein unweit von ihnen auf dem Rücken liegender Greis, den man wegen eines heftigen Anfalls von Nasenbluten hastig hingebettet hatte, richtete sich aus eigener Kraft ebenso hastig wieder auf und sprach die Worte des Kindes lautlos mit den Lippen nach.

Was sattsehen?, wollte Marios kleine Schwester Inga wissen.

Sie haben gesagt, daß die Häuser in der Stadt alle frisch angemalt sind, rief Mario zwischen zwei Hustenanfällen. Und überall sind bunte Blumen und Musik und Spielsachen und – richtiges Essen in den Schaufenstern, haben sie gesagt.

Essen?

Nur zum Anschauen. Für ein paar Tage.

Oh, wie schade. Was für Essen?

Herrliches Essen.

Die Kindergesichter leuchteten auf. Einige der Erwachsenengesichter leuchteten mit. Ein flüchtiges, rosa Leuchten wie dünne, durchsichtige Schminke. Ein Hauch von Sattheit.

Paavo vermochte sich aus diesen Reden keinen Reim zu machen. Er hatte sich auf seinem Kartoffelfeld kaum Gedanken um dieses Ghetto gemacht, nachdem er gehört hatte, daß es dorthin gehen würde. Er wußte nur, daß es eine jahrhundertealte Festung war, die wegen der sich rasch verändernden Kriegführung nie ihren Zweck erfüllt hatte. Eine Vorstellung, die ihn als Theatermenschen irgendwie faszinierte. Jetzt wunderte er sich nur, daß die Kinder über die gegenwärtigen Verhältnisse dort so viel besser unterrichtet waren.

Sattsehen, sattsehen, sattsehen, plärrten die Kinder aus vollen Lungen durcheinander und steigerten sich in ihre Wunderträume, bis sie sich vor Erschöpfung gegenseitig oder an den Beinen der Großen festhalten mußten.

Mario sah plötzlich um Jahre gealtert aus. Die zitternde Hand einer Frau strich ihm über das Gesicht und tupfte ihm den Schweiß von der Stirn.

Ihr dürft euch nicht so anstrengen, ihr müßt eure Kräfte sparen, knarrte eine Männerstimme.

Paavo kam es so vor, als hätte der Bus inzwischen sein Tempo verlangsamt. Immer mehr Schatten schoben sich vor die noch freien Stellen der Luken an der Seite.

Wir sind da, erschallte es wie in einem Aufschrei.

Die Vorstadt.

Der Wall.

Die Passierschranke.

Die Menschen ahnten, was die Schatten zu bedeuten hatten. Man hatte offenbar eben die Stelle passiert, über die auch später niemand in der Stadt je sprach, die auch kein Lebendiger zu sehen bekam außer die Mitglieder gewisser Sonderkommandos, in die auch Paavo Krohnen bald eingeteilt werden sollte. Süßliche Dämpfe und ein Geruch von kalter Asche drangen in das Innere des Gefährts.

31

Dann plötzlich schüttelte und holperte der Bus besonders heftig. Man passierte die Brücke über dem Festungsgraben vor dem hohen Wall aus rotem Backstein, der die Stadt mit sternförmig herausragenden Spitzen umschloß.

Ein kurzes Anhalten, bis die Schranke geöffnet war. Dann fuhr der Bus weiter durchs geöffnete Tor im Wall und von dort gleich um die Ecke weiter bis zur 'Spedition', dem Endpunkt. Die 'Spedition' war der an der südlichen Stadtperipherie gelegene Umschlagplatz für alle Transporte hin und wieder weg: für Menschen wie Waren.

Endlich wurde die Türe geöffnet. Das Licht blendete unerträglich. Es wirkte hell und scharf trotz der durchgehend bleigrauen Decke am Himmel und dem massiv verdunkelnden Mauerwerk. Viel schlimmer als der Schmerz in den Augen aber war die Angst, während der Blendung wieder so wehrlos den antreibenden Schreien, Schlägen und Tritten ausgesetzt zu sein wie bei der Verladung.

Umso größer die Verblüffung, als dies ausblieb. Die sich langsam an die Umgebung gewöhnenden Augen erblickten als erstes ein giebeliges, frischgeweißtes Häuschen mit einem kleinen Platz und einer Menschenschlange davor. Über dem Hauseingang wehte die Flagge des Imperiums mit dem blutrot eingefaßten Emblem. Es war dieselbe wie zur Zeit die über dem Regierungspalast in der besetzten Hauptstadt der Republik.

Vor der 'Spedition' stand eine kleine Gruppe von Männern in auffälliger Uniform: Gendarmen oder Wachpersonal. Sie waren unbewaffnet, außer mit einem Gummiknüppel, und in operettenhaft bunter Aufmachung. Alle mit großen blauen Tressen an Schulterklappen und Kragen, mit grotesk überdimensionalen Nachbildungen von Rangabzeichen, dazu mit einer dekorativen Mütze auf dem Kopf.

Wie Schaffner sahen sie aus, oder wie Museumswärter oder Spielsoldaten, sagte Paavo. Jedenfalls ganz harmlos. Ihre Uniformen hätten aus unserer Theaterschneiderei stammen können. Jedenfalls putzig in dieser alten Festungsstadt.

Er nannte sie 'die Blaubetreßten'.

Erst nach und nach wurde aus Paavos Bericht deutlich, daß diese Chargen nicht zum eigentlichen Machtapparat gehörten. Sie waren eine von der Ghettoselbstverwaltung gestellte eigene Wachtruppe. Im Kontrast zu ihrer beabsichtigt lächerlichen Aufmachung waren sie besonders gefürchtet. Denn sie hatten sich, um nicht selber liquidiert zu werden, durch besondere Grausamkeit und Verschlagenheit auszuzeichnen. So konnten die eigentlichen Behörden weitgehend im Hintergrund bleiben.

Ungläubig um sich schauend, wagten sich die Ankömmlinge mit ihren Koffern und Schachteln in der Hand, dem Rucksack und der zusammengerollten Decke auf dem Rücken ins Freie. Sie stiegen langsam über das Trittbrett hinunter aufs Pflaster. Einer der Uniformierten mit besonders großen Tressen an Schulterklappen und Kragen wies die Ankömmlinge mit dem Zeigefinger zur Menschenschlange vor dem Speditionshäuschen.

Vor der Menschenschlange waren graugekleidete Arbeitskolonnen mit dem Umladen von Waren auf sperrige Handkarren beschäftigt: Fässer und Kisten mit diversen Aufschriften. Baumaterial, Möbel, Farbtöpfe, bunte Stoff- und Tapetenrollen, dazwischen einige hohe Stehleitern. Das meiste angelieferte Material war mit demselben Engramm versehen: einem riesigen, schwarzen T. Der Anfangsbuchstabe von 'Treaty' oder 'Trash', wie Paavo Krohnen behauptete. Jedenfalls ein Aufdruck des Absenders der einlaufenden Hilfs- oder Stiftungsgüter. Einer der Spender war eine große Company in Übersee, welche, ungeachtet des internationalen Kriegszustandes, rege Handelsbeziehungen mit dem Imperium unterhielt. Paavo hat sie offenbar mit dem heutigen weltweiten Trash-Konzern verwechselt.

Paavo Krohnen stand staunend vor dieser neuen Wirklichkeit. Dies war, trotz der Abriegelung durch den Wall, eine offene Stadt oder wirkte zumindest so. Die Ketten, die den Ankömmlingen hier angelegt wurden, kamen ihm lang und durchsichtig vor.

Es drängte ihn, sich einen ersten Überblick zu verschaffen.

Von der Schlange, in die er sich inzwischen eingereiht hatte, vermochte er ziemlich weit in die von der 'Spedition' wegführende Querstraße zu schauen und wenigstens andeutungsweise die simple Grundstruktur der Stadt zu erkennen.

Trotz des Wirrwarrs an altem, verfallenem Gemäuer herrschte hier eine zwingende Symmetrie und Ordnung. Das 'Lazarett' war blockartig angelegt aus rechtwinklig sich schneidenden, schnurgeraden Längs- und Querstraßen und großen karreeförmigen Gebäuden mit freien Plätzen dazwischen. Insgesamt neun Längs- und sieben Querstraßen, wie Paavo bald später zählen konnte.

Paavo Krohnen konnte sich auch einen ersten Eindruck von seinen neuen Mitbewohnern verschaffen. Bereits hier an der Stadtperipherie herrschte ein Gewimmel von Menschen. Elend aussehende, vielfach gebückte und zum Teil vermummte Gestalten, die trotzdem erstaunlich agil wirkten. Einige der sehr unterschiedlichen Sprachen, die Paavo hörte, verstand er nicht. Ihm kam es ferner so vor, als ginge von diesen Menschen etwas seltsam Helles aus, fast wie ein Fluoreszieren. Etwas für diese Stadt Charakteristisches, das er zuerst nicht begriff. Mag sein, daß es auch an den hier in großer Zahl untergebrachten Kindern lag. Ein Fünftel etwa der ganzen Population, wie Paavo bald erfuhr. Sie wohnten, je nach Geschlecht und Alter, in verschiedenen Heimen, streng von ihren Eltern getrennt, sofern sie noch welche hatten.

Weiterhin staunte Paavo über die Bemalung der Hausmauern. Sie waren in verschiedenen Farben frisch gestrichen, so wie die Kinder es gesagt hatten. Auf einigen waren bunte Bilder und kunstvolle Inschriften angebracht. Sogar die Innenseite des hohen, oben von Graspolstern bedeckten Steinwalls mit seinen zugemauerten Schießscharten war streckenweise ein bunter Blickfang. An einer Stelle prangte ein großes Landschaftsbild, unweit davon eine nachgeahmte alte Freske in Pastellfarben.

Achtung, Achtung. Das Berühren der Blumen ist strengstens untersagt, dröhnte es jetzt aus mehreren Lautsprechern. Überall waren Lautsprecher. Hellgraue, meist an den Hausmauern angebrachte Metalltrichter.

Bevor Paavo in seiner Warteschlange den dunklen, schmalen und mit Holz verkleideten Flur der 'Spedition' betrat, bemerkte er, wie eine Gruppe von Arbeitern mit Schürzen zwei Häuserblocks weiter ein großes Blumenbeet anlegten. Blumen in prächtigen Farben, wie Paavo sie bisher noch kaum gesehen hatte.

Achtung, Achtung..., dröhnte es wieder.

Paavo Krohnen erfaßte eine heftige innere Unruhe. Er hatte während des Transports, außer mit Iltis, mit niemandem ein Wort gewechselt. Iltis war zurzeit aus seinem Blickfeld gerückt. Umso mehr drängte es Paavo jetzt, sich mit irgendwelchen Reden Luft zu machen, obwohl er sich nach den Bedrängnissen und Bedrohungen des Transports elend müde fühlte. Plötzlich entdeckte er neben sich einen der beiden jungen Männer, die zum Abschluß der letzten Labung aus der im Bus herumgereichten Feldflasche mit ergreifend hellem Tenor das Danklied angestimmt hatten.

Diese Blumen da hinten...Steht etwas Besonderes bevor?, fragte Paavo den Mann.

Der drehte ihm sein lachendes, blasses Gesicht zu und fragte zurück:

Etwas Besonderes...hier in 'Als ob'...etwas Besonderes?

Dazu lachte er grob.

'Als ob'? Der Name des 'Ghettos', des 'Lazaretts', der 'Siedlung', der ehemaligen Festungsstadt? Der Name einer Stadt, die es inzwischen gar nicht mehr wirklich gab?

Paavo erfuhr bald, daß die Stadt so hinter der vorgehaltenen Hand ihrer jetzigen Insassen hieß. Ein Spitzname, sonst nichts. Nicht einmal die während der Fahrt so ungenierten Kinder hatten ihn erwähnt. Die Aussprache dieses Namens jetzt klang für Paavo wie Taufworte, die seine Existenz hier besiegelten.

In 'Als ob?, hörte Paavo seine eigene Stimme sagen, während es in ihm zu würgen begann.

Doch der andere fuhr fröhlich fort:

Ach, halt eine Kommission, haben die da vorn gesagt...Das übliche...eine internationale Menschenrechtsorganisation...weil wieder was durchgesickert ist... oder vielleicht auch nicht... Vielleicht geht's heute auch nur um Kredite für das Land ... um Wirtschaftshilfe... Geschäfte... nicht um uns.

Paavo machte große Augen.

Nicht um den 'Stamm'... meine ich..., fuhr sein Nebenmann entschieden ernster fort.

Langsam glitt Paavo Krohnen in seiner Warteschlange ins Hausinnere. Im halbdunklen Flur erblickte er an der Wand einen Stadtplan. Eine alte Karte. Ganz offensichtlich diese Stadt. Ihre klassische Anlage als längliches Oktogon mit entsprechend acht Bastionen an ihren Spitzen, jede mit einem höhergelegenen Verteidigungswerk versehen, so wie er das schon gehört hatte. Unverkennbar die rechtwinklig sich schneidenden Längs- und Querstraßen, die er bereits draußen gesehen hatte. Allesamt beziffert. Dazwischen die karreeförmigen Gebäude, meist mit einem Innenhof sowie einige Grünanlagen. In der Nähe des Walls, gleichmäßig rundherum verteilt, acht große Kasernen, im Stadtinneren die kleineren Gebäude, jedes davon ebenfalls beziffert oder mit einer Blockbezeichnung. In der Mitte der Stadt war der große, ebenfalls viereckige Hauptplatz, ursprünglich wohl der Appell- und Exerzierplatz des Militärs. Davor stand die mächtige, ehemalige Garnisonskirche, die, wie Paavo bald erfahren sollte, jetzt fest verschlossen war und in der, über einen geheimen Seiteneingang, ein Türmer seinen Dienst tat. In der Nähe der Kirche standen das Stadthaus und andere Ämter, Spitäler, Magazine, Casinos sowie Wohnhäuser.

Da die Warteschlange sich nur langsam vorwärtsbewegte, hatte Paavo Zeit, den Plan genauer zu studieren. Unter ihm hing eine etwa gleich große, aber viel neuer wirkende, gedruckte Legende. Dort waren alle Längs- und Querstraßen aus dem Plan mit opulenten Namen versehen: Estragonweg, Quellgasse, Gletscherstraße, Sonnenstraße und viele andere wohlklingende Bezeichnungen. Dann die Namen der acht Kasernen: die Merkur- und Venuskaserne im Norden, Mars- und Jupiter- im Osten, Saturn- und Uranus- im Süden und Neptun- und Plutokaserne im Westen der Stadt. Was für bombastische Benennungen. Aber noch mehr verwirrten Paavo die Straßennamen. Wie hießen die Straßen jetzt richtig? Oder gab es zwei Versionen für jeweils verschiedene Gelegenheiten? Die Bezifferungen und diese Namen?

Paavo dachte in diesem Zusammenhang an die Bemalungen in der Stadt, die er bereits gesehen hatte, den bunten Glanz, die künstlich hellen Gesichter der Menschen, die Blumen, die Operettenuniformen der Gendarmen, den Gegensatz zur Düsterkeit einer verfallenden, jahrhundertealten Festung. Und er mußte an das denken, was ihm der Mann eben noch draußen über die Kommissionsbesuche hier und über die Bezeichnung 'Als ob' gesagt hatte. Rasch schaute er sich nach dem

Mann um, den er weiter fragen wollte. Aber dieser war inzwischen unerreichbar weit nach hinten in der Warteschlange geraten.

Dann blickte Paavo nochmals kurz auf den Plan, zu den Bastionen an den Sternspitzen des Oktogons. Er hatte auch schon andeutungsweise vom Netz der mehrere Kilometer messenden, unterirdischen Gänge unter der Stadt gehört, die die Bastionen miteinander verbanden, aber angeblich auch versteckte Ausgänge aus der Stadt hatten. Ob es diese Ausgänge heute noch gab? Er wußte jedenfalls, daß die Umwandlung von der Garnisonsstadt in das derzeitige Ghetto noch nicht weit zurücklag. Kurz nach der Besetzung der Republik waren die früheren, höchstens fünftausend Bewohner - Militärs und deren Familien, Kaufleute, Handwerker - in einer Blitzaktion ausgesiedelt, und dann war dieses Ghetto errichtet worden. Mit einer bis auf das zehnfache oder noch höher schnellenden Belegungsziffer, trotz des hohen Durchgangs der Menschen. Also mußte es diese unterirdischen Ausgänge noch geben. Aber wie und wo? Paavo fand diesen Gedanke ungeheuer aufregend und überlegte lange an ihm herum.

Inzwischen bewegte sich die Schlange wieder schneller vorwärts durch den Flur. Ganz vorne wurde Paavo Krohnen an einen kleinen Tisch geschoben, auf dem Akten, Karteikästen, Formulare und Stempel lagen. Hinter dem Tisch saß ein Blaubetreßter, hier ohne theatralische Kopfbedeckung.

Von diesem wurde Paavo, wie alle anderen in der Schlange, vorschriftsmäßig abgefertigt. Er bekam die Nummer 25 225 T und seine ersten Essensmarken ausgehändigt und wurde mit Formularen und Scheinen überhäuft.

Paavo fiel sofort die Übereinstimmung zwischen dem Buchstaben T hinter seiner Nummer und dem Engramm auf den Fässern und Kisten an der 'Spedition' auf.

Ich bin wohl auch eine Stiftung des Trash-Konzerns, dachte er mit einer gewissen Belustigung. Oder ich bin selber 'Trash'.

Rasch verließ Paavo die 'Spedition' und machte sich auf den Weg zur nahegelegenen Uranuskaserne, die ihm laut Vordruck auf einem gelben Zettel zugewiesen worden war. Er nahm sich vor, noch heute einen ausführlichen Erkundungsgang durch die Stadt zu machen.

Je tiefer er in die Stadt vordrang, desto dichter erschienen ihm die Bemalungen vor allem auf den Hausmauern. Darunter waren wieder einige mit Grün übersättigte Landschaftsbilder. Weiterhin gab es szenische Darstellungen mit Motiven aus der Geschichte, der Mythologie und Religion einschließlich kunstvoll hineinkomponierter Inschriften und Wappen.

Paavo glaubte jetzt auch die Helligkeit in den Gesichtern der Menschen besser zu verstehen. Ihm war, als spiegelte sich in ihnen sozusagen die in der Stadt hier herrschende 'Als ob'-Grelle. Vor allem, sofern es die Menschen selber waren, die diese Grelle mit ihren eigenen Händen schufen und sich damit aktiv ausdrücken durften.

Fremd in diesem Farbenwirrwarr dazwischengesprenkelt glaubte Paavo weiterhin, Motive aus der internationalen Konsumwerbung prangen zu sehen: Autos, Zahnpasta, Textilien, Ferienreisen, Delikat- und Galanteriewaren. Außerdem begegneten ihm große, meist rotumrandete Plakate an den Mauern: Aufrufe, Anordnungen, Häftlingsnummernlisten. An einigen Gebäuden waren Transparente mit Fortschritts-, Kampf- und Jubelparolen angebracht.

Es schien ihm unvorstellbar, wie dies alles von den ausführenden Künstlern unter den Lebensbedingungen des Ghettos bewältigt werden konnte.

Ein bißchen nach der Art, wie man heute die Toten schminkt, bevor man sie aufbahrt, so sagte Paavo.

Je mehr er sich seiner Kaserne näherte, desto intensiver mischte sich in seine Beklemmung ein unerklärlich aufkeimendes Gefühl von Übermut und Trotz.

Abb. 5: František Zelenka, Blick auf den Hof von Terezín

Abb. 6: Vilém Eisner (1931–1944)

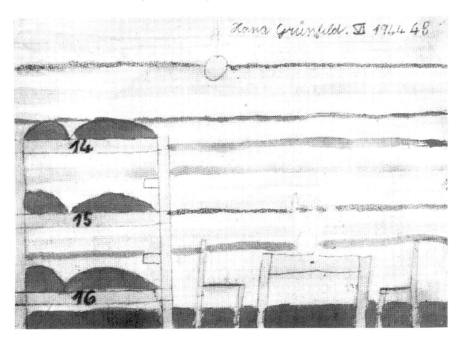

Abb. 7: Hana Grünfeld (geb. 1935)

IV

Paavo Krohnen kam quälend lange nicht dahinter, was es mit diesem 'Als ob' wirklich auf sich hatte. Er glaubte zuerst, man habe ihn absichtlich von der wahren Bedeutung dieses Ausdrucks fernhalten wollen. Denn besonders der Arbeitsbereich, dem er zuerst zugeordnet wurde, war das pure Gegenteil: beileibe keine Welt des Scheins, sondern drastische Wirklichkeit.

Während unserer ersten Gespräche in Helsinki und Brüssel mußte er oft ausholen und ich ihm helfen, bis er langsam damit herauskam.

Den unmittelbaren Fortgang nach seiner Ankunft in der Stadt gab er noch einigermaßen flüssig wieder.

So beschrieb er mir anschaulich die Verhältnisse in der Kaserne, die er zusammen mit über hundert Neuankömmlingen aus verschiedenen Transporten am selben Tag bezogen hatte. Der überfüllte, ungelüftete Schlafsaal. Die dicht aneinandergereihten Matratzen auf der Erde, die jeder wie sein eigenes Reich zu verteidigen hatte. Dann die desaströsen sanitären Bedingungen angesichts der um sich greifenden Diarrhoe. Die massive Ansteckungsgefahr vor allem über die krankheitsübertragenden Läuse, die einem bei der dichten Ansammlung von Menschen auf den Leib rückten und die es entschieden abzuwehren galt.

Kaum fragte ich Paavo jedoch nach seiner Tagesbeschäftigung, begann er sich wieder in seine Verwechslungen zu flüchten.

Tja. Ich hab' doch dieses Festspielstück schreiben müssen. Der Kulturausschuß hat so entschieden. Ein Wettbewerb, sagte er mit greisenhafter Stimme. Und dann noch verwirrender: Es war meine Pflicht, dem Leben zur Geltung zu verhelfen.

Erst als ich ihm irgendwann das Stichwort 'Arbeit' lieferte – womit ich seine Mitwirkung beim Ensemble meinte –, da fing er an zu erzählen, wie es wirklich gewesen war.

Arbeit?, fragte er erschrocken, um dann hervorzustoßen: Leichentragen, ja.

Und wie, um es hinter sich zu bringen, berichtete er in einem Atemzug und ohne die Maniriertheit, mit der er redete, sobald er sich mit Pierrot gleichsetzte.

Er hatte gleich nach seinem Einzug in die Uranuskaserne damit angefangen. Jeden Morgen war er zusammen mit etwa einem Dutzend fast zu Skeletten abgemagerten Gestalten, alle ebenfalls mit dem Buchstaben T hinter ihrer Nummer, in einem Kleinbus eine kurze Strecke aus der Stadt hinaus gefahren worden. Dorthin, wo ihm damals kurz vor der Ankunft diese süßlichen Dämpfe und der Aschengeruch entgegengeschlagen waren. Und dann hätten sie, so erzählte er, ohne Pause bis zum Abend die 'Arbeit' tun müssen.

Ich war ihm dankbar dafür, daß er sich nicht zu sehr in die Einzelheiten verlor.

Wir mußten Schritt halten, Schritt halten mit dem Sterben, so sagte er sinngemäß.

Das Wort Sterben sprach er nie direkt aus. Ich mußte erst langsam begreifen lernen, warum.

Aber die Asche hat meinen Stimmbändern gar nicht gut getan, sagte er als nächstes trocken und räusperte sich mit grimmiger Miene.

Dann deutete er an, sie hätten auch Särge fabrizieren müssen, schöne Särge, auf die sie alle stolz gewesen seien.

Nach einer Pause hellte sich sein Gesicht wieder auf, und er berichtete erleichtert, wie es ihm gelungen sei, jener 'Arbeit' zu entkommen. In mehreren Schritten und über einige Umwege.

Lange hatte Paavo nichts anderes dagegen tun können, als sich abzulenken. Dazu gehörte vor allem der Besuch kultureller Veranstaltungen während der freien Abende oder an Sonntagen. Konzerte, Oper, Schauspiel, Unterhaltung. Am wichtigsten freilich waren ihm die Vortragsabende seines Lehrers Iltis gewesen. Nicht nur wegen des Inhalts. Auch wegen des Vortragenden.

Er hatte mit dem Professor ziemlich wenig Kontakt gehabt seit der gemeinsamen Einlieferung ins Ghetto. Das lag vor allem an Paavos Scheu vor seinem einstigen Lehrer. Er bildete sich zumindest ein, daß der Alte weniger Interesse für ihn hegte als er für ihn, daß er zu sehr mit seiner Wissenschaft beschäftigt war - als Kraftquelle für sein Überleben. Iltis war im sogenannten Renommiertenhaus untergebracht. Dieses stand von der übrigen Bevölkerung etwas abgeschirmt an der Südostseite beim Wall am Karminweg, wie Q 5 im Zuge der Verschönerung jetzt hieß, also fast auf der Gegenseite zu Paavo Krohnens Uranuskaserne. Iltis hatte, wie viele Renommierte, keiner durchgehenden und einheitlichen Beschäftigung nachzugehen. Er war mit zwei sehr unterschiedlichen Aufgaben befaßt. Ein- bis zweimal am Tag mußte er die Essensausgabe im Innenhof der hauptsächlich von alten Männern belegten Jupiterkaserne vornehmen. Was ihn, ähnlich wie

Paavo Krohnen bei seinen Kartoffelzüchtungen damals, am Leben erhielt, da aus der Küche regelmäßig einiges für ihn abfiel. Abends hielt er im Klubhaus, einem ehemaligen Offizierscasino an der Südseite, Ecke Quellgasse/Moosgasse bzw. L 2/ Q 7, im alten Tanzsaal, Vorträge, die großen Zulauf hatten. Nicht nur seitens der Ghettobewohner und wahrscheinlich auch zivil getarnter Behörden. Auch die Blaubetreßten erschienen in vollem Wichs. Diese freilich aus etwas anderen Gründen. Sie wollten sich amüsieren, den Referenten verhöhnen. Meist lümmelten sie sich, ihre Mützen tief in die Stirn gezogen, in der ersten Reihe, grinsten und schwatzten dazwischen. Freilich immer vorsichtig und sich genau der Grenzen bewußt, die ihnen das Etikett des Musterlagers setzte. Nur wenige von ihnen hörten ernsthaft zu, die freilich bemüht, ihr Interesse vor den Kollegen zu verbergen.

Sämtliche Vorträge von Iltis wurden frühzeitig auf bunten Plakaten auf der Litfaßsäule vor dem Stadthaus angekündigt. Das Ganze natürlich gefiltert durch die Pseudozensur des Kulturausschusses. Es war immer eine ausgewogene Mischung aus Wunschthemen des Professors und Vorgaben von oben. Zu jenen gehörte vor allem Gedankengut aus Iltis' Philosophie, tiefschürfend und voller verhüllter Spitzen gegen das System. Das andere waren widerwillig absolvierte Pflichtübungen. Etwa die Bearbeitung von Populartiteln wie 'Die Welt der Taubstummen', 'Ballonflug in die Antarktis', 'Das Kind in der Literatur' oder - was Iltis in Anbetracht seiner anderweitigen Tätigkeit am Tage besonderes Kopfzerbrechen bereitete, ihm wie eine beabsichtigte Schikane vorkam und ihm mehrere Nächte Arbeit kostete - das Thema 'Chemie der Nahrungsmittel'. Diese Vortragsreihe gab es unabhängig vom nahenden Besuch der Kommission. Sie gehörte zum durchgehenden Kulturprogramm von 'Als ob'. Paavo Krohnen frequentierte sie besonders gern, obwohl er sich zu dieser Abendstunde kaum mehr auf den Beinen halten konnte. Und er schöpfte, in der - wenn man von den Blaubetreßten absah - mucksmäuschenstillen Zuhörermasse vergraben, aus ihnen mehr Kraft und Trost als aus allen anderen Freizeitveranstaltungen. Vor allem seine Tätigkeit im Krematorium vermochte er am folgenden Tage besser durchzustehen. Aber auch sein Entschluß, einen geeigneten Ausweg aus ihr zu suchen, festigte sich zusehends.

Während einer dieser Vortragsabende nahm sich Paavo vor, seinen Lehrer in dieser Angelegenheit um Rat zu fragen. Er wollte gleich nach der Veranstaltung zu ihm hingehen. Aber das Gedränge war zu groß, und Iltis wirkte überdies erschöpft. Paavo beschloß, ihn nicht zu stören. Er nahm sich stattdessen vor, ihn einmal extra aufzusuchen, an einem Feierabend oder Sonntag. Ihn im Renommiertenhaus aufzustöbern, wagte er nicht. Eine Begegnung im Hof der Jupiterkaserne, wo Iltis immer das Essen austeilte, erschien ihm geeigneter. Am besten danach, wenn Iltis allein war und die Fässer abräumte.

Es war an einem der Sonntage, die an sich für Reinigungsarbeiten, Läusesuchen und Gespräche reserviert waren. Paavo hatte, um nicht zu spät zu Iltis zu kommen, seine Essensmarke geschickt vor der eigentlichen Speisung beim Türhüter am Eingang zur Kasernenküche einlösen können. Er hatte sein Essen heruntergeschlungen und war dann aufgebrochen. Es war schon Abend, aber noch nicht dunkel. Beim Gang durch die Straßen bemerkte er, daß sich im Zuge der Verschönerung wieder einiges verändert hatte. Neue Wegweiser steckten in der Erde. Tafeln aus edlem, dunklem Holz mit eingeschnitzten Inschriften: 'Zur Post', 'Zum Musikpavillon', 'Zum Stadtmuseum'. An letzteres gelangte Paavo irgendwann zufällig. Dieses 'Stadtmuseum' war in Wirklichkeit eines der inzwischen fassadenhaft umgerüsteten und aufgeputzten Ghettokrankenhäuser an der Sonnenstraße. Über dem Eingang schwebte ein großes Schild in Zierschrift. In dem frisch ausgehobenen Beet vor der Einfahrt fehlten noch die Blumen. Dafür leuchteten hinter allen Fenstern im Erdgeschoß neue, bunte Gardinen. Der sonst hier aus der Mauer ragende Lautsprecherkelch war entfernt worden. Zur Jupiterkaserne an der östlichen Stadtperipherie in der Nähe des Walls mußte Paavo nur noch um die Ecke gehen. Sie lag an der 'Gletscherstraße'. Bis dorthin war die Verschönerung noch nicht vorgedrungen. Auf dem Dach der Kaserne sprossen immer noch die dürren, rutenähnlichen Triebe. Aus den geöffneten aber vergitterten Fenstern starrten viele graue Gesichter. Paavo passierte das offene, schmiedeeiserne Eingangstor zum Kasernenhof mit dem wachhabenden Blaubetreßten davor.

Der Hof war, wie alle Innenhöfe der Stadt, streng quadratisch angeordnet und in Anbetracht des hier herrschenden mächtigen Baustils von martialischem Aussehen. Auch er wurde auf allen vier Seiten von hohen, dunklen Säulengängen umschlossen. Massen von Menschen drängten sich in ihm. Auf eine der Säulengänge strebte eine besonders lange, nach hinten immer breiter werdende Menschenschlange zu. Iltis war nicht zu sehen. Wahrscheinlich teilte er, von den Hungrigen umringt und belagert, das Essen aus. Paavo bemerkte voller Ärger, daß er viel zu früh gekommen war und sich umsonst so sehr beeilt hatte. Das Ende der Essensverteilung war nicht abzusehen. Ungeduldig und mit knurrendem Magen versuchte er, von der Anzahl der wieder nach hinten Zurückkehrenden auf die noch restliche Dauer zu schließen. Die Leute trugen alle ihre Portion wie ein Heiligtum davon. Einige von ihnen auf Krücken, weswegen sie ihren Napf zwischen den Zähnen festhielten. Viele saßen schon, im Hof verteilt oder zu kleineren Gruppen zusammengeschart, und löffelten ihre Suppe. Andere, die schon fertig waren, palaverten oder starrten in die Luft. Vorne an der Gebäudewand hing der hier gebrauchte Gong, ein rostiges Kreissägeblatt mit einem an einer Schnur befestigten Holzscheit daran. Etwas abseits, in der Nähe eines Bretterhaufens entdeckte Paavo plötzlich einen vereinzelten alten Mann. Er saß, halb aufgerichtet, in einem ziemlich abgeflachten Erdtrichter, in dem früher einmal ein Baum gestanden haben mußte. Neben ihm lag ein umgekippter Essensnapf, sein Inhalt als Rinnsal auf der Erde. Der Mann fischte daraus ein paar übriggebliebene Bröckchen heraus. Der Unglückliche war offenbar gestürzt.

Paavo blieb weiter unschlüssig stehen. Auf einmal hörte er von ganz vorne aus der Essensschlange eine schrille Stimme rufen:

Bitte das Dicke von unten, bitte, bitte.

Angewidert verließ er den Hof, um draußen vor der Kaserne zu warten. Er hoffte, dort ein bißchen mehr Fröhlichkeit anzutreffen.

Während er vor dem Tor auf und ab ging, kam ihm eine Schar von Kindern entgegen. Die meisten von ihnen trugen dunkle, weiche Stoffmützen.

Tiri-li, Tiri-li, sangen sie in engelreinem, mehrstimmigem Chor.

Tiri-li, Tiri-li, die Puppe und die Mausefalle, klang es aus ihren gereckten Hälsen, während sie flink und leichten Schrittes an Paavo vorbeizogen.

Halli, hallo, wir müssen zur Kostümprobe, rief einer von ihnen, zu Paavo gewandt. Zur Kostümprobe...

Dann verschwanden sie alle unter auseinanderfallendem Lachen um die nächste Ecke.

Paavo erfuhr bald, daß sie die Kinderoper 'Traumulus' probten, in der es mehrere Chöre und viele Tierrollen gab. Geschrieben war die Oper von einem Paavo entfernt bekannten Komponisten. Sie war ein Paradestück, ein Dauererfolg im Ghetto, wurde schon fast seit dessen Bestehen mit immer wieder neuer Besetzung begeistert geprobt und aufgeführt. Auch die nächste Kommission sollte einige Szenen daraus vorgeführt bekommen.

Aus der Ferne drangen dumpfe Trommelschläge. Wieder aus einer anderen Richtung hörte man Blasmusik. Hier in der Stadt wurde offenbar mehreres gleichzeitig geübt und geprobt.

Nach einiger Zeit schaute Paavo wieder in den Kasernenhof hinein. Endlich war die Essensausgabe beendet. Die Menschenschlange hatte sich aufgelöst. Deshalb war jetzt Iltis zu sehen. Er stand allein auf einem Handkarren mit Metallfässern darauf. Sie waren jetzt leer, und Iltis fand von den hier anwesenden Menschen keinerlei Beachtung mehr.

Paavo Krohnen wollte gerade auf Iltis zugehen. Er stutzte jedoch und blieb stehen. Denn er sah, wie der Professor mit großen, seltsam eckigen Bewegungen seiner beiden Arme tiefe Verbeugungen nach allen Seiten vom Wagen herunter vollführte. An seinen Händen schlotterten weiße Glacehandschuhe. Zwischendurch drehte er sich nach rückwärts zu den auf dem Karren stehenden, leeren Fässern und tat so, als ob er daraus schöpfte. Dann beugte er sich wieder nach vorne. Dabei sah es so aus, als ob Iltis etwas entgegennähme: Lebensmittelkarten, leeres Eßgeschirr oder so - um es dann wieder gefüllt zurückzureichen. Immer feinere Einzelheiten offenbarte das Gebärdespiel. Zum Beispiel das Glattdrücken des im Gefäß Aufgehäuften, wobei den ausladenden Bewegungen zu entnehmen war, daß es sich nicht um die üblichen Näpfe handelte, sondern um festlich ausgegebene Teller.

Paavo traute seinen Augen nicht. Er begann immer heftiger herumzurätseln, was diese Pantomime sollte, so kurz, nachdem Iltis Massen wirklicher Menschen aus den Fässern bis zu deren Neige versorgt hatte. Verschiedene Erklärungen schwirrten ihm durch den Kopf. War es der Drang, die profane Verrichtung von vorhin mit Wunschphantasien auszuschmücken? Mit der Vorwegnahme eines der Kommission vorzuführenden, sättigenden Festmahles mit ganz anderen Gerichten aus anderem Geschirr, als ob es eine Musterspeisung wäre? Oder hatte der Hunger das Gehirn des Gelehrten schon so weit angegriffen? Waren es am Ende Paavos eigene Fieberträume, da es um sein Hirn nicht besser stand? Rasch meldeten sich andere Versionen. Iltis' lädierter Rücken. Vielleicht führte er Übungen durch zur Konsolidierung seiner Wirbelsäule. Dann mußte Paavo Krohnen plötzlich an die Vortragsdarbietungen des Professors im Klubhaus denken, die er besonders wegen ihrer, wie ihm als Schauspieler auffallen mußte, ausgesprochen theatralischen, ja dramatischen Note so sehr liebte. Vielleicht hatte sich Iltis, nach getaner Arbeit und daher von den anderen unbeachtet, zurück in diese seine Welt begeben und wollte sich in ihr noch ungehemmter als sonst austoben.

Paavo Krohnen wich zwei Schritte zurück. Er wollte nicht gesehen werden. Nicht von seinem geschätzten Lehrer und nicht so. Unbemerkt schlich er durch den Torbogen zurück auf die Straße.

Entmutigt kehrte Paavo in seine Wohnkaserne zurück.

Als er am folgenden Morgen gerade in den Bus zu seiner 'Arbeitsstelle' steigen wollte, erblickte er von weitem einen Mann, der ihm bekannt vorkam. Als dieser sich ihm näherte, erkannte er ihn als einen ehemaligen Studienkollegen aus Ungarn, inzwischen ebenfalls Schauspieler. Als auch der andere ihn entdeckte, kam er sogleich angelaufen. Beide waren hocherfreut, einander nach so langer Zeit wiederzusehen.

Mensch, was machst *du* denn hier?, fragte der andere Paavo. Du bist doch Schauspieler...Warum kommst du nicht zu *uns*...ins Freizeitensemble?

Paavo wollte zurückfragen.

Aber es ging alles viel zu schnell. Der Bus wartete. Paavo mußte einsteigen.

Ins Freizeitensemble...und wieder schauspielern...Hier im Ghetto? Was für eine großartige und völlig neue Idee, dachte Paavo während der Fahrt. Den ganzen Tag ließ ihn dieser Gedanke nicht los. Er kannte die Freizeitaktivitäten im Ghetto bisher nur von seinen eigenen Besuchen dort, hatte sich über deren Zustandekommen, deren Anzahl und deren verschiedene Aufgaben noch keinerlei Gedanken gemacht. Natürlich. *Das* war *die* Lösung. Weg aus dem Krematorium, und dann noch in den alten Beruf zurück. Sein aus der Übung gekommenes Gehirn wieder trainieren. Wie oft er in letzter Zeit diesen Wunsch, vor allem bei seinen Besuchen der Kulturveranstaltungen, verspürt hatte. Und das sollte jetzt Wirklichkeit werden? Der Gedanke ließ ihn nicht mehr los.

Abends machte er sich gleich auf die Suche nach dem ungarischen Kollegen. Er wußte nicht, wo dieser untergebracht war, hatte sich mit ihm in der Eile darüber nicht verständigen können. Seine Suche blieb ergebnislos.

Wieder vergingen ein paar Tage. Paavo nutzte jede freie Minute, um weiter nach jenem Kollegen und nach anderen zu suchen, die ihm etwas über diese Freizeitensembles sagen konnten. Lange erhielt er nur sinnlose, falsche oder nebensächliche Auskünfte. Zum Beispiel, was die Essens- oder sonstigen Sonderzuteilungen an die Ensemblemitglieder betraf oder deren Freistellung von anderweitigen Verpflichtungen usw. Bis ihm jemand schließlich den Kulturausschuß als das im Ghetto zuständige Gremium nannte, ihm das Wichtigste über dessen Funktion erklärte und ihm riet, sich in dieser Angelegenheit an den Maler Joos zu wenden, der diesem Ausschuß angehörte. Wieder ein anderer vermittelte ihm einen Termin mit dem Maler. Es war wieder an einem Sonntag.

Paavo war froh, mit dem nötigsten Vorwissen ausgestattet zu sein, als er sich auf den Weg machte.

Er verstand jetzt, wie es zu seiner Einteilung in das Krematorium gekommen war. Zuständig dafür war der sogenannte Arbeitseinsatzausschuß gewesen, einer der vielen Selbstverwaltungsorgane zur Disziplinierung und Beaufsichtigung der Bewohner. Diese Selbstverwaltungsorgane waren alle nur mit scheinbaren Befugnissen ausgestattet. In Wirklichkeit waren sie ein verlängerter Arm der 'Goliaths'. Paavo hatte gestern diesen Ausdruck zum ersten Mal gehört. Zu den 'Goliaths' zählte alles auf der Gegenseite, auf der Seite der Täter, der Peiniger und Machthaber, die meist unsichtbar von der Kommandantur aus operierten: der Kommandant und seine Schergen, die Behörden, die Geheimpolizei. Paavo hoffte nun, mit Hilfe des Malers Joos durch den Kulturausschuß von seiner verhaßten Beschäftigung losgeeist zu werden. Denn die verschiedenen, dem einen Zentralausschuß zugeordneten Einzelausschüsse waren in bestimmten Fällen um eine Interessenkoordinierung bemüht. Oder sie durften dieses Bemühen wenigstens spielen.

Von Joos hatte er gehört, daß dieser als freischaffender Künstler ausschließlich für Verschönerungsarbeiten in der Stadt und für das Erstellen von Kulissen und Requisiten für die Schauspiel- und Opernveranstaltungen im Ghetto eingesetzt worden war. Hier interniert hatte man ihn wegen seiner Zugehörigkeit zum

'Stamm' und seiner angeblich zersetzenden Bilddarstellungen von Krieg und Gewalt, Krankheit und Vernichtung. Joos pflegte Woche um Woche praktisch rund um die Uhr durchzuarbeiten. Auch an den Sonntagen. Nur selten war es ihm vergönnt, eine Nacht voll durchzuschlafen.

Heute saß Joos wieder an seinem festen Platz im Ostteil des Ghettos. Zwischen dem Park, an dessen Rand Paavo Krohnen damals bei der Ankunft die künstlichen Blumen hatte leuchten sehen, und dem eisernen Eingangstor zur Jupiterkaserne, in deren Hof Iltis das Essen ausgab.

Joos zeichnete gerade eifrig auf einer riesigen, hellbraunen, an einer Staffelei aufgespannten Packpapierfläche, als Paavo auf ihn zutrat. Neben ihm erblickte Paavo ferner Bretter mit aufgemalten Pferdchen, Spielautos, Flugzeugen und Weltraumschiffchen. Alles war kreisförmig zu einer Karussellattrappe angeordnet. Auf dem Boden dazwischengestreut lagen mehrere blecherne Nierenschalen, Kohlestifte, beschriftete Farbtöpfe, ein Schwamm, Lappen, und eine ganze Kollektion von Pinseln. Die vielen, in unmittelbarer Nähe von Joos vorbeiströmenden Menschen nahmen kaum Notiz von ihm. Malarbeiten in der Stadt gehörten zum Alltäglichen. Außerdem war dies schon lange Joos' Stammplatz.

Terminarbeit... Terminarbeit, seufzte Joos, ohne seine Arbeit zu unterbrechen, als Paavo Krohnen dicht vor ihm stand.

Endlich blickte Joos kurz hoch. Er hob zerstreut die eine von Kohle und Farben vollgeschmierte Hand und verzog sein vernarbtes, gelbliches Gesicht zu einem angestrengten Lächeln, das seine Stummelzähne sichtbar machte. Dann blickte er wieder auf seine Arbeitsfläche und zeichnete weiter. Er saß gebückt da, seinen kahlen und markanten Schädel tief zwischen die Schultern gezogen, so als wollte er damit besonders seine Unbeugsamkeit zur Schau stellen.

Sie wollen in eines der Freizeitensembles?, fragte der Maler mürrisch. Er war offenbar auf Paavos Besuch vorbereitet. Paavo war im ersten Augenblick froh, daß der andere ihn wenigstens ansprach, wo er doch vor Aufträgen gar nicht wußte, wo ihm der Kopf stand.

Ja, antwortete Paavo rasch.

Hmm, grunzte Joos und arbeitete konzentriert weiter.

Paavos Hoffnung schlug in Enttäuschung um. Warum war Joos so abweisend und schroff? Paavo führte dies nicht nur auf Zeitknappheit zurück. Es kam ihm auch ein wenig wie gespielte Gleichgültigkeit vor, so als hätte der andere etwas zu verbergen.

Ja. Eins dieser Ensembles käme da wohl in Frage, murmelte Joos nach einer quälenden Pause. Aber ich weiß nicht, was ich da ausrichten kann. Bin selber bis über die Ohren eingedeckt. Zurzeit drei Sachen gleichzeitig. Die komplette Kinderspielplatzgarnitur im Westpark, die ganze Kaufhausfassade im Zentrum... und das hier auch noch ... Und jedes Kind weiß, was passiert, wenn wir die Termine nicht einhalten... Aber unsereins schafft das ...unsereins schafft das.

Er zeigte auf die Staffelei vor sich. Paavo reckte sich ein wenig vor und schaute über den Rand des aufgespannten Papiers. Sein Blick erfaßte kurz die in Arbeit befindliche Vorderseite. Er sah einige teils scharfe, teils breite schwarze Linien, mit größeren und kleineren ebenfalls schwarzen Flächen und Schraffierungen dazwischen. Sie waren wie Leitlinien und Markierstellen gleichmäßig über die Fläche verteilt.

Joos zeichnete eifrig weiter. Sein über das Papier eilender Kohlestift ergänzte und verdichtete die Skizze laufend mit neuen Linien und mit immer detaillierter ausgestalteten Flächen und Gebilden. Er brachte sie, je nach Dicke oder Dünne, mit der Schmalkante oder mit der Breite seines Stiftes an. Einige verwischte er mit dem Schwamm zu einem gleichmäßigen Übergang zwischen Schwarz und der Farbe des Papiers. Immer deutlicher ließ sich erahnen, daß es sich um eine kartographische Darstellung handelte, mit angedeuteten Grenzlinien, Flüssen, einem großen See, bergähnlichen Erhebungen sowie durch Verkehrswege miteinander verbundenen Städten oder kleineren Siedlungen.

Ja, das ist ein Quadrat einer Kulisse, erläuterte der Maler. Eins von zehn Quadraten pro Bühnenwand. Fürs Festspielstück. Zweiter Akt.

Das letzte brummte er wieder kaum hörbar und blickte angestrengt auf seine Arbeit.

Festspielstück?

Paavo Krohnen ging erst jetzt richtig auf, wie wenig auf dem Laufenden er war.

Ja, für die Kommission, antwortete Joos. Diesmal ein Riesenaufmarsch, mit den höchsten Vertretern von Staat und Armee auf der Gastgeberseite. Da müssen wir unser Letztes geben.

Kommission?... Ich dachte... die Blumen damals... als ich hier ankam... die waren doch schon für die Kommission... haben sie jedenfalls gesagt...

Seit wann sind Sie denn hier?

Ich... seit... zwei Monaten... nein... vor drei... oder sinds vier?... Ach, ich weiß es nicht. Zwei Monate bestimmt. Zwei Monate... Hmm ... Weiß nicht... Jedenfalls ist jetzt große Kommission.

Und dafür gibt's ein Festspielstück?

Ja. Von langer Hand vorbereitet, rief Joos laut. Dabei fixierte er mit schräg zurückgezogenem Kopf eine noch freigebliebene Stelle am Rande seines Blattes. Dann setzte er mit seinem Stift dort an.

Macht jedenfalls mehr Spaß als das da, fuhr er nach einer Pause fort und zeigte mit seiner freien Hand auf die Hausmauer gegenüber dem Kasernentor.

Auf dieser war, neben einem der Lautsprecherkelche, ein großflächiges Bild in üppigen Farben aufgemalt. Es war Paavo Krohnen schon des öfteren aufgefallen, wenn er hier vorbeigegangen war, und er mußte es jetzt erneut auf sich wirken lassen. Es war ein Landschaftsbild wie andere in der Stadt auch. Dieses jedoch mit einer seltenen Zusammenballung nostalgischer Motive: ein breiter Wasserfall, Büsche, Wiesen und Blumen, in der Abendsonne rosa leuchtende Flamingos und im Hintergrund zarte Nebelschwaden. Wahrlich ein Kontrast zum kargen Schwarz auf der Staffelei, an der der Maler derzeit arbeitete. Paavo Krohnen fröstelte es beim Anblick dieses Bildes. Gleichzeitig ergriff ihn ein unheimlicher, aber irgendwo angenehm rauschhafter Schwindel.

Das da ist Lüge ... 'Als ob'..., stieß Joos mit rauher Stimme hervor. War eine besondere Strafe für mich, es hinzuklacksen... Und was ich eigentlich malen wollte, das ging nur nach Feierabend... heimlich und versteckt... Aber das hab' ich jetzt nicht mehr nötig. Denn das hier ist nackte Realität, dazu noch offiziell auf dem Programm und angeordnet.

Joos zeigte stolz auf sein entstehendes Werk. Auch Paavo Krohnen wagte sich jetzt dicht vor die Staffelei und verfolgte mit größter Aufmerksamkeit jede Handbewegung des Malers.

Ja, ja. Ein hartes Stück, das uns der Poet da beschert hat, fuhr Joos fort, während er begann, Farben in einer der Nierenschalen zu mischen. Ein interessantes Stück, ja, ja. Das beste aus dem Wettbewerb vom Kulturausschuß. Ein Stück, mit dem den Goliaths gezeigt werden soll, wer wir sind. Wir Andersriechende, wir Linksfüßler, die nicht zu ihrem Inbegriff gehören. Wir Auserwählte des Leidens.

Das letzte hauchte Joos nur noch. Dazu rollte er beängstigend mit den Augen.

Jetzt rührte er mit mehreren dicken Pinseln wechselweise kleine Mengen verschiedener Farben in mehreren Schalen an: Krapplack, Chromoxidgrün, wie es auf den aufgeklebten Etiketten stand, lichtes Ocker, Siena gebrannt und Vandyckbraun unter wiederholter Zugabe von Titanweiß. Das Ergebnis waren lauter fein abgetönte Varianten derselben, auf den ersten Blick schmutzigen Graugrünbraunschattierung. Eine durch Pariserblau etwas abstechende Farbmischung war für das Übermalen der vorgezeichneten Gewässer bestimmt, eine andere mit etwas Zinnoberrot wahrscheinlich für die Berge.

Paavo war von der großen Auswahl der dem Maler hier im Ghetto zur Verfügung stehenden, feinen Farben überwältigt. Er wollte sich danach erkundigen, wich jedoch auf eine andere Frage aus.

Und das... wird eine farbige Landkarte?, fragte er unsicher.

Na, was denn sonst?

Für die Kommission?

Joos unterbrach seine Arbeit und schaute Paavo verständnislos, ja zornig an. Kommission?, rief er in nachäffendem Ton. Ei gewiß. Aber die kriegt nichts von mir geschenkt. Die soll sich mal feinsäuberlich das Stück von vorn ansehen...wenn alles so weit ist und das Ding auf den Brettern steht.

Joos zeigte mit einer kantigen Bewegung auf die Staffelei.

Ja, ja, natürlich, überspielte Paavo schnell seine Verwirrung und lenkte erneut auf ein anderes Thema.

Ob dieser Poet denn auch dem 'Stamm' angehöre, fragte er Joos, in der Hoffnung, nicht wieder einen Fauxpas zu begehen.

Joos mischte noch eine Weile stumm seine Farben an. Dann begann er mit dem Kolorieren. Da die Farben sehr trocken waren und Joos äußerst sparsam mit ihnen umging, ging das Auftragen derselben nur langsam und mit schabenden Geräuschen vonstatten.

Irgendwann schien der Maler vermehrt von einem Gefühl der Ruhe und des Gleichmaßes erfüllt zu sein. Er ging jetzt, während er arbeitete, auf Paavos letzte Frage ein.

Mindestens zur Hälfte gehöre der Poet dem 'Stamm' an, sagte er. Über einen Elternteil. So ähnlich wie seine Frau Sina, die auch hier im Ghetto sei.

Joos erläuterte dies von sich aus weiter. Dabei hörte Paavo Krohnen zum ersten Mal den Namen des Poeten: Pierrot. Als zweiten Spitznamen haftete diesem die wundersame Bezeichnung 'Cvok' an, die aus dem Tschechischen stammt und soviel wie 'Zwecke', 'Sonderling', 'Dreikäsehoch' oder, weniger schmeichelhaft, 'Narr' heißt.

Dann erfuhr Paavo das Wichtigste aus der Vorgeschichte des Festspielstückes, an dessen Kulissen Joos arbeitete. Besonders die Entwicklung der letzten Zeit, die an Paavo Krohnen vorbeigegangen war.

Der besagte Poet war im Ghetto bisher nur mit kleineren Beiträgen hervorgetreten. Ein von ihm verfaßtes Kindermärchen von einem Hasen und einer Geige war im vergangenen Jahr nicht einmal zur ersten Probe gelangt. Der knapp zehnjährige Junge, der den Hasen spielen sollte, war kurz davor AUSGEFALLEN.

AUSGEFALLEN?

AUSFALLEN hieß, wie Joos weiter erläuterte, in 'Als ob' nicht nur im engeren Sinn 'für eine bestimmte Aufführung oder Probe eines im Ghetto einstudierten Werkes nicht mehr verfügbar sein'. Es war der geläufige Ausdruck für überhaupt 'verschwinden', 'abberufen werden', auf geheimnisvolle Weise für immer 'wegkommen'. Die dezentere und abstraktere aber auch gewagtere und deshalb immer auch in gesenktem Tonfall ausgesprochene Version lautete: NICHT MEHR SEIN. Der oder die IST NICHT MEHR. EIN NICHT MEHR SEIENDER bzw. EINE

NICHT MEHR SEIENDE. Dies war die absolute Zulässigkeitsgrenze. Darauf griff man auch nur selten zurück. Der gebräuchlichste Ausdruck blieb AUSFALL, AUSFALLEN. Die strikte Vermeidung bzw. Umgehung des eigentlichen Wortes unterlag einem stillschweigenden Abkommen der Bewohner untereinander sowie mit den Goliaths der Stadt. Es war, als glaubte man, damit sich selbst gegen das Gemeinte schützen zu können. Es war eine Sprachregelung, ein hochsensibles kommunikatives Arrangement. Aber man hielt sich nicht ungern daran, da es zusätzlich die seelische Spannung aufrecht hielt, die zum Überleben beitrug.

Der AUSFALL dieses Jungen jedenfalls, er hieß David Benjamin, war für Pierrot eine Katastrophe gewesen. Nicht nur wegen des Stücks und dessen Hauptrolle. Vor allem wegen des Jungen, der Pierrot tief ans Herz gewachsen war. Dessen vielversprechende Begabung, die herzerfrischende Fröhlichkeit, der unbeugsame Wille, mit dem er sich beim gemeinsamen Einüben seiner Rolle gegen alle Widrigkeiten und Bedrohungen des Alltages hinwegzusetzen vermocht hatte, gegen den Hunger, die Angst, Krankheiten, ständigen Durchfall, aufgesprungene Hände usw. Als David Benjamin in einer Blitzaktion mitten in der Nacht vor der ersten eigentlichen Probe zusammen mit der ganzen Etage seines Wohnheims weggebracht worden war, um für einen neuen Kindertransport am folgenden Tag Platz zu schaffen, war Pierrot außer sich. Er war überhaupt nicht mehr zu beruhigen gewesen. Man bot ihm, wie immer in solchen Fällen, Ersatz an. Ein anderes, etwa gleichaltriges Kind. Aber er lehnte ab und ließ die ihm aufgetragene Einstudierung platzen. Ein unglaubliches Wagnis. Denn diese Aufträge waren heilig. Abgesehen davon, daß man sich damit auch um die Sondergratifikationen brachte, die man für jede Darbietung bekam, welche bei den Goliaths Gefallen fand. Gelähmt und wie aus der Bahn geworfen, hatte sich Pierrot daraufhin von allem zurückgezogen. Er hatte herumerzählt, er sei zu nichts mehr fähig, es sei aus und zu Ende mit ihm, er habe 'ausgeschrieben'.

Bald jedoch erfolgte das Preisausschreiben des Kulturausschusses: 'Verfaßt ein Stück... Irgendeins... Es muß nicht aus dem Leben des Ghettos sein. Aber das beste führen wir auf... Als Festspielstück für die Kommission.' Joos wußte nicht, wieviele es sonst noch versucht hatten. Aber der Poet schrieb jedenfalls. Still und eifrig. Und trotz anfänglichem Widerstreben weihte er bald, Szene für Szene, einen kleinen, privaten Literaturzirkel im Ghetto damit ein und machte schnell Furore. Der zu diesem Zirkel und auch zum Kulturausschuß (aber nicht zur Festspiel-Jury) gehörende Lehrer Jakob P. war als erster leidenschaftlich für dieses Stück eingetreten und hatte überall Mundpropaganda dafür gemacht. Auch in der Jury. Besonders in Anbetracht des darin versteckten Zündstoffs und des hohen Öffentlichkeitsgrades der nächsten erwarteten Kommission. Pierrot wurde gedrängt, das Stück einzureichen, bevor es fertig war. Die Jury war hinsichtlich ihres Urteils anfangs gespalten. Man erkannte rasch das Wagnis, das mit einem solchen Stück verbunden war. Ängste und Bedenken wurden geäußert.

Warum Ängste?, fragte Paavo.

Na ja. Ein Stück, das an ein solches Tabu rührt. Das Tabu Nummer eins.

Paavo verstand nicht. Er ließ den Maler weiterreden.

Restlos in seine Malarbeit vertieft, schienen seine Worte wie losgelöst von seiner Aufmerksamkeit und ohne die im Ghetto selbstauferlegte Kontrolle und Zensur dahinzufließen.

Nach langem Hin und Her wurde in der Jury der Widerstreit gelöst, so fuhr Joos fort. Zugunsten von Pierrots Stück. Es wurde zum Festspielstück gewählt.

Seitdem haftete Pierrot, neben 'Cvok', auch der Beiname 'Poet' an.

Die letzte aber zugleich kritischste Hürde nach der Entscheidung durch die Jury war die Zensur in der Stadtkommandantur gewesen. Denn es war immerhin ein Festspielstück. Diese Zensur gab es im Ghetto strenggenommen nie. Es sollte ja grundsätzlich alles aufgeführt werden dürfen, was nicht zu offensichtlich gegen den geltenden Kodex verstieß. Selbst in diesem Fall hatte der Kulturausschuß relativ freie Hand und konnte die im Hintergrund lauernden Goliaths geschickt überlisten. Dies wurde möglicherweise dadurch begünstigt, daß das Stück noch keinen sicheren Schluß hatte und auch der endgültige Titel fehlte. Was für diesen Autor nicht untypisch war, aber hier eben von Vorteil, obwohl von ihm vielleicht gar nicht beabsichtigt.

Pierrot wurde daraufhin mit erstaunlichen Kompetenzen ausgestattet. Er bekam die Regie übertragen, durfte eigenhändig sein Ensemble zusammenstellen und erhielt Räume und eine großzügige Ausstattung zugesichert. Dann ließ man ihn in der Ghettobibliothek zwischen der Thermengasse und dem Diamantenweg einige von ihm gewünschte, abschließende Recherchen anstellen. Für noch fehlende Details und auch, um das Stück passend abzurunden. So hatte der Poet zum Beispiel schon lange vergeblich nach gewissen Angaben zu einem historischen Kriegswappen und einem ausgefallenen Trommelrhythmus für eine Szene im ersten Akt gesucht. Dies hatte ihm keine Ruhe gelassen, und er war froh, jetzt zu einem festen Schluß zu kommen.

Ich habe von Paavo Krohnen bis heute nie richtig erfahren, wie lange die Vorbereitungszeit bis zu jenem Kommissionsbesuch wirklich war. Waren es Jahre, die Paavo im Ghetto verlebt hatte? Und die Einstudierung des Stücks nebst allen anderen Vorbereitungen auf jene Kommission? Dauerte sie Monate? Oder ein Jahr oder länger? Vielleicht auch nur Wochen? Der Dichte der Ereignisse nach müssen es mindestens Monate gewesen sein.

Beim Stichwort 'Bibliothek' erfuhr Paavo Krohnen von Joos auch zum ersten Mal von den traumhaften Bücherbeständen in der Ghettostadt: Es gab in dieser legendären Bücherei Tausende von Titeln. Aus der Geschichte, der Belletristik und der Popularmedizin. Ferner landwirtschaftliche Fachwerke, Kochbücher, Reiseliteratur, Werke antiker Schriftsteller in der Ursprache, Bibeln, mathematische Lehrbücher, eine chinesische Grammatik und haufenweise Musiknoten und Partituren.

Wahnsinn, diese Menge, warf Paavo dazwischen.

Woher sollte sie auch kommen, außer von uns selbst?, bemerkte Joos lakonisch. Lauter Angesammeltes aus dem Gepäck der Deportierten. Unsereins kümmert sich eben mehr um Bücher als um die lebenswichtigen Dinge des Alltags. Und die haben sie uns weggenommen und in die Bibliothek gesteckt.

Paavo mußte an den kostbaren, auseinanderfallenden Ledereinband des Buches denken, das Iltis während des Transportes vor sich aufgeschlagen und eifrig studiert hatte. Ob dieses inzwischen auch in der Bibliothek gelandet war? Er selber hatte auf dem Transport keines mit sich geführt.

Paavo fragte nach dem Zugang zur Bücherei.

Zu normalen Zeiten immer, sagte Joos. Wenn man den vorgeschriebenen Weg über den Kulturausschuß geht.

Während der normalen Zeiten?

Na ja, während der Kommissionsbesuche ist das natürlich anders. Dann dürfen, ja müssen, möglichst viele von uns hin. Die Kommission soll schließlich glücklich versunken lesende Menschen sehen.

Pierrot war zur Vorbereitung auf seine Proben jedenfalls dort gewesen. Aber offenbar war in der Fülle der Bücherbestände nichts von Nutzen für seine Recherchen gewesen. Paavo wollte dies von Joos eigentlich auch gar nicht weiter hören. Der jetzige Stand der Einstudierung, das Ensemble, das Stück, interessierten ihn immer brennender. Aber Joos erzählte, weiter vor sich hin malend, weiter und weiter, sichtlich vergnügt, Paavo auf die Folter zu spannen.

Er führte in immer überflüssigeren Details aus, wie Pierrot seinen Bibliotheksaufenthalt auch für andere, unerlaubte Dinge genutzt hatte. Nämlich für die Briefe, die er dort heimlich seiner fernen Geliebten schrieb, aber nie abschickte. Es war eine längst verflossene Beziehung aus seiner Jugendzeit. Sie hieß Maria. Eine der vielen Phantasmen, unerfüllten Träume, Sehnsüchte und Illusionen des Poeten. Dieses Wunschbild hielt sich schon seit Jahrzehnten, obwohl er seine Freundin nie mehr gesehen hatte. Die Frau haftete in seiner Vorstellung wie ein unauslöschliches Phantom. Bis in die Einzelheiten ihres Äußeren. Besonders was ihre ihn ständig verfolgenden, großen, blauen, halb Engels-, halb Teufelsaugen betraf, wie er sie wenigen Eingeweihten gegenüber häufig beschrieb. Immer wieder mußte er sich darüber in seinen Briefen an sie ausleben und davon sprechen. Wie oft hatte sich der Maler diese vertrackte, verrückte Geschichte anhören müssen, meistens unter dem Sternenhimmel. Wozu auch Pierrots wiederholte Behauptung gehörte, daß diese Maria ihn dringend wiederzusehen wünschte, ohne daß ersichtlich wurde, woher Pierrot dies wußte. Auch Pierrots diesbezügliche Gewissensbisse gegenüber seiner Frau Sina kamen dabei zur Sprache. Sina, die ihrem Gatten immer treu die auf ihrer alten Erika abgetippten Manuskripte hinterhertrug. Aber nun ja, mein guter, guter Pierrot, so hauchte Joos innig und mit einer Paavo überraschenden Warmherzigkeit und Sanftheit. Jedenfalls verständlich, daß diese Bibliotheksstudien so nicht viel erbringen konnten, wie Joos mit Bedauern bemerkte.

Paavo wunderte sich über Joos' Gesprächigkeit, seine Auskunftsfreude bezüglich Pierrot, besonders, was dessen Privatleben betraf. Und das ihm, Paavo, einem Fremden, gegenüber, wo doch hier in diesem Ghetto höchste Vorsicht geboten war. Ob Joos Paavo gegenüber so schnell Vertrauen gefaßt hatte? Oder spürte er gar hellseherisch die sich zwischen Paavo und Pierrot wie zwischen einem Geschwisterpaar anbahnende geistige Verwandtschaft?

Joos fuhr mit seiner Erzählung fort. Er berichtete von den ersten konkreten Vorbereitungen zur Einstudierung. Aber ach, die standen unter keinem guten Stern, mit diesen geradezu unüberwindlichen Anfangsschwierigkeiten und Verzögerungen, wie Joos sagte. Das klang für Paavo zwar etwas allgemein und wenig greifbar aber doch so, vielleicht sogar von Joos beabsichtigt, als hätte er, Paavo, irgendwelche Chancen, zumindest am Rand, in das offenbar lückenhafte Projekt miteinzusteigen.

Paavo begann immer ungeduldiger nachzufragen. Er wollte alles auf einmal wissen. Das Stück und seine Handlung. Die darin spielenden Personen. Das Ensemble. Die anderen Ensembles in der Stadt. Die Struktur und Organisation des hiesigen Kulturlebens überhaupt. Er war vor seinem Gang zu Joos von alledem nur andeutungsweise unterrichtet worden. Dann nannte er noch den Namen des ungarischen Kollegen, der ihn, Paavo, als erster auf die Existenz dieser Freizeitensembles aufmerksam gemacht hatte: Laszlo.

Laszlo? Kenne ich nicht.

Nun erfuhr Paavo, daß es in der Stadt drei feste, dem Kulturausschuß zugeordnete Einrichtungen, sogenannte Sektionen gab: die für sakrale Kunst, die für Unterhaltung und Folklore und schließlich die unter anderem für Pierrots Stück verantwortliche 'Klassiksektion'. Jede Sektion bestand wieder aus mehreren Instrumental-, Gesangs- und Schauspielensembles. Die Sektionen hatten alle weitgehend freie Hand bei der Auswahl ihrer Stücke und Werke. Nicht nur die Klassiksektion, auch die folkloristische und die sakrale mit Werken aus allen Religionsgemeinschaften. Das Kulturschaffen aus dem 'Stamm' war selbstverständlicher Bestandteil des Programms in 'Als ob'.

Dann endlich ließ Joos die Katze aus dem Sack.

Tja, sagte er, legte seinen Pinsel beiseite und wischte sich mit einem Lappen seine farbverschmierten Finger ab. Es gibt in diesem Festspielstück ein großes Problem. Eine Rolle ist noch unbesetzt... Oder sagen wir, unbesetz-bar... Daran hakt das Ganze.

Eine Rolle... im Festspielstück?

Ja, antwortete Joos und schwieg bedeutungsvoll.

Jetzt fragte Paavo direkt nach dieser Rolle.

Joos antwortete nicht und blieb regungslos sitzen.

Paavo beschloß, weiter auszuholen und erkundigte sich nochmals nach der Handlung des Stückes überhaupt, die er noch immer nicht kannte.

Die Handlung? Och. Schwierig. Interessant. Hab ich ja schon gesagt. Es geht um große Kriege... Sklaverei... und Epidemien... Um dann geheimnisvoll hinzuzufügen: Nein. Es geht um viel mehr. Es geht um das zentrale Thema. Aber sozusagen in der Umkehrung. In der Form der Verweigerung.

Verweigerung?

Paavo ballte unwillkürlich eine Hand zur Faust.

Ich weiß. Ich habe es auch noch nicht ganz verstanden, antwortete Joos und machte ein nachdenkliches Gesicht. Aber das Ganze ist eine Anklage, die die Sache auf den Punkt bringt... oder es jedenfalls versucht, fügte er hinzu.

Joos zeigte mit einer ausladenden Geste nach längerer Zeit zum ersten Mal wieder auf sein entstehendes Werk. Auch Paavo hatte lange nicht mehr hingeschaut. Er war erstaunt über die Form, die das Bild inzwischen angenommen hatte. Jetzt war es eine richtige Landkarte mit erkennbar kleinem Maßstab, was logisch erschien in Anbetracht dessen, daß es nur ein kleiner Ausschnitt war aus einem offenbar sehr großflächigen Bühnenbild. Aber es sah recht grausig aus. Mit seinen düsteren, eintönigen Farben, den spärlichen Gewässern, den kegelförmigen Erhebungen und kraterartigen Mulden ließ es an die Oberfläche eines von Kloaken durchzogenen und mit Wohnsilos versehenen toten Himmelskörpers denken. Paavo stellte sich mit einem gewissen Entsetzen das ganze Bühnenbild vor.

Schuld an allem ist der große Demiurg, der Demiurg Ascha, fuhr Joos, auf das Bild deutend, fort. Der fordert das alles heraus... über seinen Sklavereiminister... Und da ist noch ein Arzt, der irgendwie vermittelt... und einige Nebenrollen...

Und welche ist noch nicht besetzt?

Äh– eine größere, wichtige... eine große... eine Art Schlüsselrolle... für die hat sich bisher noch niemand Passendes gefunden... oder sagen wir: der bereit ist, sie zu übernehmen.

Warum nicht?

Wir dachten zuerst, das hätte vielleicht etwas mit dem fehlenden Schluß zu tun. Hat es aber nicht.

Wieder folgte eine quälende Pause.

Ich hab ja direkt mit dem Stück nichts zu tun, bin hier nur der Dekorateur und Ausschußmitglied, wich Joos aus und krümmte seinen Rücken noch tiefer.

Aber ich denke, so fuhr er wieder flüssig fort, die Rolle dürfte auf Sie zugeschnitten sein... geradezu ideal.

Paavo erschrak und sah Joos perplex an.

Ich meine, bei Ihrem Einsatz da draußen vor dem Wall... sind Sie eigentlich prädestiniert dazu, ergänzte er und grinste frech.

Paavo Krohnen verstand nicht und verstand doch oder ahnte es zumindest. Er spürte voller Ärger, daß da an Dinge gerührt wurde, die Joos selbst eben noch als hier streng verboten erklärt hatte. Und dann verknüpfte er dies auch noch ungehörig mit seinen so sparsamen Auskünften über das Stück.

Der sich dadurch bildende Knoten störte noch empfindlich den Gang von Paavo Krohnens Nacherzählung mir gegenüber.

Paavos Stimme wurde an dieser Stelle immer höher und leiser. Seine toten Augen unter dem weißen Gebüsch der Brauen und der gesenkten Lider wirkten noch kleiner als sonst. Und er begann jetzt wieder mit seinem Verwirr- und Verwechslungsspiel, sprach von Joos als 'ich' und schlüpfte, sobald dieser von Pierrot sprach, wieder in dessen Rolle, um dann nur noch Pierrot zu sein. Und dann wieder dieses 'Jaa... so ist das' und 'jaa... so war das' usw.

Es war einer der Augenblicke, in denen ich unter Paavos Leiden selber litt und wieder einmal an der Berechtigung meiner ganzen Befragung ernsthaft zweifelte.

Ich brach das Interview ab und vereinbarte mit ihm, ihn am nächsten Tag wieder in seinem Brüsseler Hotel abzuholen.

Aber dann disponierte ich kurzfristig um und organisierte für ihn einige unterhaltsame Ablenkungen gleich für mehrere Tage: eine ausgiebige Stadtrundfahrt mit den Brüsseler Panorama-Tours, eine Führung durch die wichtigsten Kirchen, Kathedralen und Basiliken der Stadt sowie einen Tagesausflug nach Gent, Brügge und an die belgische Nordseeküste. Begleiten ließ ich ihn durch einen Freund aus der Kulturredaktion des Rundfunks. Ich nutzte die Zeit, um mich selbst ein bißchen auszuruhen, so wie auch Paavo mit Sicherheit froh und dankbar war, ein bißchen Luft holen zu dürfen.

Umso bestürzter war ich über das Ende der unserem Gast bescherten Exkursion.

Vor Oostende war – ich hätte es wissen müssen – ein Öltanker in einem Orkansturm – schon der dritte in diesem Monat – auf Grund gelaufen und hatte eine Katastrophe verursacht. Die Ausmaße waren unvorstellbar. Das schwarzverseuchte Meer vor der Küste. Das angeschwemmte, ölverklumpte, verendende Getier. Ich verstehe nicht, warum man Paavo Krohnen diesen Anblick nicht ersparte, gerade ihm.

Ich ließ einen weiteren Tag seines kostbaren Aufenthalts verstreichen. Dann erst traute ich mich zu ihm in sein Hotel.

Als wir uns an der Rezeption trafen, entschuldigte ich mich sofort bei ihm für das unverzeihliche Mißgeschick.

Mißgeschick?, fragte er erstaunt, während wir uns zum Hotelausgang begaben.

Ich brachte nochmals meine Betroffenheit zum Ausdruck, meinen Ärger und mein Unverständnis, daß man ihn auf seiner Besichtigungstour mitten in das Katastrophengebiet hineingeführt hätte.

Ach, meinte er nur. Das gibt's doch überall. Das ist bei uns nicht besser.

Dann ließ er sich über den Zustand seiner heimatlichen Ostsee aus, besonders im Delta zwischen der finnischen und russischen Küste.

Da lebt kein Fisch mehr, sagte er. Nur noch Algen, Chemie und Dreck... Wo man hinschaut, nichts als Kadaver... nichts als Kadaver..., um dann plötzlich laut zu deklamieren:

'Die Verseuchung der Gewässer? Die Verbrennung der Ölfelder? Gas in die Atmosphäre gepumpt?... Ja. alles gekippt.'

Dann lenkte er das Gespräch rasch zurück zum Festspielstück und zu seiner eigenen, problematischen Rolle darin.

Wie Paavo noch bei seinem ersten Gespräch mit dem Maler mit einiger Mühe aus diesem herausbrachte, hatte Pierrot die besagte Rolle mehrfach umschreiben müssen. Nicht wegen der Behörden. Diese kümmerten sich überhaupt nicht um den Fortgang der Vorbereitungen. Es waren Widerstände in den eigenen Reihen. Ängste. Mahnungen zur Vorsicht. Im Ensemble wie auch in etwas weiteren Kreisen, von wo aus die Sache leicht bis zum Kulturausschuß oder zu noch offizielleren Organen durchsickern konnte, wenn man sich nicht vorsah. Pierrot schrieb die Rolle so oft um, bis nur noch ein harmloser Getreidebauer übrigblieb. Ein Schnitter mit einer Sense. In einer früheren Fassung noch zu Pferd mit Stundenglas. Dann, nach neuerlichen, endlosen Diskussionen, nur noch brav zu Fuß, das reife Getreidefeld schneidend, sonst nichts. Aber selbst in dieser Version fand sich keiner, der diese Rolle spielen wollte. Die Proben konnten vorher nicht beginnen. Die Leseproben, die der Auswahl der Bewerber oder vielmehr der Umworbenen dienten, endeten jedesmal mit demselben Fiasko, derselben Weigerung. Bald war man so weit, jeden Bereitwilligen unbesehen einzusetzen.

Umso verwunderter war Paavo Krohnen über die Halbherzigkeit, mit der der Maler von Anfang an seinem wachsenden Interesse an dem Stück und an der Rolle begegnet war. War er ein verkappter Gegner des Stückes, obwohl er dessen Bühnenbild, oder zumindest eines davon, in Arbeit hatte und sich auch über den Stückeschreiber Pierrot persönlich so angetan gab?

Es war das zweite oder dritte Mal, als Paavo Joos deswegen aufsuchte, in ziemlich kurzen Abständen nach der ersten Begegnung.

Ich will die Rolle haben... um jeden Preis..., sagte Paavo mit niedergeschlagenen Augen und fühlte eine heftige Röte in sein Gesicht steigen.

Joos sagte zuerst nichts. Paavo sah nur von unten, wie jener mit dem Kopf nickte.

Ich habe es schon lange gewußt, sagte Joos plötzlich nach einer Weile. Und ich habe es dem Poeten schon gesagt. Er hat sich mächtig darüber gefreut.

Ohne mich zu kennen?

Paavo blickte Joos wieder gerade ins Gesicht.

Joos nickte erneut.

Und jetzt? Was soll als nächstes geschehen? Wo ist der Poet?

Paavo fühlte eine unbändige Freude, größer, als er sie bei den wichtigsten und ehrenvollsten Engagements während seiner ganzen Theaterlaufbahn je gekannt hatte, obwohl er von seiner Rolle und vom Stück immer noch kaum etwas wußte. Aber diese Freude wurde sogleich gedämpft.

Langsam, langsam, mahnte Joos. Da gibt's noch einiges zu überwinden.

Joos legte ihm als nächstes die bürokratischen Hürden auseinander, die es noch zu nehmen gab. Sein Arbeitsplatzwechsel. Der Arbeitseinsatzausschuß und der Kulturausschuß mußten sich über die weitere Beschäftigung von Ghettonummer 25 225 T einigen. Zuerst über gesonderte, dann gemeinsame Beratungen beider Ausschüsse.

Ist das so schwierig?

Joos schnitt ein überaus ernstes Gesicht.

Ich würde Ihnen nur eines raten, sagte er dann kurz und trocken. Lassen Sie jeden Kontakt mit dem Poeten, so lang das noch nicht geklärt ist.

Dabei hob er streng seinen Zeigefinger.

Sie kriegen Bescheid, sagte er in einem Ton, der unmißverständlich anzeigte, daß er das Gespräch zu beenden wünschte.

Nach Paavos Empfinden waren es Ewigkeiten, in denen daraufhin nichts geschah, außer, daß er tagtäglich weiter seine Krematoriumshölle aufsuchen und sich dort von früh bis spät abschuften mußte. Es kam ihm im Laufe der folgenden

Tage alles immer verworrener und undurchsichtiger vor. Allmählich fing er an, nach neuen Auswegen zu sinnen, gelangte aber zu keinem Ergebnis.

Bald war ihm, als hätte er rein nichts mehr in der Hand und keinen Boden mehr unter den Füßen. Ihm schien, je länger desto bedrückender, seine Existenz in diesem Ghetto und damit sein Schicksal überhaupt besiegelt.

V

Als Paavo Krohnen dabei war, seine Hoffnungen endgültig zu begraben, erhielt er den ersten erlösenden Fingerzeig. Ihm wurde gesagt, er solle sich sogleich zum Lehrer Jakob P. in die Baracke hinter der Kirche begeben. Dort erwarte ihn eine wichtige Nachricht.

Aufgeregt brach er dorthin auf. Auf dem Karminweg vor dem Hauptplatz sah er eine Kolonne Frauen in Lumpen neben Eimern auf dem Gehsteig knien. Sie schrubbten mit groben, ausgefransten Holzbürsten das Straßenpflaster zwischen den Füßen der vorwärtsströmenden Menge. Der Verschönerungsssausschuß hatte im Hinblick auf die Kommission eine probeweise Straßenreinigung in der ganzen Stadt angeordnet. Die vielen Kinder hier schienen sich darum nicht zu kümmern. Sie sprangen herum und lärmten. Einige von ihnen spielten, zum Ärger der putzenden Frauen, Himmel und Hölle. Etwas abseits hinter der Garnisonskirche wagten sie, von ihren Betreuern unbeobachtet, das Ausgefallenere. Sie gaben sich Wettspielen hin wie: 'Wer hat die dünnsten Beine?', 'Wer hat den dicksten Hals... wer den stärksten Hautausschlag?' Oder sie taten noch Verboteneres.

Sehr bald gelangte Paavo fast am nördlichen Ende der Moosgasse an die Baracke. Schon von weitem sah er durch die offene Türe und die Fenster Kinder sitzen, einige darunter älter, zusammen mit einem Mann. Alle schienen etwas zu schreiben. Als Paavo sich der Türe näherte, erhob sich der Mann, der ihn offenbar auch gesehen hatte und trat hinaus. Er blickte Paavo direkt ins Angesicht, so als hätte er ihn erwartet. Er war klein und dünn, mit Baskenmütze und zu weiten Hosen, schmalem, unrasiertem Gesicht und einer dünnrandigen Brille. Paavo war sicher, daß dies der Lehrer Jakob P. war, der Angehörige des Kulturausschusses, der sich für Pierrots Stück so sehr eingesetzt hatte.

Ach ja... Sie sind der Krohnen... nicht wahr?

Paavo blickte verwundert.

Ich habe Sie gestern gesehen. Man hat mir gesagt, Sie seien es. Gut, daß Sie gekommen sind. Ich hab' was Wichtiges für Sie.

Krohnen runzelte die Stirn.

Abb. 8: Stanislav Geisler, Porträt Josef Kylies (oben links)
Alois Bučánek, Porträt Josef Procházka (oben rechts)
Josef Kylies, Porträt Karel Štipl (unten links)
Antonín Bareš, Porträt Rudolf Karel (unten rechts)

Abb. 9: Petr Kien, Der Maler Otto Ungar

Sie sollen sich beim Poeten melden, wegen der Rolle, fuhr der andere fort.

Trotz seiner Verwirrung merkte Paavo, daß er Vertrauen zu fassen begann. Der andere hatte eine angenehme Stimme.

Ach... Hat der Kulturausschuß...?, preßte Paavo jetzt hervor.

Das wird Ihnen der Poet sagen... Sie sollten möglichst schnell hingehen... Es drängt... Meine Kinder hier sind schon mächtig am Abschreiben.

Paavo Krohnen fühlte sein Herz pochen. Er hatte immer noch keine genaueren Vorstellungen von seiner Rolle wie überhaupt von dem Stück, in dem er mitspielen sollte. Er fragte sich, was die Kinder da drin wohl gerade abschrieben. Seinen Rollentext? Oder vielleicht selbstverfaßte Pamphlete oder ein eigenes, heimlich aufzuführendes Stück mit rebellischem Inhalt?

Er wollte sich bei Jakob danach erkundigen. Da drang plötzlich Geschrei aus der Baracke. Jakob drehte sich um und rannte hinein. Dort fluchte und tobte er, daß es Paavo ängstlich zumute wurde. Paavo wartete das Ende des Donnerwetters ab. Es verstrich eine ganze Weile.

Beim Warten dachte er über diesen Jakob nach. Er hatte von ihm schon gehört, daß er – auch ein Angehöriger des 'Stammes' – Musikverleger gewesen war. Hier im Ghetto war er verantwortlich für die Einstudierung sämtlicher Kinderstücke, mit oder ohne Musik. Unter anderem auch für die Kinderoper 'Traumulus'. Jakob führte überall Regie und dirigierte die Kinderchöre und Orchester. Er reparierte die Instrumente, schrieb bücherweise Noten ab, schneiderte Kostüme, machte die Kinder mit dem Geist der aufzuführenden Werke vertraut und unterwies sie auch sonst, wo er konnte. Die Bezeichnung 'Lehrer' führte er inoffiziell. Denn ein eigentlicher Unterricht im Ghetto war streng verboten und konnte nur heimlich und unter Gefahren durchgeführt werden. Meist so, daß eines der Kinder Schmiere stand und pfiff, sobald ein Blaubetreßter oder sonst ein Verdächtiger auftauchte. Dann wurden sofort Lieder gesungen. Auch bei der wöchentlichen Herausgabe der zwei, drei im Ghetto verlegten Jugendzeitschriften fungierte Jakob als ständiger Berater. Besonders beim 'Tausendfüßler', wie eine der Zeitschriften in Anspielung auf das dem 'Stamm' anhaftende 'Linksfüßler'-Stigma hieß. Jakob war der Kopf der Kinder- und Jugendfürsorge der Stadt. Er war verantwortlich für den Arbeitseinsatz und die Freizeitgestaltung aller Kinder und Jugendlichen, und er stand in dauerndem Kontakt mit den Heimleitern und Erziehern der Stadt. Er war auch um das persönliche Wohl einzelner besorgt, wenn sie krank waren, Heimweh hatten oder im Streit den kürzeren gezogen hatten. Er vermittelte den Schwächsten fürsorgliche Zimmerbetreuer, verschaffte den Mädchen einen möglichst geschützten Schlafplatz, zauberte irgendwoher Wasser herbei oder ein Handtuch für zwanzig nasse und vor Kälte zitternde Leiber nach dem Waschen im Schnee. Trotz seiner gefürchteten Strenge und seiner gelegentlichen cholerischen

Ausbrüche waren die Kinder in ihn vernarrt. Viele der Erwachsenen verstanden seinen unermüdlichen Einsatz nicht, da er früher nie etwas mit Kindern zu tun gehabt hatte, mit Ausnahme seiner eigenen Tochter, die er über alles geliebt und während des letzten großen Pogroms im Lande verloren hatte. Einige vermuteten einen Zusammenhang damit.

Etwa fünf Minuten später erschien Jakob wieder. Er war ziemlich durcheinander. Hastig rief er Paavo zu, es täte ihm leid, er könne jetzt nicht, diese verdammte Rasselbande da drin, und er, Paavo, solle doch bitte gleich zum Poeten gehen. Dann verschwand er wieder, ohne zu sagen, wo der Poet zu finden sei.

Paavo Krohnen blieb eine Weile unschlüssig stehen. Wohin sollte er sich begeben? Wo war Pierrot? Er überlegte und kam zu dem Entschluß, daß es wohl das Beste wäre, zum Stadthaus im Zentrum zu gehen, wo alle Ausschüsse saßen und man ihn weiterleiten konnte. Dann machte er sich auf den Weg dorthin.

Paavos Schritte in Richtung Hauptplatz wurden immer schneller. Die Putzkolonnen waren schon bis zur Rückseite der Garnisonskirche am Diamantenweg vorgedrungen. Plötzlich kreuzte eine ganze Patrouille Blaubeträßter auf. Vor Schrecken wäre Paavo fast über einen auf dem Gehsteig abgestellten Wassereimer gestolpert. Trotz des Gedränges in den Straßen bildete sich sofort eine Bannmeile um die Uniformierten. Paavo nannte sie eine 'schwimmende Insel inmitten einer Menschenmenge', mit der jegliche Berührung gemieden wurde.

An dieser Stelle geriet Paavo Krohnens Erzählung erneut ins Stocken und rutschte in Ungereimtheiten ab.

Die Kinder in der Baracke, jawohl, sagte er mir plötzlich laut und emphatisch. Die haben ihn damals abgeschrieben...für mich...den Text, den ich dann immer bei mir gehabt habe...Ich weiß es bestimmt...Er ist von den Kindern.

Dann verfinsterte sich seine Miene. Es war, als gedächte er jetzt schmerzlich dieser Kinder und verfiele in erneute Trauer. Für Augenblicke schien er mit seinen Gedanken weit weg zu sein.

Es war inzwischen erwiesen, daß sein später gerettetes Exemplar des Abdankungsmonologs nur von Pierrot selbst abgeschrieben worden war, so wie das ganze später aufgefundene Manuskript. Es zeigte genau dieselben kämpferisch großen und steilen Schriftzüge mit gelegentlichen Ausschlägen der Buchstaben nach links und rechts. Diese freilich nicht in ausgleichend symmetrischer Anordnung, sondern seltsam zweigeteilt, wie auseinandergerissen. Auch die Gewohnheit, neue Abschnitte mit noch viel größeren, zeichnerisch verzierten Lettern zu beginnen, war beiden Texten gemeinsam. Daß damals trotzdem mehrere Abschriften oder Teilabschriften auch aus der Hand der Kinder im Umlauf waren, könnte durchaus sein.

Nach einigen Sekunden fing Paavo an, Unverständliches zu murmeln. Ich wußte nicht, ob er immer noch von den Kindern und vom Handschriftentext redete. Er hielt den Kopf gesenkt. Vor Anspannung knirschte er mit den Zähnen.

Ich wollte eben das Gespräch abbrechen, um Paavo wieder eine längere Pause zu gönnen. Da raffte er sich plötzlich auf.

Die Rolle...ja, die Rolle, sagte er jetzt klar und deutlich.

Bei der Vergegenwärtigung der ersten einschneidenden, guten Nachricht aus der Baracke schien die helle Seite seiner Erinnerung wieder durchzubrechen. Die rettende Perspektive schien den Blick in den Abgrund abzulösen.

Rasch griff er den Faden seiner Erzählung wieder auf.

Der Hauptplatz, den Paavo auf dem Weg von der Baracke zum Stadthaus betrat, befand sich inzwischen in einem weit fortgeschrittenen Verschönerungsstadium. Anscheinend konzentrierten sich die Aktionen vor den Kommissionsbesuchen immer zuerst auf das Stadtzentrum, um sich dann langsam auf die Peripherie auszudehnen. Oder Paavos Beschreibungen waren von gewissen Zeitverschiebungen nach vorn beeinflußt, vielleicht auch aufgrund einer verklärenden Vorfreude auf seine Aufnahme ins Festspielensemble. Er bezeichnete jedenfalls den Hauptplatz in diesem Zusammenhang als 'überladene Theaterbühne'.

Die Platzmitte war von einem breiten, frischgesäten Rasen geschmückt. Vor der verschlossenen Garnisonskirche entfaltete sich, fast bis zur Turmspitze reichend, die Flagge des Imperiums, manchmal sanft, manchmal ruckartig im Wind und ließ jedesmal das blutrot eingefaßte Emblem pompös aufblähen. Auch die glänzend frisch gestrichenen Häuserfassaden waren heute mit Fahnen und Wimpeln geschmückt. Der Platz war voller Transparente mit den üblichen Aufrufen und Losungen in weißer oder goldener Schrift auf rotem Tuch. Über der Stadt schwebte ein Riesenballon mit dem Porträt eines bärtigen, alten Mannes, der wie Darwin aussah. Für Augenblicke deutete Paavo dies als gezielte Verhöhnung von Professor Iltis, der in Darwin zeitlebens einen seiner schärfsten ideologischen Gegner sah.

Es war schwierig, sich einen Weg durch die Menschenmenge zu bahnen. Als erstes gelangte Paavo zum sogenannten 'Kaffeehaus', einem neuen, besonderen Anziehungspunkt. Dieses war in einem bisher verwaisten Geschäft an der Häuserfront gegenüber dem Stadthaus neu eingerichtet worden. Es hatte große Fensterscheiben. Am Eingang stand ein Mann in Kellnermaskerade. Er kontrollierte die Eintrittskarten und führte die Gäste an ihren Platz. Im Innern des Hauses saßen alle dicht nebeneinander an Marmortischen und lauschten andächtig den Klängen

65

einer unsichtbaren Musikkappelle. Es waren fast nur Greise. Das Kinn auf der Brust, mit eingefallenem Gesicht, den Kopf auf dünnem Halse, starrten sie stumm über den Tischrand. Die wenigen Frauen trugen einen Hut. Auf den Tischen lagen nur die Eintrittskarten. Alle, wie man wußte, mit eingetragener Uhrzeit. Nach längstens zwei Stunden hatte jeder seinen Platz für einen Nachrückenden zu räumen. An der Wand hing eine große Uhr, um sie herum waren Bilder, rotgedruckte Bekanntmachungen, nachgemachte Preislisten und Urkunden. In der Nähe des Eingangs stand ein kunstvoll geschreinerter, leerer Zeitungsständer. Durch die Fensterscheibe von außen sah es so aus, als würden einige der Gäste leere Eß- oder Trinkbewegungen vollführen: Das Hochheben einer fiktiven Kuchengabel oder Tasse, schnappende Mundbewegungen, Kauen und Schlucken, das Löffeln aus einem imaginierten Eisbecher. Vielleicht war es auch nur das gewellte Fensterglas, das diesen Eindruck vermittelte.

Wieder an der nächsten Seitenfront des Platzes, also gegenüber der Kirche, stand die von Joos bereits erwähnte Fassade des Kaufhauses ausgebreitet. Sie war mit Plakaten und Werbesprüchen bepflastert. Am eindrucksvollsten aber waren die Auslagen in den Schaufenstern. Statt der sonst gelegentlichen Gips- oder Pappmaché-Nachbildungen oder nur Aufmalungen in anderen Geschäften vor und während Kommissionsbesuchen gab es jetzt zum ersten Mal ein Arrangement von Lebensmitteln, von denen nicht auszumachen war, ob sie echt waren und woher sie kamen. Neben aufgeschichtetem 'Obst' und 'Gemüse' stand ein Korb mit geflochtenen 'Broten' sowie 'Süß- und Sahnespeisen'. Darüber baumelten Gebilde, die Schinken-, Speck- und Wurstwaren darstellten. Zwischen 'Fisch' und 'Geflügel' und rosigem 'Fleisch' steckten 'Delikatkonserven', 'Babynahrung', 'Spirituosen' sowie besondere 'Tee- und Kaffeesorten' in kunstvoller Komposition.

Paavo Krohnen fühlte den Speichel in seinem Munde fließen. Trotzdem bäumte er sich voller Haß gegen diesen Schwindel auf. Er fühlte ein Kribbeln in der Nase, das ihm die Tränen der ohnmächtigen Wut in die Augen trieb. Es war das erste Mal hier, daß es ihn so überkam und er dem nachgeben mußte. Er hatte diese Peinlichkeit in Gegenwart der vielen Menschen im Ghetto bisher immer zu vermeiden gewußt. Denn er hatte Erfahrung, wie beschämend dies war, besonders im öffentlichen Rampenlicht. Dort hatte er deswegen einmal, vor langer Zeit, als 'Truffaldino', seiner Lieblingsrolle, die Vorstellung abbrechen müssen. Der Anlaß war nichtig gewesen. Aber seitdem lastete dieses Trauma auf ihm.

Hier bemerkte er bald zu seiner Erleichterung, daß er mit seiner Erschütterung nicht ganz allein war. Auf den Gesichtern der Umstehenden standen aufbegehrender Zorn und ein Gefühl tiefer Erniedrigung geschrieben.

Es wurde immer schwüler. Dies lag nicht nur an der Luft. Auch das Treiben auf dem Platz, der gleichmäßig rußfarbene Himmel, ein entferntes Donnerrollen – alles wirkte in seiner zugespitzten Gleichzeitigkeit erdrückend und beengend.

Das entwöhnte Volk schwirrte wie ein wildgewordener Hummelschwarm um das Schaufenster der Kaufhausfassade. Wahrscheinlich war es die Absicht der Goliaths, die Menschen schrittweise mit dieser Farce vertraut zu machen. Der erwarteten Kommission sollte ein hohes Maß an Selbstverständlichkeit vorgegaukelt werden. Das war wohl der Grund, warum die Blaubetreßten hier nicht eingriffen, solange sich die Unruhe in den berechneten Grenzen hielt.

Paavo Krohnen wandte sich rasch ab und begab sich zum Stadthaus, seinem ursprünglichen Ziel.

Dieses Gebäude war sozusagen das Zentrum im Zentrum, wo alle Fäden der Stadt zusammenliefen. Dort tagten sämtliche Ober- und Unterausschüsse der Ghetto-Selbstverwaltung.

Im Parterre war die nur während Kommissionsbesuchen in Betrieb genommene Bank untergebracht. Dort wurden fiktive Geldscheine ausgegeben, mit denen man nichts kaufen konnte außer Senf oder Paprika oder gelegentlich auch Lotterielose ohne Gewinne oder die man auch in sogenannten Sparbüchern anlegen konnte. Neben der Bank lag die Post, die nichts anderes war als eine Abholstelle für Carepakete oder vielmehr deren Hülle, da der Inhalt ohnehin schon ausgeplündert war.

In der oberen Etage lagen die Amtsräume der Ausschüsse. Neben dem wichtigsten Zentralausschuß mit dem Ordnungs-, dem Feuerwehr-, dem Sanitär- und Müllbeseitigungs-Ausschuß waren die vielen kleineren Unterausschüsse, wozu unter anderem, zimmerweise nach Häftlingsnummern getrennt, der Einwohner-, der Finanz-, der Arbeits-, der Rechts-, der Gebäudeverwaltungs-, Wirtschafts-, Materialbeschaffungs-, Produktions-, Innen- und Außenausstattungs-, Gesundheits- und Fürsorge- und der Freizeit-Ausschuß mit all seinen Einzelsektionen gehörte.

Die eigentliche Kommandantur des Ghettos, der Sitz der auch während der Kommissionsbesuche nie in Erscheinung tretenden Goliaths einschließlich des gefürchteten Stadtkommandanten, lag scharf bewacht am Stadtrand.

Der imposante Bau des Stadthauses im Zentrum hingegen war recht auffällig gehalten. Die Fassade mit ihren zahllosen hohen Fenstern, Erkern und Balkonsäulen und der Sockel des Campanile auf dem Dach waren kürzlich wieder mit gelber Farbe gestrichen worden. Über dem Hauptportal prangten, eingerahmt von mehreren Lautsprecherkelchen, die aus dem Stein herausgemeißelten breiten Lettern einer lateinischen Inschrift.

Auf dem Bürgersteig vor dem Stadthaus stand eine hohe Litfaßsäule. Sie war bis an den oberen Rand mit Ankündigungen von Kulturveranstaltungen vollplakatiert. Ein Kabarettabend, von Buchstaben angezeigt, die aus dem Rachen eines aufgeklappten Klaviers purzelten. Daneben Beethovens 'Fidelio' mit Solisten, gemischtem Chor und einem den Orchesterpart übernehmenden Klavier. Dort stand der Name Robin Esp. Dies war ein junger Klaviervirtuose, Halbbruder eines gewissen Ui, der zu Paavo Krohnens Arbeitsbrigade im Krematorium gehörte und noch viel von sich reden machen sollte. Dann gab es einen Einakterabend, einen Malwettbewerb mit angeblichen Preisen, einen Esperantokurs, Schachturniere, Jazzveranstaltungen und allerlei Kunstausstellungen. Alles nicht zu nah um den Kommissionsbesuch herum terminiert, sondern unauffällig über Monate verteilt. Die auf den Plakaten abgebildeten Menschen hatten alle fröhliche, pausbäckige Gesichter und volles Haar auf dem Kopf.

Während Paavo den für seine Nummer 25 225 T zuständigen Amtsraum im Stadthaus suchte, kam es zu seiner ersten Begegnung mit Gregor, dem Redakteur der Jugendzeitschrift 'Der Tausendfüßler'. Gregor schwirrte in organisatorischen und behördlichen Angelegenheiten seiner Zeitschrift häufig in den Gängen des Hauses umher.

Schon bald nach dem Betreten des Flures fielen Paavo Gregors helle und strahlende Augen in dessen blassem, von grobem Ausschlag bedecktem Gesicht auf. Er schätzte den Jungen auf fünfzehn, sechzehn Jahre.

Ich suche Pierrot, sagte Paavo laut, nachdem er an Gregor herangetreten war.

Gregor starrte zuerst Paavo wie ein fremdes Wesen an.

Ach, den Poeten... Sind Sie etwa der, der den Sensen-..., den Getreidebauer spielt?, sagte er dann mit augenscheinlicher Verwirrung im Gesicht.

Ich weiß nicht, antwortete Paavo und schlug die Augen nieder.

Paavo merkte rasch, daß Gregor eine wichtige Bezugsperson, ja, eine Art Vorzimmerfigur von Pierrot war, und zwar, wie Paavo bald erfuhr, vor allem über Gregors enge Beziehung zu Pierrots Frau Sina.

Diese hatte den Jungen seit dem AUSFALL von dessen beiden Eltern am anderen Ende des Ghettos in ihre Obhut genommen und verwöhnte und bemutterte ihn, wo sie konnte. Sina war mindestens zwanzig Jahre älter als Gregor. Man erblickte in ihrer Hinwendung zu ihm auch eine Art Ausgleich ihrer unglücklichen Beziehung zu Pierrot. In 'Als ob' kursierte schon lange allerlei Klatsch über die beiden. Was vielleicht weniger an Sina als an Gregor lag. Denn dieser war für seine übersprudelnde, impulsive und recht ungenierte Art bekannt, welche solcherlei Verdächtigungen nähren mochte. Pierrot selbst schien der Beziehung zwischen seiner Frau und jenem Söhnchen, das auch er gern mochte, gleichgültig, ja wohlwollend gegenüberzustehen. Böse Zungen behaupteten, er wäre sogar froh darüber, um so seine Alte los zu sein, oder auch, um sich weiter ungestört seinen heimlichen, seiner fernen Geliebten geltenden Brieftäumereien hingeben zu können. Ein Ausdruck von Gregors freundschaftlicher Beziehung zu den beiden war auch, daß er sich derzeit leidenschaftlich für Pierrots Festspielstück einsetzte. Er hatte vor, in seiner nächsten 'Tausendfüßler'-Ausgabe viel Platz für das Stück einzuräumen, um ihm so möglichst früh zur gebührenden öffentlichen Aufmerksamkeit zu verhelfen. Über eine groß aufgemachte Ankündigung sogar mit auszugsweisem Vorabdruck des Textes und mit der Abbildung eines der Bühnenbilder. Auch die frühzeitige Gewinnung eines Pierrot gewogenen Rezensenten für sein Blatt betrieb Gregor mit Eifer. Selbst bei der Besetzung der schließlich Paavo Krohnen übertragenen Rolle hatte er geglaubt, mitreden zu müssen .

Ich habe gehört, Sie sind ein Profi, sagte Gregor und blickte voller Bewunderung zu Paavo auf.

Sind denn nicht alle im Ensemble Profis?, fragte Paavo verlegen.

Fast alle, sagte Gregor. Aber es wird ein Riesenerfolg...bestimmt...Ein absoluter Rekord...Das ist sehr wichtig für unsere 'Als ob'-Statistik. In der übernächsten Nummer reservieren wir mindestens eine Seite für die einlaufende Fan-Post.

Gregor fuchtelte begeistert mit den Fäusten.

Paavo war voller Hoffnung, jetzt endlich in den Besitz der wichtigsten Auskünfte über das Stück, vor allem über seine Rolle, zu gelangen. Aber statt sich hierüber näher auszulassen, erging sich Gregor in lauter Rätseln.

'Flieg Vogel, flieg oder FALLE...FALLE AUS...' oder so ähnlich muß eine dieser Wendungen von Gregor gelautet haben.

Sie kamen Paavo damals schon unheimlich vor, ohne daß er sie verstand. Und dies war wohl entscheidend. Denn, so sagte er heute, hätte ich ihren dunklen Sinn damals begriffen, hätte ich nicht so leidenschaftlich um die Rolle gekämpft, sie vielleicht sogar abgelehnt.

Gregor verwies Paavo rasch in den Westpark, in dem sich Pierrot angeblich aufhielt. Paavo begab sich sofort dorthin.

Im Westpark liefen die Verschönerungsaktionen ebenfalls auf Hochtouren. Dort waren Stände mit Kunstgewerbe aufgestellt worden. Das Marmortempelchen in der Platzmitte hatte man zu einem lauschigen Musikpavillon umgerüstet. Auch die von Joos inzwischen fertiggestellten Attrappen des Kinderspielplatzes waren dorthin geschafft worden. Als Paavo im Westpark eintraf, erkundigte er sich fast bei jedem Ausstellungsstand nach Pierrot.

In Paavo hatte sich je länger desto fester ein bestimmtes Bild von Pierrot entwickelt. Er hatte sich unter ihm etwas Monumentales vorgestellt: einen Hünen mit breiten Schultern, einen Salonlöwen oder Herzensbrecher. Er muß völlig verblüfft gewesen sein, als eine der Ausstellerinnen plötzlich auf einen etwas schief vorbeihinkenden, kleinwüchsigen Mann in einer abgeschabten, schwarzen

Lederjacke und mit einem Vogelkopf tief zwischen den Schultern zeigte und sagte:

Das ist der Cvok.

Beinahe wäre ihm der andere wieder entkommen, so lange war Paavo entgeistert stehengeblieben. Aber dann rannte er ihm nach und stellte sich vor. Die nächste Überraschung war, daß Pierrot kaum reagierte, wie abwesend in die Gegend starrte. Irgendwann fing er plötzlich an zu lächeln, so als hätte er erst jetzt begriffen, wen er vor sich hatte.

Paavo Krohnen brauchte einige Zeit, um sich an Pierrots Erscheinung zu gewöhnen. Besonders die dunklen, stark hervortretenden Augen, die scheu und unverwandt, aber voll Witz und Melancholie zugleich blickten. So als vereinten sie eine lachende und eine weinende Gesichtshälfte in sich, was möglicherweise auch durch ihre stark divergierende Stellung bekräftigt wurde.

Dann fing Pierrot plötzlich an zu sprechen. Es wirkte auf Paavo freilich weniger wie der Anfang eines Dialogs, als wie die Fortsetzung eines schon länger begonnenen Selbstgesprächs, jetzt mit Paavo als neuem Zuhörer. Mit leiser, fast flüsternder und monotoner Stimme erging sich Pierrot über den Sinn des Schreibens: über die innere Notwendigkeit des Schreibens, über das Schreiben als Hilfe zur Vergegenwärtigung, Schreiben als Selbstverwirklichung, Schreiben als Mitteilung, als Botschaft, Anklage und Trost zugleich. Es war reichlich wirr und zusammenhanglos, was er dabei herausbrachte.

Nur, was von innen kommt, hat wirklich Bestand, war einer der ersten vollständigen Sätze, die Paavo verstand.

Allmählich kam Pierrot auf das Festspielstück zu sprechen. Paavo schöpfte Hoffnung, daß der Poet endlich zur Sache kam. Aber er blieb weiter in Unbestimmtheiten stecken.

Irgendwann äußerte er plötzlich etwas, was wie eine Entgegnung auf eine fremde Behauptung klang. Dabei schaute der Poet Paavo so eindringlich ins Gesicht, als stammte jene Behauptung von ihm, obwohl Paavo bisher noch kein einziges Wort gesagt hatte.

Ich? Das ist eine zu ehrenvolle Auslegung. Ich bin doch ein reiner Auftragsschreiber, so etwa sagte er.

Dazu lächelte er wieder, diesmal mit einem säuerlichen, etwas unangenehmen Ausdruck von Selbstverachtung.

Dann schlug seine Stimmung jäh um ins Verzagte, Mutlose, ja Traurige. Pierrot verfiel ins Lamentieren, noch unbestimmter und abgerissener als vorhin. Dazu stieß er andauernd Seufzer aus. Paavo versuchte vergeblich hinter den Sinn der Äußerungen zu kommen. Vom Festspielstück war jedenfalls nicht die Rede, geschweige denn von Paavos Rolle.

Paavo begann allmählich zu zweifeln, ob die an ihn ergangene Mitteilung, daß er sich bei Pierrot wegen dieser Rolle melden sollte, überhaupt richtig war.

Irgendwann unternahm er zögernd einen Vorstoß in diese Richtung. Er meldete sich zum erstenmal ernsthaft zu Wort, bekundete sein Interesse, seinen unbegrenzten Einsatzwillen, seine Freude, sich einer so wichtigen Aufgabe zu stellen usw.

Ach ja... natürlich, sagte Pierrot nur.

Dann verlor er sich wieder in sein Gejammere und seine fatalistischen Betrachtungen voller Selbstsarkasmus.

Irgendwann sprach Pierrot plötzlich den Namen David Benjamin aus.

Paavo erinnerte sich sogleich. Joos' Erzählung vom jähen AUSFALL jenes Lieblings von Pierrot, der die Hauptrolle im Kindermärchen vom Hasen und von der Geige hätte spielen sollen. Doch ehe Paavo richtig begriff, schwenkte Pierrot schon wieder zurück zum Festspielstück, wieder ähnlich unbestimmt und allgemein wie am Anfang. Nur, daß es diesmal immerhin, wenngleich theoretisch-abstrakt, um den Inhalt, sozusagen die philosophische Essenz des Werkes ging. Paavo Krohnen hörte interessiert zu, auch wenn er den komplizierten Gedankengängen nur schwer folgen konnte. Jedenfalls am Anfang.

Nein, ich bekämpfe bewußt nicht das Böse mit dem Guten, sagte Pierrot irgendwann. Denn es gibt weder das Gute noch das Böse in Reinform. Man kann das Böse nicht bekämpfen. Man kann es nur aufdecken, und zwar durchaus auch mit den Mitteln des Bösen selbst. Das versuche ich, so erging er sich weiter in seinen Rätseln.

Auch wenn Paavo Krohnen diese letzte Äußerung nicht verstand, beschloß er, sie sich zu merken, um vielleicht später einmal hinter den näheren Sinn zu kommen.

Jetzt wurde Pierrot allmählich deutlicher. Das war, als er sagte, er sei sich bewußt, in welche bedrohliche Lage er das gesamte Ghetto mit seinem Stück brächte.

Vor allem diese eine Rolle, sagte er. Die Schlüsselrolle.

Mehr sagte er nicht. Auch nicht einmal, daß er, Paavo, diese Rolle übernehmen sollte.

Paavos Unsicherheit wuchs erneut.

Dann fuhr Pierrot fort, sprach weiter über die besagte Rolle allgemein. Daß ihre zwischenzeitlich vorgenommene 'Herabmilderung' zum Getreidebauer in Wahrheit gar keine sei, sondern im Gegenteil eine umso perfidere Verdeutlichung.

Denn in der Verkleidung läßt sich die Wirklichkeit viel ungehemmter ausleben als in der platten Wiedergabe, so sagte er.

71

Irgendwann kam das erlösende Wort. Pierrot sprach plötzlich nicht mehr von *der* Rolle, sondern von *deiner* oder *Ihrer* Rolle.

Paavo fiel ein Stein vom Herzen. Jetzt konnte er umso ruhiger Pierrots abstrakten Ausführungen lauschen. Nur wunderte er sich, daß der Poet dabei nicht auch ihn, Paavo, persönlich als Spieler dieser Rolle ansprach, sondern sich nur weiter abstrakt über die Rolle selbst ausließ.

Trotzdem formte sich für Paavo nach und nach ein ungefähres Bild, und er war froh darüber. Er fühlte, während Pierrot weiterredete, immer deutlicher, wen oder was im Stück er zu verkörpern haben würde. Er begann sich der Ungeheuerlichkeit seiner Aufgabe bewußt zu werden, ohne dabei die geringste Angst zu verspüren, wie er voller Erstaunen bemerkte. Und er ahnte auch, daß diese Rolle und das ganze Stück nicht nur ein Tabu, ein zentrales Tabu in dieser Stadt brach. Sie traf vielmehr die widersinnige Realität der 'Als ob' genannten Ghettostadt als Ganze in ihrer tiefsten, schwärzesten Mitte. Paavo fand es gar nicht schlecht, daß Pierrot bisher jede persönliche Ansprache von ihm, seine Eignung für die Rolle, seine Mitgliedschaft im Ensemble, dessen Personenkreis und so fort unterließ. So konnte Paavo seine Aufmerksamkeit um so mehr der Schwierigkeit der Rolle als solcher widmen. Andererseits vermißte er doch irgendein persönliches Wort: Fragen zu ihm selbst, seinem schauspielerischen Naturell, seinen vergangenen Erfahrungen, seinen Fähigkeiten und Vorlieben. Ein seltsamer Kauz, dieser Poet. Es blieb Paavo nichts anderes übrig, als weiter abzuwarten.

Sie hatten inzwischen beide ein paar Runden um den Westpark gedreht. Da brach Pierrot mitten im Satz ab und erwähnte überraschend Sina.

Ja, meine Frau, sagte er. Ich komme da ganz und gar nicht zurecht.

Im selben Atemzug sprach er von seiner 'Bekannten im Ausland'.

Das ist mein Pech, sagte er daraufhin lakonisch.

Es klang alles so selbstmitleidig, dumpf und schwermütig. Der Poet schien nur noch aus Hilflosigkeit, Unschlüssigkeit und Passivität zu bestehen.

Dann redete er krauses Zeug von steckengebliebenen Briefen und von verpaßten oder vielmehr absichtlich nicht zustandegekommenen Treffen mit jener Bekannten und von seinem Zwang, immer wieder das Mißlingen solcher Verabredungen herauszufordern. Aus allem, was er sagte, sprachen das Unvermögen und der Unwille, mit allem und jedem auf dieser Welt auf einen gemeinsamen Nenner zu kommen.

Ich bin ein einsamer Wolf... Ich bin eine im Ozean treibende Nußschale, so beschloß er seine Reden.

Dabei traten seine Augen unheilvoll weit auseinander. Paavo erschien es in diesem Augenblick, als würde Pierrots bewußt zur Schau getragene linkische, schiefe, fast krumme Gangart für Sekunden in spöttische Behendigkeit umschlagen.

Paavo begann an der Echtheit dieser demonstrativen Selbstbezichtigungen zu zweifeln. Ihm schien eine Menge Koketterie dabeizusein, die er als eine Maßnahme des Selbstschutzes zu deuten geneigt war. Es kam ihm ein bißchen wie ein Verschwinden hinter einer Glaswand vor. Er fragte sich besorgt, ob dieser Mensch überhaupt in der Lage war, eine halbwegs vernünftige Schauspielregie zu führen.

Irgendwann schien Pierrot zu bemerken, daß Paavo über sein zeitweise fast derbes Hinken irritiert war.

Das ist ein falsch zusammengewachsener Beinbruch, sagte er. Ich bin beim Blindekuhspielen mit meinen kleinen Freunden auf dem Spielplatz böse gestürzt.

Und dann nach einer Weile, mit gesenkter Stimme:

Ich hab immer solches Pech.

Dann berichtete er von einer ebenfalls noch nicht ausgeheilten Speiseröhrenverätzung, die er sich schon vor längerer Zeit beim Verzehr einer sogenannten Suppe aus einer Puppenküche in einem der Mädchenheime zugezogen hatte.

Ach ja. Ich muß Ihnen ja noch Ihren Text geben, sagte er plötzlich.

Das war alles, was der Poet an persönlicher Ansprache zu bieten hatte. Paavo kam es so vor, als bekäme er von einem Blinden und Taubstummen zugleich eine verantwortungsvolle Aufgabe übertragen. Pierrot kannte Paavo überhaupt nicht. Offenbar herrschte allerhöchste Dringlichkeit, mit den Proben zu beginnen. Oder hatte Pierrot auf Anhieb Vertrauen zu Paavo? Ähnlich wie der Maler Joos? Oder einen genialen Instinkt? Paavo konnte es nicht ganz glauben. Trotzdem vertraute er darauf, daß sich alles bald irgendwie entziffern würde. Das Wichtigste war, daß er die Rolle hatte. Er war selig, jetzt endlich seine Aufgabe anpacken und sich dieser Herausforderung, dieser Bewährungsprobe, stellen zu dürfen. Und er war sehr neugierig, was weiter geschehen würde.

Noch am selben Tage bekam Paavo seinen Text ausgehändigt. Er fand es inzwischen nicht mehr wichtig, weitere Erläuterungen dazu zu erhalten. Er wollte sich gleich selber damit vertraut machen. Nur war jetzt kaum mehr Vorbereitungszeit vorhanden. Die erste Stellprobe war bereits für morgen angesetzt. Sie sollte im Keller des inzwischen zu 'Rosenhain' umbenannten Jugendheims F 22 an der Dünengasse stattfinden.

VI

Auf dem Weg zur Probe am folgenden Nachmittag kam Paavo wieder durch
den Westpark. Vorbei an denselben Ausstellungsständen, an denen er gestern
überall nach Pierrot gefahndet hatte. Jetzt hatte er ein bißchen mehr Zeit und
Muße, die Schaustücke näher zu besichtigen. An dem Stand, an dem gestern
Pierrot unvermutet aufgetaucht war, blieb er länger stehen. Dort war ein reiches
Angebot an Kunstgewerbe: Ringe, Armbänder, Broschen, Halsketten, Anhänger
und Figuren in den verschiedensten Größen. Sie waren entweder aus Blech geschnitten oder aus Draht gebogen, seltener aus Holz oder Stein verfertigt, und
immer liebevoll bemalt. Darunter gab es die seltsamsten tierähnlichen Gebilde,
verwirrende Engels- und Teufelszwitter, Fabelwesen oder besonders ausgefallene
Menschengestalten. Unvergeßlich die eines gramgebeugt sitzenden alten Mannes
aus hellem, getrocknetem Lehm, mit einem Buch mit eingraviertem Kruzifix auf
seinen Knien.

Beim Weitergehen entdeckte Paavo einen Stand voll von Kinderzeichnungen. Dem einheitlichen Motiv und der Linienführung nach stammten sie alle aus
derselben Hand. Es waren lauter Himmelsdarstellungen mit Wolken und Sonnen
als Menschengesichter, die mit entsetztem Ausdruck auf die Erde blickten. Auf
einem dieser Bilder befand sich, irgendwo weit weg im All, eine große Traumin-
sel. Ein anderes zeigte eine Sonne, welcher bluttriefende Reißzähne gewachsen
waren.

Neben diesem Stand saß eine als Wahrsagerin aufgemachte Frau, die einem
Greis die eine Gesichtshälfte schminkte, so grell, daß sich aus der anderen umso
krasser der Verfall offenbarte.

Paavo Krohnen verließ rasch den Platz in Richtung 'Rosenhain'. Je näher er
diesem kam, desto mehr Kinder in Begleitung von Aufsichtspersonen begegneten
ihm auf der Straße. Sie spielten Ball oder schoben Gegenstände vor sich hin, die
Puppenwagen darstellen sollten. Andere saßen auf dem Gehsteig und betrachteten
Bilderbücher. Wieder andere ließen mit ausgestrecktem Daumen und Zeigefinger
Flugzeuge kreisen oder spielten Drachensteigenlassen, obwohl sie keine Dra-

chen hatten. Auch andere Dinge, die sie nur vom Hörensagen kannten, wurden nachgestellt. Allerlei Absonderliches aus Paavos Erinnerung wie beispielsweise mit Fangnetzen nach Schmetterlingen haschen, Äpfel und Birnen von schwerbeladenen Bäumen pflücken und in die Früchte beißen. Oder auch das überaus beliebte 'Spazierengehen' mit den in Wirklichkeit getrennten oder gar nicht mehr lebenden Eltern und das Essen an gedeckten Tischen zusammen mit ihnen.

Paavo deutete dies mit entsprechenden Bewegungen an. Was für Spiele das auch immer waren, so sicher scheint zu sein, daß sie nicht nur von den Kindern ausgingen, sondern auch von deren Aufsichtspersonen, den Erziehern und Betreuern. Diese waren bemüht, mit möglichst vielen Einfällen dieser Art ihre Schützlinge von dem Schlimmsten hier abzulenken.

Es gab nur eines, was die Kinder ihr Spiel unterbrechen ließ. Das war, wenn einer dieser berüchtigten Handkarren vorbeizog. Immer diesen Weg entlang, vom Rosenhain ins Stadtzentrum. Alle paar Tage. Heute war wieder eine solche Fuhre unterwegs. Der Karren war mit urnenähnlichen Behältern und Kleidern beladen. Dazwischen lagen verschieden große, zum Teil verschnürte Schachteln und Kartons.

Jedermann wußte, daß dies die Hinterlassenschaft von AUSGEFALLENEN war, auch 'Personenrückstände' genannt. Sie wurden zur Verteilung an eine Sammelstelle an der Hinterseite des Stadthauses gefahren. Die Kinder wußten, daß es Dan, der Leiter des Fürsorgeausschusses, immer wieder fertigbrachte, einen Großteil dieser 'Rückstände' ihnen zuzuleiten, die sie am dringendsten benötigten: Kleiderreste zum Zuschneidern, Haarbürsten, Eßnäpfe, ein paar übriggebliebene Stücke altes Brot. Dies geschah immer sehr schnell, manchmal sogar 'vorsorglich' aus dem Besitz sehr alter Ghettobewohner, wenn diese mehr oder weniger bereitwillig einen Teil ihrer Ration sowie ihres Eigentums frühzeitig abgaben.

Die Kinder rannten herbei und taxierten die vorbeifahrende Habe. Die Erwachsenen reagierten nur mit einem kurzen, kaum merklichen Heben des Kopfes. Ein wissendes, bedeutsames Nicken anstelle von Worten, die, wenn überhaupt, erst folgten, wenn die Fuhre außer Sicht war.

Vor dem Hauseingang des 'Rosenhain 22' drängten sich immer mehr Kinder und Halbwüchsige. Alle hatten irgend etwas in der Hand. Ein zusammengerolltes Plakat, Papier, eine Schere, Farbstifte, Leimtuben, eine Schnurrolle, den Kopf einer Marionettenfigur. Andere trugen handschriftlich kopierte Notenblätter. Wieder andere führten ramponierte und mühsam zusammengeflickte Blas- oder Streichinstrumente mit sich oder ein Heft mit selbstverfaßten Versen, Bühnentexten oder Beiträgen für eine der Zeitungen. Auch Kostümteile oder die Reste einer Perücke waren zu sehen.

Paavo bahnte sich einen Weg zum Hauseingang und betrat das Treppenhaus.

Achtung, Achtung. Das Berühren der Blumen ist strengstens untersagt, dröhnte es wieder einmal aus den Lautsprechern der Stadt.

Paavo stieg die Kellertreppe hinunter. Sie war leer und dunkel. Er tastete sich voran. An der Wand konnte er mühsam ein paar angeschimmelte Zeichnungen erkennen. Es waren wieder Kinderzeichnungen. Während sich seine Augen an die Dunkelheit gewöhnten, wurden auf einem der Bilder immer deutlicher die Konturen von Traktoren und Leiterwagen vor einem Schlagbaum sichtbar. Das nächste Bild stellte einen gebuckelten, schwarzen Kater dar. Dann sah er eine teppichklopfende Frau zwischen spielenden kleinen 'Strichmännchen'. Wieder später Schmetterlinge, die wie zugeschnürte Postpakete aussahen. Daneben ein grotesk geschminkter, von mannshohen Töpfen umgebener Koch im Clownkostüm. Das Bild am untersten Treppenabsatz zeigte ein von Rauchwolken umhülltes Prinzessinnenzwillingspaar, auf dem Hintergrund eines Gewirrs von Stacheldraht, feuerspeienden Drachen und Särgen und statt einer Sonne am Himmel einen Totenkopf mit gekreuzten Knochen.

Paavo war, so wie auch schon bei den Kinderbildern am Ausstellungstand im Westpark, beeindruckt von der Schonungslosigkeit und Direktheit dieser Darstellungen. Er versuchte sich in das Erleben dieser Kinder hineinzuversetzen. Dabei kamen ihm Inga und Mario in den Sinn, die im selben Transport wie er hierhergekommen waren. Ob einige dieser Bilder von ihnen stammten? Wo sie selber wohl waren?

Paavo hatte, was die erste Stellprobe in diesem Keller betraf, keine sonderlich geordneten Verhältnisse erwartet. Aber das Chaos, welches ihm dort begegnete, übertraf seine schlimmsten Befürchtungen.

Es war auch dort noch dunkler als auf der Treppe. Die Luft war feucht und stickig und roch nach modrigem Papier. Unscharfe Silhouetten bewegten sich vor seinen Augen. Jemand schien auf einer Leiter eine Lampe an die Decke zu montieren. Sonst war aus allen Richtungen hektisches und geräuschvolles Herumrücken von Möbeln, Kisten und sonstigen Gegenständen zu hören.

Hier sollte eine Probe stattfinden? Paavo wußte nicht, was er davon halten sollte. Erhebliche Bedenken und Zweifel meldeten sich bei ihm. Die Euphorie, mit der er heute hierhin aufgebrochen war, schmolz zusehends dahin.

Paavo faßte sich ein Herz und rief 'Hallo' ins Dunkle, erhielt jedoch keine Antwort.

Alle Silhouetten hier unten gingen weiter ihren Beschäftigungen nach, so als wäre er, Paavo, ein unerwünschter Gast.

Er versuchte, weiter vorzudringen. Dabei stolperte er über einen Stuhl, so daß ihm sein Text aus der Hand fiel. Hastig klaubte er die Seiten wieder zusammen und wischte sich ein paar Spinnweben vom Ärmel.

Endlich wandte sich ihm jemand zu. Ein hustendes Männlein mit verwittertem, bleichem Gesicht. Der erste Mensch hier unten, der sich um ihn kümmerte. Es war Simon, ein nebenberuflich schauspielernder Schneidermeister, der in Pierrots Stück den Militärarzt Dr. Paracelsus zu verkörpern hatte. Er führte Paavo zu Pierrot hin.

Pierrot war im Augenblick sehr beschäftigt. Paavo nutzte die Zeit, den Raum näher zu besichtigen, soweit dies in der Dunkelheit möglich war.

Außer der zu einer winzigen Bühne freigeräumten Mitte war alles fast bis zur Decke mit Gerümpel vollgestellt. Zwischen Schränken und Sekretären mit verschlossenen Rollschubladen standen zugeknotete Säcke. An der Wand waren verfaulende Matratzen gestapelt. Dazwischen lagen Fußbodenbeläge, Holzwolle, leere Schubladen und Kartons sowie Karteikästen mit herausquellender Papiermasse. Auf dem Boden verstreut flatterte ein Sammelsurium von Zetteln und Papieren. Paavo hob ein paar davon neugierig auf. Es waren lauter Listen, Rechnungen, Formulare und Lieferscheine. Unter dem vergitterten, trüben Kellerfenster war ein zusammengerollter Feuerwehrschlauch zu erkennen, daneben mit Tarnfarben übermalte alte Uniformen. Irgendwo standen ein Gitterbett, darin eine Kloschüssel, ein verbogenes Minensuchgerät und ein Wust zerknüllter Filmrollen. Als Paavo sich umdrehte, entdeckte er neben der Türe, durch die er hereingekommen war, ein Klavier ohne Beine auf einem Stuhl.

Langsam entzifferten sich die anderen Gesichter der Anwesenden. Als nächsten lernte Paavo Philipp kennen, den Darsteller des Demiurgen Ascha. Ein sich offenbar sehr wichtig nehmender Graukopf mit leichtem Überbiss und Kerbe am vernarbten Kinn. Von Haus aus Theaterdramaturg sowie angehender Literat. Er hatte eine riesige Papierrolle unter seinen Arm geklemmt.

Wo ist denn die Aufhängevorrichtung für diese Bilder?, rief er mit betont männlich dröhnendem Baß.

Was?, hörte Paavo Krohnen Pierrot irritiert fragen.

Na, die Landkartenteile... die vielen... überall nur Landkarten... hier... die da.

Paavo erkannte unter Philipps Arm schwach einige inzwischen offenbar fertiggestellte Ausschnitte aus Joos' Bühnenkulisse wieder.

Landkarten? Wieso Landkarten? Wir fangen doch mit dem ersten Akt an... Da brauchen wir doch noch keine Landkarten... Und überhaupt, heute ist doch erst Stellprobe, ohne Zubehör, entgegnete Pierrot nervös.

Stellprobe... in diesem Loch?, rief eine Frauenstimme aus dem Hintergrund. Paavo Krohnen entdeckte eine kleine, gedrungene, temperamentvolle Person mit einer schwarzen Baskenmütze auf dem Kopf und einer voluminösen Brille über der Stupsnase. Sie war in Grätschstellung nach hinten gebeugt und rollte ihren

Kopf in beiden Händen im Nacken hin und her. Trotz der dicken und feuchten Luft trug sie einen schweren, ebenfalls schwarzen Mantel. Pierrot führte Paavo zu ihr hin.

Hallo. Ich heiße Monika und bin der Singende Brautschleier...eine Nebenrolle, sagte sie, streckte Paavo die Hand entgegen und lachte schrill.

Monika war, wie Paavo Krohnen bald hörte, kurz vor der Hinrichtung ihres Vaters, eines Armeeoffiziers, im Zusammenhang mit dem jüngsten Attentat auf den Diktator des Imperiums ins Ghetto gekommen. Außerdem hatte es in ihrer Familie einen Vorfahren aus dem 'Stamm' gegeben. Wegen dieses 'schwarzen Flecks in der Familie' war sie frühzeitig aus der Grundschule entfernt worden, hatte deswegen nur mangelhaft Lesen und Schreiben gelernt und hatte trotzdem, wenngleich sehr spät, den Mut gehabt, den Schauspielerberuf zu ergreifen.

Nebenrolle? Ach, Mädchen!, rief ein noch sehr robust, aber kindlich wirkender junger Mann.

Dieser wurde Paavo als Sven vorgestellt. Als der 'kriegsblinde Leiermann' war er ein enger Partner von Monika. Er war kurz nach seinem Abgang aus der Schauspielschule hierher gekommen.

Schließlich stieg auch der Mann auf der Leiter, offenbar unverrichteter Dinge, mit der Lampe in der Hand, herab. Auch er streckte Paavo die Hand entgegen. Mit einem so harten, schmerzhaften Griff freilich, der Paavo in Anbetracht des kleinen, weichen, aufgeschwemmten Gesichts dieses Menschen unangenehm überraschte. Er wurde ihm als Romuald vorgestellt, der in Pierrots Stück den Sklavereiminister spielte. Romuald und Philipp waren schon lang vor dem Ghetto miteinander befreundet gewesen und wohl auch gemeinsam hierhin gekommen.

Paavo schaute sich um.

Nein, nein, das sind alle. Wir sind vollzählig, sagte Pierrot mit schmunzelndem Gesicht.

Paavo hatte tatsächlich noch mehr Personen gesucht. Er dachte vor allem an seinen Kollegen Laszlo, dem er die Idee, dieses Ensemble aufzusuchen, letztlich zu verdanken hatte. Aber Laszlo war nicht da. Er sah ihn nie wieder.

Es ging drunter und drüber. Die Stimmung wurde immer gereizter. Damit schien niemand gerechnet zu haben, als der Raum hier dem Ensemble zugewiesen worden war. Man machte Pierrot verantwortlich, warf ihm vor, den Keller nicht vorher besichtigt zu haben. Dieser wiederum berief sich auf die irreführenden Beschreibungen des Kulturausschusses.

Paavo bekam es mit der Angst zu tun. Angst, in eine Maschinerie geraten zu sein, deren Zusammenbruch vorprogrammiert war, so daß auch der eigene Sturz unausweichlich wurde. Er kannte das, wenngleich viel harmloser und milder, aus anderen, früheren Ensembles. Das totale Fiasko mit allen seinen Folgen, bis hin zu den vernichtenden Zeitungskritiken am Ende. Aber er wußte, daß im Falle eines Scheiterns dieses Unternehmens weit Schlimmeres zu befürchten war. Er fühlte wieder das Kribbeln in der Nase und die hochsteigenden Tränen, die hier im Dunkeln glücklicherweise keiner sah.

Die Goliaths wollen eben den Daumen über uns halten, meinte irgendwann einer.

Die sollen bloß nicht glauben, daß wir kleinzukriegen sind, sagte ein anderer. Um dann mit gehobener Stimme und scharfer Aussprache hinzuzufügen:

Ein Baum wie der unsrige bleibt fest.

Es tat Paavo Krohnen ungemein gut, solches zu hören. Er begann sich etwas sicherer zu fühlen. Das Selbstbewußtsein dieser Leute. Es half ihm, wieder einen ersten Funken Hoffnung zu schöpfen.

Für mich war das erwähnte Zusammengehörigkeits- und Stärkegefühl immer ein Hinweis, daß der Großteil des Ensembles dem 'Stamm' angehörte. Was ich seltsamerweise nie mit Sicherheit erfuhr. Paavo zeigte sich diesbezüglich zwar eher auskunftswillig. Aber wenn ich zu oft nachfragte, verschloß er sich wie eine Mimose. Besonders, was seine eigene Herkunft betraf. Ich weiß bis heute nicht mit Sicherheit, ob und wieweit Paavo Krohnen selbst dem 'Stamm' angehört. Dagegen spricht die Bekennerfreude dieser Menschen, ihre Dankbarkeit, sich zum 'Stamm' zählen zu dürfen, ihr Gefühl der Auserwählung, auch der Auserwählung des Leidens. Sosehr ich Paavos Bezeichnungen und Namengebungen sonst nachvollzog, so schwer fiele es mir, die eine Umschreibung 'Stamm' zu verstehen, sollte Paavo Krohnen tatsächlich demselben 'Stamm' angehören. Aber ich weiß es nicht und soll es vielleicht auch nicht wissen. Vielleicht lag es auch an meiner Art, darüber zu sprechen, daß ich es nicht erfuhr. Sind wir anderen dem 'Stamm' gegenüber doch alle irgendwie befangen.

Je aussichtsloser das Zustandekommen der Stellprobe in diesem Raum erschien, desto heftiger bedrängte man Pierrot, sich wegen einer Alternative, einer provisorischen Ausweichmöglichkeit umzusehen.

Oben auf dem Dachboden... hier im Haus. Da ist es wenigstens ein bißchen hell, schlug jemand vor.

Da ist aber Kinderprobe, entgegnete ein anderer. Traumulus.

Die ist um fünf zu Ende.

Aha.

Simon bekam einen heftigen Hustenanfall.

Wieviel Uhr haben wir jetzt?

Fünf vorbei.

Na also.

Man machte sich kurzerhand auf den Weg die Treppe hoch. Der Dachboden war frei. Er war leidlich hell und vergleichsweise geräumig. Nur die Luft war zum Zerschneiden.

Na denn mal los, rief Pierrot. Erster Akt, erste Szene...Sven...hier links...als hättest du den Leierkasten vor deinem Bauch und würdest an ihm kurbeln...und Paavo...da hinten...noch ganz unscheinbar...wie mit einer Sense in der Hand...ruhig und mit großen schwingenden Bewegungen das reife Korn mähen...Stellt euch mal bitte hin...Ja?...Bitte...

Paavo war froh, daß es endlich losging. Er hatte es schon bald nicht mehr glauben können. Aber jetzt konnte alles beginnen. Die Einstudierung des Stückes, von dessen Wichtigkeit er immer überzeugter war. Und auch, daß er wieder in seinem Element war, sich wieder schauspielerisch betätigen durfte. Außerdem registrierte Paavo mit einer gewissen Genugtuung und Freude, daß Pierrot, sobald er als Regisseur auftrat, viel mehr Sicherheit ausstrahlte als gestern während jener ersten seltsamen Begegnung mit ihm im Westpark. Das waren gleich mehrere Erfolge auf einmal. Was für ein wunderbares Gefühl, daß endlich Zug in die Sache kam.

VII

Es war den Spielern von Anfang an klar gewesen, daß der Dachboden keine Dauerlösung war. Schon am nächsten Morgen drängten die Kinder wieder hinein. Zusammen mit Jakob, dem Leiter der 'Traumulus'-Einstudierung. Auch für sie konnte dieser Raum nur ein Provisorium sein.

Es herrschten in der Stadt extrem beengte Verhältnisse. Durch seine verzweifelte Suche nach einem geeigneten Platz wurde Pierrots Ensemble wider Willen in den Kampf aller gegen alle mit hineingezogen.

Es gab einen besonders begehrten Probenplatz außerhalb der Stadt. Die alte Reitschule vor dem Wall. Eine geräumige Halle, ruhig und ideal abgelegen. Man wurde in sie, ähnlich wie ins Krematorium, unter Bewachung hingebracht und wieder abgeholt. Eine Zeitlang standen die Chancen für Pierrot, diesen Ort zugewiesen zu bekommen, sehr gut. Der Kulturausschuß hatte bereits zugesagt. Nach langen Verzögerungen erfolgte eine Absage, dann wieder eine Zusage. Es war ein undurchsichtiges Spiel, ein ermüdendes Tauziehen zwischen Spielleiter und Kulturausschuß bzw. der Kommandantur im Hintergrund. Man wußte nicht, welche Kräfte mitwirkten, suchte vergeblich nach den Gründen. Dies und die ständige Suche nach neuen, meist unzumutbaren Ausweichplätzen zum Proben, zusätzlich zu allem anderen hier, belasteten das Klima im Ensemble immer unerträglicher. Das meiste lud sich auf Pierrot als dem Hauptverantwortlichen ab. Die Einstudierung des Festspielstückes kam über unwesentliche Anfänge nicht hinaus.

Irgendwann erfolgte die endgültige Absage.

Die Kinder haben die Reithalle bekommen, teilte Pierrot eines Morgens seiner Mannschaft mit.

Die Kinder?

Jakob?

Ja.

Verdammter Mist.

Wir haben jetzt wenigstens Klarheit, versuchte Pierrot die anderen zu beschwichtigen.

Jakob, dieser Schuft. Wie hat er das nur wieder hingekriegt?

Das war der Anfang eines unheilvollen, ungewollten Kampfes zwischen diesen zwei Ensembles und den Personen, die sie verkörperten.

Als nächstes kam eine größere Privatwohnung mit in die Diskussion. Sie gehörte zu einer Art Renommiertenunterkunft für Frauen, ein sich auf zwei Etagen erstreckendes Pendant zu dem ausschließlich Männern vorbehaltenen, stattlichen 'Renommiertenhaus' am anderen Stadtende.

Pierrot hatte sich bei der Vorstellung dieses Projekts zunächst auffällig unbestimmt ausgedrückt.

Was für eine Wohnung? fragte Romuald argwöhnisch, als ahnte er etwas Bestimmtes. Und überhaupt, was haben wir in einer Privatwohnung zu suchen?

Man hatte sich wieder einmal auf dem Dachboden versammelt, der nach dem Umzug der Kinder in die Reithalle für ein paar Tage freigeworden war.

Sie ist leer, erklärte Pierrot lakonisch.

Leer? In diesen Wohnungen sind doch immer welche. Und zwar sehr eng, wie man weiß.

Pierrot schwieg eine Weile verlegen. Er zog mit entschiedenen Bewegungen seine schwarze Lederjacke aus und hängte sie so fest und umständlich um die Lehne eines Stuhles, als sollte sie dort für immer bleiben.

Das ist richtig, sagte er schließlich. Aber in dieser Wohnung war zuletzt eine Gruppe von Rollstuhlfahrerinnen in eine der Etagen gepfercht gewesen... Ihr wißt schon... Die sollten nur übergangsweise dort wohnen, bis in der Venuskaserne etwas frei wurde.

Cvok, stieß Monika mit vor Entsetzen geweiteten Augen aus. Ist das die Wohnung, in der wir kürzlich...?

Monika hatte Pierrot in Paavos Gegenwart noch nie Cvok genannt.

Pierrot nickte ernst.

Was meint ihr? Ich verstehe nicht, wollte Paavo wissen.

Ach. Damals warst du noch nicht bei uns... Wir haben bei diesen Frauen mal einen Gedichtabend veranstaltet... in dieser Wohnung..., erklärte Philipp rasch und blickte zu Romuald, der immer noch finster vor sich hin starrte.

Natürlich kenn' ich diese Wohnung, entgegnete Paavo. Ich bin auch schon dort gewesen... zu Besuch... Da kommen manchmal auch Musikgruppen hin, oder einzelne Spieler. Die Frauen sind sehr dankbar, wenn man kommt... Ich weiß.

Paavo dachte daran, daß er auf dieser Etage mehrere Male abends mit einer der Bewohnerinnen, einer ehemaligen Opernsängerin, Schach gespielt hatte. Es war eine ältere, außerordentlich liebenswürdige, charmante Dame gewesen, mit der er geradezu versessen gern gespielt hatte, obwohl er jedesmal gegen sie verlor. Das letzte Mal lag noch gar nicht weit zurück.

Und? Sind sie jetzt in die Kaserne verlegt worden?, fragte Monika immer unruhiger.

Nein.

Und die Wohnung ist trotzdem leer?

Ja.

Alle wußten, was das hieß. Auch Paavo. Es war wie ein Donnerschlag. Alle schauten betreten zu Boden. Zwischendurch trafen Pierrot schmerzliche Blicke. Aber man schien sich einig darüber zu sein, daß ein Vorwurf gegen ihn nicht gerechtfertigt gewesen wäre. Sie waren alle in derselben Zwangslage hier. Es fühlte sich entsetzlich an.

Widerwillig, aber der Not gehorchend, raffte man sich trotzdem zu einer Besichtigung auf. Paavo war sicher, daß auch die anderen, besonders Pierrot, sich auf dem Weg dorthin vorsorglich alle möglichen Gründe gegen eine Inbesitznahme dieser Räumlichkeiten zurechtlegten.

Zitternd stiegen sie die Treppe hoch und betraten die Etage.

Ein Blick, und die Verhältnisse waren eindeutig klar. Paavo fiel ein Stein vom Herzen. Der schlauchartige Zuschnitt der Wohnung erlaubte auf keinen Fall die geforderte Probenarbeit. Außerdem war alles mit Mobiliar und sonstigen Gegenständen vollgestellt, mit denen man nicht wußte, wohin: Einmal die vielen nebeneinandergeschichteten Trennwände aus Pappe. Sie hatten vor dem Abtransport der Frauen die Wohnfläche vorschriftsmäßig, wie in fast allen Privatwohnungen der Stadt, in mehrere winzige Verschläge unterteilt. Dort hatten die weiblichen 'Renommierten' - ganz anders als die männlichen im anderen Haus - unwürdig gedrängt hausen müssen. Dann standen lauter sperrige Möbel herum. Ehemalige Dreistockbetten mit abgesägtem Oberbett und an der Wand niedrige, leergeräumte Regale. Auf einem lag ein vergessenes Handtuch und ein Eßnapf. Einen besonders schrecklichen Anblick boten mehrere nicht zusammenklappbare Rollstühle der letzten Bewohnerinnen. Paavo erkannte sofort denjenigen seiner alten Freundin: ein besonders großes und hellfarbenes Exemplar. Ein wahrer Alptraum, diese Entdeckung. Wenn Pierrot doch bald seine endgültige Entscheidung bekanntgäbe. Aber er schwieg wie die anderen auch. Alle schienen bestrebt, diese Besichtigung möglichst schnell hinter sich zu bringen, aber keiner brachte es über sich, das beklemmende Schweigen zu durchbrechen.

Endlich kam der erlösende Spruch aus Pierrots Mund.

Hier arbeiten wir nicht, sagte er trocken, drehte sich auf dem Absatz um und ging. Die anderen folgten ihm erleichtert nach.

Eine knappe Woche später wurde diese Etage durch irgendwelche Umschichtungen im Ghetto mit Kindern belegt, die jedoch bald wieder weitertransportiert wurden.

Jetzt stand als einziges Provisorium noch der Innenhof der Neptunkaserne an der Moosgasse im Westen der Stadt zur Verfügung. Dies war ziemlich schwierig, da der Hof nur zwischen dem Ausrücken und Wiedereinrücken seiner vielen Bewohner während der Arbeitsschichten einigermaßen ungestört benutzbar war. Aber es war immerhin eine Lösung.

Noch bevor sie dort anfingen zu proben, erfolgte die nächste Hiobsbotschaft. Es war die noch überaus vage Ankündigung, daß die Proben bald auf den für jedermann zugänglichen Hauptplatz der Stadt verlegt werden sollten. Diesmal war Joos der Überbringer der Nachricht.

Ich hab' einen verläßlichen Informanten, vielleicht sogar einen Beschützer, sagte er mit einem so harten Gesicht, daß keiner weiterzufragen wagte.

Als dann nichts weiter erfolgte, legte sich die Unruhe im Ensemble wieder. Man beschloß, nicht weiter über die Sache zu sprechen, blieb aber trotzdem hellhörig und fragte sich nach den möglichen Gründen:

War es das nun doch allmählich wachsende Mißtrauen der Behörden gegenüber dem Festspielstück? War es eine demonstrative Geste ihres Willens, den Überblick zu behalten?

Inzwischen war man sogar froh über den vorläufigen Bezug dieses Kasernenhofes und gedachte ihn zu nutzen, solange nichts Besseres in Aussicht war.

VIII

Am ersten Probentag dort schien zunächst wunderbares Wetter zu herrschen. Schon früh war die Sonne nach langer Zeit zum erstenmal durch die bleierne Wolkendecke hindurchgebrochen. Aber sie durchflutete den Himmel und die Stadt so grell, daß sich das inständige Verlangen der Menschen nach ihr rasch in Bedrängnis verkehrte. Es war der verheißungsvolle und zugleich ängstigende Beginn eines Tages.

Paavo machte sich am Morgen auf den Weg zur Probe. Nicht mehr von der Uranuskaserne, sondern vom bereits erwähnten 'Renommiertenhaus', in dem er inzwischen ebenfalls Aufnahme gefunden hatte.

Äußerlich hatte sich seine Lage dadurch verbessert. Er nutzte die verschiedenen Künstlervergünstigungen aus, welche ihm durch seine Ensemblemitgliedschaft zuteil geworden waren, etwa bei der Essens- und Wasserzuteilung. Auch kam er durch die hier sehr rege geübten Tauschgeschäfte zu einem vollen Ersatz für jenen persönlichen Bedarf, der ihm nur zwei Tage nach seiner Einweisung aus dem Schlafsaal der Uranuskaserne gestohlen worden war: sein Rasier- und Zahnputzzeug, ein Taschenspiegel und Kalender, sein bestes Paar Schuhe, ein großer Vorrat an Kohletabletten und einige Hemdknöpfe. Er wohnte jetzt außerdem in unmittelbarer Nähe seines Lehrers Iltis und genoß überhaupt ein höheres Ansehen.

Trotzdem fühlte er sich elend. Die zermürbenden Kämpfe der letzten Zeit, die wachsende Angst, Nervosität und Reizbarkeit innerhalb des Ensembles, die ständige Unsicherheit hatten ihm arg zugesetzt. Er litt in letzter Zeit unter körperlichen Mißempfindungen, verbunden mit Fieber und einem immer häufigeren, jäh einsetzenden widerlichen Zahnfleischbluten, dazu ein kräftezehrender, chronischer Durchfall.

Er hatte seine Unterkunft mit Magenschmerzen und einer seltsamen Betäubung im Kopf verlassen. Er schritt gerade über den Hauptplatz, der trotz der frühen Stunde voller Leben war.

Aus dem Fenster eines Hauses drang das Geschmetter einer tiefen, gewaltigen Frauenstimme, die, von einem Klavier begleitet, Tonleitern übte. Nicht weit davon entfernt saßen vier Jugendliche und probten ein Streichquartett. Das Werk eines im Ghetto lebenden Künstlers. Musik aus dem 'Stamm'. Etwas weiter weg entlockte ein ihm vom Hörensagen bekannter Klarinettenspieler seinem Instrument bezaubernde Töne.

Paavo blieb stehen und hörte aufmerksam zu. Im Augenblick dachte er gar nicht mehr an die Probe im Kasernenhof.

Bald tauchten Taschenspieler, Jongleure, Pantomimen und Zauberkünstler auf und bauten zusammen in der Nähe des 'Kaffehauses' eine kleine Bühne auf. Auf der gegenüberliegenden Seite versammelte sich eine buntgekleidete Truppe und improvisierte ein Unterhaltungsprogramm. Exotische Lieder wurden gesungen, Sketches aufgeführt, und es wurde getanzt. Eine violett geschminkte Frau trat als Tenor auf, ihr männlicher Partner als Sopran. Ein Herr im Frack dirigierte mit seinem Taktstock mitten ins Publikum hinein, als wäre dieses sein Orchester. Auf der Dachterrasse eines der beflaggten Häuser wurden Sonnenschirme und Stühle aufgestellt. Am Stadthaus zog eine Arbeitskolonne einen leeren Handwagen vorbei. Bald bog sie um die Ecke und verließ den Platz in Richtung 'Spedition'.

Nachdem Paavo lange Zeit verträumt herumgestanden hatte, schreckte er plötzlich hoch und eilte die Sonnenstraße entlang bis zur Moosgasse, an der er bald die Neptunkaserne erreichte. Die Sonne stach inzwischen unerträglich.

Es war Paavo äußerst peinlich, zu spät zu kommen. Heute am ersten Tag, da man auf dem neueroberten Probenplatz richtig anfangen wollte. Mit der ersten Szene des ersten Aktes, wo er auch schon gleich gebraucht wurde.

Er durchschritt am Wachhabenden vorbei das Tor und betrat den quadratischen, von hohen Säulengängen umschlossenen Hof. Tatsächlich waren alle schon anwesend. Sie befanden sich in dem Areal, welches noch gestern Abend nahe bei einem der beiden seitlichen Säulengänge für die Probe abgesteckt worden war. Paavo begab sich in Windeseile dorthin.

Sogleich bemerkte er die niedergedrückte, lustlose Stimmung. Die Spieler schlichen alle wie müde Insekten umher. Nur Pierrot agierte wie auf Sprungfedern. Er schien heftig gegen die Trägheit der anderen anzukämpfen.

Ein heilloser Krach da draußen, hörte Paavo einen rufen.

Und es stinkt, einen anderen.

So kann man unmöglich arbeiten, klagte ein dritter.

Keine dummen Ausflüchte, drängte Pierrot. Das können wir uns nicht leisten. Wir haben keine Zeit.

Der junge Sven rieb sich die Augen, als wollte er die ihm aufgetragene Blindenrolle des kriegsversehrten Leierkastenmannes abstreifen. Dann ließ er sich erschöpft auf einen der drei Stühle nieder, die als Markierpunkte für die improvisierte Bühne dienten. Die anderen beiden waren mit Papierstößen und kleinen Requisiten beladen. Der vierte Markierpunkt war ein zerbeulter, auf einer Lastenkarre festgebundener Milchkübel, der offenbar früher einmal Transportzwecken gedient hatte.

Paavo war irritiert. Diese lähmende Lethargie. Kein vielversprechender Anfang nach all diesen Mühen. Da er zu spät gekommen war, hatte er erst recht sofort anfangen wollen. Er begab sich rasch in den Hintergrund der Probenfläche. Dort hatte er am Anfang ohnehin nur schwingende Sensenbewegungen auszuführen, während Sven vorne am Leierkasten seinen Eingangsmonolog vortrug. Aber im Augenblick war offenbar überhaupt nicht an Arbeit zu denken. Nach einer Weile kehrte Paavo resigniert nach vorne zu den anderen zurück.

Sven steigerte sich weiter in seine Klagen.

Ich bin einiges gewohnt aus unserer Akademie, sagte er. Aber sowas wie hier ist mir noch nicht begegnet.

Wir sind hier nicht in einem Ferienlager, entgegnete Romuald.

Dieser Farbgeruch... ist wirklich penetrant, warf Philipp ein. Überall in der Nähe hier sind Anstreicharbeiten.

Ich rieche nichts Besonders, meinte Paavo.

Vielleicht bauen sie schon den falschen Parfümladen auf, fuhr Monika aufgekratzt dazwischen. Wär' sicher lohnend, sich den mal anzugucken.

Was ist bloß mit euch los?, rief Pierrot mit geballter Faust. Dann senkte er den Kopf und überlegte.

Ich weiß... Wir sind alle angeschlagen... und überspannt, sagte er mit traurigem Gesicht.

Sven ließ seine Augen wieder nach Blindenart blicklos nach oben irren.

Kein Wunder, bei dieser Hitze, sagte er. Bald sind wir selber nur noch Dampf und Rauch.

Allgemein nervöses Gelächter und Gehüstel, das in Gähnen überging.

Seid doch froh, daß wir hier sind und nicht auf dem Hauptplatz, führte Pierrot wie mit einem letzten Wiederbelebungsversuch an.

Die anderen nickten nachdenklich. Aber es schien sich dadurch an der allgemeinen Niedergeschlagenheit nichts zu ändern.

Man kam nicht über die Anfangsszene des Stückes hinaus. Man probte halbherzig an dem einen oder anderen Sätzchen herum, palaverte, flüchtete sich in leere Geschäftigkeit oder stand untätig herum. Pierrot sah sich in die unangenehme und zu ihm überhaupt nicht passende Rolle des Antreibers gedrängt.

Also nochmals von vorn, Sven, forderte er mit einem tiefen Seufzer. Und bitte nicht so furchtbar resigniert..., sondern mehr... unterschwellig aggressiv und geladen. 'Laß das letzte Glöckchen bimmeln, Leier, Leier, Leier.' Das ist ein stiller Schrei und keine Grabrede.

Pierrot bezog sich auf die lärmige Kriegsankündigung in der nachfolgenden Szene. Er wollte das 'letzte Glöckchen' als dessen subtilen aber einschneidenden Vorläufer verstanden wissen.

Sven wehrte sich heftig gegen diese Anweisung.

Ich fühl' mich doch wie über einem Abgrund, jammerte er. Alles treibt dem Ende zu. Ich drehe blind und ausgebrannt an meinem Leierkasten und sehne mich nach Ruhe...Ruhe...Ruhe...Wie soll ich da noch aggressiv und geladen sein?

Pierrot führte als Beleg einen noch späteren Text von Sven an und stützte seine Auffassung mit minutiösen Regieanweisungen bezüglich Mimik und Gestik des Leiermannes, die alle ihre tiefere Bedeutung hatten.

Er hatte die ganze Zeit über den Kopf immer tiefer zwischen die Schultern gezogen. Jetzt ging er immer unruhiger und mit besonders betontem Hinken auf und ab.

Pierrot war bei seiner Regiearbeit jeder autoritäre Führungsstil völlig fremd. Unter den Umständen des Ghettos ohnehin. Er gab sich im Gegenteil, zumindest bei der Einstudierung seines eigenen Werks, in allen Dingen sehr nachgiebig. Allerdings nur dem Anschein nach. Denn oft brachte er es fertig, die eben noch bekämpfte Gegenposition plötzlich zur eigenen zu machen und auf diesem Wege seine ursprüngliche durchzusetzen. Eine seiner Methoden bestand darin, mindestens noch eine zweite Version eines Textes oder einer Regieanweisung in der Tasche zu haben und beide so lange gegeneinander auszuspielen, bis sich die von ihm favorisierte durchsetzte.

Dies war wohl auch besonders bei der Einübung dieser Szene der Fall gewesen. Am Rand der ersten Seite des uns erhalten gebliebenen Gesamtmanuskriptes sind zwei gegensätzliche Regieanweisungen dicht nebeneinander vermerkt: Zuerst eine, die Svens resignativ-sanfter Auffassung entspricht, und dann die offenbar von Pierrot vorgezogene, mehr aggressiv getönte, wobei letztere unterstrichen ist. Eine Überklebung im Text selbst deutet sogar auf zwei Fassungen des Leiermonologes hin.

Irgendwann schaltete sich Romuald in den Disput mit ein. Er hatte erst im folgenden Akt als Sklavereiminister aufzutreten, hatte jedoch das Spiel von etwas weiter hinten mit wachsender Aufmerksamkeit verfolgt.

Ist doch offenkundig, wo das hinsteuert, das 'letzte Glöckchen'..., sagte er ärgerlich. Und überhaupt...

Er erhob sich von seinem Platz und trat vorsichtig auf Pierrot zu.

Wieso? Findest du AUSFALL-Glöckchen etwa besser?, rief Monika angriffslustig dazwischen.

Romuald hat das ganz richtig gesagt, brummte Philipp. Der Text steuert zu rasch auf den Höhepunkt zu. Vom dramaturgischen Standpunkt aus ist das ungeschickt.

Dramaturgisch. . . und auch inhaltlich. . . oder literarisch, wenn man so will, führte Romuald, offensichtlich dankbar für Philipps Unterstützung und in gewohnter Übereinstimmung mit ihm, weiter aus. Wirklich ungeschickt das Ganze. Viel zu gewagt. . . Unverantwortlich. . . in diesem Höllental hier mit solchen Themen aufzufahren.

Die Jury scheint da anderer Meinung gewesen zu sein, entgegnete Pierrot gekränkt.

Die Jury? Na. Da habe ich aber was anderes gehört, ereiferte sich Philipp. Die Mehrheit wollte sich das Kuckucksei nicht ins Nest legen. Dann kam irgendein Umschwung. Ich weiß nicht, wie und wodurch. Ist ja auch nicht öffentlich, so 'ne Jury. Aber wer vom Fach ist, zu dem sickert eben doch das eine oder andere durch. Der Ausgang des Ganzen ist ein Glücksfall gewesen.

Oder auch nicht, stieß Romuald sofort weiter nach. Aber lassen wir das Theoretisieren. Bleiben wir bei der Dramaturgie. Ich meine. . . Es ist einfach platt. . . die Art, wie dieser Schnitter schon am Anfang im Rücken des Leiermanns agiert.

Genau. Dieser Sensenmann im Nacken. . . widerlich. . . Ihr wißt gar nicht, wie mich das einengt, bekräftigte Sven und atmete einige Male tief durch.

Pierrot schüttelte verständnislos den Kopf.

Habt ihr's immer noch nicht kapiert?, rief er. Das ist ein einfacher Bauer. . . ein fleißiger, unscheinbarer Bauer, der irgendwo im Hintergrund still seine Pflicht tut und das reife Korn mäht. Fast wie ein Kinderonkel, vor dem wirklich keiner Angst zu haben braucht.

Das glaubst du doch selber nicht.

Doch. Der Zuschauer muß schrittweise an diese Figur herangeführt werden. Er hat Gelegenheit, sich daran zu gewöhnen.

Zuschauer? Du meinst wohl die Goliaths?

Die sind doch weit weg.

Weit weg? Wenn die weit weg wären, wären wir jetzt alle in der Reithalle und nicht hier oder gar bald auf dem Hauptplatz.

Ach, dummes Geschwätz.

Das ist kein Geschwätz, wagte sich Philipp wieder hervor, nachdem er, den Stein ins Rollen gebracht, eine Zeitlang geschwiegen hatte. Es dauert nicht mehr lange und wir sitzen dort alle auf dem Präsentierteller und am Pranger.

Monika nickte mit ernstem Gesicht.

Ihr Angsthasen, zischte Pierrot.

Du bringst uns ins Unglück, ereiferte sich Sven.

Ach. Halt den Mund.

Du willst wohl, daß wir das Ganze hinschmeißen?

Das würde dir so passen.

So ging es weiter hin und her, bis Pierrot seine Leute mit einem scheinbaren Zugeständnis zähmte.

Er hatte nämlich auch für den Auftritt des Kornbauers zwei Fassungen parat. Die eine, in der jener nur wortlos die Sense schwingt, und die, in der er schon ganz am Anfang die ersten provokativen Reden führt. In unserem Handschriftentext ist in der Regieanweisung '...mäht im Hintergrund das Korn' das Wort 'schweigend' hineingeflickt. Dafür ist ein darunterstehender, längerer Text durchgestrichen.

Wie Paavo Krohnen mir gegenüber behauptete, hatte Pierrot die längere, gewagtere Fassung nur ins Spiel gebracht, damit ihm das Ensemble seinen letztlichen Verzicht darauf um so mehr dankte. Aber mit der Dankbarkeit des Ensembles war es nicht weit her. Denn bald flammte ein neuer Streit auf. Diesmal war es das andere leidige Thema. Das immer noch unklare Ende des Stückes.

Ich hab ein Ende, konterte Pierrot verblüffend, als man ihn forderte. Dabei richtete er sich auf und blickte den anderen gerade ins Gesicht.

Ach. Und was für ein Ende soll das sein?

Werdet schon sehen. Erst müßt ihr den Anfang ordentlich hinkriegen.

Das heizte die Stimmung um so mehr an. Man begann jetzt laut die Katastrophe auszumalen, auf die man mit diesem kompromittierenden Stück zusteuerte.

Pierrot wurde immer verzweifelter.

Ich investiere all das, und ihr werft mir mit einer kleinen Handbewegung das ganze Welttheater vor die Füße, jammerte er.

Jetzt erhob sich Simon, der den Militärpsychiater Paracelsus spielte und bisher müde und ohne ein Wort zu sagen auf seinem Stuhl gesessen hatte, ziemlich abrupt von seinem Platz.

Sind wir hier eigentlich alle gegen alle?, warf er mit resolutem Tonfall ein. Ich meine... Können wir uns das leisten?

Dann mußte er heftig und anhaltend husten.

Wir müssen da jetzt durch, keuchte er zwischen zwei Anfällen. Es hilft nichts... Und irgendwie wird's schon gehen... Es muß gehen.

Stimmt schon, daß wir uns nicht verrückt machen lassen dürfen, lenkte Romuald ein.

Und Philipp – mit demselben etwas übertriebenen Nachdruck wie vorhin: Ja. Haben wir auch nicht nötig. Ich meinte das vorher auch mehr vom Fachlichen her.

Kann schon sein, meinte Simon. Aber jetzt läuft die Sache. Jetzt geht's ums Prinzip. Die oder wir. Und warum nicht auch mal über etwas gewagtere Inhalte? Soweit ich weiß, war das auch das ausschlaggebende Argument für die Jury.

Philipp schwieg nachdenklich.

Stimmt, sagte er plötzlich entschieden und schnitt ein wichtiges Gesicht. Wir haben schließlich unsere Prinzipien, sagte er spitz, unsere Maßstäbe, unser Niveau, ich meine...

Dann schaute er forschend Romuald ins Gesicht.

Wie hast du das kürzlich so schön gesagt... mit dem Baum...?, fuhr er fort. Ein Baum...?

Ein Baum wie der unsrige bleibt fest, deklamierte Romuald laut und pathetisch und warf sich in die Brust.

Sven zuckte zusammen und schaute sich ängstlich um.

Wir machen immer wieder den Fehler, die Intelligenz dieser Leute zu überschätzen, sagte er leise, fast flüsternd. Die steigen doch nie und nimmer durch das, was wir meinen, hindurch. Ist doch klar, auf wessen Seite die Intelligenz steht.

Ich finde das Stück gut, sagte Monika bestimmt. Und mir macht es Spaß, auch hier gutes Theater zu spielen... und außerdem...

Außerdem was?, bohrte Pierrot nach einer Weile nach.

Ach... nichts..., wehrte sie ab und schaute verschämt zur Seite.

Paavo merkte an der Art, wie sie das Wort 'außerdem' aussprach, an ihrer Stimme, ihren Augen, ihrer ganzen Haltung, daß sie mit Bestimmtheit die materiellen Vergünstigungen gemeint hatte, die hier alle für ihre Mitwirkung in dem Ensemble bekamen. Sie wagte dies jedoch anscheinend nicht direkt zu sagen. Paavo war sicher, daß auch Pierrot und die anderen Monika so verstanden hatten.

Jedenfalls schien Pierrot in dieser Auseinandersetzung langsam wieder festeren Boden unter den Füßen zu gewinnen. Er lächelte erleichtert.

Ich glaub auch, ihr macht euch viel zu viele Gedanken, sagte er. Vergeßt nicht. Wir sind in 'Als ob'. Wir sollten unsere kleinen Freiheiten nutzen.

Unsere Narrenfreiheit, korrigierte Sven mit pfiffigem Gesichtsausdruck.

Dann laß uns eben Narren sein, fügte Pierrot rasch hinzu. Sind wir doch, oder nicht?

Und dann, nach einer Pause, die für manche wieder berechnet erscheinen mochte:

Wenn einer Angst haben darf, dann ist es Paavo. Und Paavo hat keine Angst. Oder... Paavo?... Hast du Angst?

Abb. 10: Gedenkplakat zur Einstudierung von Verdis "Requiem" (oben links)
Einladung zum Vortrag von Prof. Emil Utitz (oben rechts)
Plakat zur Einstudierung des altböhmischen Spiels "Esther" (unten links)
Gedenkprogramm zur dramatischen Revue "François Villon" (unten rechts)

Abb. 11: Vlasta Schön übte mit den Kindern die Vorstellung "Käfer" von Jan Karafiát ein (oben links)
Plakat zur Kindervorstellung "Der Rattenfänger von Hameln" (oben rechts)

Abb. 12: Petr Kien, Theaterprobe

Paavo erschrak und fühlte sich nicht in der Lage, sich irgendwie dazu zu äußern. Auch wenn er Angst gehabt hätte, hätte er sie, allein schon Pierrot zuliebe, nie und nimmer zugegeben. Aber wahrscheinlich hatte er gar keine. Er fühlte sich viel zu eng mit seiner Rolle verwachsen, ganz gleich, wieweit er die Tragweite ihres Inhalts schon erfaßt hatte und ihre Botschaft wirklich verstand. Er war inzwischen auch fest gewillt, an ein Gelingen der Einstudierung zu glauben, unabhängig von der augenblicklichen Mißlichkeit der Lage. Umso trauriger war ihm zumute wegen der heftigen Auseinandersetzungen von vorhin um das Stück und um Pierrot. Er konnte es irgendwie verstehen, hatte aber trotzdem sehr unter dem Streit gelitten. Auch, weil der dem Stück nicht guttat, ja, sein Zustandekommen gefährdete in Anbetracht des zeitlichen Rückstandes, in den man immer bedrängender geriet und wegen des Zusammenhalts, der unbedingt geboten war.

Nachdem sich die Spannung gelegt hatte, unternahm man einen erneuten Versuch, die Anfangsszene zu proben.

Wieder läutete 'das letzte Glöckchen'. Sven mußte bis zur Erschöpfung die verschiedenen aufeinander abzustimmenden Gesten und Handgriffe üben. Das Kurbeln am Leierkasten, dessen Requisite noch nicht vorhanden war, das Öffnen des ebenfalls noch fehlenden Mantelumhanges, den blinden Blick zurück zur letzten blutroten Kornblume im Feld, bevor sie abgeschnitten wurde usw.

Währenddessen erfolgte die nächste Störung:

Oh wie schön, Papa Domino ist wieder da... was hast du uns diesmal mitgebracht?, schallte es plötzlich in mehrstimmigem, rhythmischem Kindergeplärr von außen in den Kasernenhof hinein.

'Papa Domino' war die für alle Kinder des Ghettos vorgeschriebene Anrede des Kommandanten während Kommissionsbesuchen. Dieser Spruch gehörte zu den frühzeitig chorweise eingedrillten Standardsätzen.

Dies und die steigende Hitze drückten unerträglich auf die Gemüter. Die Probenarbeit wurde immer sinnloser und verfahrener.

Oh, wie schön, Papa Domino ist wieder da..., brüllte es noch lauter.

Die Spieler verfielen immer ungehemmter ins Lamentieren und Nörgeln. Sie beanstandeten die technischen Mängel. Das Fehlen aller wichtigen Requisiten und der Aufhängevorrichtung für die Bühnenbilder zum Anbringen wenigstens eines Provisoriums. Das war alles schon lange in Auftrag gegeben worden. Nicht einmal Paavos Sense war da. Alle hatten das Herumhantieren mit fiktiven Gegenständen satt.

Warum kommen die Sachen nicht?

Die wissen anscheinend nicht mehr, wie so was aussieht.

Wie was aussieht?

Eine Sense.

Haha.

Und wann kommen die Statisten?

Was für Statisten?

Die Kinder, die aus dem Korn auftauchen.

Bevor Pierrot darauf eingehen konnte, klagte ein anderer:

Na, und erst für den zweiten Akt. Die Landkarten, der Roulettetisch. Nichts ist da.

Draußen vor der Kaserne wurde es immer turbulenter. In den Kinderchor mischten sich häßliche Posaunenklänge. Aus einer anderen Richtung drang Lautsprechergebrüll herein.

Hoch lebe... hoch lebe... der Inbegriff...

Der Einheitsgeist – es bleibt dabei – ist das Motto der Partei...

Kampf und Vernichtung allen Widersachern des Volkes...!

Gleichzeitig heulte draußen eine Sirene auf. Einer der sich zurzeit häufenden Probealarme.

Man hielt sich die Ohren zu. Paavo verspürte einen scharfen Schmerz in der Magengegend. Er fühlte sich an frühere Alarme erinnert. Simon hustete sich wieder die Seele aus dem Leib. Monika mußte sich plötzlich übergeben. Sven eilte zu ihr hin und hielt ihre von kaltem Schweiß bedeckte Stirn, während sie erbärmlich weiter würgte und krampfte.

Nicht aufgeben... nicht aufgeben, sagte er immer wieder.

Die Sonne stand inzwischen senkrecht am Himmel.

Au, jetzt kommen die Leute... Mittagszeit... Wir müssen gehen, rief Simon wie aufgeschreckt, als draußen am Tor einige Gestalten auftauchten und den Hof betraten.

Monika, die sich wieder etwas gefaßt hatte und sich gerade mit dem Handrücken den Mund abwischte, wandte ihr kreideweißes Gesicht rasch verschämt zur Seite.

He, ist doch nichts Besonderes, passiert uns doch allen, versuchte Sven sie zu beschwichtigen.

Nein. Für meinesgleichen gehört sich das nicht, sagte sie resolut, richtete sich kerzengerade auf und blickte stoisch nach oben.

Man hatte sich bisher erfolgreich gegen fremde Zuschauer abschirmen können. Die Zeiten des schichtenweise Aus- und Einrückens der Kasernenbewohner lagen am Vormittag günstig weit auseinander. Jetzt aber kamen immer mehr Personen herein, die ihre Mittagspause nutzen wollten. Sie wagten sich neugierig vor bis zum abgezirkelten Bühnenareal, kreisten darum herum oder blieben davor stehen. Ein paar Halbwüchsige hatten einen Ball mitgebracht, den sie unweit an eine Mauer schlugen.

Hier trat zum ersten Mal Shirin auf.

Shirin war eine Neue. Keiner im Ensemble hatte sie bisher gesehen. Aber man sprach überall von ihr. Von ihrer blendenden Schönheit, ihrem unbefangenen, lieblichen und hilfsbereiten Wesen, ihrer vitalen Neugierde. Letztere hatte sie wohl heute zu einem Erkundungsgang in den Probenhof getrieben.

Paavo war von ihrem Anblick überwältigt. Sie war vielleicht achzehn, neunzehn, obwohl sie viel reifer wirkte. Ihre großen und dunklen Augen unter der lockigen Mähne und das kraftvolle, noch rosige Gesicht schienen den Anfechtungen durch das Ghettoleben bisher unbeschadet widerstanden zu haben.

Kurz bevor das Ensemble zum Gemeinschaftsessen im 'Renommiertenhaus' aufbrach, kam es zu jener ersten, prägenden Begegnung zwischen Shirin und Sven.

Plötzlich standen die beiden einander gegenüber und starrten sich an. Es war ein einziger Blick von nur wenigen Sekunden. Aber er sagte alles. Die Luft schien für Augenblicke wie elektrisch geladen. Paavo kam es so vor, als wäre es währenddessen auf dem ganzen Hof ein wenig stiller geworden.

Als sich alle aus dem Ensemble anschickten, den Hof zu verlassen, war Shirin bereits wieder in der Menge untergetaucht.

Sie begaben sich durchs Tor auf die Straße und machten, um den Menschenmassen zu entfliehen, einen kleinen Umweg über den etwas weniger dicht bevölkerten Stadtrand. Es herrschte eine brütende Hitze. Als sie an der Marskaserne nahe beim Wall vorbeikamen, beschlossen sie, in einem der Säulengänge des Innenhofes für ein paar Minuten Schutz vor der Sonne zu suchen.

Auf der gegenüberliegenden Seite angelangt, betraten sie das Säulengewölbe. Dort blieben sie eine Weile stehen. Dann durchmaßen sie langsam den ganzen Gang. An dessen Ende stießen sie auf einen der in den Kasernenhöfen halbversteckten, quer eingesenkten und von dicken Backsteinen eingefaßten Tunnel. Noch von der Grelle von vorhin geblendet, schauten sie angestrengt ins Dunkle.

Sie trauten ihren Augen nicht, aber mußten eingestehen, daß sie richtig sahen.

An der rechten Seite des Tunnels saßen in einer endlosen, dichten, sich im Hintergrund verlierenden Reihe Menschen auf Bänken oder Stühlen. Lauter gebückte oder aneinanderlehnende Gestalten. Vor ihnen oder auf ihren Knien lagen Bündel, zusammengerollte Decken und Krück- oder Gehstöcke. Viele hielten den Kopf nach vorn gesenkt und hielten die Hände im Schoß. Einige trugen schwarze Brillen oder Augenklappen.

Es war eine einzige, sich perspektivisch zu einem Punkt zusammenziehende Sitzprozession in einer bodenlosen Gruft.

Beim tieferen Eindringen der Blicke in die Dunkelheit kam neues Verborgenes zum Vorschein. Zuerst einzelne Silhouetten in liegender oder hockender Stellung, bald mehrere davon spastisch ineinander verkeilt in Bewegung. Paavo drängte sich zwingend die Vorstellung einer Massenpaarung auf.

An dieser Stelle geriet Paavo Krohnens Bericht erneut ins Stocken. Sein zerfurchtes Gesicht, die toten Augen unter dem weißen Gebüsch der Brauen stemmten sich wie eine Mauer gegen mich. Aber er entschuldigte sich dafür. Es war das erste Mal, daß er sich mir gegenüber verpflichtet fühlte, ein schlechtes Gewissen bekundete, daß er nicht weitererzählte. Ich hatte Mühe, ihn davon abzubringen. Ich ärgerte mich nur hinterher über mich, daß ich an der Stelle nicht wieder einfach das Gespräch für eine Weile unterbrach.

So alt wie ich jetzt, sagte Paavo nach einer Weile mit heiserer Stimme und hielt sich die Hände vor das Gesicht.

Dann fuhr er fort. Er holte, als wollte er Luft schöpfen, etwas weiter aus.

Er berichtete, daß zu den Verschönerungsaktionen vor Kommissionsbesuchen immer auch die Beseitigung des Störenden, des Häßlichen, des Nichtvorzeigbaren gehörte. So wurden die durch Krankheit und Verfall am krassesten gezeichneten Ghettoinsassen regelmäßig durch den Einwohner- und Gesundheitsausschuß ausgesondert und einem Sammeltransport ohne Rückkehr zugeführt. Man nannte dies 'Räumung'.

Die Menschen hier hatten sich in die Abgeschiedenheit dieses Tunnelgewölbes begeben müssen, um dort auf ihren endgültigen Abtransport zu warten.

In der Zwischenzeit waren durch die Besucher von der Nachbarkaserne immer mehr andere auf diesen Tunnel aufmerksam geworden und wagten sich ziemlich dicht vor dessen Eingang. Allmählich bildete sich eine große, fast bis nach hinten zum Hofeingang reichende Menschentraube. Aber es dauerte nicht lange, da teilte sich die Menge plötzlich hinten am Kasernentor zu einem breiten Spalier. Durch dieses rannte ein Pulk von etwa zwei Dutzend Blaubetreßten im Sturmschritt vom Hofeingang nach vorn zum Gewölbe. Alle, die vor dem Gewölbe standen, wichen zurück. Im Gefolge dieses Trupps erschienen zwei weitere Personen, die, wie Paavo später erfuhr, jedesmal bei diesen Aktionen dabeisein mußten: Der ärztliche Vorsitzende der Gesundheitskommission, Dr. Sokol, ein vornehmer alter, traurig dreinblickender Herr in grotesk übergroßem, weißem Kittel und seine sogenannte Selektionsassistentin Lea, ein ältliches Fräulein in weißem Häubchen um das faltige, eingefallene Gesicht. Man sah es den beiden deutlich an, daß sie ihr Amt nicht freiwillig verrichteten.

Dann ging alles blitzschnell. Der Pulk teilte sich in zwei Hälften. Die eine riegelte den Tunnel von der Menschenmenge davor ab und drängte letztere aus dem Säulengang hinaus in den Hof. Die andere – mit ihnen Dr. Sokol und seine

Assistentin – verschwand hinter der Absperrung. Jedermann wußte, was dort geschah.

Paavo wagte sich kaum umzudrehen. Als er es fertigbrachte, erblickte er ganz hinten beim Kasernentor zwei fremde Gestalten in braunen Ledermänteln. Offensichtlich waren es Behörden, die bei dieser Art von Maßnahmen die Blaubetreßten aus der Ferne zu beaufsichtigen hatten. Paavo wandte sich erschrocken wieder nach vorn, dann ein zweitesmal nach hinten. Jetzt waren die Gestalten verschwunden.

Während die dichtgereihten Gendarmen vor dem Tunnel die fassungslose Menge kalt anstarrten, dröhnte es plötzlich aus allen Lautsprechern an den Hausmauern. Schrill und gewaltig genug, um unerwünschte Begleitgeräusche der Aktion hinter der Absperrung zu übertönen.

Achtung, Achtung, hieß es. Gemäß Anweisung des Stadtkommandanten hat jeder Bewohner am kommenden Freitag im Zeughaus bei der Spedition besondere Kleidungsstücke abzuholen. Sie sind bestimmt für alle Feiertage und Kommissionsbesuche. Ihr Gebrauch ist unbedingte Pflicht. Zuwiderhandlungen werden strengstens bestraft.

Es folgte eine Aufzählung, die so ausführlich gehalten war, daß an ihrem Ende die Räumung mühelos abgeschlossen sein konnte. Von bestimmten Anzügen, Röcken und Hosen, von besonderen Jacken, Blusen und Halstüchern war die Rede, und auch von diversen Hüten, Mützen und Kappen, von knallfarbenen Strümpfen und eleganten Schuhen. Die Aufzählung wurde immer länger. Je länger sie wurde, desto mehr uferte sie ins Absurde aus. Jedenfalls in Paavos Wiedergabe derselben.

Ja, auch ein buntes Seidencape mußten wir abholen und weiße Glacehandschuhe, sagte er, immer schneller redend.

Dann sprach er von obligatorischen Perücken. Perücken in allen Größen, Ausführungen und Farben. Damenperücken, Herrenperücken, Kinderperücken, glatt, gelockt, struppig, strähnig, grau, schlohweiß, dunkel, kastanienfarben, flachsblond, dicht, gelichtet dünn. Paavo konnte sich von deren Beschreibung gar nicht mehr trennen.

Als nächstes machte er plötzlich vor, wie die ganze Reihe der Beamten die aufgezählten Kleidungsstücke vorführte.

Doch. Die hatten Metallköfferchen bei sich, sagte Paavo. Metallköfferchen mit Lederriemen. Wenn man den um den Nacken schlang, kam der Koffer waagrecht wie ein Tablett vor den Bauch zu stehen, und man konnte ihn öffnen und die Sachen herausnehmen. Und sie haben alle Sachen herausgenommen, haben sie in die Höhe gehoben, in der Luft hin- und hergewendet und dann wieder eingepackt. Die Perücken haben sie sogar kurz über den Kopf gestülpt.

Immer mehr Dinge wurden genannt, als wären die Koffer unendlich geräumig oder mit Geheimfächern versehen gewesen nach der Art von Zauberkünstlerkoffern. Den Höhepunkt bildeten sogenannte Schminkkästchen, die es angeblich ebenfalls im Zeughaus abzuholen galt: Kleine, dunkle, viereckige Kästchen mit Tiegeln, Fläschchen, Puderquasten, Tuben, Bürstchen, Wattebäuschchen und Stofflappen in Serienausstattung. Dazu gefaltete Beipackzettelchen mit genauer Gebrauchsanweisung. Auch diese wurden in der Luft hin- und hergewedelt, und die Lautsprecher kündigten ein dreitägiges Probeschminken ab Sonnabend an und täglich ab 18 Uhr alphabetisch getrennte Kontrollen durch den Kosmetiksonderausschuß im Stadthaus usw. usw.

Die pantomimisch untermalten Anweisungen lösten sich gegenseitig immer wilder ab. Die Lautsprecheranweisungen und die sie begleitenden Gebärden der Blaubetreßten gerieten durcheinander. Alles löste sich auf in einen einzigen Wirbel von Stoff- und Lautfetzen, von Hitze, Angst, Hunger, Schmerzen und Verzweiflung, die in den Wahnsinn treibt, ins Vergessen, in die Verdrängung und das Verdrehen der Wirklichkeit.

DIE NOTAUSGÄNGE BEFINDEN SICH IM VORDEREN TEIL, HINTEN UND IN DER MITTE. DIE LAMPEN AUF DEM FUSSBODEN ZEIGEN IHNEN DEN WEG DORTHIN AN...

Die Hitze auf dem Hof war noch weiter angestiegen. Zur Angst und Verzweiflung der Menschen kam ohnmächtige Wut hinzu. Wut angesichts der doppelten Perfidie. Einmal die ergangenen Befehle als solche. Die jetzt unmittelbar auf den Leib gehenden Verschönerungsmaßnahmen. Der Angriff auf die eigene Würde. Zum anderen die Umstände ihrer Ankündigung, der eigens dafür geschaffene grausame Rahmen. Ihr Zweck mitsamt seiner ganzen gemeinen Paradoxie: nämlich mit dieser Ankündigung von den bestialischen Vorgängen im Hintergrund abzulenken und doch erst recht darauf hinzuweisen. Denn Dinge, von denen man mit List oder Gewalt ferngehalten wird, erregen um so größere Aufmerksamkeit. Das war beabsichtigt. Die Angeredeten spürten es. Was denen da hinten im Gewölbe widerfährt, kann auch uns widerfahren, dachten sie. Vor allem, wenn wir den Garden nicht zu Willen sind. So brachten sie beides auf den Nenner, auf dem die Machthaber es haben wollten.

Irgendwann lichtete sich die Gendarmenreihe und gab wieder den Blick zum Gewölbe frei. Nachdem alles, was Uniform trug, wieder den Platz verlassen hatte, wagten sich die Menschen wieder nach vorne. Im Tunnelgewölbe trafen sie keine Seele mehr an. Nur ein weißer Blindenstock und einige dunkle Brillen lagen herum. Eine Blutbahn führte zu einem verwaisten Rollstuhl.

Paavo Krohnen und die anderen vom Ensemble verließen rasch den Hof. In ihrem Schrecken dachten sie gar nicht mehr an ihr Mittagessen und begaben sich rasch wieder zurück in den Hof der Neptunkaserne.

Sie versuchten dann wohl noch eine Zeitlang weiter zu proben. Sie rezitierten zusammenhanglos und ohne einander anzuschauen ihre Texte. Dann brachen sie ab, unternahmen einen zweiten Anlauf. Schließlich sahen sie ein, daß dies zu nichts führte, und sie vertagten die Arbeit auf morgen.

Es war wie eine stillschweigende Übereinkunft, daß während des Nachmittages kein Wort über den Vorfall verloren wurde und auch keines über die neuen Kleidervorschriften.

Sie verließen mit ihren Textbüchern in der Hand den Hof, vorbei am wachhabenden Blaubetreßten, und trieben den Gehsteig entlang. Jeder war in sich versunken. Zwischendurch murmelte der eine oder andere dumpf etwas vor sich hin.

Besonders Pierrot schien etwas loswerden zu wollen.

Die Fortschrittlichen schreiten voran, während wir in der verkehrten Richtung hinterherhumpeln, sagte er immer wieder.

Philipp schüttelte ärgerlich den Kopf.

Stücke schreiben kann ich auch, sagte er etwas später. Paavo beschleunigte seine Schritte. Er ertrug die Gegenwart der anderen nicht mehr. Er war über jeden Meter froh, um den sich sein Abstand zu ihnen vergrößerte, während er immer schneller ausholte. Irgendwann waren sie für ihn alle außer Sichtweite.

Paavo befand sich in einem Zustand tiefster Verzweiflung. Er litt viel stärker als am Morgen, als man Pierrot und dessen Stück so arg in die Zange genommen hatte und er sich von allem irgendwie schrecklich ausgeschlossen gefühlt hatte. Das Erlebnis von heute Mittag hatte seine Traurigkeit und Zerknirschung drastisch verschärft. Er hatte zwischendurch nicht nur an das Schicksal dieser armen alten und kranken Menschen denken müssen und auch an das anderer ähnlich Betroffener. Etwa an das der Rollstuhlfahrerinnen auf der leergeräumten Etage, die Paavo und auch die anderen vom Ensemble noch kürzlich aufgesucht hatten. Er war jetzt mit der hinter den Fassaden von 'Als ob' lauernden Wirklichkeit so schonungslos wie noch nie zuvor konfrontiert worden. Es war eine dramatische Steigerung von Paavos Erfahrungen im Krematorium, kurz nach seiner Einlieferung in dieses Ghetto. Dort hatte er mit bereits Toten zu tun gehabt. Hier waren es Menschen gewesen, die dem Tode erst zugeführt wurden. Damit war ihm zum ersten Mal die Möglichkeit seines eigenen Endes hier greifbar vor Augen gerückt. So schmerzlich und nüchtern zugleich, daß er im Augenblick nicht gewillt war, sich über die philosophischen Zusammenhänge zwischen diesem Ende und der von ihm übernommenen Rolle in Pierrots Festspielstück irgendwelche klugen Gedanken zu machen. Er fühlte sich einfach zerschlagen und zermürbt, auch angewidert. Er sehnte sich nach Ruhe, nach ein bißchen Alleinsein in dem Menschengewimmel hier, in dem man nie allein sein durfte. Vor allem drängte es ihn nach ein bißchen Bewegung in der abendlichen Luft. Obwohl er sehr genau wußte, wie bemessen dieser Gang war.

'..als ob es tausend Stäbe gäbe und hinter diesen Stäben keine Welt...', so erinnerte er sich an das, was er einmal hatte rezitieren müssen.

Bald begann sich der Himmel abendlich zu verfärben. Paavo genoß diesen Wechsel. Er trachtete, ihn festzuhalten, und merkte gar nicht, wie rasch er ihm entglitt. Es war schon fast dunkel geworden. Mehr und mehr Lichter wurden in den Häusern angemacht. Die Turmuhr schlug sanft. Am Himmel traten langsam die Sterne hervor. Im Hintergrund schimmerten die Hügel vor der Stadt. Bald war es tiefe Nacht.

Paavo kreiste schon zum x-tenmal um den Hauptplatz.

'...wie ein Tanz von Kraft um eine Mitte, in der betäubt ein großer Wille steht'.

Die vielen heute aktiven Freizeitgruppen hatten inzwischen ihre Bühnen abgebaut und alles fortgeräumt. Der Menschenstrom war weitgehend abgeebbt. Das 'Kaffeehaus' gegenüber dem Stadthaus war geschlossen. Bald huschten nur noch vereinzelte Gestalten auf dem Platz vorbei. Eine offenbar irgendwo als Kellnerin eingesetzte junge Frau in leuchtend weißer Schürze, ein paar Kinder, die längst in ihrem Heim sein sollten, sonst ein paar Gestalten mit Bündeln auf ihrem gebeugten Rücken. Vor der Ghettobank im Stadthaus zog ein Mann in Pantoffeln und mit einer Baskenmütze auf dem Kopf ein Wägelchen hinter sich her. Nicht weit davon entfernt unterhielten sich zwei Frauen. Die eine stand auf dem Bürgersteig, die andere neigte sich aus einem ebenerdigen Fenster, über dem man die Silhouette einer windlos unbewegten Fahne dunkel von der Mauer abstechen sah. Ein, zwei Häuser weiter wurde von unsichtbarer Hand eine Türe aufgestoßen und knarrte laut in ihren schiefen Angeln.

Es wurde immer kühler. Die Lichter in den Häusern verloschen nach und nach. Jetzt bestimmten der Vollmond und die flimmernden Sterne das Bild. Auf dem fahlbeschienenen Dachfirst eines Hauses tauchte eine junge Männergestalt auf. Sie setzte sich hin und begann zu schreiben. An einer Straßenecke hielt ein Mann eine Frau im Arm. Neben ihnen spielte jemand auf einer Mundharmonika. Etwas weiter weg machten sich einige dunkle Gestalten an einen auf dem Bürgersteig hingestreckten Körper und rüttelten an dessen Handgelenken, als wollten sie diesen etwas entreißen. Aus einem Fenster drangen schnarchende Geräusche, aus einem anderen unterdrückte, dann immer wildere Schreie, die plötzlich abbrachen. In einer ausrangierten Regentonne regte sich etwas, das wie ein engumschlungenes Liebespaar aussah.

Paavo, der sich schließlich dicht neben dem frischgesäten Rasen in der Mitte des Marktplatzes hingestellt und fast die ganze Nacht dort gestanden hatte, starrte in den grau sich ankündigenden Morgen. Ihm war, als suchte er etwas, das er längst verloren geglaubt hatte, in einem der in der Unendlichkeit flimmernden Sterne. Ganz langsam fühlte er es zurückkehren. Er wußte anfangs nicht, was es war. Er merkte nur, daß es etwas Schönes und Sinngebendes war, das in einem einzigen, allgegenwärtigen Bündel aus der Finsternis zu ihm hinüberleuchtete. Etwas, das er sich immer leidenschaftlich gewünscht hatte, das ihm in seinem Leben jedoch nur selten zuteil geworden war. Er fühlte sich dadurch immer stärker. Bald wurde ihm deutlich, daß es das Bewußtsein war zu leben, die Gewißheit, einer derjenigen Menschen zu sein, die er die ganze Nacht über still von seinem Ruhepunkt aus beobachtet hatte, die Menschen, die im Gegensatz zu den AUSGEFALLENEN weiterleben durften, mit denen zusammen er bisher durchgehalten hatte. Er fühlte sich ihnen immer näher und enger verbunden denn je, und er war gewillt, an diesem Gefühl so lange wie möglich festzuhalten. Es war das Bewußtsein einer Zugehörigkeit, einer festen Eingebundenheit, das ihn in Anbetracht seiner überwältigenden Neuheit und Kraft jetzt mit Glück und Schmerz zugleich erfüllte. Er war davon so gebannt, daß er völlig regungslos stehenblieb.

Bald spürte er, daß dieses Gefühl nicht lange anhalten konnte. Der Tagesanbruch machte es ihm unaufhaltsam deutlich, daß wieder eine neue Runde voller Angst und Hoffnung zugleich bevorstand. Er dachte ganz nüchtern und richtig bildhaft an eine Runde, eine Spielkartenrunde, dann an ein Roulettespiel. Gewinnen oder Verlieren. Die nächste Chance für das Überleben des nächsten Tages vor dem übernächsten. Die ratenweise geschenkte Existenz zwischen den gepackten Koffern.

Ihm war, als wäre ihm für Sekunden ein gewaltiger Ausbruch aus der Enge hier gelungen. Aber gleichzeitig merkte er, wie dieses Gefühl wieder schwand und, wie das Firmament über ihm, zu verblassen begann. Eine schreckliche Müdigkeit und Mattigkeit befiel ihn. Er trat zur Seite und schickte sich an, in seine Unterkunft zu gehen. Dort wollte er sich wenigstens die letzten anderthalb Stunden vor Beginn der nächsten Probe zur Ruhe legen.

IX

Diese Nacht erwies sich für Paavo Krohnen als eine Art Wende.

Der Boden, auf dem er stand, fühlte sich nicht mehr ganz so schwankend an. Die folgenden Proben, das Beziehungsgefüge im Ghetto, vor allem innerhalb des Ensembles, seine Stellung darin, alles gewann so weit an Festigkeit, daß Paavo sein Schicksal als etwas erträglicher zu empfinden begann. In diesem Zusammenhang von einem neuen Lebensgefühl zu sprechen, wäre Zynismus. Aber es schien, daß Paavo Krohnen subjektiv so etwas empfand. Zumindest spurenweise, zumal jeder unverhoffte Lichtschimmer in der Dunkelheit anders aufgenommen wird als dauerhafte Helligkeit.

Eine entscheidende Verbesserung war, daß die Probenarbeit endlich zügig voranschritt, nachdem man noch weitere Hürden hatte nehmen müssen.

Die Räumungsaktion im Hof der Marskaserne hatte dem ganzen Ensemble große Angst eingejagt und die Gemüter zutiefst aufgeschreckt. Am nächsten Morgen berief Pierrot zu einer Besprechung in den schützenden vier Wänden seiner Wohnstube in der Nähe des Hauptplatzes ein.

Schon seiner finsteren Miene, mit der er alle empfing, war anzusehen, mit welcher Entschlossenheit er allem zum Trotz die Einstudierung seines Stückes zu einem erfolgreichen Ende zu bringen gedachte.

Mit eurem kleinmütigen Gejammere werdet ihr bald in den Ofen schauen, fuhr er Sven grob über den Mund, als dieser, sozusagen als Sprecher der anderen, mit fadenscheinigen Argumenten für eine Unterbrechung der Probenarbeit plädierte.

Jetzt reißt euch mal gefälligst zusammen und zeigt, wer ihr seid, sagte Pierrot mit einer ungeheueren Anspannung in seinem Gesicht.

Daraufhin rüttelte er mit zündenden Reden seine Leute aus ihrer Lethargie. Er überzeugte sie davon, daß jetzt nur noch eine straffe und konsequente Probenarbeit helfen konnte. Die drängende Zeit. Die drastischen Folgen, wenn diese nicht genutzt wurde. Aber auch positiv die große Verantwortung, die sie als Mitwirkende an dieser Einstudierung übernommen hätten, die Gunst der Stunde, an einem möglicherweise weichenstellenden Festspielereignis teilzunehmen usw.

103

Wir müssen noch heute weitermachen, verlangte er.

Heute? Und wo? Wieder dort? Ohne alles?... Das geht einmal so, aber nicht immer, entgegnete Sven und berief sich wieder auf seine Erfahrungen in der Schauspielakademie.

Es war wie ein Funke ins Pulverfaß. Pierrot bekam einen Wutanfall, wie Paavo ihn bei ihm noch nie erlebt hatte und ihn auch nie wieder erleben sollte. Pierrot schlug so heftig mit seinem Textbuch gegen die Tischkante, daß man befürchten mußte, es würde in alle Richtungen zur Unkenntlichkeit auseinanderfliegen.

Augenblicklich brachen alle zur Neptunkaserne auf, wo man zügig mit der Arbeit fortfuhr.

Noch am selben Tag erfolgte der nächste Rückschlag.

Monika hatte abends die Probe etwas früher verlassen und kam nur kurze Zeit später atemlos in den Hof gestürzt.

Es stimmt doch, rief sie bleich und mit angstgeweiteten Augen.

Was stimmt?

Wir müssen auf den Hauptplatz.

Auf den Hauptplatz?... Doch?...

Ja. Die Proben... Sie sind jetzt dorthin verlegt worden... endgültig... Es gibt auch schon einen festen Termin vom Ausschuß.

Was? Wann denn?

Weiß nicht. Ganz bald. Ben und Dan und Bruno, alle haben's gesagt.

Es war wieder Pierrot, der schnell alle zu beruhigen wußte.

Noch heute abend gehe ich zu Joos, sagte er. Wir werden sehen.

Am folgenden Tag traf man sich wieder im Hof der Neptunkaserne.

Wir kriegen höchstwahrscheinlich einen Aufschub, frohlockte Pierrot. Dank Joos. Er hat besondere Beziehungen zu 'Pferdegesicht'.

Zu 'Pferdegesicht'? Zu diesem hohen Tier?

Ja.

Und wie kommt Joos zu 'Pferdegesicht'?

Der scheint schon länger ein besonderes Faible für Joos' Bilder zu haben. Ein Kunstkenner halt.

'Pferdegesicht', ein Kunstkenner? Dieser Obermetzger?

Tja, so ist das. Unser Glück. Da Joos für uns malt, kommen wir gleich mit in den Genuß seines Schutzes.

Jetzt verstand Paavo, woher Joos seine vielen schönen Farben hatte.

Tatsächlich wurde dem Ensemble noch am selben Tag ein kurzer, aber unbestimmter Aufschub der Verlegungsaktion bekanntgegeben. Man schöpfte neue Hoffnung. Untergründig jedoch schwelte die Angst weiter. Beides zusammen trieb das Ensemble zu höchster, produktiver Leistung an. Nach gut einwöchiger Tag- und manchmal Nachtarbeit drang man bis knapp zum zweiten Akt des Stückes vor.

Auch sonst war Paavo Krohnens Leben in der Zwischenzeit etwas reicher geworden. Seit seiner Unterbringung im Renommiertenhaus hatte er verstärkt Eingang in die gehobeneren Künstler- und Intellektuellenkreise des Ghettos gefunden und unterhielt insgesamt etwas intensivere gesellige Kontakte. Nur gerade von Pierrot persönlich hielt ihn nach wie vor eine eigenartige, unerklärliche Scheu fern. Sogar mit dessen Frau Sina pflegte er mehr Umgang als mit ihm selbst. Er sah sie manchmal mehrmals täglich am Rande der Proben. Und mit ihr traf er meistens auch Gregor und die anderen Redaktionsmitglieder des 'Tausendfüßler' an.

Abends pflegte man sich gern noch eine Weile bei Pierrot zu Hause zu treffen. Da sich die Unterhaltung im wesentlichen ganz unverfänglich um die Einstudierung des Festspielstückes drehte, saß man meistens oben unter freiem Himmel auf der Dachterrasse. Paavo, der jedesmal dabei war, war froh über die Harmlosigkeit dieser Gespräche, weil so auch jede zu enge persönliche Berührung mit Pierrot erfolgreich vermieden wurde.

Sina erschien des öfteren beladen mit Manuskriptstößen für ihren Mann. Massen von getippten oder abgeschriebenen Seiten oder mit solchen, die mit seinen eigenen handschriftlichen Veränderungen überklebt waren. Sina kam dabei jedesmal ein bißchen nach der Art eines geprügelten Hundes angeschlichen. Jedenfalls dem äußeren Anschein nach, wenn nicht sogar beabsichtigt, so als wollte sie mit diesem anklagenden Ausdruck ihre Opferrolle und ihr in Wirklichkeit glühendes Aufbegehren umso erbitterter zur Schau stellen.

Aber auch Pierrot war in der Gegenwart seiner Frau jedesmal wie ungewandelt. Er wirkte unfrei und eingeengt, saß mit leidender, angewiderter Miene da und behandelte Sina beim Aufkommen der leisesten Unstimmigkeiten wie den letzten Dreck, ohne dies anscheinend selbst recht zu bemerken.

Was soll das? Brauch' ich doch gar nicht. Weg damit, oder so ähnlich zischte er manchmal mit verkniffenem Gesicht und eingezogenem Kopf, wenn sie mit neuen Manuskriptseiten angelaufen kam.

Paavo hingegen wußte Sinas Gegenwart immer sehr zu schätzen, solange ihr Mann nicht zugegen war. Er merkte, daß sie ihn mochte. Gelegentlich staunte er auch über ihre unterhaltsamen, ja geistreichen Seiten, die sie in Pierrots Abwesenheit zu entfalten verstand. Man durfte nur auf keinen Fall, wenn man mit ihr allein war, über Pierrot sprechen, nicht einmal über dessen Stück, abgesehen von den rein technischen Aspekten der Einstudierung. Denn schon beim ersten

Stichwort pflegte sie in ein fruchtloses und ermüdendes Lamentieren zu verfallen, welches oft in dem harten Satz gipfelte: Dieser Mann ist eine Gottesstrafe. Andererseits war Paavo Krohnen immer überzeugter, daß die hartnäckigen Gerüchte um eine Liaison zwischen Sina und Gregor haltlos waren. Sina trug dem Jungen zwar fast so große Papierstöße hinterher wie ihrem Mann. Nur eben unbeschriftete Blätter für seine Zeitschrift, von denen freilich niemand wußte, woher sie diese hatte. Aber bei näherem Ansehen dieser unscheinbar kleinen, blassen, dicklichen, immer grau in grau gekleideten und gequält dreinblickenden Person war es unmöglich anzunehmen, daß sie in Gregor mehr als nur eine Art großen Sohn erblickte. Übrigens nicht nur in Gregor, sondern auch in den meisten anderen 'Tausendfüßlern'. Paavo Krohnen lernte über Sina und Gregor auch diese kennen und in sein Herz schließen. Besonders zwei von ihnen: Jan und Luc, beide etwa gleichaltrig wie Gregor.

Gelegentlich tauchte bei diesen Abendgesprächen eine weitere Figur auf, die Paavo viel weniger angenehm war. Es war Ui, der zuvor in derselben Brigade wie Paavo im Krematorium gearbeitet hatte und möglicherweise immer noch dort beschäftigt war. Paavo hatte noch nie ein Wort mit ihm gewechselt und sprach auch jetzt nicht mit ihm. Er verstand nicht, was dieser Ui auf Pierrots Dachterrasse zu suchen hatte. Er kam einfach: klein und breitschultrig, leicht gebückt, hundebraune, eigentlich gute Augen, rotblondes Bärtchen, starkes Gebiß, überhaupt irgendwie kräftig und zupackend und trotzdem durch und durch bieder und devot und immer mit etwas säuerlich leidender Miene. Er trug jedesmal dasselbe grüne Jackett über einem völlig andersartig grünen Pullover. Er kam und saß eine Weile schweigend in der Runde. Paavo wurde es richtig schlecht von dem schreienden Gegensatz der Grüntöne: das Jackett giftiggrell, der Pullover bräunlich und gelblich durchwirkt. Und dann dieses Gesicht, als wollte er Paavo und die anderen zwischen seinen Zähnen zermalmen. Paavo rätselte oft über die Herkunft jenes Ui, dachte, er könnte von Beruf Portier sein, obwohl dies irgendwie nicht paßte. Für einen Jesuiten schien er ihm zu grob. Irgendwann erhob sich jedenfalls dieser Ui wieder. Er ließ sich von Pierrot oder Sina allein hinunterbegleiten, als hätte er nur mit diesen etwas Wichtiges, Persönliches zu besprechen. Möglicherweise kannten die beiden ihn über dessen Halbbruder, den Pianisten Robin Esp. Paavo fand das alles sehr seltsam und zwielichtig, fragte aber nie danach. Er war jedenfalls immer froh, wenn dieser Ui wieder fort oder erst gar nicht zugegen war.

Besonders gern hörte Paavo Gregor zu, wenn dieser, sprühend vor Begeisterung, von den Redaktionsarbeiten für den 'Tausendfüßler' berichtete, vor allem im Zusammenhang mit den Vorbereitungen auf das Festspielstück. Paavo wurde immer neugieriger, diese Redaktion kennenzulernen und einmal bei den Arbeiten der Kinder dabeizusein.

Eines Abends kam Gregor auf die Terrasse gerannt, als nur Sina, Pierrot und Paavo dasaßen, und rief aufgeregt:

Das Bühnenbild zum ersten Akt ist fertig.

Schon fertig?, fragte Pierrot ungläubig.

Ja. Und ihr dürft raten, von wem.

Von wem? Joos ist doch derjenige, der...

Es ist aber nicht von Joos, triumphierte Gregor.

Wie?

Jan und Luc haben es gemalt.

Jan und Luc? Was haben die damit zu tun?, entgegnete Pierrot und beugte sich über das Terrassengeländer, als suchte er die beiden Jungens unten auf der Straße.

Aber sie haben das Bild gemalt. Und zwar heute.

Pierrot runzelte die Stirn.

Ich hab sie schon oft zusammen mit Joos malen gesehen, fiel Sina plötzlich in das Gespräch ein. Sie können das fabelhaft. Joos hat ihnen alles beigebracht: Zeichnen mit Kohlestift, Ölfarbentechnik, Aquarell, einfach alles... Ich hab's mit eigenen Augen gesehen.

Ach, na ja, entgegnete Picrrot mit hartem Gesicht. Deswegen können sie noch lange nicht ein Bühnenbild malen.

Doch, können sie, rief Gregor strahlend. Heute abend ist es fertiggeworden. Sie haben den ganzen Tag wie verrückt geschuftet.

Das mußt du uns erklären, verlangte Pierrot, verblüfft aber wieder mit sanfterem Ausdruck zu Gregor gewandt.

Daraufhin berichtete Gregor den Hergang im einzelnen. Er erzählte, Jan sei nach dem gestrigen, ihm von Pierrot erlaubten gemeinsamem Probenbesuch zusammen mit Luc – man hatte wieder einmal die Anfangsszene vom nahenden Kriegsausbruch mit Leiermann und Kornbauer geprobt – mitten in der Nacht schreiend, zitternd und schweißgebadet aus einem Horrortraum aufgewacht. Gregor hätte Jan bis zum Morgen beruhigen müssen. Nach dem Aufstehen hätten sie beide beschlossen, daß Jan, zusammen mit Luc, diesen Traum mittels Kohlestift und Ölfarben, so wie sie dies von Joos gelernt hatten, zu Papier bringen sollte, um so besser mit ihm fertig zu werden. Dann hätten sie auch gleich damit begonnen, auf mehreren großflächigen Packpapierbögen ihre Bilder zu zeichnen und zu kolorieren, um sie später zu einem einzigen großen Bild zusammenzufügen. Lauter schwarze und khakifarbene Monsterfiguren, Schlingpflanzengewächse und Kriegsgerät voller seltsamer Geschwüre seien unter ihren Händen entstanden, pausenlos, eine Schreckensvision nach der anderen, bis sie, noch am selben frühen Abend, die einzelnen Papierquadrate zum vorgesehenen Gesamtpanorama zusammengeklebt und dieses an seinen beiden Enden an zwei Holzleisten befestigt hätten, die sie auf einer Halde voll von Baumaterialresten nahe bei der 'Spedition' aufgetrieben hätten. Danach hätten sie das Werk zusammen mit ihm, Gregor, sofort Joos gezeigt. Der sei nur kopfschüttelnd davorgestanden und hätte immer wieder 'Tausendsassa...Tausendsassa...' gerufen. Dann hätte er, Gregor, nur zum Spaß gesagt: Das ist doch wie ein echtes Bühnenbild, nicht wahr? *Wie* ein echtes Bühnenbild?, hätte Joos fast entrüstet ausgerufen. Das *ist* ein echtes Bühnenbild...komplett und fertig...Das Bild zum ersten Akt des Festspielstücks...Dann hätte Joos den Kopf etwas schief gehalten und die Augen zusammengekniffen und gesagt: Na ja, ein paar Winzigkeiten noch...diese Krake etwas schärfer konturieren...diese Fläche noch ein bißchen ausmalen...hier noch einen Tupfen weiß...aber sonst...ist alles fertig...Und dann habe Joos abermals den Kopf geschüttelt und 'Tausendsassa' gerufen und gesagt, er werde sofort morgen mit dem Poeten darüber sprechen. Jan und Luc und er, Gregor, seien dann vor Überraschung und Stolz fast in den Boden versunken.

Na, und was sagt ihr jetzt dazu?, fragte Gregor mit vorgestreckter Brust und einem fast unheimlichen Strahlen seiner Augen.

Das will ich natürlich sehen...unbedingt...morgen, sagte Pierrot und lachte. Wo steht das Bild?

In unserem Hinterhof, antwortete Gregor. Die beiden pinseln noch ein bißchen daran herum.

Pierrots Erwartungen wurden um ein Vielfaches übertroffen. Er begab sich gleich am nächsten Tag zusammen mit Joos an die Quellgasse zum Klubhaus, in dessen erster Etage, genau über dem großen Vortragssaal, sich die Redaktion befand, und er besichtigte im Hof das neue Werk. Er war überwältigt und gab sofort seine Einwilligung, es als Bühnenbild für den ersten Akt zu verwenden.

Kurz darauf beschloß die Redaktion einstimmig, das Bild in der bald fälligen Tausendfüßlerausgabe im Kleinstformat zu bringen. Zusammen mit dem schon lang geplanten Vorabdruck des Stückbeginns.

Man wußte zwar, in was für ein Gehege man deswegen mit der ebenfalls schon lange eingeplanten Abhandlung über die Kinderoper 'Traumulus' kam. Aber man war bereit, deswegen ein Zerwürfnis mit Jakob zu riskieren. Die Euphorie über den Riesenerfolg zweier Redaktionsmitglieder überstrahlte im Augenblick alles andere.

Man ließ vorerst das überlebensgroße Originalbild als Vorlage für die Miniaturkopie im Hof stehen. Viele versuchten sich aus Spaß daran, wie in einem Wettbewerb. Kinder und Heranwachsende aus der Redaktion, Lehrer, Fürsorger,

Erzieher, Betreuer, Freunde. Auch Paavo, als einziger aus dem Ensemble. Alle setzten sich während der einen oder anderen Freistunde davor hin und schabten mit Farbstiften auf Notizblöcken herum. Bis schließlich eine der Kopien, die von Lucs älterer Schwester Carmen, ausgewählt wurde.

Wieder vergingen ein paar Tage. Die Probenarbeit verlief immer intensiver und erfolgreicher. Die Freude über die so überraschend gelungene Zusammenarbeit zwischen Ensemble und Jugendzeitschriftredaktion übte eine beflügelnde Wirkung aus.

Dann erfolgte plötzlich vom Kulturausschuß die Anweisung an das Ensemble, die Proben innerhalb von vierundzwanzig Stunden auf den Hauptplatz zu verlegen. Man nahm in der allgemein guten Stimmung diese Nachricht mit Fassung auf, zumal man sich ohnehin innerlich mehr oder weniger darauf eingestellt hatte. Trotzdem beschloß man, Joos noch einmal zu bitten, seine Beziehungen zu 'Pferdegesicht' spielen zu lassen. Man gab die Hoffnung auf eine spätere Rückverlegung der Proben in den Hof der Neptunkaserne nicht auf.

Genau am Tag der Verlegung fand in der Tausendfüßlerredaktion die letzte große Redaktionssitzung für die nächste Ausgabe statt. Es traf sich zwar denkbar schlecht. Aber wegen der Ankündigung des Stückes einschließlich Abbildung war ein kurzer Besuch von Pierrot in der Redaktion spätestens während dieser Sitzung unbedingt notwendig, und wenn auch nur, um rasch von Pierrot das Imprimatur zu bekommen. Am besten morgens am Anfang der Sitzung, also direkt vor Beginn der ersten Probe auf dem Hauptplatz. Dadurch kamen Pierrot und sein Ensemble zwar in eine ungeheure Bedrängnis. Aber es half nichts. Es mußte sein.

X

Während auf dem Hauptplatz die große Bühne aufgebaut wurde, hatten sie die ganze Nacht noch einmal im Innenhof der Neptunkaserne durchgeprobt. Im Morgengrauen waren sie vor Erschöpfung auf den Stühlen eingeschlafen. Als sie wieder aufwachten, hatte Paavo Pierrot kurzerhand gebeten, in die Redaktion mitkommen zu dürfen. Ihn trieb seine inzwischen unbezähmbare Neugierde sowie der Wunsch, dazuzugehören und in Pierrots Nähe zu sein. Aber es war noch etwas anderes.

Pierrot war schon lange von Gregor aufgefordert worden, einmal die Redaktion aufzusuchen. Als Berater und Mentor allgemein, zumal Jakob im Augenblick von seiner Probenarbeit überstark in Anspruch genommen war. Heute war wirklich die allerletzte Gelegenheit. Da nur noch knappe drei Stunden Zeit waren bis zum Probenbeginn auf dem Hauptplatz, war Paavo nicht sicher, ob Pierrot allein wirklich dorthingelangen würde, statt im letzten Moment direkt zum Hauptplatz abzudrehen, um dort nach dem Bühnenaufbau zu schauen. Insofern fühlte sich Paavo auch ein bißchen als Pierrots Antreiber oder Hüter. Der weitere Hintergrund war, daß Pierrot in letzter Zeit in besorgniserregender Häufung seine Uhr, manchmal über Tage oder gar Wochen, wie absichtlich um anderthalb Stunden nachgehen ließ. Paavo verstand nicht und fragte auch nie warum. Pierrots absonderliche Gewohnheit hatte sich zwar bisher nie nachteilig auf die Einhaltung der Probentermine ausgewirkt. Offenbar verfügte Pierrot über eine bewundernswert funktionierende innere Uhr. Paavo fühlte sich dadurch trotzdem zunehmend beunruhigt und irritiert. Er glaubte deswegen möglichst unauffällig ein Auge auf die richtige Zeit werfen zu müssen. Besonders jetzt so kurz vor der ersten öffentlichen Probe auf dem Hauptplatz und nachdem sie auch noch mit ihrem Schläfchen vorhin zusätzlich Zeit verloren hatten. Er wußte, welche Folgen Unpünktlichkeit im Ghetto hatte.

Pierrot wirkte auf dem ganzen Weg zur Redaktion hoffnungslos übermüdet.

Paavo war erleichtert, als sie wirklich beim Klubhaus ankamen und nach dem Durchgang durch den Hof rasch die Treppe hinaufstiegen.

Diese führte geradewegs zur Redaktionsstube. Es war ein großer Raum mit dicken, feuchten Wänden und kleinen Fenstern. Er war mit Tischen vollgestellt, an denen viele Kinder und Jugendliche emsig arbeiteten. Sie waren alle etwa in Gregors Alter. Einige Lampen brannten. Trotz der ungünstigen Lichtverhältnisse hatte der Raum vor kurzem noch – wahrscheinlich vorübergehend – als Mal- oder Zeichenstube gedient. Denn an den Wänden lehnten mehrere große, leere Bilderrahmen. Neben der Türe stand ein unbenutzter Garderobenständer. Aus der Ecke, unweit davon, ragte ein krummes, schwarzes Ofenrohr.

Überall wurde geschrieben, gezeichnet, gemalt, geschnitten oder geklebt. Die meisten saßen um den größten Tisch in der Mitte. Auf diesem lagen Berge von Papier, dazwischen Schreibutensilien, Reißzwecke und Schälchen, teils mit Krimskrams gefüllt, und einige Mützen und Brillen.

Paavo Krohnen erblickte sofort Jan und Luc. Die beiden wühlten angestrengt in einem der Papierhaufen, als suchten sie nach etwas Wichtigem. Ihnen gegenüber saß Lucs Schwester Carmen, die die Kopie des Bühnenbildes für die Zeitschrift erstellt hatte. Carmen war ein hübsches Mädchen mit besonders vollen, blonden Locken. Im Augenblick hatte sie, wohl um etwas zu verschnaufen, ihr Kinn in den Armen auf dem Tisch aufliegen. Unverwandt starrte sie auf einen der wenigen anwesenden Erwachsenen, einen Herrn mit grüner Schirmmütze. Dieser war als Erzieher in einem der Wohnheime tätig und beaufsichtigte jetzt, etwas abseits mit verschränkten Armen stehend, seine Zöglinge bei der Arbeit. Als Jan und Luc die beiden Besucher sahen, ließen sie alles stehen und liegen und liefen ihnen entgegen.

Der Gregor ist noch nicht hier, riefen sie. Er muß noch bei Sina was abholen.

Sie führten die beiden Besucher zu ihrem Tisch und erläuterten ihnen die Konzeption der nächsten Ausgabe.

Pierrot und Paavo erfuhren, daß die Ankündigung des Festspielstückes inzwischen auf Seite zwei plaziert worden war. Also sogar vor der Kinderoper 'Traumulus', was Jakob als den Leiter der Einstudierung zu einem heftigen Protest veranlaßt hatte. Text und Bild lagen in fertigem Satz ausgeschnitten auf dem Tisch. Jan und Luc schoben die Schnipsel auf der freigebliebenen oberen Hälfte der vorgesehenen Seite in allen möglichen Positionen hin und her, bis Pierrot zufrieden nickte.

Seit dem Eintreffen von Pierrot und Paavo war es im Raum augenblicklich ruhiger geworden. Man lauschte den Erläuterungen, die Jan und Luc für Pierrot und Paavo abgaben. Zwischendurch war das Trappeln von im Gebälk vorbeiziehenden Ratten zu hören.

Jan zeigte den beiden Gästen als nächstes stolz sein selbstgemaltes 'Laby-rinth': eine hochkomplizierte, verworrene Anlage mit einem bis an die Zähne bewaffneten Monsterwesen am Eingang und einer dichtgedrängten Kinderschar ganz am Ende.

Hui, rief der Junge neben Jan und zeigte auf das bewaffnete Monsterwesen. Der sieht aus wie unser Papa Domino.

Jan lachte diebisch und ballte die Fäuste.

Nee, find' ich nicht, meinte Luc. Der da ist viel zu schön.

Alles lachte. Einige schauten etwas ängstlich umher.

Ist denn die Rätselecke immer noch nicht fertig?, fragte Carmen nach einer Weile. Sie hatte in der Zwischenzeit wieder ihre Arbeit aufgenommen. Ihr Ressort war der Unterhaltungsteil in der Mitte der Zeitschrift.

Bevor Jan antworten konnte, rief ein Junge am Tischende beim Fenster un-geduldig:

Das Gedicht 'Hilfsbereitschaft'...sollte doch in das große Taubenbild hin-eingebaut werden... Wo ist denn das Taubenbild?

Keine Aufregung, unterbrach Jan seine Erläuterungen und zeigte etwas weiter zur Mitte des Tisches. Hier. Da ist es, das Taubenbild.

Wieder ein anderer klagte plötzlich, ihm sei heute nacht ein Stück der vom Mund abgesparten Brotrinde gestohlen worden.

Heute nacht?

Ja. Unter meinem Kopfkissen.

Sauerei. Kannst von mir was abhaben, wenn ich's heut' abend plus Zinsen zurückkriege.

Einverstanden.

Die Gestaltung der ersten drei Hauptseiten blieb die schwierigste Aufgabe. Es hatte sich zusätzlich zur Ankündigung des Festspielstückes in der Zwischenzeit zu viel angesammelt an Sensationsmeldungen, die unbedingt in die Zeitschrift hineinmußten. Die neueste war die in der kommenden Woche zu erwartende Anlieferung zweier neuer Klaviere für das Kammerkonzert am letzten Tag des Kommissionsbesuches. Niemand wußte, woher sie gekommen waren. Vielleicht wieder eine Schenkung von irgendwoher. Aber auch das Fußballspiel von 'Uranus gegen Saturn' im großen Hof der Saturn-Kaserne, ebenfalls für die Kommission, mußte etwas ausführlicher erwähnt werden. Direkt nach der Satire über einen angeblich kürzlich in 'Als ob' eingerichteten Flohzirkus: 'Fünf Jahre Okkupation – fünf Jahre Zirkus'.

Hmm. Das mit den Flöhen könnte man leicht in eine falsche Richtung verste-hen, wandte Jan plötzlich mit besorgtem Gesicht ein und kratzte sich am Kopf.

Wie? Was für eine Richtung?

Na ja, die Flöhe in den unterirdischen Gängen. Unser Auskundschaftungsprojekt...

Psst! Bist du wahnsinnig, flüsterte der Fragende von vorhin und spähte, noch ängstlicher als die anderen vorher beim Witz über 'Papa Domino', im Raum umher.

Ich meine ja nur...

Das könnt ihr euch sowieso aus dem Kopf schlagen, ertönte es stimmbrüchig vom anderen Ende des Tisches. Da kommt doch keiner hier heil raus.

Der Text blieb trotzdem stehen. Im Gegenzug entschied man sich für die Streichung einer anderen, allzu offenkundigen Abhandlung in Briefform: 'An den väterlichen Lehrer' (gemeint war Jakob), mit dem Titel: 'Der Griff nach dem Inbegriff'.

Während man sich über die Reihenfolge der drei genannten Beiträge stritt, zog sich Pierrot an den Nebentisch zurück und fing an, unter gesenkten Augenlidern Linien auf ein leeres Blatt zu zeichnen. Große, schöne, klare und schlau zusammenhängende Linien, die sich zu einem immer komplizierteren, dichteren, aber wundersam symmetrischen Muster zusammensetzten. Es war ein Spinnennetz.

Auch für die Zeitung?, fragte Jan verwirrt und schüchtern den Poeten, der von immer mehr neugierigen Bewunderern umringt wurde.

Nein, nein. Nur so. Eine Lieblingsbeschäftigung, antwortete Pierrot mit zusammengebissenen Zähnen. Nur so mal eben rasch.

Spinnennetze zeichnen?

In gewissen Stimmungen, ja.

Jetzt kamen auch die anderen herbei. Der Herr mit der Schirmmütze sowie zwei Halbwüchsige vom anderen Tischende nahe bei der Türe. Sie blieben etwas abseits stehen, verfolgten jedoch nicht weniger aufmerksam Pierrots wunderliches Treiben. Jedermann in der Stadt kannte die Eigenart des Cvoks, Spinnennetze zu zeichnen und ahnte auch die tiefere Bedeutung.

Man möchte versucht sein, das schwarze Wort auszusprechen, rief plötzlich die Schirmmütze übermütig.

Was für ein schwarzes Wort?, kam es mit Stimmbruch aus derselben Richtung. Die Kinder in Pierrots Nähe blieben mit offenem Mund stehen.

DAS SCHWARZE WORT.

Hat jemand DAS SCHWARZE WORT gesagt?

Psst.

DAS SCHWARZE –

Aufhören!

Wieso aufhören?

Paavo Krohnen hatte bereits bei der ersten Erwähnung des SCHWARZEN WORTES zutiefst erschrocken bemerkt, daß alle im Raum ihn böse und lauernd anstarrten. Er wich zurück bis zur Türe.

Schlagartig wurde ihm bewußt, wie stadtbekannt seine Rolle in Pierrots Stück schon geworden war, obwohl alle Proben bis gestern mehr oder weniger unter Ausschluß der Öffentlichkeit stattgefunden hatten. Es mußten nur Wendungen wie die vorige in seiner Gegenwart erklingen, und schon ergaben sich blitzartig solche bösen, sich auf Paavo beziehenden Anspielungen. Wie das erst werden sollte, wenn die Proben ab heute in der Öffentlichkeit stattfanden? Paavo stand mit dem Rücken zur Türe. Er befürchtete in diesen Sekunden irgend etwas Schreckliches: eine Verschwörung, eine Lynchjustiz, ein Strafgericht oder ähnliches.

Er war gerade im Begriff, aus dem Zimmer zu fliehen. Da stieß Pierrot, wie beiläufig, ein 'ach was' zwischen die Zähne, zerknüllte geräuschvoll sein Blatt mit der Spinnennetzzeichnung, sprang vom Tisch auf und begab sich mit großen Schritten in Paavos Nähe zur Türe.

Wir müssen gehen, sagte er leise. Die Probe.

Wo ist sie denn heute, die Probe?, erkundigte sich Carmen mit großen unschuldigen Augen, so als wäre das SCHWARZE WORT völlig an ihr vorbeigegangen.

Wie? Das weißt du nicht?, fragte Jan. Die Probe... die ist doch heute auf dem Hauptplatz.

Ach. Dann können wir alle hingehen?

Ja. Wenn wir hier fertig sind, schon. Aber heute ist der zweite Akt dran. Nicht mit unserer Kulisse.

Pierrot drückte das zerknüllte Papier noch fester in seiner Hand zusammen.

Obwohl jeder Gedanke an diese Probe Paavo mit Angst erfüllte, fiel ihm ein Stein vom Herzen, weil das andere, eben aufgekommene Thema abgewendet und Paavo wieder ein wenig aus dem allgemeinen Blickfeld gerückt war. Aber er war immer noch völlig verwirrt. Er konnte nicht recht begreifen, was eben geschehen war. Diese geheimnisvolle und maliziöse Verkettung zwischen Pierrots Spinnennetzzeichnung, der Bemerkung vom SCHWARZEN WORT und den bedrohlich auf ihn, Paavo, gerichteten Blicken.

Pierrot hatte bereits den Türgriff in der Hand. Paavo beobachtete voller Sorge, wie elend und matt Pierrot aussah, trotz seiner vor Energie und Unruhe funkelnden Augen. Er wollte ihm gerade etwas sagen. Da öffnete sich plötzlich die Türe, und Sina und Gregor traten herein.

Sina schlug mit einem Knall die Türe zu und blieb wie angewurzelt stehen. Gregor hatte ein bemitleidenswert bekümmertes und kleinmütiges Gesicht aufgesetzt und hielt sich dicht hinter Sina auf. Diese trug trotz des schwülen Wetters eine dicke grellfarbene Pudelmütze, die ihrer übrigen mausgrauen Aufmachung einen seltsamen Anstrich von Ostereierbuntheit verlieh. Ihre Miene war so finster, wie man sich dies bei ihrem wässerig-ausdruckslosen Gesicht sonst nie vorstellen konnte. Unter ihrem Arm hielt sie ein dickes Manuskriptpaket geklemmt.

Pierrot stutzte einen Augenblick. Dann wandte er sich mit einem Ausdruck von Hilflosigkeit Sina zu.

Sina hatte sich dicht vor Pierrot aufgepflanzt. Mit einer eindrucksvollen, wie lange vorbereiteten Gebärde hob sie mit beiden Händen den Papierstoß in die Höhe und warf ihn mit voller Wucht direkt vor Pierrots Füße.

Die Kinder blickten erschrocken auf Pierrot, als erwarteten sie eine besondere Reaktion von ihm. Entweder, daß er davonliefe, sich vielleicht bekreuzige, ausspucke, vor Sina in die Knie ginge, anfinge zu zittern und zu schreien oder sonst etwas. Doch nichts dergleichen geschah. Pierrot blieb eine Weile unbeweglich stehen. Dann bückte er sich und sammelte seelenruhig, fast lethargisch, die verstreuten Papiere wieder ein. Gleichzeitig beobachtete er von unten aufmerksam jede weitere Regung von Sina.

Irgendwann begegneten einander Paavos und Gregors Blicke. Paavo bemerkte, wie unsäglich Gregor litt. Dessen leidenschaftlicher Wunsch, irgendwie schlichtend in dieses Geschehen einzugreifen und dessen flehentliche Bitte an Paavo, dies stellvertretend für ihn zu tun, da er es selber nicht vermochte.

Sina, sagte Paavo ruhig, da er sicher zu wissen glaubte, worin Sinas Erbitterung begründet lag. Sina. Die Probe gestern abend... Wir haben wirklich bis heute früh durchgemacht... Du machst dir keine Vorstellung... Wir sind im Morgengrauen auf den Stühlen eingeschlafen... Und eben wollten wir los, um weiterzumachen... Du weißt, auf dem Hauptplatz, wo sie inzwischen aufgebaut haben... keine gemütliche Sache... aber es wird schon gehen... Nur mußten wir deswegen den ersten Akt unbedingt vorher fertigkriegen... Und danach mußte Pierrot noch wegen dieses Zeitungsberichts auf einen Sprung hierhinkommen. Ich habe ihn begleitet.

Alles blieb still. Als von Sinas Seite nichts kam, fuhr Paavo Krohnen in unverändert ruhigem Ton fort:

Eine unglaubliche Bedrängnis... Pierrot und wir alle... wir waren... wie in einem ständigen... stän-di-gen –

Käfig, sprang Gregor geistesgegenwärtig ein, als er bemerkte, wie verzweifelt Paavo nach dem passenden Ausdruck rang. Er war offensichtlich glücklich, mit irgendeiner Bemerkung doch etwas beitragen zu können.

Pierrot blieb mit tief eingezogenem Kopf stehen und stierte mit weit auseinandertretenden Augen wie in zwei Himmelsrichtungen.

Jetzt fing Sina an zu sprechen.

Da ist er also, unser Herumtreiber, sagte sie kalt und machte eine zornige Handbewegung. Nicht einen Pfifferling kann man sich auf ihn verlassen. Nicht einen Pfifferling. Der geht doch über... über... weiß ich was... mit seinem Theater.

Betretene Blicke. Gregor begann erbärmlich im Gesicht zu zucken. Seine sonst so strahlenden Augen wirkten wie fahle Monde bei Tageslicht.

Paavo Krohnen begann einzusehen, daß seine Erklärungsversuche vorhin nicht recht gegriffen hatten. Er unternahm vorsichtig einen neuen Anlauf.

Was ist los?, fragte er leise.

Was los ist? Das müßtest du doch wissen... als sein Mitbewohner, fuhr Sina fort... daß er krank ist und wir ihn fortgeschafft haben... um ihn vor der nächsten Räumungsaktion zu bewahren. Und jetzt wär' er um ein Haar der Blödheit und Rücksichtslosigkeit dieses Cvok zum Opfer gefallen.

Von wem sprichst du?, fragte Paavo Krohnen ungeduldig, obwohl er zu ahnen begann, was geschehen war.

Doch nicht etwa Iltis?, fragte er unsicher.

Natürlich Iltis. Wer denn sonst? Die Goliaths hatten vor der Räumung letzte Nacht sein Versteck ausfindig gemacht. Irgend jemand hat es ihnen verraten. Alle rätseln, wer es gewesen sein könnte. Gestern nachmittag ist jedenfalls Robin Esp zum Cvok gegangen, um es ihm zu stecken. Er hat es ihm klar und deutlich gesagt, das weiß ich jetzt... damit der es sofort mir und Lea weitergibt und wir noch vor Einbruch der Dunkelheit den armen Alten woanders hinbringen können. Ich bekam nur von einem anderen Mittelsmann zu hören, daß ich zu Hause bleiben solle, weil der Cvok eine lebenswichtige Nachricht für mich hätte... Und ich habe gewartet und gewartet und mir mit tausend Gedanken das Hirn zermartert. Und er ist einfach nicht gekommen, der Cvok... einfach nicht gekommen.

Alle hielten den Atem an.

Du Idiot, entlud sich Sinas Wut zum zweitenmal.

Sina, schaltete sich Pierrot jetzt ein. Es war absolut unmöglich, dich zu erreichen, sagte er kleinlaut.

Mich kann man immer erreichen, wenn man will, erwiderte Sina leise. Ich hocke doch die ganze Zeit auf meiner Pritsche, das weißt du.

Durch ihren Ausbruch von vorhin offenbar geschwächt und verausgabt, keuchte sie hörbar.

In einer so wichtigen Sache bin ich immer erreichbar, wiederholte sie nach einer kurzen Pause mit beleidigt heruntergezogener Unterlippe. Gregor war schließlich gestern auch kurz bei euch. Dem hättest du das wenigstens weitersagen können.

116

Dem hab' ich aber – Was?, fragte Gregor zutiefst erschrocken. W a s hast du mir...?

Nein, nein. Ist schon gut.

Na also, rief Sina mit neuer Energie. Zu lügen versucht er auch noch.

Paavo war wie betäubt. Er brachte kein Wort heraus.

Jetzt wach mal endlich auf aus deinen Dichterträumen, kam Sina jetzt, zu Pierrot gewandt, wieder in Fahrt. Reib dir die Äugelchen, Cvok. Und stell' mal endlich deine Uhr richtig. Das habe ich dir schon hundertmal gesagt. Kriegst du denn überhaupt mit, was wir dir hier alles sagen? Kapierst du's? Gott, hab ich diesen Menschen satt! Da redet man und redet... Als hätten wir nicht schon genug Zeit verplempert.

Ja und? Was ist mit Iltis?, brachte Paavo Krohnen jetzt mit Mühe hervor. Haben sie ihn –? Und er machte bereits Anstalten, aus dem Zimmer zu stürmen, um sich an der Rettung von Iltis zu beteiligen.

Paavo war außer sich, daß die kritische Entwicklung von Iltis in der Aufregung und Hektik der letzten Tage völlig an ihm vorbeigegangen war, wo er doch im selben Haus wie er wohnte. Er machte sich bittere Vorwürfe, daß er zuletzt überhaupt nicht mehr nach ihm gesehen hatte. Er fand es unbegreiflich und unverzeihlich. Statt sich um seine Mitmenschen in Not zu kümmern, hatte er sich, wie er im Augenblick fand, immer tiefer in die Spiel- und Scheinwelt des Theaters geflüchtet. Ihm fiel in diesem Zusammenhang ein blödsinniges Wortspiel ein: 'Als ob-Verweigerung' statt 'Verweigerung des Als ob'. Und er gestand sich ein, daß er, ohne es zu merken, selbst dieser Art von Verdrehung verfallen war. Dafür haßte und verwünschte er sich jetzt. Für eine Umbesinnung war es nun wahrscheinlich zu spät. Wieder spürte er dieses verdammte Kribbeln in der Nase und die Tränen in den Augen. Er wandte verschämt seine Gesicht beiseite.

Nein, nein. Macht ruhig euer Theater weiter, antwortete Sina. Der ist in Sicherheit... wie man's nimmt... Er hat einen Schutzengel... Auf dem Weg zurück zu mir traf Gregor beim Essensmarkenholen im Stadthaus zufällig einen Zimmergenossen von Robin namens Bruno. Und der hat es ihm weitergesagt. Wir sind dann alle gleich losgerast, zu Lea und so weiter. Die hat die passende Ausweichunterkunft für ihn gefunden.

Für Iltis?

Ja. Aber niemand darf wissen, wo... falls die Goliaths auf die Idee kommen sollten, einen von uns herauszupicken und in die Zange zu nehmen.

Pierrot machte ein betretenes Gesicht. Paavo war erleichtert, daß die gröbste Gefahr für Iltis vorüber schien. Aber er konnte es immer noch nicht fassen. Seine Gedanken waren von der unmittelbar bevorstehenden Probe auf dem Hauptplatz mitsamt allem, was daran hing, wieder weit weggerückt.

Ja, geht ruhig hin, Ist alles in Ordnung. Trotz dieses... dieses..., sagte Sina in näselndem Ton und wies mit einer verächtlichen Kopfbewegung auf Pierrot.

Jetzt stell dich nicht so dämlich an, fauchte Pierrot plötzlich, das Gesicht schief vor Wut.

Dämlich?, schrie Sina zurück und stemmte die Arme in die Seiten.

Dann begann sie mit aufgerissenen Augen zum ersten Mal in einer fremden Sprache zu sprechen, in der viele gedehnte und sirenenartig hohe ih-s und ah-s vorkamen. Pierrot antwortete mehrmals in derselben Sprache. Es war eine makabre Art der Vertrautheit zwischen den beiden, die hier in der Öffentlichkeit ganz neu zum Ausdruck kam und von den Anwesenden mit gemischtem Vergnügen aufgenommen wurde. Nach und nach wurde Pierrot wieder ruhiger und gefaßter, aber sein Ausdruck blieb hart. Schließlich redete nur noch sie allein. Er schien eine günstige Atempause von ihr abwarten zu wollen. Irgendwann gelang es ihm, dazwischenzukommen.

Übrigens, so sagte er wieder für alle verständlich und in einem sehr gesetzten, sachlichen Ton. Ich möchte, daß wir uns alle darüber im klaren sind, daß unsere Situation in unserem Als-ob-Städtchen hier vergleichsweise paradiesisch ist... in dem ganzen Dschungel, in dem wir uns sonst befinden... Das solltest du dir hinter die Ohren schreiben, so schloß er mit einem Nachdruck, der nicht weniger verblüffte.

Paavo Krohnen, der die letzten Minuten erneut wie in einen Abgrund gerutscht war, begann langsam wieder festen Grund unter den Füßen zu fühlen.

Sina ihrerseits schien nach dieser letzten Bemerkung ihres Mannes endgültig genug zu haben.

Ihr habt's offenbar alle weniger eilig als ich, sagte sie plötzlich schnippisch, drehte sich auf dem Absatz um und verschwand durch die Türe.

Alles lauschte still ihren Schritten auf der Treppe nach, bis sie verhallt waren.

In Paavo und, so wie es ihm schien, auch in Gregor, ging alles dumpf und schmerzlich durcheinander: Verwunderung über das ungeahnt offene Aufbegehren von Sina gegen Pierrot, Verwirrung auch über ihn, Sorge und Hoffnung bezüglich des kranken Iltis, erneute Scham sowie der Vorsatz, letzteren so bald wie möglich aufzusuchen. Schließlich auch der Fortgang der Probe, der sich in Paavos Bewußtsein wieder einzunisten begann. Paavo wunderte sich nur, wie wenig angeschlagen und müde er sich nach all dem fühlte, obwohl er schwören mochte, daß er mindestens so elend aussah wie Pierrot.

Nach Sinas abruptem Weggang legte sich der Sturm fast so schnell, wie er mit ihr hereingebrochen war. Die Kinder wandten sich zusammen mit dem Aufsichthabenden mit der grünen Schirmmütze wieder ihrer Arbeit an den Tischen zu. Selbst Gregor, der erst so spät hinzugekommen war, fügte sich rasch in seinen Kreis ein, obwohl ihm die Verwirrung und der Schrecken noch ins Gesicht geschrieben standen.

Pierrot preßte die Papiere, die er von Sina so unsanft vor die Füße geworfen bekommen und dann wieder aufgehoben hatte, fest an sich. Er nickte nur knapp zum Abschied und begab sich eilig nach draußen. Paavo Krohnen folgte ihm auf den Fersen.

XI

Kaum waren sie auf der Straße, war Pierrot wie umgewandelt.

Paavo hatte noch beim Hinuntersteigen der Treppe das Schlimmste befürchtet: nämlich daß Pierrots Kräfte durch den Auftritt seiner Frau nach der durchprobten Nacht so vollständig aufgerieben wären, daß die erste öffentliche Probe zu einer Katastrophe würde. Aber es war anders. Pierrots alte Zuversicht und Kampflust kehrten innerhalb von Minuten zurück, in seine Augen, seine Körperhaltung, seinen plötzlich nicht mehr hinkenden, sondern fast elastisch federnden Gang.

Sie strebten rasch dem Hauptplatz zu. Dort stand, dicht vor den Treppenstufen zur Garnisonskirche, die neue Bühne. Ihr Gerüst war so hoch, daß dadurch das blutrot eingefaßte Emblem der Flagge des Imperiums teilweise verdeckt wurde.

Vor der Bühne waren inzwischen alle vom Ensemble versammelt. Auch ihnen war keinerlei Müdigkeit anzusehen. Sie schienen den Aufbau zu bewundern und gleichzeitig mit ungeduldig über den Platz schweifenden Blicken ihren Meister zu suchen. Auch sonst war der Platz voll von Neugierigen, alle mehr oder weniger der Bühne zugewandt, so daß Pierrot und Paavo sie nur von hinten zu sehen bekamen.

Noch ehe die Mitspieler Pierrot richtig entdeckten, rief er ihnen zu:

He, kommt rasch her... Besprechung.

Er zeigte nach hinten zum Karminweg, der wegen seiner Enge geeignet für eine etwas abgeschiedenere Zusammenkunft schien.

Paavo hatte kaum Zeit, den imposanten Bühnenaufbau zu besichtigen. Er sah nur flüchtig die riesige, von Joos gemalte Landkartenkulisse ragen und in der Bühnenmitte einen dunklen, breiten, oval geformten Tisch auf komisch gedrechselten Beinen.

Noch ehe sie sich's versahen, standen alle erwartungsvoll um Pierrot geschart in einer Hausnische.

Also... klare Strategie..., sagte er. Wir fangen mit der Roulettszene an. Zweiter Akt, erste Szene, nett und unverfänglich, wie sich's gehört. Die Leute wissen, daß wir die ganze Zeit den ersten Akt geprobt haben und daß jetzt etwas anderes dran ist. Mit dieser Rouletteszene müssen wir das Publikum so lange wie möglich bei Laune halten, verstanden?

Pierrot legte eine kurze Pause ein, als wollte er den anderen Gelegenheit zum Einspruch geben, obwohl er genau wußte, daß jetzt niemand davon Gebrauch machen würde. Die Rouletteszene ist lang und reichhaltig, fuhr er fort. Ihr könnt sie beliebig ausdehnen und ausschmücken und wiederholen. Das hatten wir schon besprochen. Das ist leicht und macht Spaß, auch euch.

Die anderen schauten Pierrot etwas unsicher an.

Und dann, das ist sehr wichtig, das hatten wir auch überlegt, dann springen wir von der ersten zur vierten Szene des zweiten Aktes, zu diesem unverfänglichen Dreiergespräch. . . ihr wißt schon.

Dreiergespräch?

Na ja. . . Militärpsychiater, Sklavereiminister. . . und. . . ihr wißt doch. . ., rief Pierrot und deutete, ängstlich um sich schauend, mit seiner Hand eine Kreisbewegung an.

Ach so. . . mit dem Leierkastenmann, Sven. . . diesmal als Abgesandter des rebellierenden Volkes. . . ja, ja.

Psst. . . ja. . ., antwortete Pierro noch ungehaltener, um dann nach einer kurzen Pause, wieder ruhiger, fortzufahren: Also, dieses Dreiergespräch. Das läßt sich ebenfalls ein paar Mal wiederholen.

Mhm.

Alles schwieg eine Weile.

So. Und es könnte ja sein, es ist nicht ausgeschlossen. . . fuhr Pierrot mit gedämpfter Stimme fort. Wenn wir. . . wenn wir lang genug herumplätschern und herumplänkeln. . ., dann könnte aus unserer Rückverlegung in den Kasernenhof vielleicht doch noch etwas werden. . . Unsere Chancen stehen nicht schlecht. . . Joos ist eifrig bemüht. Und. . . haha. . . ihr werdet lachen. . .

Er hielt kurz inne und kratzte sich am Ohr.

Da ist noch jemand anderes, der sich neuerdings für uns stark macht. . . ratet mal. . .

Pferdegesicht? Aber das hast du uns schon mal gesagt.

Jakob, platzte Pierrot heraus, nachdem keine weiteren Vermutungen geäußert wurden.

Jakob?

Ja, Jakob.

Wieso Jakob? Was will der uns helfen?

Na ja, sagte Pierrot plötzlich ernst und ganz ohne die hämische Lustigkeit von vorhin. Ich nehme an, der ist daran interessiert, uns aus dem Kreuzfeuer der

Öffentlichkeit wegzubekommen. Dem ist jede zu große Aufmerksamkeit für unser Stück zuwider; denn er selber gerät dadurch ins Hintertreffen...leider...Das habe ich nie beabsichtigt...das hat inzwischen seinen traurigen Lauf genommen...Ein hirnverbrannter Kampf das Ganze...Aber was soll's?...Wenn er sich so für uns einsetzt...Was sollen wir dagegen haben? Nach außen können wir so wie zwei starke Bundesgenossen auftreten...Das ist gut so...Aber...darüber wollte ich jetzt gar nicht reden.

Ich glaube nicht daran, daß uns das gelingt, brummte Romuald dazwischen. Wir werden hierbleiben müssen.

Das wird sich zeigen.

Und was machen wir, wenn wir hier bleiben müssen?, fuhr Romuald fort. Irgendwann bleibt uns nichts anderes übrig, als in den sauren Apfel zu beißen und hier an Ort und Stelle mit der Abdankungsgeschichte herauszurücken.

Falls es so weit kommt, können wir auch da ratenweise vorgehen, sagte Pierrot wieder mit festerer Stimme aber unverändert besorgter Miene. Zuerst die Landkarten-, oder besser gesagt, Lichterszene...zweiter Akt, zweite Szene...also alles noch verhüllt...Das würde ja auch nahtlos an die Rouletteszene anschließen. Gleiches Bild, nur Requisitenwechsel. Und Paavos eigentlicher Abdankungsmonolog, erster Akt, dritte Szene...na ja...da wollen wir jetzt lieber nicht dran denken...

Ich könnte mir vorstellen, daß es da noch eine andere Lösung gibt, ich meine, dramaturgisch gesehen...schaltete sich Philipp mit gravitätischem und bedeutungsvollem Ausdruck dazwischen.

Und die wäre?, fragte Pierrot unwirsch, als ahnte er, was Philipp sagen wollte.

Ein abrundender Schluß des Ganzen, antwortete Philipp triumphierend. Ein Schluß des Stückes, der den Zuschauer zufriedenstellt und...vielleicht auch ein bißchen ablenkt...womit man sie auch ein wenig hinhalten kann und besänftigen...alle Anwesenden...das könnte unsere Rückverlegungschancen verbessern helfen, und wir kämen um die große Schlüsselszene, die eigentliche Enttarnung und Enthüllung des Kornbauern noch ein bißchen herum...Also zwei Fliegen mit einer Klappe...Zeit gewinnen und endlich der Schluß, der uns immer noch fehlt...Wär' das nicht das Ei des Kolumbus?

Pierrot, dessen Gesicht sich während Philipps Rede beängstigend verfinstert hatte, wollte ihm gerade erbittert etwas entgegenschleudern. Doch im selben Augenblick wurde jählings seine Aufmerksamkeit und auch die der anderen durch etwas Neues in Anspruch genommen. Es war ein immer lauter anschwellendes Stimmengewirr, welches vom Hauptplatz herüberdrang.

He, anfangen...anfangen...Wann fängt's endlich an?...Wir wollen anfangen..., waren deutlich hörbare Fetzen aus dem Gewirr.

Alle in der Hausnische Versammelten spähten überrascht zum Platz.

Um den dunklen, ovalen Tisch auf der Bühne saßen inzwischen einige Gestalten mit schwarzverbundenen Augen. Neben ihnen scharwenzelte ein Herrchen und vollführte mit seinem Hinterteil und seinen Händen Bewegungen, als trüge er einen Frack mit langen Schößen.

Los, marsch, rief Pierrot geistesgegenwärtig und offenbar frei von allen Gedanken, die eben noch so zornig auf Philipp gerichtet waren. Sie sind schon da. Einige der Statisten-Generäle...Romuald und Sven, los, rasch hinauf mit euch dazu...Ben waltet auch schon seines Amtes. Wenn der erst mal einen richtigen Frack anhat, dann wird das umwerfend...Ein wirklich köstlicher Croupier, der Ben, haha...So...los, los. Ihr wißt, was ihr zu tun habt. Ihr müßt jetzt euer Bestes geben. Alle...Los...Marsch...

XII

Ganze dreieinhalb Tage hatten die Theaterspieler die Öffentlichkeit in höchstem Maße amüsieren können. Im Mittelpunkt stand das Roulettespiel der Generäle mit seinen mehrfachen unterhaltsamen Zusätzen. Gelegentlich sprang man von dort auf das besagte Dreiergespräch aus dem Ende des zweiten Aktes. Aber immer wieder verlangte das Volk stürmisch nach einer Wiederholung der Rouletteszene, so lange, bis man dem Verlangen stattgab und wieder von vorne begann.

Die Generäle des Demiurgen Ascha hatten dabei jedesmal stumm und mit ihrer schwarzen Binde vor den Augen ihre Chips auf irgendwelche Felder des Roulettetisches zu legen. Sie sollten damit über ein ausgeklügeltes, ihnen unbekanntes System von Zahlen- und Farbkombinationen die nächsten Kriegsgegner des Demiurgen bestimmen. Der Croupier schrieb die Ergebnisse mit weißer Kreide auf eine kleine Schiefertafel und spielte sie dann pantomimisch mit Verrenkungen nach, die das Besagte bezeichnen sollten. Dies alles war an sich eine makabre, bluternste Angelegenheit. Aber sie wurde geschickt mit viel Unterhaltung und Allotria überspielt. Ein unerwartet fröhlicher Rahmen, das Ganze. Mit humorvollen Einlagen, Zwischenauftritten aus dem Harem des Demiurgen und viel musikalischem Klamauk. Der Roulettetisch selbst war ein kurioses Möbelstück, aus dem die Kugel ständig heraussprang. Die Generäle, die Haremsdamen und Musikanten waren Statisten oder kleine Nebenrollen, so wie der Croupier. In Einzelfällen waren es Doppel- oder Mehrfachbesetzungen durch die Mitspieler des Ensembles, so wie zum Beispiel Romuald und Sven, die zwei der Generäle darzustellen hatten.

Die Zuschauer kamen je länger desto mehr auf ihre Kosten. Sie lachten andauernd. Viele schwatzten dazwischen. Einige sangen sogar. Aber die belustigende Wirkung nützte sich ab. Das zeigte sich auch darin, daß die Besucherzahl allmählich schwand.

Wir müssen weiter... in die nächste Szene, bedrängten immer mehr aus dem Ensemble Pierrot.

Schließlich gab dieser nach. Auch er schien einzusehen, daß ein Verharren in der vorigen Szenenabfolge keinen Sinn hatte, selbst dann, wenn die erhoffte Rückverlegung der Proben vom Hauptplatz in die Neptunkaserne doch noch irgendwann erfolgen sollte.

Also, zweiter Akt, zweite Szene: die eigentliche Landkartenszene mit dem Demiurgen und dem Sklavereiminister.

Am Morgen des folgenden Tages sollte damit begonnen werden. Wieder mit voller Dekoration und ohne Kostüme.

Pierrot hatte davor frühmorgens kurz im Zeughaus mit dem Prokuristen Magnus noch einige bühnentechnische Probleme besprechen müssen. Magnus war der Leiter des Ghetto-Materialausschusses und überdies ein heimlicher Verehrer von Sina. Deswegen war er um das Zustandekommen einer funktionierenden Technik in dieser überaus komplizierten zweiten Szene besonders bemüht.

Paavo hatte Pierrot zum Zeughaus begleitet, und jetzt begaben sie sich zusammen mit Magnus rasch zurück zum Hauptplatz.

Am Himmel hing heute bleiern eine dunkelgraue Wolkendecke. In der Ferne hörte man ein leises, aber andauerndes Donnerrollen.

Paavo erkundigte sich nach dem Stand der Verhandlungen mit dem Kulturausschuß über jene Rückverlegung in die Neptunkaserne.

Wie, das weißt du noch nicht?, fragte Magnus brüsk zurück.

Paavo wartete verblüfft eine Weile. Doch die ausstehende Erläuterung schien für Magnus mit einer solchen Spannung verbunden zu sein, daß auch er zuerst schwieg.

Dann murmelte er einzelne Brocken: 'neue Räumungsaktion'... 'Lustige Witwe'... 'Pferdegesicht'...

Pierrot schwieg die ganze Zeit. Paavo versuchte, seine Gedanken zu erraten.

Was Paavo nach und nach verstand, war, daß die besagte Rückverlegung des Ensembles kurzfristig von den Behörden angeordnet, dann aber im letzten Moment auf Veranlassung von Joos' Beschützer 'Pferdegesicht' wieder abgeblasen worden war. Unmittelbar danach war der Hof der Neptunkaserne Schauplatz eines grausigen Massakers geworden, von dem alles, was sich zu dem Zeitpunkt dort aufgehalten hatte, miterfaßt wurde: unter anderem auch das Ensemble, das inzwischen im Kasernenhof anstelle des Festspielstückes die 'Lustige Witwe' einstudiert hatte.

Paavo bekam weiche Knie.

Und das haben wir 'Pferdegesicht' zu verdanken?, fragte er zitternd.

Ja, oder besser gesagt, Joos, antwortete Magnus leise. 'Pferdegesicht' hat das Massaker angeführt.

Und weiß Joos davon?

Ich hab ihn darauf angesprochen. Aber er hat sich taub gestellt. Vielleicht darf er auch nichts darüber wissen. Pierrot schwieg beharrlich weiter.

Paavo rätselte, ob Pierrot dies alles schon wußte und es nur für sich behalten hatte. Paavo seinerseits beschloß, mit keinem im Ghetto darüber zu sprechen und auch selbst möglichst nicht mehr daran zu denken.

Die drei betraten den Platz auf der Höhe des Stadthauses und steuerten auf die Bühne zu.

An der Rückwand und auf beiden Seiten der Bühne ragten, an Holz- und Metallgerüsten befestigt, immer noch die riesigen Kulissen mit der kompletten Landkarte, an der Joos seinerzeit auf dem Platz im Ostteil der Stadt gearbeitet hatte. Es war jetzt ein überdimensionaler, schmutzigfarbener Aufriß einer Geisterlandschaft aus Kratern, Kloaken und zum Teil dichten Menschensiedlungen. In dieser Größe weit schauerlicher als die bloße Vorstellung einer vielfachen Aneinanderreihung der einzelnen Quadrate, von denen Paavo die Entstehung eines einzelnen mitbekommen hatte.

Während des Klamauks der Rouletteszene war der Blick von diesem Bild viel zu sehr abgelenkt worden, als daß es zur vollen Geltung hätte kommen können.

Jetzt war ferner neu, daß alle drei großen Landkarten mit lauter kleinen Glühbirnen bestückt waren. Sie hingen an einem Netz geschickt versteckter, offenbar hinter die Bühne verlaufender Stromkabel. Paavo zählte auf jeder Landkarte zehn Lämpchen. Es war kaum zu glauben. Dreißig Glühbirnen. Hier im Ghetto. Dazu diese raffinierte Anlage. Ein Wunderwerk, das ohne die besondere Mischung aus technischem Geschick, freier Phantasie und selbstlosem, leidenschaftlichem Einsatz mehrerer Freunde und Helfer, besonders jenes Zeughaus-Prokuristen Magnus, niemals zustande gekommen wäre. Vor allem war es unvorstellbar, wo dieser Magnus all die Glühbirnen hergezaubert hatte und auf welchen krummen Wegen was woher beschafft worden war. Dieserart technischer Aufwand überstieg an sich weit die Verhältnisse des Ghettos. Pierrot hatte ihn beim Kulturausschuß mit dem Argument ausgehandelt, daß bei ihm die vielen kostspieligen Musikinstrumente wegfielen, die für die Operneinstudierungen benötigt wurden. Und immerhin war es ein Festspielstück. Es war selbstverständlich, daß hier die Finanzreserven aus den ausländischen Stiftungen kräftig angezapft worden waren.

Etwa auf der Bühnenmitte, wo vorher der Roulettetisch gestanden hatte, stand jetzt, auf einem nach vorne offenen, podestartigen Extragerüst erhöht, ein thronartiger Drehsessel bereit. Dieser sollte dem Darsteller des Demiurgen Ascha einen bequemen Rundblick auf das auf den Landkarten präsentierte Herrschaftsgebiet gestatten. Im Gerüst genau unter dem Demiurgenthron stand ein weiterer, dem Publikum zugekehrter Stuhl. Er war für den Sklavereiminister bestimmt. Das ganze Szenario stellte eine Art Schalt- und Waltzentrale des Demiurgen Ascha dar.

Seitlich am Gerüst hing die Sense des Kornbauern nach seiner Abdankung im vorangegangenen Akt an einem dicken Nagel.

Auf der Bühne und um sie herum tummelte sich allerlei Volk. Mit dem Aufbau Beschäftigte schleppten Kabel oder schraubten und hämmerten am Gerüst herum. Die Darsteller memorierten ihre Texte, übten bestimmte Schritte, rissen Witze oder waren mit irgendwelchem Kleinkram beschäftigt.

Es knisterte vor Spannung. Alle wußten: Heute wird es ernst. Es war inhaltlich eine wichtige Szene, dazu mit einer schwierigen Technik. Es hing viel davon ab.

Auch die, die mit ihrem Auftritt heute nicht ernsthaft rechneten, stimmten sich vorsorglich ein, fieberten und zitterten mit.

Nur einer schien von alledem nicht berührt, saß abseits und grübelte finster vor sich hin, obwohl sein Auftritt in der übernächsten Szene in diesem Akt heute nicht ganz ausgeschlossen war: Sven.

Was ist denn mit dir los?, erkundigte sich Monika im Vorbeigehen.

Paavo konnte es den beiden fast von den Lippen ablesen, was sie sprachen. Er sollte es bald genauer erfahren.

Monika schaute Sven eine Zeitlang prüfend an.

Ach so..., sagte sie mit merklich gesenkter Stimme. Shirin?

Ja...Shirin, antwortete Sven und blickte hilfesuchend zu Monika hoch.

Monika kniete sich neben Sven hin und wartete.

Ich hab keine Ahnung, wo sie ist..., so fing er endlich an. Wir hatten uns verabredet...im Bügelzimmer der Venuskaserne wie immer...Sie war nicht da...zum ersten Mal...Sie ist sonst immer auf die Minute pünktlich...aber heute war sie nicht da...Und jetzt hab ich überall nach ihr gesucht und gefragt, aber sie ist nirgends...Ich ahne das Schlimmste...

AUSFA – ?

Sven machte ein erschrockenes Gesicht.

Entschuldige...ich meinte nur.

Ja, ja...schon...Ich hab halt gehört, sie wollen wieder Platz schaffen in der Venuskaserne, für einen neuen Transport. Aber...

Doch nicht gleich an das Schlimmste denken, versuchte Monika, Sven zu beschwichtigen.

Nein. Vielleicht ist sie mir ja auch nur böse.

Böse?

Ach...Ich hab ihr gestern gesagt, es sei alles nur ein Spiel zwischen uns...ein schönes Spiel...aber ein Spiel...Sie nimmt alles so furchtbar ernst...Und das war wahrscheinlich zu hart für sie.

Mein Gott, Sven. So was darfst du ihr auch nicht sagen.

Ich mußte. Ich hab sie viel zu lieb, um sie anzulügen.

Aber dann ist es doch gar kein Spiel für dich.

Doch. Ist es. Bei mir ist immer alles Spiel.

Sie schwiegen.

Monika blieb sitzen. Sie wollte nicht mehr zurück zu den anderen, die sich auf ihren Auftritt vorbereiteten. Sie kam heute ohnehin kaum mehr dran, und sie zog es vor, bei Sven zu bleiben und zusammen mit ihm zu grübeln.

Unten auf dem Platz herrschte großer Andrang. Es waren viel mehr Zuschauer als sonst erschienen, und immer mehr Neue strömten hinzu. Es hatte sich offenbar herumgesprochen, daß heute etwas Besonderes geboten würde. Mehrere kamen in auffälliger Aufmachung, als wollten sie ihrer Feststimmung Ausdruck geben. Einige waren von Kopf bis Fuß herausgeputzt, andere stachen durch besondere Kleidungsstücke oder Accessoirs heraus. Einer trug einen Strohhut mit getrockneten bunten Blumen drauf, eine Frau hatte ihr Doublé um den Hals gehängt, das nicht konfisziert worden war. Manche hatten gar einen grellfarbenen Schal über ihren unsinnig warmen Mantel gebunden. In umso schärferem Kontrast wirkten die in Auflösung begriffenen Lumpen der meisten Anwesenden und die vielen schmutziggrauen Kopftücher der Frauen. Eine Gruppe hatte wie in gegenseitiger Absprache Teile von Sträflingskleidern übergezogen. Eine Frau im Pelz humpelte auf einer Krücke. Ein alter Mann wurde in einer Schubkarre liegend herangeschafft, so als hätte schon lange keine Räumungsaktion mehr stattgefunden. Die Menschen sonst liefen herum oder kauerten oder lagen auf der Erde oder nahmen Platz auf mitgebrachten Stühlen. Auch Kinder jeden Alters waren anwesend. In ähnlich bizarrer Vielfalt wie die Großen.

Paavo war über diesen Anblick erschrocken. Es führte ihm die Erwartungen der Öffentlichkeit in ängstigender Weise vor Augen. Als besonders unangenehme Herausforderung empfand er die Sträflingskleider. Sie erinnerten ihn nicht nur an die kürzlich selbst getragenen, sondern mahnten ihn auch an die, die er im Falle eines Scheiterns der Einstudierung wieder zwangsweise würde tragen müssen.

Die einzigen, die auf dem Platz nicht vertreten waren, waren die Blaubetreßten. Jedenfalls nicht in Uniform. Das legte rasch die Vermutung nahe, sie hätten sich aus irgendwelchen Gründen zurückgezogen oder inkognito gemacht.

Wohl nicht zuletzt deswegen war auf dem Rasen in der Platzmitte heimlich der Kanaldeckel, der Zugang zu den unterirdischen Gängen der Stadt, entfernt worden.

Es war, abgesehen von einer kurzen diesbezüglichen Bemerkung in der Redaktion des 'Tausendfüßler', das erste Mal seit seiner Einlieferung, daß Paavo wieder auf das unterirdische Gangsystem aufmerksam wurde, von dem er bereits wußte und das ihn bei seiner Ankunft beim Blick auf die Wandkarte im Flur der 'Spedition' so sehr beschäftigt hatte. Jetzt war freilich nicht die Zeit, über dieses Gangsystem weiter nachzudenken. Rasch verflüchtigten sich seine Gedanken daran wieder.

Paavo suchte in der Menge nach bekannten Gesichtern. Er entdeckte als erste Inga und Mario, die er damals auf dem Transport kennengelernt, aber seitdem nie wiedergesehen hatte. Mario trug heute den braunen, zerfransten, einäugigen Teddy im Arm, den letztesmal Inga festgehalten hatte und den sie anscheinend miteinander teilten. Inga dagegen führte eine leere Schachtel aus dunkler Pappe mit sich, schmal und niedrig, aber von gleicher Länge wie der Teddy. Die beiden Kinder waren in der Zwischenzeit noch durchsichtiger und dünner geworden. Dafür wirkten sie ungebrochen in ihrer Fröhlichkeit und Munterkeit. Sie bewegten sich grazil, und ihre Augen, die Paavo größer als beim letzten Mal vorkamen, hatten eine enorme Ausdruckskraft. Unweit von ihnen kauerten, etwas versteckt, Jan und Luc. Im Vergleich zu Inga und Mario machten sie einen eher unbeteiligten, fast mißmutigen Eindruck. Paavo kam es so vor, als mieden ihre Blicke bewußt die Bühne, welche heute mit einem anderen Bild geschmückt war als mit dem aus ihrer eigenen Hand.

Als Paavo auf die andere Seite des Platzes schaute, traute er seinen Augen nicht. In der Nähe des 'Kaffeehauses' stand ein offener, weitgehend leergeräumter, grauer Lieferwagen mit einem Gewirr von Kabeln um ihn herum. In der Nähe waren hohe, schwarze Scheinwerfer aufgestellt. Mehrere Männer in blauer Arbeitskleidung und mit Mützen sprangen herum. Einige machten eifrig Notizen auf kleinen Papierblöcken, andere montierten Filmkameras auf ein Stativ.

Sag mal, was machen denn die da...dort...Hast du gesehen?, fragte Paavo fassungslos.

Er war inzwischen mit Pierrot allein. Denn Magnus hatte sich von den beiden anderen abgesetzt und war rasch auf die Bühne gestiegen, um nach der Technik zu sehen.

Pierrot schwieg. Er blickte nur einige Sekunden müde zu den Filmaufnahmevorrichtungen an der Seite und dann wieder nach vorn zur Bühne.

Das kann doch nicht wahr sein, insistierte Paavo. Uns jetzt schon aufzunehmen...bei der ersten Probe dieses Aktes...Hast du das gewußt?

In 'Als ob' ist alles möglich, erwiderte Pierrot nach einigem Zögern und zuckte mit den Achseln.

Paavo war über Pierrots Gleichgültigkeit entsetzt und sagte nichts mehr. Er tröstete sich mit dem Gedanken, daß er selbst heute nicht auftrat und so im Hintergrund bleiben durfte. Er wurde nur durch sein am Demiurgenthron hängendes Wahrzeichen vertreten.

Du glaubst doch nicht im Ernst, daß die jetzt schon filmen, rief Pierrot nach einer Weile, als hätte er erst jetzt den Wagen wirklich entdeckt. Sie proben genau so wie wir und alle anderen. Alles ist hier nur Probe. Das hab ich dir schon oft gesagt. Wir sind in 'Als ob'.

Er schien jetzt fast ärgerlich über Paavos Fragerei.

Was sind das für Leute?, ließ Paavo nicht locker. In wessen Auftrag sind sie gekommen? Hat man dir das nicht gesagt?

Ich weiß es nicht. Vielleicht Korrespondenten, Reporter, Kamerateams. Vielleicht soll hier ein Propagandafilm gedreht werden. Für das Ausland, zur Beschwichtigung nach dem letzten Gerede über die Zustände hier, im Zusammenhang mit dem Kommissionsbesuch. Oder auch für die eigene Bevölkerung, um sie aufzuhetzen, ihnen zu zeigen, wie gut es uns doch in diesem uns geschenkten Städtchen geht, vor allem den Schmarotzern vom 'Stamm', während ihre eigenen Männer und Söhne an der Front verbluten. Aber das ist sicher erst für später. Jetzt bestimmt nicht. Da wird erst mal rumprobiert.

Inzwischen waren die beiden dicht bei der Bühne angelangt.

Philipp hatte sich mit einem großen Schwung auf die Bretter begeben. Von dort erklomm er das Gerüst und setzte sich auf den Demiurgenthron. Sein Sklavereiminister Romuald versuchte sich derweil in der Enge des Gerüstes zu Philipps Füßen zurechtzufinden. Irgendwann kroch er nochmals heraus und reckte den Rücken, um die letzten freien Minuten für ein bequemes Stehen zu nutzen. Dann ging er seine Jacke holen, die er vorhin irgendwo am Bühnenrand abgelegt hatte. Im Vorbeigehen wechselte er mit Magnus, der gerade die Glühlampenanlage überprüfte, ein paar Worte. Schließlich kehrte er an seinen Platz zurück.

Jetzt kletterte Pierrot behende auf die Bühne, um auf die gesamte Anlage einen letzten Blick zu werfen.

Paavo begab sich dicht neben die Bühne in Simons Nähe, der, in seinen Paracelsus-Text vertieft, auf der Erde saß.

Guck mal, diese Sense, hörte Paavo aus den Reihen der Schaulustigen eine Kinderstimme rufen.

Ja, ja, die gehört dem Sensenmann, ertönte es ein paar Oktaven tiefer. Der hat sie an den Nagel gehängt.

Will er sie nicht mehr haben?, fragte die Kinderstimme weiter.

Paavo erschrak. Er blickte unruhig dorthin, woher die Stimme gekommen war, darauf gefaßt, daß man wieder mit Fingern auf ihn zeigen werde wie damals in der Redaktionsstube des 'Tausendfüßler', was jedoch nicht geschah. Er vergegenwärtigte sich wieder mit Schrecken die Szene mit dem SCHWARZEN WORT. Man wußte hier inzwischen wirklich gut Bescheid über seine Rolle.

Inzwischen kam Pierrot wieder von der Bühne herunter und stellte sich breitbeinig vor sie hin. Er klatschte mehrmals in die Hände.

Anfangen, bitte… Anfangen.

Pierrot strahlte heute noch mehr Energie aus als bisher in den Proben und wirkte entschieden sicherer. Oder es war besonders diese Szene und die Anspannung angesichts der ersten öffentlichen Darbietung. Wenn es nur so blieb, dachte Paavo inständig.

Nachdem Pierrot das Zeichen zum Anfangen gegeben hatte, hielt er plötzlich inne.

Könntest du bitte den Kopf tiefer halten, Romuald?, rief er, zu diesem gewandt, und machte dies drastisch vor.

Richtig einziehen den Kopf, in den Sand stecken, wie ein Vogel Strauß, sagte er. Solange du nicht mit deinem Herrn sprichst, bist du sozusagen gar nicht existent. Erst, wenn ihr miteinander redet oder pseudo-redet, dann aufrichten und geradeaus nach vorn zu uns schauen, sozusagen an deinem Partner über dir vorbei, ja?

Den Kopf einziehen? Das muß ich in diesem Käfig sowieso immer, stöhnte Romuald.

Wunderbar, rief Pierrot, als Romuald seiner Bitte nachkam. Dann können wir anfangen… Technik…

Inzwischen war überall Ruhe eingekehrt. Auf der Bühne und auf dem ganzen Platz.

Wenig später erstrahlte auf der Spielfläche ein fantastisches Lichtermeer. Die Lämpchen auf allen drei Kulissenebenen leuchteten auf und begannen ein bizarres Spiel. Um verschiedene Zentren auf allen drei Landkarten gruppiert, blinkten sie in ständigem Wechsel an und aus. Sie bildeten die verschiedenartigsten, originellsten Lichtmuster. Dabei hatte es die Technik auf Pierrots Anweisung so eingerichtet, daß die Summe der gleichzeitig aufleuchtenden Lämpchen stets etwa gleich blieb. War eine Lämpchengruppe verlöscht, flammte gleichzeitig eine andere auf. Es war eine immer wieder neu überraschende, unerschöpfliche Kombinatorik von leuchtenden Mustern, Figuren und Abläufen, gleichverteilt auf die linke, die rechte und die rückwärtige Wand der Bühne, ganz nach der Art einer glitzernden Lichtreklame oder einer Zirkusbeleuchtung. Es war, als ob nicht nur dreißig, sondern hundert oder noch mehr Lampen glühten. Die Begeisterung über diesen unglaublichen Aufwand an Material und über den technischen Einfallsreichtum trieb die Phantasie zu einer Vervielfachung des real Vorhandenen an.

Auch Pierrot war hingerissen. Vor allem vom Gelingen der Technik auf Anhieb. Er hätte es nie für möglich gehalten. Eine so komplizierte Anlage, und gleich beim ersten Mal dieses Glück, dazu in der Öffentlichkeit.

Magnus, Magnus, rief Pierrot immer wieder leise und schüttelte fassungslos den Kopf.

Auch Paavo war maßlos stolz.

Jetzt fing Philipp an, sich zu regen. Aufmerksam und genießerisch verfolgte er von seinem Thron aus das Lichterspektakel um ihn herum, indem er sich in alle Richtungen drehte. Es gelang ihm meisterhaft, das Behäbige und Lustvolle des sicher postierten Voyeurs herauszustreichen.

'Ihr wunderschönen Glühwürmchen...', begann er in schwärmerischem Ton seinen Text. 'Ihr Glühwürmchen...Eins für tausend...Ein Licht für tausend Kräfte, tausend Arbeitsstücke...Ihr entsteht und vergeht und entsteht wieder neu...Für jeden AUSFALL ein neues Aufleuchten, für jedes Aufleuchten ein AUSFALL...Gleiches mit Gleichem...Auslöschung und Neugeburt in meinen unerschöpflichen Sklavengründen in spielerischem Gleichgewicht...Zur Ehre meiner immerwährenden Herrschaft über Himmel und Erde'.

Auf dem Platz hielt alles den Atem an. Man verstand das Gesagte bis weit hinten. Gerade diese Anfangsworte waren in der Stadt schon lange als stehende Rede herumgeflüstert worden. Aber diese grandiose Präsentation überstieg die kühnsten Erwartungen und Phantasien, die das bisher Aufgeschnappte in den Köpfen entfacht hatte. Dazu noch in dieser Lichterpracht. Selbst die auf dem Platz, die, wie Paavo wußte, eine andere Sprache sprachen als diejenige des Stückes, nickten heftig mit dem Kopf und schauten sich gegenseitig wissend an.

Nur einige Kinder machten sich auf ihre Art Luft. Nachdem ein Stimmchen etwas von 'Christbäumen' und 'Wunderkerzen' geplärrt hatte, brachte es Mario auf einen noch schärferen Punkt.

Lebenslichter, sagte er durchdringend hell. Sie knipsen die Lebenslichter an und aus.

Man drehte sich entsetzt nach ihm um. Vielleicht war man auch erleichtert, daß der Kleine nur die helle Seite des Ganzen angesprochen und nicht das Gegenwort benutzt hatte.

Psst, zischte eine alte Frau auf einem Klappsessel. Man versteht ja sonst nichts mehr.

Inzwischen fuhr der Demiurg in seiner Ansprache fort.

'Ha, hier auf dem Hochplateau der Sieben Sterne', dröhnte er, genußvoll auf drei grell aufleuchtende Lämpchen in der Mitte deutend. 'Dreitausend Frische eingeflogen...jung und unverbraucht...aus zwanzigtausend Kilometern Entfernung...Ein schöner Ausgleich für den AUSFALL an der Springmessermündung... So läßt sich's gut regieren... ihr Glühwürmchen... ihr Glühwürmchen'.

Paavo Krohnen erinnerte sich später an diese uns glücklicherweise erhaltenen Passagen nur bruchstückhaft. Das hing vielleicht mit der fieberhaften Spannung an jenem Tag zusammen und mit der unterschwelligen Angst vor den Folgen eines Mißlingens, welche sich wie ein Schleier vor den Wortlaut schob.

Jetzt ging auch schon ein erstes Raunen durch die Reihen, besonders vorn, nahe bei der Bühne. Da und dort erklang derbes Gelächter mit bitterem Unterton. Man erblickte sich selbst und sein Schicksal offenbar nicht gern im Spiegel dieser auswechselbaren kleinen Lichter auf der ölbemalten Papierfläche des Demiurgen.

'Noch zehntausend?', steigerte sich dieser jetzt mit weit vorgestreckter Brust. 'Ich sehe... im Missionswäldchen... gut, gut...'

Philipp drehte sich wie betrunken zur Seite. Dort hatte es als nächstes aufgeblitzt, gleich, nachdem in unmittelbarer Nähe mehrere andere Lämpchen auf einmal ausgegangen waren.

Bald jedoch änderte sich alles.

Jetzt leuchteten nur noch Lämpchen auf, ohne daß andere ausgingen. Das bisherige Gleichgewicht geriet aus dem Lot. Es wurde heller und heller.

Pierrots Gesicht dagegen verfinsterte sich.

Halt, halt, rief er, in die Hände klatschend.

Als erstes überschüttete er die unsichtbar hinter den Kulissen rangierende Technik mit Lob und Bewunderung. Dann brachte er seine Änderungswünsche an.

Position 6 ist zu kurz, sagte er. Den Übergang zu 7 – Lichter nur noch an – müßt ihr länger halten.

Pierrot stierte etwas hilflos aber fordernd durch die Kulissen hindurch, als sich nichts rührte.

He, Technik... was ist los?, schrie er plötzlich.

Doch dieser Anfall von Nervosität legte sich rasch. Nach dem ermutigenden Anfangserfolg fand Pierrot sofort wieder seine Ruhe.

Jetzt drang unverständliches Gemurmel hinter der Bühne hervor.

Jemand rief laut: Strom-AUSFALL.

Kichern und unterdrücktes Lachen in der Menge.

Pierrot begab sich hinter die Bühne und blieb dort eine Weile. Dann kehrte er zurück. Im Vorbeigehen wandte er sich an Philipp.

Dein Glühwürmchen, rief er ihm zu. Das wollte ich dir noch sagen. Bitte nicht ganz so schwelgerisch und schlemmerhaft... Der Demiurg ist kein Lebemann, der seine Sklavenheere auf der Zunge zergehen läßt, sondern ein gesichtsloser

Tyrann...Fast nur Kopf...Seine Besitzerfreude ist mehr intellektuell...verstehst du?

Ich dachte...das Verspielte...irgendwie..., entgegnete Philipp leise und schüttelte seinen Grauschädel.

Verspielt schon...ja...aber mehr inwendig im Kopf...Kaum mit Körpersprache...Jedenfalls nicht mit diesen ausladenden Bewegungen...Da wird einem ja schlecht...Ich meine...ein bißchen mit den Fingern trommeln...mal eine fahrige Bewegung oder ein Strich durchs Haar – aber mehr nicht...Im Ganzen muß der Kerl starr wie ein Felsen sein.

Aha.

Vergiß nicht. Dein Kostüm wird aus lauter kleinen Spiegeln bestehen. Auch die Maske um deinen Kopf...mit lauter blitzenden kleinen Scherben besetzt...

Spiegel?

Ja, das hatten wir so besprochen...Der Demiurg als Vexierbild der ganzen Welt. Er ist nicht nur der große Macher, sondern alles in der Welt spiegelt sich auch in ihm.

Und durch so eine Spiegelmaske hindurch soll ich meinen Text aufsagen?

Das wird ganz ausgezeichnet gehen...wirst sehen...Der Maskenbildner wird das bestens berücksichtigen...Also...Bitte nochmals...das Ganze...

Vor dem Verlassen der Bühne bückte Pierrot sich rasch unter das Podest des Demiurgen und richtete ein paar ermunternde Worte an den in der Enge schmachtenden Sklavereiminister. Dann sprang er hinunter auf seinen Standplatz direkt vor der Bühne.

Diese Unterbrechung hatte die Spannung unter den Zuschauern erhöht. Alles, was sich zuletzt so endlos hingezogen hatte, wurde als höchst überflüssige Verzögerung dessen empfunden, dem man entgegenfieberte. Als es weiterging, erfolgten zuerst noch zwei, drei Durchläufe derselben Stelle. Dann endlich kam die Fortsetzung.

Ab da näherte man sich rasch der Stelle, an der die Lampen auf der Landkarte nur noch aufleuchteten und nicht mehr ausgehen. Nachdem die ausgeschalteten Zentren zu immer selteneren Enklaven geworden waren, erstreckte sich jetzt über alle drei Flächen ein einziges, gleichmäßiges Lichtermeer. Wobei neu war, daß, je mehr Lichter aufleuchteten, desto schwächer sie gleichzeitig wurden. Es schien, als sollte jetzt nicht mehr die Anzahl, sondern die Gesamtstärke der Lichter gleichbleiben. Dazu kam, daß sie alle unruhig zu flackern begannen.

'Was ist...was ist'?, hörte man den Demiurgen, sich kurz und hastig nach allen Seiten drehend, fragen, so als spreche er in ein unsichtbares Mikrophon.

Was ist...was ist?, stimmten jetzt auch vereinzelte Zuschauer wie in einem dünnen Chor ein. Mario drückte seinen Teddy an sich, derweil Inga das Tier streichelte. Sie küßte besonders die Stellen, an denen das Fell dünn und abgeschabt war. Ein paar Meter weiter vorn quarrte ein Säugling aus Leibeskräften an einer leeren Mutterbrust. Irgendwo fiel ein Stuhl um. Einige Gestalten eilten dorthin. Sie hoben jemanden von der Erde auf und trugen ihn geschwind fort.

'Das Gleichgewicht der Unterwerfung...ist es gebrochen?...Immer mehr Lichter leuchten auf...und so schwach...Warum?...Das zuständige Ministerium...Kommen...', befahl der Demiurg.

Weisungsgemäß richtete sich unter ihm Romuald auf, so weit er dies in seinem Gefängnis vermochte. Gleichzeitig wurde sein Gesicht von einer vorn am Bühnenrand angebrachten Lampe angestrahlt.

'Hier das Ministerium für Sklaverei', parierte er laut.

'Der Minister persönlich?'

'Jawohl'.

Das Über- und Untereinanderagieren der beiden Machthaber wirkte krankhaft. Die Umhäusung des Gerüstes zwischen ihnen war wie ein trennendes Messer.

Es wurde mit Erleichterung aufgenommen, daß Pierrot hier erneut unterbrach.

Romuald...toll...großartig..., rief er. Auch, wie du das in deiner Zelle durchhältst. Aber um eins bitte ich dich. Laß dieses schreckliche Grimassieren...und die Hände weg vom Gesicht...Das nächste Mal lasse ich dich anstrahlen, wenn du gerade in der Nase bohrst.

Das Publikum brach in ein entlastendes, schrilles Gelächter aus.

Nach einer kurzen Pause fing Philipp, noch während des abebbenden Gelächters, wieder an.

'Sklavereiminister...Es werden immer mehr', rief er.

'Immer mehr. Das ist richtig'.

'Und was bedeutet das?'

'Immer mehr Menschen in Euren Diensten. Ist das nicht gut?'

'Ha'.

'In Ordnung so?'

'In Ordnung'.

Die Lampe, die Romuald angestrahlt hatte, wurde abgestellt. Romuald drückte wieder den Kopf nach unten. Philipp über ihm starrte grübelnd vor sich hin.

'Immer mehr Menschen', knurrte dieser mit wechselndem Mienenspiel. 'Und immer schwächere. Hmm. Und dieses Flackern...'

Auch die Zuschauer wurden unruhiger. Pierrot sprang von einem Bein aufs andere. Ein erstes Anzeichen, daß sein selbstbeherrschter, souveräner Probenstil von heute wieder dahin war?

Das Flackern der Lichter auf den Landkarten nahm beängstigende Ausmaße an.

'Das zuständige Ministerium...kommen', brüllte der Demiurg wütend.
'Ja? Hier das Ministerium für Sklaverei'.
Wieder richtete Romuald sich auf und wurde angestrahlt.
'Der Minister persönlich?'
'Jawohl.'
'Das Flackern...Es behindert mich am Regieren'.
'Ein Lämpchen für tausend verwertbare Arbeitsstücke. Hundert Lämpchen. Das macht hunderttausend Arbeitsstücke. Ist das nicht gut?'
'Ja, gut...aber sie flackern.'
'Sie brennen ewig aber schwach...und unruhig.'
'Ewig?'
'Ewig.'
'Das heißt, daß sie nie mehr...?'
'Das heißt, daß sie nie mehr...'
Auf dem Gesicht des Demiurgen malte sich zunehmende Verwirrung.
'In Ordnung so?'
'Ja, aber es ist doch Krieg. Sind meine Waffen gegen das Reich der Großen Vögel stumpf?', fragte der Demiurg zurück.
'Scharf wie Haifischzähne.'
'Und die anderen Maßnahmen?'
'Maßnahmen?'
'Ich habe doch befohlen, alles ringsum zu vergiften, abzubrennen, zu verätzen, auszulaugen, dem Leben jede Existenzgrundlage zu entziehen. Ist das nicht geschehen?'
'Doch. Sämtliche Befehle ausgeführt.'
'Die Bakterienschwärme?'
'Ja.'
'Die Verbrennung der Ölfelder?'
'Ja.'
'Die Verseuchung der Gewässer?'
'Ja.'
'Gas in die Atmosphäre gepumpt?'
'Ja. Alles gekippt.'
'Und die Lichter brennen trotzdem weiter?'
'Sie schweben zwischen Helligkeit und Finsternis, sich in ewigem Siechtum verzehrend. Alles ringt mit dem Licht, um endlich in die Finsternis treten zu dürfen. Aber es gibt keine Finsternis mehr.'
'Keine Finsternis mehr? Warum?'
Der Sklavereiminister geriet wieder aus dem Blickfeld.

In der Zuschauermenge schwoll das Gemurmel an.

Aber der Demiurg behielt die Oberhand.

'Ich verlange eine Erklärung', schrie er, als das Flackern immer heftiger wurde.

Und der Sklavereiminister, erneut angeleuchtet und mit erhobenem Kopf: 'Eine neue Epoche ist in die siegreiche Geschichte eurer Kriegsführung getreten. Dafür ist mein Ministerium nicht mehr zuständig –'.

Sein Gesicht verschwand wieder.

Die Zuschauer verloren langsam die Fassung. Mehrere Kinder sprangen plötzlich auf und gingen, Krieg spielend, mit bloßen Fäusten aufeinander los. Sie schrien Unverständliches durcheinander. Auf ihren Gesichtern standen die Wut und die grimmige Fröhlichkeit derer geschrieben, die nichts mehr zu verlieren haben.

'Nicht zuständig? Das zuständige Ministerium...Kommen...', hörte man den Demiurgen wieder.

Doch nichts geschah.

Jetzt erhob sich der Demiurg von seinem Thron. Es war nicht mehr Philipp, sondern nur noch der Demiurg in seiner ganzen Fürchterlichkeit. Die Zuschauer schreckten für Sekunden vor ihm zurück.

'Wo bin ich? Was wird hier gespielt?', ächzte er, sich wie unter Schlägen windend. 'Will man mir hier mein mächtigstes Werkzeug nehmen, den ewigen Garanten für jeden Gehorsam gegenüber dem Demiurgen Ascha? Ist es wahr, daß mich die Menschen jetzt nicht mehr zu fürchten brauchen? Wo ist der Angelpunkt meiner Macht?'

Beim letzten Satz zeigte er mit ausladender Geste auf die am Podest hängende Sense.

Angelpunkt?, schrie einer aus der Menge. Dann stellt halt 'ne Angel hin...

Philipp wiederholte seine Frage. Er setzte nach einer wie eine Ewigkeit wirkenden Pause ein drittes Mal an. Doch dann zwang ihn plötzlich ein heftiger Hustenanfall zu unterbrechen.

Die Spannung war am Siedepunkt angelangt.

Paavo Krohnen wandte seinen Blick wieder in die Menge. Dort entdeckte er auf einmal den Maler Joos. Dessen Gesicht war noch bleicher, wirkte zerfurchter und knochiger als das letzte Mal. Beängstigend nach Luft ringend, schob Joos sich nach vorn zum Bühnenrand und blieb dort mit aufgerissenen Augen stehen. Er bewegte lautlos den Mund und schüttelte den Kopf.

Paavo rutschte in seiner Sitzhaltung seitlich der Bühne ein paar Meter nach vorn, um besser von Joos gesehen zu werden. Doch Joos bemerkte ihn nicht. Dieser starrte abwechselnd auf das von ihm verfertigte Bühnenbild, verfolgte

Philipps Gebärdenspiel und bestaunte fassungslos den ganzen Bühnenaufbau samt Lichterapparat.

Joos kannte nach Paavos Einschätzung Pierrots Stück zu gut, als daß dieses Entsetzen, diese Ratlosigkeit, für ihn, Paavo, hätte einfühlbar sein können. Er wollte unbedingt wissen, was mit Joos los war. Er suchte immer angestrengter dessen Blick. Schließlich machte er Anstalten, aufzustehen und zu ihm hinzugehen. Aber er merkte, daß er dazu viel zu aufgeregt war.

Immer mehr anderes hielt ihn davon ab, sich zu Joos zu begeben: Die Stimmen dazwischenrufender Zuschauer, die überall beängstigend um sich greifende Unruhe, die Irritation der Mitspieler, besonders von Philipp, der ein so unglückliches Gesicht schnitt, als sähe er in seinem Hustenanfall vorhin die Schuld am ganzen Chaos.

Jetzt zeigte einer der mit einer Sträflingshose Bekleideten mit spitzem Finger auf die Bühne und rief laut und deutlich:

Warum reden die Kerle nicht Fraktur und nennen den Betreffenden beim Namen? Ist doch sensenklar, haha, wer gemeint ist.

Auch die Kinder wurden immer ausgelassener. Immer mehr hatten sich in das vorhin begonnene Kriegsspiel hineingemengt. So auch Inga und Mario, deren Gesichter eine fiebrige Röte angenommen hatten. Die beiden setzten sich jedoch bald wieder von den anderen ab und zettelten ein neues Spiel an.

Mario bettete zuvor rasch aber behutsam seinen zerrupften Teddy in die dunkle, längliche und schmale Pappschachtel. Dann mimten er und seine Schwester mit eingezogenen Backen tanzende Skelette, bald danach Mario allein einen Reiter auf dem Pferd. Er streckte einen Arm in die Höhe und schwang etwas in der Luft hin und her, das wohl Paavos Sense darstellen sollte. Immer mehr Kinder wechselten vom Kriegspiel über zum makabren Treiben des Geschwisterpaares. Irgendwann begannen sie alle, willkürlich irgendwelche Leute aus der Menge zu attackieren. Sie packten sie am Arm und zerrten an ihnen herum, als wollten sie sie als ihre Opfer hinwegraffen.

Lange hielten sie dies nicht durch. Einige stürzten plötzlich zu Boden. Ein Junge mußte sich erbärmlich übergeben. Andere husteten, so daß sie fast erstickten. Viele blieben erschöpft und wie ausgebrannt sitzen.

Es war ein schrecklicher Anblick. Doch die Erwachsenen waren wie erlöst über das Ende dieses Spiels. Nur ein alter Herr schien das Treiben der Kinder entschuldigen oder gar rechtfertigen zu wollen.

Sie haben doch nur das Gegenteil von dem im Stück getan, die armen Kinderchen, meckerte er und riß sich die Mütze von seinem kahlen Schädel, als wollte er selber als eines der tanzenden Skelette auftreten.

Das Gegenteil von dem im Stück?, fragte eine grell geschminkte Dame.

Ja, sie stellen unverhüllt den dar, den der Poet im Stück abdanken läßt, so, als holten sie den, der sich verweigert hat, mit Gewalt zurück.

Den kann man nicht zurückholen...gegen seinen Willen...Nicht einmal unbefangene Kinder können das...Ich finde, die durchkreuzen in ungehöriger Weise die Absichten des Poeten...seine hintergründige Anklage...das geht wirklich nicht, verwahrte sich die grell geschminkte Dame.

Durchkreuzen...ja, ja...durchkreuzen...kreuzen...das ist gut gesagt, lachte ein dritter.

Und ein vierter: Der Poet weiß schon, was er mit der Abdankung bezweckt.

Der alte Herr nickte nur noch und setzte sich beschämt seine Mütze wieder auf den Kopf.

Jetzt wagten sich immer mehr mit irgendwelchen Kommentaren vor.

Unser Poet hat den abdanken lassen, den man hier noch nie hat regieren lassen, brachte es einer auf den Punkt.

Ganz genau. Er führt ihn uns zum ersten Mal vor Augen, indem er ihn abdanken läßt, dröhnte ein anderer.

Irre. Dieser Poet.

Mehr noch. Indem er ihn abdanken läßt, enthebt er uns erst recht der Pflicht, ihn zu benennen.

Zwei Fliegen mit einem Schlag. Er hat uns klüger gemacht und freier.

Was wären wir ohne den Cvok?

Er ist unser Held.

Paavo hörte auch Bemerkungen aus dem Munde der Anderssprachigen aus dem Publikum. Sie palaverten laut und voller Enthusiasmus und nickten heftig und andauernd mit ihren scharf nach vorn zur Bühne gerichteten Köpfen.

Unwillkürlich fiel Paavos Blick wieder auf Joos.

Dieser stand immer noch wie angewurzelt an derselben Stelle und starrte mit kreideweißem Gesicht und offenem Mund in den Himmel. Es stand außer Zweifel, daß bald mit ihm etwas geschehen würde. Aber außer Paavo schien dies niemand zu bemerken oder bemerken zu wollen. Alle waren zu sehr mit sich selbst und mit dem Geschehen auf der Bühne beschäftigt.

Je länger die Unterbrechung des Spieles andauerte, desto ungeduldigere Blicke flogen zum Podest des Demiurgen. Auch Paavo konnte nicht anders, als für Augenblicke von Joos weg zu Philipp hinüberzuschielen. Der schien sich wieder von seinem Hustenanfall erholt zu haben. Er richtete sich auf und zeigte mit einer ausladenden Geste an, daß er mit seinem Spiel fortfahren wollte. Er wirkte wie eine Art Gegenpol zu Joos, als er in zwar ähnlich kerzengerader Haltung, aber nicht in verzweifelter Aufbäumung, sondern herrisch und breitbeinig auf seine Landkartenreichtümer deutend, sich dem Publikum zuwandte. Seinem aufhellenden Gesicht nach stand auch inhaltlich eine einschneidende Änderung in seiner Rezitation bevor.

Statt weiterer Empörung und Verwirrung über die Abdankung des Todes erfolgte jetzt die verblüffende Frage:

'Ist die Verbannung der Finsternis denn wirklich so schlimm?'

Um dann mit grandiosem Pathos fortzufahren:

'Ewiges Leben für meine Untertanen. Licht für Licht zum Ruhm des Demiurgen Ascha. Der Sieg über die Verdammnis ist errungen, das Ende jeder Vergänglichkeit hereingebrochen...'

Als nächstes verlangte der Demiurg herrisch nach dem Propagandaministerium. Die einschneidende Neuigkeit mußte schnellstens bekanntgemacht werden: Der Kommandozentrale sämtlicher Armeen, den staatlichen Organen, den Medien, der internationalen Öffentlichkeit. Es galt jetzt, die Flucht nach vorne anzutreten.

Das Ganze schloß mit dem markanten Nachsatz, der sich in unserem Text nirgends findet, auf dem Paavo Krohnen jedoch immer wieder beharrte:

'Es lebe die Unsterblichkeit des Menschen'.

Kaum hatte Philipp dies ausgesprochen, sank Joos, mit unverändert erhobenem Blick, in die Knie und rief laut:

Was habt ihr bloß getan?

Woraufhin er, mit einem Blutstrom aus Mund und Nase, seitlich auf den Boden glitt.

Alles stürzte zu Joos hin, hob ihn hoch und wendete ihn wie einen schweren Sack hin und her. Auch die Kinder faßten mit an und vergaßen vorübergehend ihr eigenes Elend. Das Lichtermeer auf der Bühne erlosch. Die Mitglieder des Ensembles, einschließlich Romuald unter dem Gerüst, kamen herbeigerannt. Selbst Sven, der die ganze Zeit über grübelnd dagesessen hatte, sprang auf. Nur Philipp verharrte in seiner starren Haltung. Pierrot klammerte sich schweißgebadet und mit an den Schläfen hervortretenden Adern an eine Stange des Bühnengerüsts.

Auch Paavo trat jetzt nah zu Joos hin. Ihm kam wieder Magnus' Erzählung von der, dank Joos, wunderhaft verhinderten Rückverlegung des Ensembles in die Neptunkaserne in den Sinn. Ob der Zusammenbruch des Malers etwas damit zu tun hatte?

Alles konzentrierte sich auf die Wiederaufrichtung des Gestürzten.

Danke, es geht schon, wehrte Joos ab. Es geht wirklich... bald... schon wieder besser...

Das Blut aus Joos' Mund und Nase war zum Stillstand gekommen. Joos wischte es sich selbst von seinem Gesicht.

Monika nahm liebevoll seinen Kopf in ihre Hände und streichelte ihn.

Dann schrie sie plötzlich in die gaffende Menge:

Nein. Kein AUSFALL.

Und Pierrot daraufhin leise:

Aber die Probe ist für heute beendet.

Die Menge blieb stehen. Sie machte den Anschein, auseinanderlaufen zu wollen, brachte dies jedoch nicht zustande.

Paavo Krohnen blickte zur anderen Seite des Platzes, um nach den Kameraleuten zu sehen, an die er während der ganzen Probe überhaupt nicht mehr gedacht hatte. Sie waren mitsamt dem Wagen und allen Aufnahmevorrichtungen verschwunden. Es war ihm unheimlich, nicht zu wissen, wie lange sie da gewesen waren und was sie in der Zeit vollbracht hatten.

Dann fielen ihm nach langer Zeit zum ersten Mal die Lautsprecher ein, von denen so viele an der Mauer des Stadthauses ragten und die schon auffallend lange geschwiegen hatten. Es erfüllte ihn mit wachsendem Mißtrauen, daß aus ihnen, wenn schon die Blaubetreßten verschwunden waren, nicht einmal jetzt, in dieser Aufregung, irgendwelche Anweisungen gebrüllt wurden, ein Aufruf zur Ordnung, Nennungen von Nummern usw. Es war eindeutig, daß dies kein Zufall war. Dahinter konnte nur eine bestimmte Absicht stecken, ein wohldurchdachter, teuflischer Plan.

Die Probe war unbestritten ein Riesenerfolg gewesen, was Regie, Schauspiel und Technik betraf. Philipp. Romuald. Das Beleuchtungswunder. Pierrots souveräner Führungsstil. Es war alles viel besser verlaufen als erwartet. Auch sprachlich hatten selbst diejenigen das Stück verstanden, mit denen sich Paavo bisher nie hatte verständigen können. Pierrots Festspielstück wohnte offenbar eine, die nationalen Grenzen sprengende, universale Aussagekraft inne. Aber genau da tat sich für Paavo der abgründige Widerspruch auf. Der reibungslose Ablauf hatte den Inhalt des Stückes, den in ihm steckenden Zündstoff umso greller zur Geltung gebracht und einen gefährlichen Aufruhr entfacht. Und Joos. Ausgerechnet er, der das Stück kannte und dafür arbeitete. Was an dieser Szene oder an der Inszenierung oder am Spiel hatte diese Reaktion bei ihm ausgelöst, falls es nicht etwas anderes gewesen war? Was war noch alles zu erwarten? Vor allem, wenn erst der erste Akt drankam? Die Abdankungsszene selbst? Paavos Szene? Es war nicht auszudenken.

Paavo befürchtete und hoffte zugleich, daß es gar nicht so weit kommen würde. Die Goliaths würden sicher bald den endgültigen Riegel vor alles schieben.

Wann gehen denn die schönen Lichter wieder an?, hörte Paavo plötzlich Inga ihren älteren Bruder fragen.

Doch der holte nur ihren gemeinsamen Teddy wieder aus der dunklen Schachtel heraus, drückte ihn an sich und zuckte gleichgültig mit den Achseln.

XIII

Man kam im Ensemble ohne viele Worte überein, daß es jetzt nur eines gab: Weitermachen. Weitermachen um jeden Preis.

Jedes Zaudern, jedes Eingeständnis von Unsicherheit, jedes zu laute Nachdenken hätte die Gegenseite noch rascher aus der Reserve gelockt. Mit einer Flucht nach vorn aber ließ sich Zeit gewinnen. Man konnte seine Angst zum Schweigen bringen und in der Hoffnung verharren, daß doch noch etwas Unvorhergesehenes passierte. Etwa, daß sich die Goliaths durch den glanzvollen Probenablauf blenden ließen und das Stück ungeachtet seines Inhalts doch als Paradepferd der Kommission vorführen würden. Noch bestand ja offiziell der dahingehende Auftrag.

Nichtsdestoweniger erfolgten schon bald Maßnahmen in massierter Form. Seltsamerweise richteten sich diese praktisch gegen alle anderen Künstlergruppen, die sich an den Vorbereitungen auf den Kommissionsbesuch beteiligten, nur nicht gegen Pierrots Festspielensemble. Man ahnte zwar, wem diese Art von Schonung wieder zu verdanken war, wollte jedoch nach der letzten dramatischen Entwicklung der Ereignisse nicht mehr recht daran glauben. Vielmehr verdichtete sich peinigend der Verdacht, es handle sich um einen Aufschub nach der Art eines grausamen Katz- und Mausspiels.

Es traf sogar umgekehrt diejenigen Gruppierungen am härtesten, die bisher als absolut unantastbar gegolten hatten. Zum Beispiel eine Militärkapelle, die zu keiner der drei Freizeitsektionen gehörte, sondern direkt der Kommandantur unterstellt war und zur Zeit ein mit Märschen und Hymnen gefülltes Programm für die Kommission vorzubereiten hatte. Die Zugehörigkeit zu dieser Kapelle hatte immer einen besonderen Schutz bedeutet. Sie war überwiegend von Mitgliedern des 'Stammes' besetzt, weil sich deren musikantisches Spiel mit dem gewissen Stich ins Exotische bei den Goliaths einer geheimen, makabren Beliebtheit erfreute. Mit dem bewährten Schutz aber war es über Nacht vorbei. Die Musikervereinigung erlitt plötzlich massenhafte AUSFÄLLE, welche durch sofortige Neueinsätze oder gar komplette Neuzusammenstellungen ausgeglichen wurden.

Abb. 13: Eva Meitner (1931–1944) (oben)
Eva Wollsteiner (1931–1944) (unten)

143

Abb. 14: Kitty Brunner (1931–1944) (oben)
Jack Alster (1934–1944) (unten)

Täglich, pultweise oder nach Instrumentengruppen. Einmal die ganze Band auf einen Schlag. Anderen Vereinigungen erging es kaum besser.

Gegen Pierrots Ensemble jedoch setzte irgendwann eine Politik der Nadelstiche ein. Niemand zweifelte, daß dies als Vorbote für den lang erwarteten Kahlschlag zu werten sei.

Als erstes traf es zwei Spitzenkräfte. Magnus, der sich um die Installation der Glühbirnenanlage und die Anfertigung des Roulettetisches im zweiten Akt so sehr verdient gemacht hatte, sowie den für das Festspielstück zuständigen Oberrequisiteur. Anstelle der beiden erschien eines Morgens bei der Probe ein Mitglied des Kulturausschusses mit dem undankbaren Auftrag, sie beim Ensemble für immer 'abzumelden'. Dann zog sich die Schlinge enger zusammen. Bald sah man es auf Personen aus Pierrots näherem Bekannten- oder Mitarbeiterkreis ab, zuletzt auf das Ensemble selbst. Aber gleichzeitig wechselte die Taktik. Was den Betroffenen jetzt widerfuhr, war zwar widerwärtig, ängstigend und in höchstem Maße verwirrend, aber letztlich harmlos. Im Gegensatz zu Magnus und dem Oberrequisiteur handelte es sich, wie sich jeweils nach wenigen Tagen herausstellte, nur um Schein-AUSFÄLLE.

Das erste dieser Opfer war ausgerechnet Joos, der bisher am meisten Beschützte und Bevorzugte aus dem Kreis. Dieser war nach seinem Zusammenbruch auf dem Hauptplatz in die Klinik an der inzwischen zur 'Diamantengasse' umbenannten Zeile E geschafft worden und dort nur Stunden später plötzlich verschwunden. Nach drei Tagen war er unversehrt, ja in rätselhaft gebessertem Zustand wieder aufgetaucht, ohne jedoch das Geringste über sein Verbleiben preiszugeben. Ähnlich war es dem inzwischen knapp wiederhergestellten alten Iltis und in auffallender Gleichzeitigkeit auch Jakob und Gregor ergangen. Jedes Verschwinden hatte im Ensemble neue Angst, Wut und Trauer erzeugt. Alle hatten, auf die frischgeschlagene Lücke neben sich schauend, befürchtet, selbst der nächste zu sein. Dann war die Angst in Apathie umgeschlagen, diese dann wieder in aufbegehrende Verzweiflung. Sina vor allem hatte Gregors Fortsein kaum verwinden können. Aber da waren plötzlich mitten in der Nacht alle drei zuletzt Vermißte wieder da gewesen. Alle mit der selben übertriebenen und aufgesetzten Fröhlichkeit und alle gleich verschwiegen über ihren Verbleib wie das letztemal Joos.

Eine Zeitlang war nichts geschehen. Man hatte begonnen, sich wieder in Sicherheit zu wiegen. Dann geschah das nächste. Es ging an den Kern: Die Entführung von Paavo Krohnen.

Man hatte gerade wieder eifrig geprobt. Immer noch auf dem Hauptplatz. Es war nichts Zusammenhängendes gewesen. Der zweite Akt als Ganzes kam zurzeit ohnehin nicht in Frage, weil seit Magnus' AUSFALL die Wartung der komplizierten Lampenanlage nicht mehr gewährleistet war. Auch den als Ganzes immer noch unbekannten ersten Akt wollte man so lange wie möglich umgehen. Der Öffentlichkeit - und das hieß jetzt noch stärker als bisher: den Goliaths - wurden entweder nur kleinere, aus dem Kontext gerissene, möglichst unverfängliche Szenen aus beiden Akten präsentiert, dazu in falscher Reihenfolge. Oder man streute, um die Irreführung auf die Spitze zu treiben, bisher unbekannte Szenen aus beiden Akten in bereits bekannte, längere Zusammenhänge hinein, wie zum Beispiel Ausschnitte aus dem Dialog zwischen Demiurg und Militärpsychiater in der dritten Szene im zweiten Akt oder Passagen aus Svens Leierkastenmonolog ganz am Anfang des Stückes in die Rouletteszene der Generäle, um dann plötzlich in eine ganz andere Szene zu springen. Natürlich war dieses von Pierrot immer wieder neu ausgeklügelte Potpourri für das Ensemble selbst eine Zumutung. Aber man ertrug dies, ohne mit der Wimper zu zucken. Ja, es bereitete Vergnügen, den Gegner so lang an der Nase herumzuführen, bis er, wie sich bald zeigte, die Lust verlor. Langsam leerte sich der große Platz. Bald war fast die frühere Intimität der kleinen Kasernenhöfe wiederhergestellt. Selbst den Rückzug der angenehmen Zuschauer nahm man in Kauf. Dazu kam, daß Pierrot mit dieser Springerei auch sein eigenes Ensemble weiterhin um den noch fehlenden Schluß bringen konnte, ohne ein Aufmucken befürchten zu müssen.

Nun hatte man gerade wieder den Übergang von Svens Leierkastenmonolog zur Turbulenz des Kriegsausbruchs mit Spruchbändern und tanzenden Boten usw. am Anfang des ersten Aktes probiert und hatte dann eine kurze Pause eingelegt. Man hatte sich ein bißchen die Beine vertreten und war eben zur Bühne zurückgekehrt. Da fehlte wieder einer. Paavo Krohnen. Er war unauffindbar verschwunden.

Die Einzelheiten seiner Entführung sind Paavo heute nicht mehr gegenwärtig. Zum Beispiel, ob der Mann, der plötzlich neben ihm auftauchte, seinen Namen oder nur seine Nummer rief oder ihn wortlos packte und wegführte. Auch an den Weg, den sie anschließend nahmen, wem sie alles begegneten, wie die Menschen auf der Straße reagierten usw., erinnerte er sich nicht. Sein Begleiter lenkte ihn zu sehr ab. Durch die Gespräche, in die er Paavo verwickelte, durch seine unangenehme Erscheinung, die Schmerzen, die er ihm durch den widerwärtigen Polizeigriff auf dem ganzen Weg zufügte. Es war ein Beamter in Zivil, auffallend klein und gedrungen, mit fettigen Locken, in gesprenkeltem Jackett und auf leisen Sohlen gehend. Ein verkniffenes, schnurrbärtiges Gesicht mit pfiffigen, lügenhaften Äuglein. Ein Männlein mit tadellosen Manieren, wenngleich mit unangenehm gekünstelt säuselnder Kreidestimme, womit er irgendetwas überspielen zu wollen schien. Er muß mit penetranter Freundlichkeit auf Paavo eingeredet haben, schon ganz kurz, nachdem er ihn angesprungen und so derb angefaßt hatte, daß er ihm das Schultergelenk fast ausgerenkt hätte.

Du beteiligst dich ja an einem hochinteressanten Projekt. . . wirklich hochinteressant. . . , muß er, Paavo frech duzend, gesagt haben, während er dessen Arme beim Gehen peinigend von hinten umklammert hielt.

Und dann, noch unverfrorener:

Ich bin ja auch ein aufrichtiger Freund der Muse. . . Was wäre die Menschheit ärmer ohne die Kunst.

Irgendwann sah sich Paavo Krohnen vor einer langen, grünen Hecke stehen. Der Klammergriff um seine Arme hatte sich überraschend gelöst und das Männlein war verschwunden. Dafür nahmen ihn zwei neue Bewacher unsanft in Empfang und zerrten ihn durch ein raffiniert getarntes Schlupfloch in der Hecke auf ein geräumiges Grundstück.

Es war ein riesiger Garten. In dessen Mitte stand ein pavillonartiges, frischgeweißtes Haus. Daran war überdimensional die Flagge des Imperiums aufgespannt.

Dies war die Paavo bisher nur vom Hörensagen bekannte, in einem ehemaligen Kavalleriepavillon am Stadtrand versteckt untergebrachte Kommandantur des Ghettos. Heute ein Hotel, dessen Innenausstattung im Wesentlichen aus der Ghettozeit stammt: Ein gemütlicher Kamin mit schmiedeeisernem Gitterwerk, feudale Teppiche, vergoldete Türklinken, getäfelte Wände, Kristallüster.

Der Pavillon wurde von einer großen Kiesfläche umsäumt. An deren Rand standen dunkle, reizvoll verkrüppelte Bäumchen sowie Büsche.

Im Garten herrschte reger Betrieb. Zahlreiche Gestalten waren mit der Herbeischaffung von Gartenmöbeln, Tafelgeschirr aus Metall oder Porzellan und allerlei buntem Firlefanz beschäftigt. Sie trugen seltsamerweise alle dieselben Strohhüte und steckten in weißen, gestärkten Krankenpflegerkitteln.

Lampions wurden aufgehängt, kleine weiße, runde Tische und Stühle mit verschnörkelten Füßchen über den Kies geschleppt. Die Tische versah man mit Spitzendeckchen und Kristallschalen. An einer Schaukelbank nahe bei den Eingangsstufen zum Haus war ein geblümtes Markisendach befestigt worden. Ein roter Teppich wurde ausgerollt. Auch die dezente Musik aus dem Hintergrund wies auf besondere Vorbereitungen hin.

Ganz am Rande des Grundstücks in der Nähe der Hecke standen Kisten und Kartons, nach Inhalt sortiert. Die einen enthielten Weine, Schnäpse und Zigarren, andere Radios und Schreibmaschinen, wieder andere kleine Statuen, Büsten und Gemälde. Eine Kiste war voll von Gartenzwergen. Es war dies alles aus der Haupstadt angeliefertes Raubgut aus einem dort eingerichteten Depot mit beschlagnahmten Besitztümern von Deportierten. Größere und sperrige Gegenstände wie zum Beispiel ganze Möbelstücke, Kühlschränke usw. waren, wie Paavo bald erfuhr, direkt in die Villa geschafft worden.

Es war das erste Mal, daß Paavo diese Gegenstände zu Gesicht bekam, deren Herkunft ihm bisher nur gerüchteweise bekannt gewesen war. Bei ihrem Anblick durchfuhr es ihn heftig. Er mußte gegen den Drang ankämpfen, laut aufzuschreien, sich etwas anzutun oder vor die Gewehrmündung eines der Bewacher zu laufen. Wahrscheinlich gab ihm das Bewußtsein, daß hier lauter vom gleichen Schicksal Heimgesuchte zusammen waren, die Kraft, der Versuchung zu widerstehen.

Während Paavo der weiteren Dinge harrte, hörte er das Ende eines Gesprächs zwischen zwei weißkostümierten Mithäftlingen in unmittelbarer Nähe.

Morgen haben wir's hinter uns, sagte der eine.

Wie man's nimmt. Jedenfalls müssen wir danach noch aufräumen, entgegnete der andere.

Ja, ja. Die Kotze der Fettwanste wegputzen... und noch anderes mehr...

Von den Spießgesellen und Mordkumpanen des Kommandanten.

Und deren Damen... die pflegen sich noch wüster aufzuführen... Beim letzten Gartenfest mußte ich einer unterm Tisch... während sie saß und tafelte und sich anstrengte, mit unverändert fester Stimme weiterzureden... Ich sage dir...

Oh!... Du bist schon das zweite Mal hier?...

Das zweite Mal? Mich haben sie schon viermal hierhingeschleppt. Und jedesmal dasselbe.

Viermal? Wie oft findet denn das hier statt?

Psst. Achtung.

Die beiden duckten sich und stoben blitzartig auseinander.

Paavo schaute sich um, entdeckte jedoch nichts Auffälliges.

Er überlegte.

Diese Menschen hier waren offenbar alle genau so heimlich an diesen Ort geschafft worden wie er und die anderen aus Pierrots Kreis vor ihm. Er verstand nur immer noch nicht, was diese komische Tracht hier sollte. Er war sicher, daß auch er bald eine solche ausgehändigt bekäme.

Als er sich ein zweites Mal umdrehte, bemerkte er, wie sich hinter den Fenstern des Pavillons die Vorhänge bewegten. Er schaute abermals. Wieder bewegten sie sich. Er war sicher, daß sie hier alle beobachtet wurden. Deswegen wahrscheinlich jetzt schon die an sich erst für die Ordonnanz am Abend vorgesehene Tracht. Eine persönliche Anordnung des Kommandanten. Damit dieser sich von seiner geschützten Villa aus an diesem Anblick ergötzen konnte.

Paavo Krohnen begann zu verstehen, warum sich alle anderen vor ihm nach ihrer Rückkehr ins Stadtzentrum geweigert hatten, sich über ihren Aufenthalt hier näher auszulassen. Sie schämten sich. Er wußte zwar immer noch nicht genau, was hier gespielt wurde. Aber dieser Ort war in seinen Augen ein noch unwirklicherer Ausschnitt aus der Unwirklichkeit des Ghettos, eine Enklave in der Enklave, eine Potenzierung des Wahnsinns im Wahnsinn.

Mit dem Kommissionsbesuch hatte das Gartenfest, entgegen Paavos anfänglicher Einschätzung, unmöglich etwas zu tun. Es sei denn, Paavos Entführung fand zu einem unwahrscheinlich späten Zeitpunkt statt, oder es gab noch andere, kleinere Zwischenkommissionen.

Irgendwann sah sich Paavo Krohnen in einem der weißen Kittel und mit einem Strohhut auf dem Kopf an einem Tisch zusammen mit fünf Personen sitzen. Der Tisch stand etwas abseits, aber vom Pavillon aus immer noch gut sichtbar. Er und die anderen hatten die Aufgabe, eine große Menükarte zu entwerfen: das Festessen für die Gäste am Abend. Die Bezeichnungen der einzelnen Gerichte waren auf einer nebenstehenden handschriftlichen Liste vorgegeben. Sie mußten in graphisch kunstvoller Anordnung auf die Karte übertragen werden. Das Schlimmste war der Inhalt der Bezeichnungen: Eine Fata Morgana längst vergessener Traumgerichte. Oder sie waren Phantasieprodukte von unanständiger Ausgefallenheit. Vorzugsweise Saucengerichte oder Zucker- und Sahnespeisen mit Attributen wie 'frivole', 'voluptueux' oder 'à la cochon'. Für einen ausgehungerten Bewohner des Ghettos eine Zumutung.

Paavo Krohnen war trotz allem erleichtert, hierhin gebracht worden zu sein und nicht zurück ins Krematorium, womit er auf dem Weg hierhin fest gerechnet hatte. Seine Gedanken hingen dem Ensemble nach. Sicherlich wurde er jetzt händeringend gesucht. Die, die noch nicht hier gewesen waren, konnten noch weniger als er wissen, wie lange er weg sein würde und wohin die Reise gegangen war. Er versuchte sich vorzustellen, mit welchen Probentricks sie sich ohne sein Mitspiel behalfen. Er befürchtete jedoch gleichzeitig oder hoffte es vielleicht auch, daß der eine oder andere unter ihnen hier ebenfalls auftauchen würde.

Vielleicht ein, zwei Stunden später erschien plötzlich eine neue Gestalt im Garten. Ein langer, dünner, nicht sonderlich auffällig aussehender junger Mann. Er war durch dasselbe Heckenloch wie zuvor Paavo auf das Grundstück gestoßen worden.

Sehr bald begegneten sich ihre Blicke. Paavo bemerkte, daß der andere dringend mit ihm Verbindung aufzunehmen begehrte, ihn also irgendwoher zu kennen schien, ohne daß er, Paavo, ihn kannte. Paavo ahnte und hoffte, daß der andere ihm eine wichtige Nachricht aus dem Stadtzentrum übermitteln wollte. Deshalb wünschte auch er sich immer intensiver eine Begegnung herbei, obwohl er wußte, wie schwierig dies unter den gegebenen Bedingungen, der scharfen Überwachung der hier Eingeschlossenen, war.

Paavo saß immer noch mit seiner Arbeitsgruppe am Tisch, die gerade mit der Eintragung der Getränke aus einer anderen Liste auf die Karte beschäftigt war. Er hatte Mühe, sich auf seine Arbeit zu konzentrieren, da er merkte, daß der Unbekannte schon länger einen günstigen Moment abwartete, in dem sich die Beobachtung durch die Bewacher etwas lockerte.

Plötzlich trat der andere mit einem großen Schritt von hinten auf Paavo zu.

Ich bin Robin Esp, raunte er Paavo, dicht an dessen Ohr geneigt, zu.

Dies war also der Paavo bisher nur vom Hörensagen bekannte Klavierspieler Esp, der kürzlich Pierrot wegen des kranken Iltis vorgewarnt hatte, der Halbbruder jenes zwielichtigen Ui, den Paavo kannte.

Paavo drehte sich ängstlich und erfreut zugleich um. Er war überrascht, daß dieser hochaufgeschossene, blondhaarige, ziemlich trocken und förmlich wirkende Brillenmensch, viel eher vom Aussehen eines Steuerbeamten als eines Tastenlöwen, der wegen seines hinreißenden Spiels umschwärmte Pianist Esp war. Er wollte etwas entgegnen. Doch schon war der andere wieder verschwunden.

Esp versuchte noch ein paarmal in ähnlicher Weise, sich in Paavos Nähe zu begeben, sich neben ihn zu setzen oder hinzustellen. Aber immer wieder kam etwas dazwischen. Der andere lief weg, oder er wurde gerufen oder zu einer neuen Arbeit abkommandiert.

Endlich fanden die beiden zusammen. Sie verstanden es so einzurichten, daß sie am selben Eßtisch nebeneinander zu sitzen kamen. Dort war mehr Zeit und Ruhe als bei den tischlosen Essensausgaben in der Stadt, und es fanden sich beim Löffeln des hier etwas reichlicher und in schmackhafterer Zubereitung ausgegebenen Essens immer wieder ein paar Minuten zum heimlichen Austausch einiger Worte.

Wie Paavo andeutungsweise schon gehört hatte, war Robin Esp kein Angehöriger des 'Stammes', sondern ein 'Politischer'. Er war wegen eines Witzes über den Diktator des Imperiums, für den man ihn anonym angezeigt hatte, hierhin gebracht worden. Obwohl ein recht angesehener Konzertpianist, war er im Ghetto keinem Freizeitensemble zugeteilt worden, wollte dies wohl auch gar nicht. Er beschränkte sich auf improvisierte abendliche Einzeldarbietungen auf dem Piano im Vortragssaal des Klubhauses, übte dafür nie einen Ton und schüttelte alles sozusagen aus dem Handgelenk. Die übrige Zeit hatte er in der Ghettopost abzusitzen und dort irgendwelche sinnlosen Aufträge abzuwickeln: unter anderem die Sortierung der nur zu Kommissionsbesuchen gedruckten Ghettobriefmarken sowie die Stapelung von meist ohnehin leergeplünderten Carepaketen. Am meisten litt Esp unter den versteckten, aber inzwischen von immer mehr Mitbewohnern vermuteten Machenschaften seines Halbbruders Ui, die er, wo er konnte, mit vorsichtigen Vorwarnungsaktionen unterlief. Sehr wahrscheinlich war dies zuletzt auch im Fall von Iltis so gewesen. Ui schien dies zu wissen. Er unternahm jedoch nichts gegen seinen Halbbruder. Es war wie ein stillschweigendes gegenseitiges Abkommen. Beide ließen in der Öffentlichkeit immer wieder ihre Gegnerschaft durchblicken, steckten aber sorgsam die Grenzen ab, um sich nicht ins Gehege zu kommen. Sie gingen konsequent jeder offenen Auseinandersetzung aus dem Weg. In den Augenblicken, in denen die Gegensätze allzu ungehindert aufbrachen, schluckte man seine Verbitterung und seinen gegenseitigen Groll still hinunter.

Ich habe Kenntnis von einer hochbrisanten Angelegenheit, in die auch mein Halbbruder verwickelt ist, zischte Robin Paavo ins Ohr, als sie wieder einmal am Eßtisch nebeneinander saßen. Paavo fiel bereits auf, daß Esp nicht den Namen Ui aussprach, ihn nur als seinen 'Halbbruder' bezeichnete.

Etwas Schreckliches steht bevor, die ganze Stadt betreffend, im Zusammenhang mit dem Festspielstück, fuhr Esp in seiner langsamen und gedehnten Sprechweise fort und wandte danach sein Gesicht sofort wieder ab, um seine Erregung und seine Angst zu verbergen.

Paavo ließ vor Schreck seinen Löffel so geräuschvoll auf den Tisch fallen, daß Esp zusammenzuckte, sich nicht mehr zu essen getraute und erst langsam und vorsichtig den Löffel aufnahm und weiter kaute.

Irgendwann fing Esp wieder an zu sprechen. Verwunderlicherweise erging er sich jetzt wie in einem Selbstgespräch in so weitschweifigen Lamentierungen über seinen Halbbruder, als wäre beliebig Zeit zum freien Plaudern vorhanden – völlig im Widerspruch zu seinem vor Angst und Hetze verzerrten Gesicht.

Was für ein seltsamer Umstandskrämer, dachte Paavo. Er fühlte sich ungeduldig und ängstlich. Aber es war nicht uninteressant, was Esp erzählte.

Denken Sie nur, dieser Schuft... geht ungeschoren seinen Umtrieben nach, ohne daß wir ihm das Handwerk legen können, sagte Esp in starker Betonung jeder einzelnen Silbe.

Paavo erfuhr von Esp einige Hintergründe, die auf Uis vermutete Machenschaften, seine Mitläufer- oder gar Mittätermentalität, ein überzeugendes Licht warfen.

Ui war vor seiner Einweisung ein hochbezahlter Werksleiter in einer der Rüstungsfabriken in der Hauptstadt gewesen. Er hatte zu den leider zahlreichen Werktätigen des Landes gehört, die sich durch die geschickte Lohnpolitik der vom Imperium eingesetzten Marionettenregierung zu gefügigen Helfern des Regimes hatten machen lassen. Angeblich war er nach einem drastischen Rückgang der Produktion wegen Sabotage verurteilt und hierhin eingewiesen worden.

Angeblich, betonte Esp nochmals und schaute bedeutungsvoll.

Wieso angeblich?, fragte Paavo.

Esp duckte sich, spähte vorsichtig umher und flüsterte:

Der... ist... gar... kein... echter...

Paavo fragte nur noch mit den Augen weiter.

Auch Esp sagte nichts mehr.

Paavo fiel in diesem Moment auf, daß ein Mitgefangener mit einer zusätzlich umgebundenen dunkelblauen Gärtnerschürze und einen dieser schrecklichen Kartons mit konfisziertem Gut vor seinem Bauche schaukelnd, vorbeiging und dicht neben ihm und Esp seine Schritte verlangsamte. Paavo konnte einen Blick in den Karton werfen. Aus diesem quoll feine Damenwäsche heraus: Lauter Seide und Spitzen. Dazwischen lagen einige Uhren, Silberlöffel, Schmuck und Parfümflacons. Paavo glaubte sogar einen diamantbesetzten schwarzen Schuh zu sehen.

Ein Häftling durfte ohne Begleitung diese Kostbarkeiten schleppen? Entweder waren die Sachen nicht echt oder der Häftling. Dessen verdächtig sich verlangsamenden Schritte. Und dann hielt der Kerl auch noch den Kopf so unangenehm schief in die Richtung der beiden Sprechenden. Oder es schien wenigstens so, jetzt, da Esp Paavo etwas Wichtiges mitteilte. Aber der andere ging sehr bald weiter. Paavo sah ihn nie wieder.

Esp schien nichts bemerkt zu haben. Die kurze Pause, die er einschob, war wohl eher durch Paavos Unruhe ausgelöst worden.

Dann fuhr er fort. Jetzt wurden seine Mitteilungen immer wichtiger und immer furchtbarer. Auch redete er jetzt hastiger.

Er berichtete, er habe in der Post zuletzt eine besondere Aufgabe zugewiesen bekommen. Er hatte stapelweise Postkarten von Bewohnern der Stadt, die in Wirklichkeit schon AUSGEFALLEN waren oder sehr bald AUSFALLEN sollten, auf drei Monate vorauszudatieren und dann gesammelt dem Einwohnerausschuß zurückzuleiten. Von dort aus wurden diese Karten erst zum angegebenen Datum an eine internationale kirchliche Hilfsorganisation verschickt. Auf ihnen standen, nach dem Absender mit Namen, Raum- oder Zimmernummer und Haus oder Block, überall die drei selben vorformulierten Sätze, nämlich: Mir geht es gut. Ich esse mich hier immer satt und bin gesund. Ich werde anständig behandelt.

Paavo drehte sich alles vor den Augen. Er begehrte sofort die Namen der letzten Absender zu wissen.

Robin Esp schüttelte den Kopf. Er schien damit sagen zu wollen, daß es zu viele Namen gewesen wären, um sie zu behalten.

Einige. Einen nur, bettelte Paavo.

Die Vorstellung, Pierrot befände sich darunter, trieb ihm den Angstschweiß auf die Stirn, so als wenn es sein eigener Name gewesen wäre. Er ertappte sich gerade dabei, wie er verzweifelt seine Taschen nach einem übriggebliebenen Krümelchen Brot abklopfte, um es Esp zuzustecken, damit dieser ihm das Gewünschte verrate. Aber er hatte nichts bei sich.

Esp zuckte nur mit den Achseln.

Ist der Poet dabei?, insistierte Paavo.

Nein, nein. Aber er und wir alle schweben in der gleichen Gefahr, in allerhöchster Gefahr. Darauf will ich ja die ganze Zeit hinaus.

Paavo Krohnen fühlte einen scharfen Stich im Magen.

Paavo hielt an dieser Stelle seiner Erzählung tatsächlich seine Hand kurz an seinen Bauch und verzerrte sein Gesicht. So, als ob jede Bedrohung Pierrots noch heute auch seine eigene wäre. Die enge Verbundenheit zwischen den beiden. Wenn es nicht nachträgliche Gewissensbisse, Schuldgefühle waren, deren Ursache ich noch nicht ganz zu durchschauen vermochte.

Je dramatischer die Zuspitzung der Ereignisse, desto mehr drängte es Esp offenbar zur Straffung seines Berichts.

Die Vorausdatierungspraxis ist inzwischen über die Grenzen unseres Landes hinausgedrungen, so berichtete er weiter. Arno hat sie kürzlich einer Vertrauensärztin der Kommission im Ausland bekanntgemacht. Sie kennen doch Arno, unseren Drucker. Dem ist kürzlich die Flucht von hier gelungen. Er hat als Drucker der fiktiven Briefmarken, Banknoten und Sparbücher und der Lotterielose vor den Kommissionsbesuchen Einblicke gehabt in alles, was irgendwie mit der Post zu tun hat. Deshalb wußte der das genauso wie ich , und wir haben darüber gesprochen. Vor ein paar Wochen hab' ich ihn zum letztenmal gesehen. Er war außer sich vor Wut wegen dieser Geschichte. Dabei hat er sich ständig auf den Poeten und das Stück berufen. Er sagte, das Stück habe ihm die Augen geöffnet. Diese Abdankungsgeschichte sei keine schöngeistige Erfindung, sondern drastische Wirklichkeit. Nicht nur des Ghettos, sondern von allem. Das Ghetto sei nur die Zuspitzung, sagte er. Die Vorausdatierungspraxis sei der gemeinste und makaberste Beweis dafür. Dem darf kein lebendiger Mensch mehr tatenlos zuschauen, waren seine letzten Worte. Dann war er weg. Offenbar haben ihm diese Erkenntnisse den letzten Anstoß gegeben, zu fliehen und die Sache bekanntzumachen. Und jetzt ist sie bekannt...Das hat dann zwar noch eine Weile gedauert. Arno hat alles dieser Ärztin erzählt. Die ist dann sofort zum Adressaten der Postkarten, der kirchlichen Hilfsorganisation, zu deren Präsidenten persönlich, geeilt, um ihn über die Täuschung aufzuklären. Aber genau an dem Tag, an dem sie bei ihm war, war gerade wieder ein Stapel dieser Karten eingetroffen. Mit Datum und Poststempel vor fünf Tagen. Einwandfrei. Wieder eine Bestätigung der überaus humanen Behandlung der in unserem Musterlazarett internierten Gefangenen. Ihrer Version hat man natürlich nicht geglaubt.

Greuelpropaganda...Lügenmärchen...So wurde ihre Erklärung abgetan, ja, ja. Aber irgendwann konnten sie nicht mehr weghören. Dann endlich verbreitete sich der Skandal wie ein Lauffeuer.

Esp machte eine kurze Pause.

Paavo drängte sich sofort die Frage auf, woher Robin das alles wußte und vor allem, warum schon so bald nach der Flucht dieses Druckers und auch, was dieser Ui damit zu tun hatte, wie Esp anfangs angedeutet hatte.

Aber schon fuhr Robin wieder fort.

Ja, und was jetzt los ist, das läßt sich unschwer vorstellen, raunte er geheimnisvoll.

Ja... was?

Ich weiß es nicht genau. Aber es ist eine riesige Lawine im Anrollen, haben sie gesagt. Und es dürfte klar sein, wem sie in erster Linie gilt.

Dem Poeten?, fragte Paavo unsicher und fordernd zugleich.

Paavo empfand immer mehr Ärger und Ungeduld über Esps Umständlichkeit. Er begann ihm zu mißtrauen.

Ja, sicher. Ohne die Vorausdatierungsgeschichte hätte man die Sache hier, die durch das Festspielstück entfachte Unruhe und so, irgendwie intern geregelt. Aber die Vorausdatierungsgeschichte hat dem Ganzen, auch dem Stück, eine weit über das Ghetto hinausgehende Brisanz gegeben. Jetzt, da wir in die Schlagzeilen geraten, bekommt das Festspielstück eine ganz andere Dimension. Eine politische sozusagen. Arno wird der Ärztin sicher auch davon erzählt haben, von der Wirkung des Stückes auf uns Bewohner, von unserem neu erwachten Kampfgeist und so. Das wissen die Goliaths. Sie werden unschwer die Zusammenhänge zwischen diesem Kampfgeist und Arnos Flucht erkennen.

Paavo war erleichtert, daß Esp endlich klar redete. Umso schwerer lastete auf ihm der Inhalt des Gesagten.

Und da ist noch etwas, stieß Esp erregt hervor. Es gibt Leute, die versuchen, das alles auch noch für ihre privaten Zwecke auszuschlachten.

Esp atmete schwer.

Nach einer Pause fuhr er fort.

Sie bemühen die unsinnigsten und abartigsten Konstruktionen herbei, die zu allem Überfluß auch einen *direkten* Zusammenhang zwischen der Vorausdatierungsgeschichte und der Person des Poeten beweisen sollen und mit denen sie sich bei den Goliaths beliebt zu machen hoffen, sagte Esp in schimpfendem Ton.

Paavo merkte Esps wachsender Erregung, seinem schweren Atem, seinem finster umwölkten Gesicht immer unmißverständlicher an, daß dieser wieder von seinem Halbbruder Ui sprach.

Ich hab' heute vom Fenster aus ein Gespräch mitgehört, ereiferte sich Esp weiter. Unten in der... der Diamantengasse... Der andere war ein Journalist namens Rose.

Esp schluckte ein paarmal und faßte sich dann wieder.

Dieser Rose war ein ganz widerlicher, schmieriger Hund, sagte er. Auch so ein Verrätertyp. Da haben sich die beiden Richtigen gefunden. Der war jedenfalls ganz spitz darauf, möglichst viel über den Poeten zu erfahren, um es weiterzugeben. Die beiden ergingen sich über die lächerlichsten, entferntesten Sachen... Privatangelegenheiten des Poeten... zum Beispiel, daß der heimlich, das heißt, ohne Wissen seiner Frau, immer wieder Briefe an seine frühere Freundin schreibt. Das weiß hier jeder. Rose wußte es anscheinend noch nicht. Er ist ja noch ziemlich neu hier. Aber er wurde richtig wild, als er von diesen Briefeschreibereien hörte, oder Briefschweinereien, wie er immer wieder sagte. Er ließ sich die intimsten Details vorführen, auch über die Frau. Dabei kriegte er immer größere Schlüssellochaugen, dieses Ferkel. Natürlich wollte er auch etwas über den Inhalt der Briefe wissen, wie man Zugang zu ihnen bekäme und so weiter... Jedenfalls... Ach... Ich will das gar nicht im einzelnen erzählen. Aber die beiden kamen überein, man könnte doch die Sache so drehen, daß die unbekannte Briefadressatin des Poeten in Wirklichkeit die Ärztin sei, die von der Vorausdatierungsangelegenheit erfahren habe und daß man so gar nicht den peinlich geflüchteten Arno, oder diesen nur zusätzlich, sondern den Poeten als den eigentlichen Informanten und Verräter haftbar machen könne... auch, um gegen den das Maß noch voller zu machen... ach... und so fort... ja, ja... Es ist halt schon ein Elend mit diesem Schuft... der war früher gar nicht so, ein ganz braver, harmloser Zeitgenosse, aber jetzt ist er eben so geworden durch die Umstände... und geht jetzt ungeschoren seinen Umtrieben nach, ohne daß wir ihm das Handwerk legen können...

Esps Reden wurden immer leiser und zerfielen zusehends, nachdem sich seine Erregung fortwährend gesteigert hatte. Dann hielt er ganz inne, schluckte nur noch und kämpfte heftig mit den Tränen.

Damit war seine Erzählung beendet. Esp war sichtlich erschöpft und keineswegs erleichtert wie einer, der eben eine wichtige Botschaft losgeworden ist.

In Paavos Kopf ging alles durcheinander. Am heftigsten fühlte er sich durch die Nachricht von der rasch nahenden Katastrophe beunruhigt, um so mehr, als er diese immer noch nicht konkret zu fassen bekam. Letzteres lag offensichtlich nicht an Esp, der wohl selber keine klare Vorstellung davon hatte. Esp tat Paavo jetzt im Gegenteil leid wegen seines Halbbruders. Er beneidete ihn jedenfalls nicht um ihn. Paavo bemerkte, daß er schon immer Uis Rolle bei dem Ganzen geahnt hatte, aber dies in Anbetracht der engeren Beziehung zwischen Ui und Pierrot sowie Sina nie recht hatte wahrhaben wollen. Es erfüllte ihn um so heftiger mit Panik, daß Pierrot und Sina, was Ui betraf, immer noch im Dunkeln tappten, diesem Menschen weiter blind vertrauten und sich ihm damit immer weiter ans Messer lieferten. Es war höchste Zeit, die beiden von dessen Gefährlichkeit zu unterrichten. Er war außer sich, daß ihm dies im Augenblick nicht möglich war, so hoffnungslos von allem abgeschnitten und so unerreichbar weit weg von ihnen entfernt. Wann er wohl endlich aus diesem Ort hier wegkam? In seine lähmende Angst mischte sich ohnmächtige Wut. Dann kippten seine Gedanken plötzlich wieder zurück in sein vorher gegen Esp aufblitzendes Mißtrauen. Ihn quälte erneut die Frage, woher Esp alles so genau wußte und warum so schnell. Dann der Widerspruch zwischen Esps Mitteilungsdrang und dessen so umständlicher, wenig geradliniger Art, sein Wissen anzubringen. Vor allem lag ihm Esps vorher zugeflüsterte Andeutung über Uis eigentliche, verborgenste Rolle und Funktion im Ghetto im Ohr: 'Der... ist... gar... kein... echter...' Woher wollte Esp auch das wissen? In Paavo nistete sich der schreckliche Verdacht ein, daß auch Esp 'gar kein echter...' war, sondern möglicherweise ein eingeschleuster Agent oder gar Doppelagent.

Paavo schaute jählings zu Robin hoch. Er empfand jetzt nur noch Angst. Angst um jeden und um alles hier rundherum. Was ihn selbst betraf, so befürchtete er jetzt ernsthafter denn je, daß diese gespenstische Enklave hier nur eine Zwischenstation war zu der Stätte, in der er die ersten Wochen nach seiner Einlieferung gearbeitet hatte und die diesmal mit Sicherheit seine Endstation sein würde: das Krematorium.

Er verstrickte sich, während er weiter neben Robin saß, in immer tiefere und ausweglosere Gedanken. Ihm schien auf einmal, als würde jetzt seitens der Goliaths Hohn mit Hohn vergolten werden. Seine im Festspielstück gespielte Abdankung sollte mit seiner realen quittiert werden. Und dies wieder in raffiniert gestufter Doppelung. Zuerst gewissermaßen durch seine räumliche Abdankung, seine Verschleppung hierhin, wodurch er und sein Ensemble handlungsunfähig gemacht, das heißt, daran gehindert werden sollte, die gespielte Abdankung weiter wahrzunehmen. Wobei der Gegner infamerweise so tat, als würde er das mit dem Spiel Gemeinte, nämlich die Abdankung des Todes, als wahr bestätigen, solange er dessen Darsteller am Lebensfaden zappeln ließ. Bis es ihm als dem Stärkeren irgendwann gefiel, mit der auch physischen Abdankung des Darstellers real *und* symbolisch das letzte Wort zu haben. Es mochte Paavo wie ein Trost erscheinen, daß - nochmals eine Denkstufe höher und wahrscheinlich zu hoch für die Goliaths – er und Pierrot letztlich doch recht behielten. Schließlich nahm Paavo mit seiner physischen Abdankung auch seine Rolle, also den Tod, mit in den Tod bzw. ließ ihn abdanken, so wie im Stück. Was also hieß, daß, seitdem sich Paavo Krohnen von Kopf bis Fuß an diese Rolle gekettet hatte, die Wahrheit so oder so wie ein nie abzuschüttelndes Joch auf seinen Schultern blieb. Diese Aufgipfelung all des spitzfindigen Widersinns erschien ihm wie ein nicht endenwollender, sich selbst übersteigender Alptraum.

156

Alles um ihn herum, auch er selbst, wurde ihm, je greifbarer er sich dies alles vor Augen führte, zum Alptraum: Das, was er hinter sich gelassen hatte. Seine eigene Vergangenheit, besonders die in dieser Stadt. Dann das, was noch vor ihm lag. Und schließlich das Niemandsland dazwischen, in dem er zur Zeit zum Amusement des Stadtkommandanten im Totenhemd mit Strohhut neben lauter anderen Totenhemden Speisekarten entwarf und wo Rokokomöbel und Tafelsilber herangeschleppt, Lampions aufgehängt, gestohlene Gartenzwerge geputzt und aufgestellt und rote Teppiche für freß- und vergnügungssüchtige Dickwanste aus der Regierungsetage ausgerollt wurden. Er wußte auf einmal nicht mehr, was er wollte. Ob es ihn wirklich zurück zu seinen Leuten im Stadtzentrum drängte oder ob er die quälende Sehnsucht nach ihnen verwerfen und gar dieser Hölle hier den Vorzug geben sollte, weil es dort im Zentrum nicht besser war und es, wer weiß, vielleicht auch in den eigenen Reihen Mitwisser und Verräter gab, so wie ihm jetzt auch Robin Esp als ein solcher erschien. Schließlich richtete sich sein Mißtrauen auch gegen sich selbst. Die Angst, wie weit sein eigenes Standvermögen, seine Couragiertheit, wirklich trug, wenn es hart auf hart ging. Selbst seinen Vorsatz, so schnell wie möglich mit Pierrot das von Esp in Erfahrung Gebrachte zu besprechen, deutete er mißtrauisch als eine billige Maßnahme der Selbstberuhigung und des Selbstbetruges.

Paavo Krohnen war in seinen Gedanken so versunken, daß er nicht bemerkte, was um ihn herum vorging. Erst unruhige Schatten und dann dumpfe Schläge und ein kurzes Aufstöhnen danach ließen ihn hochschrecken.

Er blickte auf und sah, wie sich Robin Esp im Zangengriff zweier Gestalten in braunen Ledermänteln wand. Sein Kopf war vornüber gefallen, hinter der verrutschten Brille irrten die Augen blicklos zwischen den Lidern, das Gesicht blutete und der Mund war leidend verzerrt. Paavo schreckte zurück. Im selben Augenblick wurde Robin trotz seiner Körpergröße so weit in die Höhe gehoben, daß die Füße dicht über dem Kies schwebten und leer zu scharren begannen. Sekunden später entschwand Esp, rückwärts von den Ledermänteln weggetragen, Paavos Blicken. Paavo war, als hätte er im selben Moment im Hintergrund einen vornehm gekleideten Herrn gesehen, der, gelangweilt den Gewaltakt verfolgend, an einer langstieligen, roten Rose roch.

Dieser letzte Vorgang allein war für ihn wie eine letzte, handfeste Einschärfung, Schweigen über diesen Ort zu wahren. Esp sah er nie wieder.

Um Paavos Erinnerung an das, was danach geschah, legte sich ein Schleier. Was er erlebte, war zu schrecklich. Seine baldige Verschleppung in den Keller der Kommandantur vollzog sich zwar sanfter als Esps Abtransport. Aber das, was dann dort mit ihm angestellt wurde, hatte er nur schwer überstehen können.

Ein sogenanntes Verhör. Ihr Gegenstand war das Gespräch zwischen ihm und Esp, das belauscht oder zumindest beobachtet worden war. Paavo war von seinen 'Betreuern' im Keller die ganze Nacht lang, wahrscheinlich während jenes Gartenfestes, wachgehalten worden. Über das Ergebnis dieses Verhörs sprach Paavo später nie. Er nannte es nur immer wieder seinen 'Testfall'. Mag sein, daß die vorherige Beschreibung seiner Angst angeblich vor dem Verhör, nämlich die Angst, schwach zu werden, eine nachträgliche Version war und diese Angst in Wirklichkeit erst nach dem Verhör richtig aufkam, je nachdem, ob er versagt hatte oder nicht.

Er kam jedenfalls nicht mit derselben Fröhlichkeit zurück in die Stadt wie seine Schicksalsgenossen vor ihm. Er erinnerte sich zwar an keine sichtbaren Verletzungen an seinem Körper. Aber er war maßlos erschöpft. Und im Gedächtnis geblieben sind ihm auch Gedanken und Gefühle, die ihn auf dem Rückweg begleiteten. Unter anderem quälende Selbstvorwürfe, Robin Esp betreffend, den er Sekunden vor dessen brutaler Fortschaffung noch des Schlimmsten verdächtigt hatte. Seine Mitschuld an dessen gewaltsamer Entfernung unmittelbar nach dem Gespräch mit ihm. Diese war für ihn der letzte Beweis für Esps Unschuld. Desweiteren fühlte er Ungewißheit und höllische Angst, die ihm die Knie knikken ließ. Damit verbunden ein plötzlich in den Schultern einsetzender und sich in Nacken und Hals ausbreitender und in den Schädel hochziehender, scharfer Schmerz. Dagegen wiederum bäumte sich überraschend eine Kraft in ihm auf sowie der unwiderstehliche Drang, sein Allerletztes zu geben für das, was hier in der Stadt noch geleistet und bewältigt werden mußte. Wobei er mehr und mehr hoffte, ja gewiß war, daß es ihm nicht allein so ginge. Er war überzeugt, daß auch die anderen, mit denen zusammen er bisher so ausdauernd gekämpft hatte und weiterkämpfen wollte, genau so empfänden wie er, gemeinsam mit ihm. Und er verfluchte sich im selben Zuge dafür, daß seine schlimmsten Verdächtigungen nicht einmal vor ihnen Halt gemacht hatten.

Je tiefer Paavo wieder in seine alte "Wirklichkeit" zurückfand, desto mehr verflüchtigten sich diese seine Gedanken und lösten sich auf. Die Hoffnung, die Gewißheit, das Gefühl von Kraft wichen wieder einer allgemeinen Mutlosigkeit. Ganz ähnlich wie damals auf dem Hauptplatz unter dem verblassenden Morgenhimmel. Nur daß es diesmal vielleicht ein noch eindeutigeres Gefühl der Resignation war. Zugleich drängte es ihn zurück in seinen alten, schon vertraut gewordenen Platz in der Stadt. Die Zuflucht vor dem Grauen. Der ihm plötzlich selbstverständlich erscheinende Wunsch, den Raum wiederzufinden, der sich bisher bewährt hatte. Die Verläßlichkeit der Gewöhnung, in der ein vorübergehendes Nachlassen des Schlimmsten Trost oder gar Glück bedeutet, gerade ausreichend zum Überleben. Etwas anderes gab die Wirklichkeit nicht mehr her.

XIV

Natürlich wurde er von allen stürmisch begrüßt, als er mitten in eine Probe hineinplatzte.

Das erste, was er von seinen Freunden hörte, war, daß sie insgeheim fest mit seiner Rückkehr gerechnet und sich deswegen auch gar nicht erst nach einem – ohnehin aussichtslosen – Ersatz für ihn umgeschaut hatten. In Anbetracht der drängenden Zeit wurde das Probenspiel nur kurz unterbrochen. Außerdem entging niemandem Paavos elende Erschöpfung, ganz anders als die Fröhlichkeit der sonst aus der Enklave Zurückgekehrten. Man war deshalb bestrebt, ihn so rasch wie möglich zum Ausschlafen in seine Unterkunft zu schicken.

Paavo selbst verspürte, seitdem er wieder zurück war, überhaupt nicht mehr den Drang, Esps schreckliche Vorwarnungen und das, was er sonst von ihm erfahren hatte, an seine Leute weiterzugeben. Nicht einmal an Pierrot, den er hier glücklicherweise unversehrt angetroffen hatte. Er wollte die wachsende Unruhe und Spannung nicht unnötig schüren. Es war sicherlich auch seine eigene Unruhe und Spannung. Vielleicht auch, wie er vor allem später dachte, seine Schuldgefühle gegenüber Esp, der sich für alle geopfert hatte, ja, seine Schuldgefühle überhaupt, die ihn daran hinderten. So sehr er Esp damit Unrecht tat, beschloß er zu schweigen und seine Angst und sein Wissen so lange und so tief wie möglich bei sich unter der Decke zu halten. Er verbannte seine Erfahrungen in der Kommandantur noch tiefer in die Unwirklichkeit, als wie sie ihm schon dort vorgekommen war. Und er merkte immer deutlicher, wie rasch ihn, ganz im Sinne seiner Gedanken und Gefühle zuletzt während der Rückkehr ins Stadtzentrum, der Alltag wieder einholte.

Jetzt aber ab mit dir in die Koje. Wenn wir dich schon wiederhaben, dann bitte ausgeschlafen, hatte Simon ihm fast zärtlich zugerufen. Dann hatte er ihn am Kragen gepackt und mit dem Finger in die Richtung von Paavos Unterkunft gewiesen.

Strikte Anweisung des Regisseurs, hatte Pierrot bekräftigt. Den Kornbauern benötigen wir erst übermorgen früh.

Paavo schickte sich an zu gehen. Doch er merkte, daß er zu müde war, um sich nochmals zu einer Wegstrecke aufzuraffen. Seine Knochen taten ihm weh. Er hätte sich auf der Stelle hinlegen und einschlafen können.

Komm, redete Simon ihm zu, der dies bemerkte. Ich bring dich... oder begleite dich ein Stück... Laß den Militärpsychiater seines Amtes walten.

Paavo willigte zögernd ein. Er mochte Simon. Seine zurückhaltende, ausgleichende, hilfsbereite Art. Außerdem war dies vielleicht eine Gelegenheit, etwas Wissenswertes zu erfahren, das sich in der Zwischenzeit hier zugetragen hatte.

In der Tat berichtete Simon einiges. Trotz seines brennenden Interesses war Paavo jedoch vor Müdigkeit kaum in der Lage, es aufzunehmen. Jedenfalls am Anfang nicht. Er kroch mehr durch die Straßen, als daß er ging.

Als die Dämmerung soweit fortgeschritten war, daß keine störenden Eindrücke, kein grelles Licht Paavo mehr ablenkten und es auch ein wenig stiller auf den Straßen geworden war, vermochte er aufmerksamer zuzuhören. Außerdem wurde es immer spannender und wichtiger, was Simon zu berichten hatte. Nichtsdestoweniger kostete es ihn eine ungeheure Anstrengung, seine Ohren offenzuhalten.

So erfuhr er zuerst, daß das komplizierte Glühlampensystem im Landkartensaal des Demiurgen wieder funktionierte. Es war mit der Hilfe eines neu ins Ghetto eingewiesenen Apothekers – zugleich ein elektrokundiger Hobbyfunker – wieder in Gang gesetzt worden. Außerdem hatte man durch einen Neubeauftragten wieder Zugang zur Requisitenkammer.

Dann kam Simon auf die Erstellung der Kostüme zu sprechen. Das letzte entscheidende Stadium in den Vorbereitungen auf das Festspielstück, das in der Zwischenzeit beschritten worden war. Aber Paavo spürte schon in Simons ersten Worten die Spannungen und Reibereien, die in dieser Angelegenheit unter den Beteiligten aufgekommen waren.

Ich bin schließlich gelernter Schneider, betonte Simon. Aber nein. Sie wollten unbedingt Joos auch diese Aufgabe übertragen. Immer Joos. Joos hier, Joos da... Nur, weil er über eigene Leute und einen gewissen Apparat verfügt... in der Theaterschneiderei in der... irgendwo da in der Glockenstraße... am Nordwall, in diesem verfallenen, ehemaligen Lagerhaus, na ja... Aber eben... wer hat, dem wird gegeben werden... und dieser Mensch hat wirklich zuviel...

Paavo nickte. Dann mußte er kurz an Joos' Zusammenbruch auf dem Hauptplatz denken. Aber Simon sprach sofort weiter.

Der kommt doch eh mit seinen Sachen kaum nach, meinte Simon zornig. Die vielen Kulissen, das große Panorama für den Schlußchor von 'Traumulus', und dann die Kostüme praktisch für alle Theaterstücke und Opern in dieser Stadt. Der ist doch randvoll...

Und?, glaubte Paavo sich selber fragen zu hören.

Na ja. Wir haben schließlich einen Kompromiß gefunden, erklärte Simon. Gerade für unsere Inszenierung werden besonders viele Kleidungsstücke benötigt. Allein schon die vielen Hüte und Mützen. Hüte und Mützen sind das A und O der Kostümierung. Das habe ich immer wieder gesagt. So oft und so lange, bis der Poet es eingesehen hat. Joos hat es zwar fürchterlich genervt, daß ich so darauf herumreite. Aber das stimmt nun einmal... Hüte und Mützen sind das A und O der Kostümierung. Ich weiß es schließlich von meinen eigenen früheren Aufträgen für das Theater... ja... Also... Der Maler hat sich dann seine beiden Lieblingssachen unter den Nagel gerissen: den Ganz-Overall des Demiurgen aus Staniol mit darauf aufgestanzten Spiegelscherben und die Maske um den Kopf... und... das überaus heikle, doppelseitige Mantelkostüm des Leierkastenmanns. Gut. Kann er meinetwegen auch haben. Dafür liegt ja auch schon das feine, edle Material aus den auswärtigen Stiftungsbeständen bereit... Alles andere hab dafür ich bekommen: Die Hüte und Mützen und die vielen mittelgroßen und mittelkleinen Kostüme: Deines, Monikas Schleier, meine Uniform und die Hemden und Hosen der vielen Kinderstatisten und so, und dann natürlich alles für die Rouletteszene: die ganzen Generalsuniformen, den Frack für den Croupier, die Garderobe der Haremsdamen, einfach alles... Ein Krampf, sag ich dir... bei dem Material, was mir zur Verfügung stand: Die üblichen alten Lumpen, zerrissene Unterwäsche, Matratzenüberzüge und... na ja... die Personenrückstände... dort gab es einen Anzug, aus dem man den Frack schneidern konnte... Aber ich hab alles pünktlich fertiggekriegt... sogar etwas früher... für unsere erste große Kostümprobe übermorgen...

Übermorgen? Kostümprobe?, brachte Paavo mit großer Anstrengung heraus. Er war überrascht, beunruhigt und zugleich erfreut über diese Nachricht, dachte sogleich an seine eigene Kostümierung als Kornbauer und versuchte, sich den Strohhut und die Leinenhosen vorzustellen, die man ihm kurz vor seiner Entführung angekündigt hatte. Aber er merkte, daß ihm vor Müdigkeit jede Vorstellungskraft dazu fehlte, und er beschloß, über all das erst weiter nachzudenken, wenn er wieder notdürftig ausgeruht war.

Übermorgen, genau..., rief Simon voller Enthusiasmus. Du wirst staunen, wie schön alles geworden ist und wie brauchbar... richtige Paradestücke. Und *ich* bin fertig geworden. Der Maler noch nicht. Er will das Mantelkostüm bis morgen abend fertig haben. Am Morgen vor der Probe will er es dem Poeten übergeben... Soll er mal zusehen. Bei dem, was er sonst noch am Hals hat.

Simon schwieg. Paavo war darüber froh. Es wurde ihm jetzt doch alles ein bißchen zuviel. Simons laute Stimme. Der gehässige Ton. Auch auf dessen Gesicht drückte sich die gereizte Stimmung unsympathisch aus. Das sonst so liebenswert Schnurrige und Kauzhafte an ihm hatte sich zu einer häßlichen Schiefe verzerrt. Dann mußte Paavo an Joos denken, der sich um das Ensemble verdient gemacht hatte. Nicht nur künstlerisch, wie man allgemein wußte. Auch in dieser prekären Verlegungsaktion, wenngleich wohl eher unbeabsichtigt. Und Paavo wußte, daß Pierrot Joos dafür dankbar war und nicht nur Simon, sondern auch ihn außerordentlich schätzte. Und wenn Paavo sonst kaum in der Lage war, einen vernünftigen Gedanken zu denken, so hing er doch der Frage nach, wieweit der erzielte Kompromiß zwischen den Streitenden wirklich trug und nicht der Konflikt im Untergrund gefährlich weiterschwelte.

Paavo stellte mit irgendwelchen, ihm nicht mehr erinnerlichen Worten diese letzte Frage laut.

Der Poet hat diese salomonische Lösung gefunden, und wir waren alle damit einverstanden, antwortete Simon für Paavos Begriffe reichlich oberflächlich und ausweichend. Dafür sprach er wieder in einem angenehm ruhigen Ton.

Er darf es sich ja schließlich auch nicht mit dem Maler verderben, fuhr Simon nach einiger Zeit fort. Der versteht unbestreitbar sein Handwerk. Und auch sonst hat er uns sehr geholfen.

Paavo war erleichtert über dieses Eingeständnis.

Aber das ändert nichts daran, daß der Maler mit dem Stück...seinem Inhalt auf Kriegsfuß steht.

Das stimmte. Hier mußte Paavo Simon recht geben. Er erinnerte sich. Er hatte Joos' Antihaltung schon bei seiner allerersten Begegnung mit ihm bemerkt. Sein geradezu perfektionistischer Eifer bei der Erstellung der Bühnendekoration hatte mit dieser Haltung nichts zu tun gehabt, war davon völlig losgelöst gewesen. Seit dem Zusammenbruch des Malers auf dem Hauptplatz hatte sich Joos' Abneigung gegen Pierrots Stück drastisch verschärft. Mag sein, daß Joos' Zusammenbruch damit in Verbindung stand oder möglicherweise auch mit seiner passiven Rolle bei der Bewahrung des Ensembles vor dem Massaker im Hof der Neptunkaserne. Jedenfalls trat jetzt, sobald in Joos' Gegenwart das Festspielstück auch nur erwähnt wurde, im größeren oder kleineren Kreise, mit oder ohne Pierrot, immer offensichtlicher sein Haß auf das Stück zutage oder seine Angst davor oder daß er vielleicht auch einen Zugang dazu suchte, aber nicht fand. Aber selbst, wenn dies alles stimmte, fand Paavo diese Zusammenhänge vergleichsweise nebensächlich, abstrakt und kompliziert. Das Wichtigste schien ihm, daß jeglicher Zwist unter allen irgendwie an der Vorbereitung des Festspielstücks Beteiligten vermieden und nach außen strikte Einigkeit demonstriert werden mußte.

Umso beruhigter war Paavo, kurz vor dem Eintreffen bei seiner Unterkunft noch von Simon zu hören, daß die Entgegennahme des fertigen Mantelkostüms durch Pierrot übermorgen früh nur ein Vorwand war und Pierrot in Wirklichkeit einen engeren Kontakt zu Joos suchte, auch, um ihn für sein Stück zurückzugewinnen.

Die letzten Meter bis zu seinem Quartier legte Paavo allein zurück.

Obwohl er dafür seine allerletzten Kräfte hatte aufbieten müssen, vermochte er sich noch vorzustellen, wie es wohl wäre, wenn auch er sich übermorgen vor Morgengrauen zur Theaterschneiderei begäbe, um dort Pierrot zu sehen und bei dessen Gespräch mit Joos zugegen zu sein.

Weder beim Einschlafen später noch beim mehrmaligen kurzen Aufwachen während der darauffolgenden Stunden ließ ihn dieser Gedanke los. Irgendwann war es für ihn eine beschlossene Sache, in der späten Nacht vor jenem Morgen zur Theaterschneiderei aufzubrechen.

XV

Es war noch stockfinster, als Paavo sich auf den Weg machte. Kein Stern stand am Himmel. Überall hingen dichte Wolken. Es sah heute nach heftigen Winden aus. Auf den Straßen und Plätzen waren nur wenige Leute unterwegs. Im Vergleich zu sonst erschien es leer und einsam.

Einigermaßen ausgeruht und erfrischt tappte Paavo die Häuserreihen entlang vorwärts. Er gelangte zur Palmengasse, die direkt zur Schneiderei führt, geriet jedoch davon irgendwie ab. Er merkte, daß er etwas verwirrt war. Je länger, desto mehr beschlich ihn nämlich die Befürchtung, bei Pierrot und Joos als Eindringling und Störenfried zu erscheinen und womöglich auch Spott für seine Langschläferei zu ernten.

Nach einigem Umherirren stieß Paavo schließlich auf die quer zur Palmengasse verlaufende Glockenstraße, an der die Schneiderei liegt. Von da aus erreichte er schnell sein Ziel.

Inzwischen meldeten sich die ersten Anzeichen der Dämmerung. Zu seiner Überraschung traf Paavo Pierrot und Joos direkt vor dem Eingang zum Haus an, in dem das Schneideratelier untergebracht war, als hätten sie dort auf ihn gewartet. Sie standen fröstelnd und irgendwie unentschlossen wirkend an der Türe. Joos trug das fertiggestellte Mantelkostüm über seinem Arm.

Wie Paavo ihren Worten entnahm, waren sie dabei gewesen aufzubrechen. Nicht direkt zum Stadtzentrum, sondern zu einem etwas ausführlicheren Rundgang, da bis zum Probenbeginn noch etwa zwei Stunden Zeit waren. Obwohl Joos nach der Fertigstellung des Mantelkostüms gestern abend endlich wieder einmal eine Nacht geschlafen hatte und es ihn zur Arbeit zurückdrängte, hatte er sich dazu breitschlagen lassen, Pierrot ein Stück durch die frische Morgenluft zu begleiten.

Paavo fiel auf, daß Joos beunruhigend stark und häufig mit den Augen zuckte. Überhaupt wirkte er angegriffen und gab sich recht unwirsch. Pierrot dagegen schien in guter Verfassung. Er strahlte eine hervorragende Laune, ja, geradezu

Festtagsstimmung aus, die Paavo auf den heute vorgesehenen ersten Gesamt-durchlauf des Stückes in voller Dekoration zurückführte. Auch Paavo hatte sich beim Aufstehen heute früh an Simons diesbezügliche Ankündigung erinnert, die er vorgestern nur wie im Nebel wahrgenommen hatte, und auch er war von einer angeregten Spannung erfüllt. Trotz seiner Befürchtung zu stören, empfand er das Zusammentreffen mit Pierrot und Joos als sehr wichtig. Er harrte neugierig der Dinge, die ihn erwarteten: die Gespräche, der Gang durch die Stadt, womöglich spannende Auseinandersetzungen über das Festspielstück.

Als Paavo sich den beiden näherte, begrüßte Pierrot ihn mit einer seltenen Warmherzigkeit, die ihn berührte und seine letzten Zweifel an der Richtigkeit seines Kommens zerstreute.

Alle drei brachen auf und gingen als erstes die Glockenstraße in Richtung Westen entlang. Paavo sonderte sich ein wenig seitlich ab. Anfangs bemühte er sich, taktvoll wegzuhören. Aber dies gelang ihm nicht in Anbetracht seiner drängenden Neugierde, nachdem er tagelang vom Geschehen im Stadtzentrum abgeschnitten gewesen war. Simons Berichte waren für ihn nur erste Andeutungen gewesen.

Was meint denn der Sokol dazu?, fragte Pierrot den Maler, an Joos' Klagen über dessen Gesundheitszustand anknüpfend, von denen Paavo bei seinem Ein-treffen beim Atelier ein paar Brocken aufgeschnappt hatte. Sie hatten über Joos' Aufenthalt in der Klinik an der Diamantengasse nach seinem Zusammenbruch auf dem Platz gesprochen. Paavo hoffte jetzt, endlich Aufschluß über all das zu bekommen, wo er sich bisher nur in vagen Vermutungen erging.

Der Sokol? Was soll der schon meinen?, fragte Joos zurück. Hier hat keiner was zu meinen... Nicht einmal die Doktores... ohne Geräte, ohne Medikamente, ohne alles... bei dem Arzneiverbot hier... da bleibt man auf sich selbst gestellt...

Als nächstes gab Joos, für Paavo überraschend, die grauenvollen Visionen wieder, die er Minuten vor seinem Zusammenbruch gehabt hatte. Ein deutliches Zeichen für das immer noch ungetrübte persönliche Vertrauen des Malers zu Pierrot.

Vom blutroten Himmel hing ein Geflecht von Zündschnüren in der Anord-nung von Spinnennetzen, so erzählte Joos. Spinnennetze, wie Pierrot sie so gerne zeichnete. Auf diesen Spinnennetzzündschnüren krabbelten feuerspeiende Riesen-insekten herum. Unter diesem Geflecht wogten riesige, gestrüppartig wuchernde Kornfelder. Teils waren sie verdorrt, teils verfault. Beides, das Korn und die Spin-nennetzzündschnüre mit den Insekten darauf, wurden langsam von einer Blase aufgesogen, die sich aus dem roten Himmel stülpte. Diese Blase schwoll dabei immer weiter an, ohne zu platzen. Deren wachsende Anspannung übertrug sich immer mehr auf ihn, Joos, auf seinen ganzen Körper, von Kopf bis Fuß. Auch ihm wurde immer mehr so, als müßte er jeden Augenblick platzen, ohne dies jedoch zu können. Als seine körperliche Spannung das Maß des Erträglichen überschritten hatte, brach er zusammen.

Du läßt die Blase auch nie platzen, stieß Joos plötzlich mit einer so heftigen Bewegung seiner beiden Arme hervor, daß Svens Mantel zu Boden geschleudert wurde.

Pierrot starrte verwirrt vor sich hin. Dann murmelte er etwas Unverständliches und faßte, recht unbeholfen, beim Aufheben des Kleidungsstückes mit an. Joos suchte, erschrocken und zutiefst besorgt, sofort sein Maßstück nach irgendwelchen Beschädigungen ab. Einige der aufgeklebten Strohstoppel waren abgefallen und lagen auf der Erde. Joos konnte nur mit Mühe einen Wutanfall zurückhalten.

Ist nichts passiert..., versuchte ihn Pierrot zu beschwichtigen.

Nichts passiert?, ächzte Joos und zeigte nach unten. Dann begann er die Stoppeln wie zerstreute Erbsen aufzupicken.

Bei dieser Gelegenheit sah sich Paavo endlich das fertiggestellte Werk des Malers näher an. Er betrachtete fasziniert die raffinierte Aufmachung.

Paavo hatte während der Proben der Anfangsszene schon oft andeutungsweise von der Doppelsymbolik von Svens Kleidungsstück gehört, das sich damals erst in der Konzeption befand. Die Strohfläche außen sollte eine optische Angleichung an das Kornfeld auf der Bühne sein. Besonders ganz am Anfang, solange der kriegsblinde Leiermann während Paavos Mähbewegungen im Hintergrund, tief in seinen Mantel gehüllt, in seinem Lamento verharrte. Bei der dann langsamen Öffnung des Mantels sollte entsprechend die Innenseite zum Vorschein kommen. Die Bemalung dort war ein düsterer Gegensatz zur Außenfläche. Unzählige scharfgezeichnete Figürchen mit häßlichen Verstümmelungen und sensenförmigen Flügeln und Blasinstrumenten füllten vor zimtbraunen und lilafarbenen Landschaftsgründen die Bildfläche. Das Ganze wirkte wie eine Nachbildung von Hieronymus Boschs Fieberphantasien.

Paavo wunderte sich über die Winzigkeit der aufgemalten Figuren. Er fragte sich, wie die Zuschauer sie erkennen sollten, vor allem in den hinteren Reihen. Der Maler mutete dem Betrachter aus dem Publikum anscheinend noch viel mehr eigene Phantasie zu als der Poet, obwohl er, wie Paavo aus Joos' letzter Bemerkung von der nicht platzenden Blase herausgehört zu haben meinte, Pierrot in seinem Stück ebenfalls Halbherzigkeit und Unklarheit vorwarf.

Während die drei schweigend weitergingen, mußte Paavo intensiv an Sven, den Träger dieses Mantels denken: an dessen so sehr im Gegensatz zu dieser Düsterkeit stehende Jugendlichkeit, an dessen unbekümmerte Liebe zu Shirin, die inzwischen ihren weiteren Lauf genommen hatte. Er mußte auch an alles andere denken, was hier im Ghetto, im Gegensatz zu dieser Düsterkeit, an Lebensmut und Liebessehnsucht, an Zartheit und Hoffnung übriggeblieben war oder neu aufkeimte und zu heimlicher Entfaltung drängte.

In der Zwischenzeit hatte der morgendliche Silberstreifen am Horizont große Teile des Himmels in Besitz genommen. Er drang in immer vielfältigeren Farben und Abtönungen vor, je nach Undichte der seit heute Nacht von fernen Winden zerspalteten Wolkendecke. Und er schlug immer tiefere Schneisen in die Dämmerung, bis der ganze Himmel gleichmäßig hell war. Außerdem war die Luft ganz ruhig geworden. Der erwartete Sturm schien abgedreht zu haben. Sowohl die Häuser, Straßen und Mauern der Stadt als auch die Gesichter der stumm Nebeneinanderhergehenden wirkten starr und fahl. Ein flüchtiger gegenseitiger Blick, und sie fühlten, wie diese Fahlheit sich in ihren Augen eingefangen hatte, und darüber erschraken sie.

Am Westtor der Stadt beim Tivoliweg angelangt, verlangsamten sie ihre Schritte. Man war bei der berüchtigten Enklave angelangt, die allen in der Stadt versperrt blieb. Es war die Stelle, an der man nur über der Mauer die Spitze einer Leiter ragen sah, von der jeder wußte, aber nicht aussprach, was sie bedeutete. Nicht einmal die Ghettobewohner, die mit besonderem Passierschein für kurze Zeit den Wall oder die Bastionen besteigen durften, bekamen diesen raffiniert versteckten Punkt genau zu sehen.

Paavo mußte jetzt, da sie so nah am Wall angelangt waren, an diese Passierscheine denken. Er war sicher, daß die anderen beiden dies auch taten. Man hatte dem Ensemble geschlossen diese Gratifikation nach der Generalprobe versprochen. Aber das war nur einmal gewesen, noch ganz am Anfang. Paavo glaubte inzwischen nicht mehr daran. Umso sehnlicher wünschte er sich jetzt, einmal von dort oben den Fernblick aus der Stadt heraus erleben zu dürfen. Er wußte, daß andere immer wieder vom höchstgelegenen Dach der Merkurkaserne im Nordteil der Stadt diesen Ausblick suchten, aber nur einen kümmerlichen Ausschnitt daraus erhaschten. Er hoffte inständig, im Zuge der Kommission einmal auf diesen legendären Wall zu gelangen.

Rasch drehten alle drei wieder stadteinwärts ab. Einige Schritte später schlugen sie wieder einen großen Bogen zurück in die südliche Richtung zum Wall.

Hier, wie überall am Stadtrand, wirkte alles etwas freier und offener. Die Ausschmückungen und Bemalungen waren weniger dicht. Wieder am Wall angelangt, gerieten sie in eine abgelegene Nische, wo eine von Farbübertünchungen ganz freie Backsteinfläche der Mauer besonders dunkel abstach. Diese Auflockerungen änderten nichts daran, daß die Stadt inzwischen überall wieder fast normal mit Fußgängern belebt war.

Bist du denn zufrieden mit meiner Arbeit, Poet?, fragte Joos plötzlich überraschend sanft in die Stille und deutete wieder auf das Mantelkostüm.

Paavo verstand nicht, warum Joos nicht an seine vorhin etwas rabiat vorgetragenen Bemerkung von der nicht platzenden Blase angeknüpft hatte.

Doch, es gefällt mir... doch, bestimmt, antwortete Pierrot versöhnlich. Ich hab vorher nur gezögert, weil ich da vielleicht ein bißchen gespaltener bin als du.

Gespaltener? Wie meinst du das?

Ja... Wie soll ich sagen?... Zweigesichtig... Mit mehr Widersprüchlichkeit, mehr Dialektik, wenn du so willst... Ganz allgemein, unabhängig von den kreuzehrlichen Absichten in deiner Bemalung. Nur so... Aber es ist doch so. Ich meine, vielleicht ist es etwas verstiegen, was ich jetzt sage, und es braucht dich auch gar nicht zu interessieren... Aber es ist doch so. Du und ich und wir hier alle hängen auf der einen Seite mit unseren letzten Fasern am Leben und fürchten uns vor dem schattenhaften Nichtsein, das uns stündlich belauert. Je dünner die Fasern werden und je plötzlicher sie reißen können, desto intensiver kosten wir das Leben aus und desto verzweifelter klammern wir uns daran. Ist doch so, oder nicht?... Aber... Andererseits... je unerträglicher dieses Wissen und die Angst, desto mehr müssen wir das Leben hassen, es verachten und durchschauen in seiner Bedrohlichkeit... Und je größer unser Ekel, desto leidenschaftlicher erblicken wir im gefürchteten Nichtsein zugleich auch die Verheißung und das wahre Sein... Das könnte irgendein Philosoph so gesagt haben... Man meidet und ersehnt dasselbe. Man ist sein Freund und Feind zugleich. Man vertraut sich dem an, was man nicht mehr begreift und fürchtet sich doch davor. So irrwitzig doppelt ist das alles.

Und was willst du damit sagen, Cvok?, fragte Joos, ungeduldig auf seinen Mantel zeigend.

Daß du mir zu eindeutig, zu schwarz-weiß, genau genommen: zu schwarz, bist. Auch wenn das als Bild gelungen ist... abgesehen vielleicht von der Kleinheit der Figuren darauf.

Joos blieb einen Augenblick stehen und kniff mißtrauisch die Augen zu.

Zu schwarz-weiß sagst du?

Ich mein' das mehr so grundsätzlich. Unser Leben ist bei unserer gespaltenen Haltung dazu nie allein präsent, sondern immer auch schon sein Ende. Genauso wie auch umgekehrt sein Ende nie allein präsent ist.

Wenn das so ist, dann kann es in Wirklichkeit gar keine Abdankung des einen oder anderen geben, fuhr Joos triumphierend dazwischen.

Gibt es strenggenommen auch nicht, parierte Pierrot. Die Abdankung ist nichts anderes als die unangemessene Verbannung der einen Seite aus unserem Bewußtsein, egal, welche Verbannung uns gerade besser paßt. Sozusagen ein perpetuiertes, erstarrtes Ungleichgewicht der Wahrheit. Darauf lege ich den Finger in meinem Stück.

Mein lieber Cvok, knurrte Joos. Gib's doch zu. Was du dir hier selbst philosophisch in die Tasche lügst, ist doch nur ein ideologisches Feigenblatt für platte Überlebenstechnik...für deine Konzessionen an die Goliaths.

Was für Konzessionen?

All diese Halbwahrheiten...Diese ermüdenden Kaschierungen: der gutmütige Getreidebauer...die verschämte Form seiner sogenannten Abdankung...die flackernden Lebenslichter, mit denen du die Düsterfarben meiner Mondlandkarte hast überdecken lassen...und so weiter...das ist doch alles nur Ausdruck deiner Zaghaftigkeit. Das mein ich mit der Blase, die nie wirklich platzt...Aber das fällt letztendlich auf uns alle zurück. Wirst sehen, auf uns. Denn die anderen werden das Spiel durchschauen und einfach sagen: Typisch Hasenfüßler...Hasenfüßler...Du weißt schon, was ich meine...Dann find ich, lieber erst gar nicht mit einem solchen Stück an die Öffentlichkeit treten.

Ich nehme dir das erst ab, wenn du mich philosophisch widerlegst, sagte Pierrot mit süffisantem Lächeln.

Aber gern, konterte Joos, noch verblüffender auf diese Unlogik eingehend. Dann fuhr er, als hätte er es sich schon lange zurechtgelegt, flüssig fort.

Kein geringerer als Seneca spricht von den zwei Geburten des Menschen. Die erste Geburt in den Raum, die zweite in die Ewigkeit. Mit der ersten beginnt schon die Vorbereitung und die langsame Reifung auf die zweite hin. Der Tag, den wir als den letzten fürchten, ist in Wirklichkeit der Geburtstag für die Ewigkeit. Das Leben ist nichts als ein kurzer Durchgang, ein Zwischenspiel. Und das bedeutet klipp und klar: Konsequent auf den zweiten Geburtstag hin leben, die Erfüllung im Herzen. Oder aber Nichterfüllung. Das heißt, scheinbar endloses Leben ohne eigentliche Geburt. Ewiges Verharren im Elend, im Schmutz, in der Gemeinheit und Lüge...Das, was man uns hier zumutet...'Als ob'...Das ist die Abdankung, die Lüge. Nicht nur ein launisches, vorübergehendes, gedankliches Ungleichgewicht, wie du es nennst...Ich glaube, unsere Leute haben das noch nicht durchschaut in seiner letzten Konsequenz. Du setzt es ihnen zwar in Ansätzen vor. Aber du bleibst auf halber Strecke stehen. Und die fressen dir es aus der Hand. Ich bin für eine radikale Aufklärung. Das muß nachgeholt werden, Poet.

Pierrot machte immer größere Augen. Vielleicht war er auch verwundert, amüsiert oder auch geschmeichelt darüber, daß der Maler ihn jetzt nicht mehr mit 'Cvok', sondern mit 'Poet' angeredet hatte.

Ja, aber was nützt das, wenn die Menschen –, setzte Pierrot an. Aber er wurde jählings unterbrochen durch ein Geräusch von hinten, das alle drei aufmerken

169

ließ. Es waren verdächtig scharrende Schritte. Ganz anders als das gleichmäßige Getrappel der hier vorbeigehenden Menschen.

Sie drehten sich um, sahen aber nichts. Sie hörten nur weitere Schritte, scharrend und seltsam klopfend, dann plötzlich laut und schwer, wie mit Eisenbeschlägen. Jetzt blieben die drei stehen und spähten nach allen Seiten. Irgendwann meinte Paavo auch seltsame Schatten vorbeihuschen zu sehen. Dann wurde es wieder still.

Nach einer Weile gingen sie weiter, sahen einander stumm und ängstlich an. Bald griff Pierrot wieder seinen Faden auf. Aber er sprach jetzt leiser.

Die Menschen, so sagte er, sind doch recht wankelmütige Wesen. Sie deuten die Dinge immer so, wie es ihnen gerade in den Kram paßt. Wenn Leben angesagt ist, dann gibt es für sie nur Leben. Selbst wenn's die Hölle ist. Oder dann vielleicht erst recht. Sie hängen sich wie Kletten daran fest. Hält man ihnen dies wie einen Spiegel vor die Nase und weist ihnen nach, daß sie sich damit um das Jenseits bringen, sich selbst darum betrügen oder sich haben betrügen lassen, dann schwenken sie rasch um und nehmen auch das für bare Münze. Sie freuen sich wie die Kinder über diese Entdeckung und heißen sie wie eine Sensation willkommen. Abdankung...Abdankung...jetzt wissen wir's...wie wunderbar, so schreien sie. Aber dann? Nichts weiter. Es bleibt bei dieser Einsicht.

Und nach einer kurzen Pause, mit einem tiefen Seufzer:

Die Betrüger sind gar nicht in erster Linie die Goliaths. Wir selbst sind es. Wir alle sind Betrüger. Betrüger unserer selbst. Dadurch, daß wir uns betrügen lassen. Wir alle vollziehen die Abdankung mit. Egal was für Füßler. Du hast ganz recht mit der Blase, daß die nie platzt. Nur, daß sie immer größer wird, stimmt nicht. Sie schwillt in Wirklichkeit mal an, mal ab, dann wieder an, dann ab und so weiter. Das ist es.

Joos blickte Pierrot entgeistert an und vollführte leere Mundbewegungen, als spreche er Pierrots Worte still mit. Da ertönten aus dem Hintergrund erneut diese auffallend andersartigen Schritte. Die drei blieben stehen, schauten. Sie wurden immer unruhiger.

He, rief Joos mit gesenkter Stimme, fast flüsternd. Hast du's nicht gesehen? Das war Ui. Er folgt uns auf den Fersen.

Ui?...Da ist noch jemand anders...Nein, mehrere..., raunte Pierrot.

Hallo...Wer ist da?, rief Joos plötzlich laut.

Schscht, stieß Pierrot hervor und zuckte zusammen. Das ist Sina. Und ein Kind ist dabei...ein Junge.

Was?...Sina mit Ui...und ein Junge? Was soll das denn?

Dann wurde es wieder still.

Blödsinn, zischte Joos.

Aber ich hab' Sina gesehen. Ich kenn' doch meine Frau.

Hmm.

Sina!

Keine Antwort. Stille.

Pierrot blickte immer verstörter.

Auch Paavo war inzwischen völlig durcheinander. Er stand noch ganz unter dem Eindruck der Auseinandersetzung zwischen Pierrot und Joos. Er hatte sie mit wachsendem Interesse und mit Spannung, aber auch mit ein bißchen Angst vor einem ernsthaften Zerwürfnis verfolgt. Dann seine Verwunderung über Pierrots unbekümmerten, fast undiplomatischen Diskussionsstil, was ihm andererseits gut gefiel und Joos' Vorwurf der Laschheit zu widerlegen schien. Und jetzt kamen diese unheimlichen Schritte dazu. Es kostete Paavo große Anstrengung, seine Gedanken beieinanderzuhalten.

Jetzt fing Joos plötzlich in verändertem Ton an zu sprechen, so leise aber scharf und eindringlich, als wollte er damit gegen die Stille und seine Angst anreden. Es war kaum mehr als ein Murmeln nach der Art einer Gebetsmühle. Aber er verfolgte mit selbstberuhigender Sachlichkeit weiter seinen Gesprächsfaden von vorhin.

Wie Paavo eben noch verstehen konnte, ging Joos auf Pierrots Wankelmutthese ein. Die Menschen seien nur in ihrer äußersten Schicht so schwankend und gespalten, meinte er. Im Grunde strebten sie durch die Zwischenwirrnisse von Raum und Zeit konsequent zurück in die Ewigkeit. Das sei ihr eigentlicher Kern, das Geheimnis ihrer Existenz. Von dort gebe es kein zurück mehr. So etwa.

Hier... Schau mal..., rief Joos wieder laut und deutlich und öffnete erneut das Mantelkostüm, wieder so heftig, daß einige der aufgeklebten Strohhalme abfielen. Aber dies schien ihn jetzt nicht zu stören.

Joos zeigte auf eine der schwarzen, schalmeienblasenden Figuren. Pierrot folgte angestrengt den Fingerbewegungen von Joos, so, als kämpfte auch er darum, seine Ruhe wiederzufinden.

Das hast du vorhin übersehen, Cvok, sagte Joos. Er sagte wieder Cvok.

Dann zuckte er mit den Augen und grinste.

Diese Verstümmelungen, sagte er. Dabei klopfte er mit dem gekrümmten Finger mehrmals auf eine der Figuren. Die haben ihren Zweck, rief er mit immer schärfer werdender Stimme.

Hmm.

Sie sollen jede Rückkehr ins Leben unmöglich machen, verstehst du?

Paavo fand wieder etwas zu seiner Ruhe zurück. Er bemerkte dies auch bei Pierrot. Der wirkte ein wenig entspannter. Er schien sogar wieder Lust an dieser Auseinandersetzung zu verspüren.

Pierrot holte eben zu einer Erklärung aus. Da fuhr Joos hart dazwischen.

Wirst sehen, Cvok. Sobald du beschließt, deutlicher zu werden, wird dein Publikum auf die Barrikaden gehen. Es wird einen Aufruhr geben, wenn sie die eigentliche Tragweite dessen erkennen. Wenn ihnen aufgeht, mit welcher Lüge und Schande sie um das gebracht wurden, was ihnen zusteht: ein würdiges Ende, Friede, Erlösung. Sie sind konsequenter als du denkst, wenn's ums Ganze geht. Deine Botschaft wird eine Katastrophe entfachen. Aber erst mußt du diesen dämpfenden Schleier entfernen.

Jetzt fing Pierrot Feuer. Die Schritte von vorhin schienen fast vergessen.

Es *wird* eine Katastrophe geben, sagte er mit drohendem Zeigefinger. Stimmt. Aber nicht so, wie du dir das vorstellst: das ehrbare Volk gegen die Goliaths, die dann zurückschlagen. Nein, nein. Sie werden vielleicht auf die Barrikaden gehen. Für kurze Zeit. Aber dann. Irgendwann, recht bald, sobald's ihnen paßt, werden sie wieder umfallen, schäbig umfallen, und sich mit den Goliaths gegen mich zusammenrotten. So wird es sein.

Was? Umfallen?

Nein, nein. Vergiß es. Ich hab da was Unsinniges gesagt. So ein momentaner Einfall. Braucht dich nicht zu interessieren. Aber ich meine nur. Das Prinzip. Diese Menschen. Ich glaub', du bist einfach zu optimistisch und gutgläubig. Du preßt die Menschen in eine runde und klare Ordnung ein.

An diese Ordnung hab ich in der Tat den Glauben nicht verloren.

Gott?

Egal, wie du es nennst.

Ich könnte es nie so nennen.

Hast du einen besseren Namen dafür?

Wenn schon, dann mehrere: Irrwitz. Kräftespiel. Willkür. Irgend so etwas.

Man hatte eben zur Linken eine der ersten Kasernen in Richtung Stadtmitte passiert. Es war die Stelle, die einzige Stelle in der ganzen Stadt, von der aus man wegen der in ihrer Sternförmigkeit mehrfach verwinkelten Stadtmauer einen winzigen Ausschnitt ihrer Außenseite erkennen konnte: Ein Stückchen grasbedeckte Mauer mit einem riesigen, verschlossenen Holztor am Fuß. Höchstwahrscheinlich einer der früheren Ausgänge aus dem unterirdischen Gangsystem der Festungsstadt.

Paavo pochte das Herz. Doch ein Stückchen Ausblick. Aber viel zu wenig. Dann dachte er voller Faszination wieder an das unterirdische Gangsystem. Aber seine Gedanken schweiften rasch wieder zurück zum Gesprochenen.

Er hatte inzwischen wieder einen so klaren Kopf, daß er die Inhalte der bisherigen Diskussion ein wenig rekapitulieren konnte.

Ihm war es trotz der hochinteressanten Gedankengänge die ganze Zeit etwas seltsam zumute gewesen. Er hatte sich, da er nur Zuhörer sein wollte, selbst davon ausgeschlossen. Und trotzdem war er der eigentliche Inhalt gewesen. Es war um ihn, um seine Rolle in Pierrots Stück gegangen. Man hatte ihn wie einen Zankapfel hin- und hergeworfen. Er, Paavo, war sozusagen in zwei Hälften, in zwei Positionen, aufgeteilt worden, die er letztlich als gar keine empfand, allenfalls als zwei Aspekte ein- und derselben Sache. Es war die unversöhnliche Gegnerschaft zwischen Leben und Tod versus deren Nebeneinander in der menschlichen Seele, wie Pierrot dies vertrat. Damit hatte letzterer als der Dialektiker, wie er sich immer nannte, das, was Joos so verbissen von ihm abgrenzte, durch die Hintertüre in seine eigene Gedankenwelt hereingeholt. Er hatte damit alles und doch nichts gesagt, hatte sich wieder einmal nicht festlegen lassen und zugleich die Unmöglichkeit der Festlegung als die Wahrheit schlechthin verkündet. Er erwies sich wieder einmal gerade dadurch als illusionsloser Realist, daß er die Illusionen und Träume, die er selber so gerne lebte, zur Wirklichkeit erklärte und die Wirklichkeit zur Illusion. Ein Mensch also, der mit beiden Beinen auf der Seite des Lebens stand, wodurch Paavo, als der abdankende Tod, nicht Gegner, sondern Schatten des anderen wurde, sozusagen die dunkle Seite, die das Licht erst zum Licht werden läßt. Für Paavo hatte dies etwas Beruhigendes und Wohltuendes, ja Bergendes in sich. Umso beängstigender erschien ihm die Weissagung, die der Poet am Schluß so geheimnisvoll hatte einfließen lassen: Von der von Pierrots Stück entfachten Katastrophe, von Pierrots Verrat durch das wankelmütige Volk, so, wie er es verstanden hatte. Wobei er, Paavo, strenggenommen, ja auch zu diesem Volk, potentiell also zu Pierrots zukünftigen Verrätern gehörte, vor allem, wenn dies dem eigenen Überleben dienen sollte. Und genau damit würde Pierrot doppelt recht bekommen. Denn das Überleben dessen, der den Tod spielte, wäre sozusagen der letzte lebende Beweis für dessen Abdankung. Für Augenblicke stiegen in Paavo schemenhaft und vage die schrecklichen Vorwarnungen hoch, die er von Robin Esp in jenem gespenstischen Garten der Kommandantur erhalten hatte. Vermutlich auch im Zusammenhang mit den unheimlichen Schritten vorhin, die unter anderem Ui zugeschrieben worden waren. Und er versuchte dies alles mit Pierrots Weissagung in Verbindung zu bringen. Aber er merkte, daß er es noch weniger zu fassen bekam als vielleicht noch gestern oder vorgestern. Und sein Drang, jetzt vielleicht doch darüber zu sprechen, verflüchtigte sich rasch wieder zusammen mit der kurz aufdämmernden Erinnerung an Esp.

Um so mehr vermochte Paavo jetzt eine frühere Äußerung von Pierrot besser einzuordnen. Er hatte sie während seiner ersten Begegnung mit Pierrot neben den Ausstellungsständen im Westpark von ihm vernommen, sie jedoch nicht verstanden: nämlich, daß man das Böse nicht bekämpfen, sondern nur aufdecken könne, und zwar durchaus auch mit den Mitteln des Bösen selbst. Jetzt meinte er, den Sinn dieser Äußerung wenigstens andeutungsweise zu begreifen.

Insgesamt war er froh, daß es nicht zu einem ernsthaften Streit gekommen war. Beide, Joos und Pierrot, hatten kompromißlos ihre Positionen vertreten. Dies hatte, wie offenbar von Pierrot beabsichtigt, zu einer wohltuenden Klärung geführt. Paavo hoffte, daß dies so bliebe.

Während sie alle drei so weitergegangen waren, war es ganz hell geworden. Aber es wirkte noch nicht wie Tag, eher wie ein undefinierbarer Übergang von der Nacht zum Tage. Statt des angekündigten Sturmes zog jetzt ein angenehmer, leichter Wind durch die Straßen.

Trotzdem fröstelte Paavo. Es war wohl die Aufregung. Seine immer intensiver um das Gespräch kreisenden Gedanken. Aber auch die nahende Kostümprobe griff immer eindringlicher Besitz von seinem Bewußtsein. Dazu kamen quälender Hunger, Leibschmerzen, erneute Müdigkeit und die weiter schwelende Angst.

Er mußte wieder an die Schritte von vorhin denken. Er lauschte angestrengt. Je länger nichts geschah, desto sicherer wurde er, daß alles nur eine Einbildung gewesen war. Besonders, was diese angebliche absurde Anwesenheit von Sina betraf.

Plötzlich setzte es wieder ein. Diesmal waren es keine Schritte, sondern ein durchdringend lautes Lachen. Mehr eigentlich ein Bellen. Zügellos, vulgär, animalisch. Wieder irgendwoher aus dem Hintergrund. Zwei, drei Stimmen, die wie um die Wette lachten. Eine tiefe, männliche und zwei hohe. Eine davon war unverkennbar die eines Kindes, eines Jungen. Ein widerwärtiges Trio. Wirklich Sina? Mit diesem Ui? Und was für ein Junge war dabei? Mario? Jan? Luc?

Dann wurde es wieder still. Man sah auch keine huschenden Schatten mehr. Nichts.

Habt ihr's gehört?, rief Paavo laut.

Wenige Sekunden später brachen alle drei in Gelächter aus. Zuerst war es nur ein nervöses, unterdrücktes Kichern und Prusten. Dann lachten sie aus vollem Halse. Sie lachten Tränen und bogen sich vor Lachen und hatten Mühe, sich an ihrem eigenen Körper festzuhalten.

Die Passanten schüttelten mißbilligend den Kopf, als wollten sie sagen, daß es hier nichts zu lachen gebe und als hätten sie vielleicht auch das Lachen vorhin nicht gehört. Aber die drei konnten nicht anders. Sie mußten noch lange weiter lachen. Erst als sie sich wieder beruhigt hatten, merkten sie, wie gut ihnen das getan hatte und wie befreit sie sich fühlten. Sie schauten beim Weitergehen nur eine Weile ängstlich und unsicher in die Gesichter der anderen.

Ich muß jetzt zurück, sagte Joos plötzlich. Muß bis heute abend die Kinderoper fertigkriegen.

Pierrot schaute ihn enttäuscht an.

Ach. Ich hatte eigentlich erwartet, daß du noch bis zur Bühne mitkommst... wenigstens den Aufbau anschauen... zusammen mit den neuen Kostümen.

Joos übergab Pierrot hastig Svens Mantel. Doch dann hielt er plötzlich inne und neigte den Kopf.

Ich glaub, Poet, so sagte er, ihr werdet nicht drumherum kommen, mit völlig offenen Karten zu spielen.

Pierrot verharrte in seiner unschlüssigen Haltung.

Ich meine das zentrale Wort, fuhr Joos mit eiserner Miene fort.

Können wir nicht mal das Thema wechseln?

Cvok! Was heißt hier wechseln? Wir haben es noch gar nicht richtig angeschnitten.

Joos, ich bitte dich.

Na ja. Nicht einmal wir drei untereinander bringen das gewisse Wort über die Lippen.

Damit siehst du, wie unmöglich es ist.

Das Wort gehört aber auf die Bühne.

Wenn wir das tun, bringen wir es nicht einmal bis zur Generalprobe.

Ihr müßt es eben richtig anstellen.

Und wie soll das gehen?

Eure Sache.

Du hast leicht reden.

Wieso? Du bist doch der Hofnarr hier.

Es war das erste Mal in diesem Gespräch, daß Pierrot etwas von seiner Fassung verlor. Er zuckte zusammen und begann heftig zu atmen, rang verzweifelt nach Luft.

Joos erschrak.

Komm, wir werden das schon schaffen, Cvok. Wir alle zusammen. Wir werdens schaffen, sagte er und schlug Pierrot beherzt auf die Schulter.

Pierrot wurde augenblicklich etwas ruhiger. Joos wartete noch eine Weile. Dann drehte er sich um und ging rasch den Weg zurück, den sie gekommen waren.

Pierrot schaute Joos eine Weile gedankenverloren nach. Dann streiften seine Blicke Paavo. Sie fühlten sich für diesen wie bittende Blicke an. Paavo begab sich sogleich dicht an Pierrots Seite. Dann setzten sich beide in Bewegung, direkt in Richtung Stadtmitte.

Trotz Pierrots stillschweigender Aufforderung, zusammen zu gehen, kam sich Paavo bald überflüssig vor. Der andere lief wie abgeschirmt neben ihm her. Er schien nichts um sich herum zu bemerken. Er hinkte zudem verstärkt. Sein Antlitz wirkte so unruhig und zerrissen wie die am Himmel treibenden Wolkenfetzen.

Paavo ging vielleicht noch ein, zwei Häuserblocks weiter neben Pierrot her. Dann wurde ihm klar, daß sich an Pierrots innerer Abwesenheit nichts ändern und daß er weiterhin unansprechbar bleiben würde. Langsam setzte er sich von ihm ab und blieb immer weiter zurück, ohne daß der andere davon Notiz nahm. Dieser bog vielmehr, den für Sven bestimmten Kostümmantel achtlos in der Hand haltend und ohne sich ein einziges Mal umzudrehen, irgendwann um die nächste Ecke und verschwand.

Wie ein Licht, das seinen Schatten verloren hat, sagte Paavo.

Noch eine Straße weiter, und Paavo langte allein am Stadthaus an. Er betrat den Hauptplatz, der ihm nach der Enge der beschrittenen Straßen und Gassen und dem hohen, dunklen Mauerwerk am Stadtrand geräumig und offen vorkam. Der Helligkeit am Horizont nach war die Sonne aufgegangen. Der kurz aufscheinende Gelbton des Gewölkes schien die höchste Steigerung für heute zu sein.

Paavo überquerte den Platz zur dekorierten Bühne. Dort begab er sich rasch hinter das Stangengerüst auf deren Rückseite. Er blieb vor den Steinstufen stehen, die steil zum massiven Portal der Garnisonskirche hinaufführten. Direkt über ihm hing wie ein Guillotinemesser die blutrote Flagge des Imperiums. Verschreckt starrte er auf die Zierrosetten auf den beiden Portalflügeln der Kirche und zählte abwechselnd mehrere Male deren sieben, ins Holz geschnitzte Blätter durch. Dann drehte er sich um und ließ sich auf einer der unteren Treppenstufen nieder. Er lehnte sich zurück und schloß die Augen.

Quälende Erinnerungen und Vorstellungen stiegen in ihm hoch. Er mußte besonders an den Abend vor seiner Entführung aus dem Stadtzentrum in die Kommandantur denken. Die schweren Koliken, die ihn fast umgebracht hatten. Und davor die 'Sauerei'. Nach langer Zeit zum ersten Mal wieder die 'Sauerei'. Er wußte, daß die eindeutig der Grund für diese Koliken gewesen war.

Nach der letzten Wassertotalsperre im Ghetto war aus der Rostpumpe im Innenhof des Renommiertenhauses ein Extra-Eimer Wasser für sein Zimmer organisiert worden. Das bedeutete ein Fünftel Eimer für jeden Zimmerbewohner, ganz genau abgeteilt. Einer der vier Mitbewohner, Bruno, der Leiter der Bücherei und selbst Schriftsteller, der dann während Paavos folgender Abwesenheit AUS-GEFALLEN war, war zu spät gekommen. Als Paavo allein im Zimmer gewesen war, hatte er Ewigkeiten vor dem Eimer mit Brunos Anteil darin gestanden. Er hatte diesen angestarrt, so, wie auch der Eimer und das Wasser darin ihn angestarrt hatten. Verführerisch, gemein und schamlos. Paavo kannte das. Aber sonst pflegte er standhaft zu bleiben. Fast immer. Aber diesmal, zum ersten Mal nach langer Zeit, kam es anders. Irgendwann passierte es. Die 'Sauerei'. Er griff plötzlich unter Ausschaltung aller Gedanken nach dem Eimer und trank ihn in einem Zuge aus. Schon beim Absetzen des Eimers nach dem Trinken waren die Gedanken blitzartig zurückgekehrt. Er hatte sich furchtbar geschämt, hatte sich voller Angst die Folgen für Bruno ausgemalt. Jetzt fragte er sich, ob genau diese, von ihm entwendete Menge Wasser vielleicht entscheidend für Brunos Überleben gewesen wäre. Er war jetzt auch froh, daß es in seinem Zimmer keinen Spiegel gab, in den er damals hätte hineinschauen, die ihn widerlich angrinsende Fratze hätte sehen können. Nach dieser 'Sauerei'.

Paavo hatte auf der Treppenstufe, auf der er saß, die Arme auf den Knien aufgestützt. Jetzt beugte er sich weiter vor und bohrte seine Augen so fest in seine Arme, daß sich gelbe Kreise vor ihm zu drehen begannen.

Nach einer Weile erhob er sich wieder. Dann stieg er hinunter zum Bühnengerüst. Zweimal drehte er sich um und vergewisserte sich, daß niemand in der Nähe war. Er kroch unter das Gerüst in eine Nische. Nach einigem Suchen holte er aus einem Versteck seine alte Kaffeemühle hervor. Ein wurmstichiges, mit einem abgegriffenen Kupferplättchen bestanztes Holzgerät mit einer riesigen, schwarzen Metallkurbel daran. Ein denkbar unpraktisches, sperriges Modell, aber von besonderer Bedeutung für Paavo. Sie stammte aus dem Besitz seines Vaters. Er hatte sie zusammen mit seinen anderen Habseligkeiten in seinem Bündel ins Ghetto mitgebracht. Seitdem ließ er sie hier von Versteck zu Versteck wandern, um sie vor fremdem Zugriff zu bewahren.

Paavo überlegte eine Weile. Er stellte sich vor, wie es wäre, wenn er die restlichen Krümel der durch seinen langen Schlaf zusammengesparten Brotration aus seiner Hemdtasche kratzen und in das Gerät schütten und dann mahlen würde. Er drehte die Mühle ein paarmal in seinen Händen hin und her. Dann legte er sie wieder zurück in ihr Versteck. Erst danach fischte er die Brotkrümel aus seiner Tasche und verzehrte sie langsam. Schließlich stieg er wieder auf dieselbe Treppenstufe wie zuvor und setzte sich hin.

Laut Probenplan hätten die anderen schon längst hier sein müssen. Paavo wunderte sich. Ob Pierrots innere Uhr, sein Ersatz für die fast konstant um anderthalb Stunden nachgehende Uhr, doch versagt hatte? Paavo bekam es mit der Angst zu tun. Er wollte aufspringen, um Pierrot zu suchen. Doch dann kamen ihm die wahrscheinlich richtig gehenden Uhren der anderen, ebenfalls noch nicht anwesenden Mitglieder in den Sinn, und er blieb sitzen.

Er fühlte sich mutlos und leer. Zum erstenmal, seitdem er hier saß, dachte er wieder an die auffälligen Schritte und das widerwärtige, bellende Gelächter auf dem Weg hierhin und an sein eigenes und Pierrots und Joos' Gelächter. Gegen wen sich das Lachen der anderen gerichtet hatte? Am Ende auch gegen ihn? Er konnte immer noch nicht glauben, daß es Sina und Ui gewesen waren. Dann dachte er plötzlich an Bruno, den er bestohlen hatte, so kurz vor dessen AUSFALL und brachte die bedrohlichen Geräusche mit ihm in Zusammenhang, das heißt, mit der 'Sauerei'. Er fühlte immer heftigere Angst vor seiner eigenen Schwäche aufkommen. Angst, auch in anderen entscheidenden Augenblicken zu versagen, umzufallen, andere zu verraten, als nächstes vielleicht Pierrot. Ihm schoß die Erinnerung an die Stunden im Verhörkeller in der Kommandantur durch den Kopf. Dann wieder grübelte er der Frage nach, was für ein Junge bei diesem Trio dabei gewesen sein konnte. Ihm fiel als erster der kleine Mario ein, der mit Pierrot inzwischen in einem herzlichen Verhältnis stand. Die beiden saßen oft zusammen auf der Dachterrasse von Pierrots Wohnhaus, erzählten und träumten laut und vertrauten einander eine Menge an. Jedenfalls der Kleinere dem Größeren. Zum Beispiel, wie Paavo einmal mitgehört hatte, Marios Wunsch, Eisenbahnschaffner zu werden und auf hohe Berge zu steigen und wie Pierrot diesem dann im Zusammenhang mit den ersehnten Bergen von Feuersteinen erzählte, von versteinerten Muscheln und Bergkristallen, die er früher dort selber oft gefunden habe. Umso absurder erschien Paavo jetzt Marios Mitwirkung an diesem unsichtbaren Lachtrio, sofern dieses gegen Pierrot gerichtet war.

Irgendwann gelang es Paavo, all diese quälenden Gedanken abzuschütteln. Er fuhr zerstreut mit seinem Zeigefinger auf seinem Knie herum. Plötzlich begann er, genau wie Pierrot, Linien zu zeichnen. Hin- und herlaufende, sich in verschiedene Richtungen verzweigende Linien, die sich zu einem vieleckigen, immer komplexeren, aber symmetrischen Gebilde verknüpften. Wieder ein Spinnennetz.

Endlich tauchten die anderen auf. Alle zusammen mit einem Mal, dicht hintereinander. Sie kamen von der gegenüberliegenden Seite des Platzes, vorbei an der Kaufhausfassade. Zuerst Simon, Sven und Monika. Dann der Rest. Sozusagen als Schlußlicht Pierrot. Sie waren alle mit Kostümen und Hüten beladen. Anscheinend hatte man diese eben zusammen aus dem Depot geholt. Pierrot trug nicht mehr Svens Mantelkostüm, sondern andere Kleider über dem Arm.

Mit einer raschen Handbewegung wischte Paavo das Spinnennetz auf seinem Knie aus, erhob sich und eilte den anderen entgegen.

Abb. 15: Karel Fleischmann, Fußball in den Dresdener Kasernen

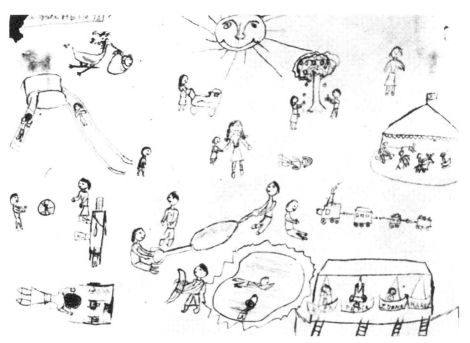

Abb. 16: Gabi Frei (1933–1945)

179

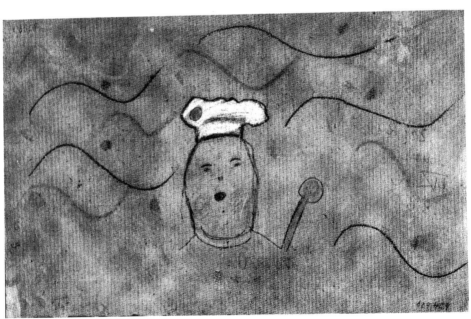

Abb. 17: Jiři Beutler (1932–1944) (oben)
Erika Taussig (1934–1944) (unten)

XVI

Nur eine halbe Stunde später war die Probe in vollem Gang. Sie verlief trotz ihres glanzvollen Auftaktes anders als erwartet.

Vor Beginn waren überraschend viele Zuschauer zusammengeströmt. Sie waren wie aus dem Nichts aufgetaucht. Zum Teil waren es immer noch dieselben wie beim ersten Mal. Schon von weitem war ihren Gesichtern große Spannung und Aufmerksamkeit anzusehen.

Auch die Schauspieler und Statisten machten sich geschwind bereit. Außer Sven und Paavo hatten sie schon gestern alle ihre Kostüme anprobiert und schlüpften rasch hinein. Paavo bekam seine Kleidung von Pierrot überreicht. Er war schon lange darauf gespannt gewesen. Umso ärgerlicher war er, daß nichts so recht paßte. Er hatte tüchtig mit der Überlänge seiner beigefarbenen Leinenhosen und seinem viel zu großen, breitkrempigen Strohhut zu kämpfen. Glücklicherweise gewöhnte er sich bald daran. Geschminkt wurde heute noch nicht.

Man bezog rasch Position. Erster Akt, erste Szene. Zum ersten Mal in der Öffentlichkeit in komplettem Zusammenhang.

Sven setzte sich mit seinem strohbedeckten Mantel und einem handlichen, mit allerlei Firlefanz verzierten, dunklen Leierkasten vorn an den Bühnenrand. Paavo begab sich mit seiner bereits aus dem zweiten Akt den Zuschauern bekannten Sense in den Hintergrund, inmitten eines hohen, künstlichen Getreidefeldes aus notdürftig gesteckten oder geklebten Halmen mit blutrotem Mohn dazwischen, welches sich quer über die Bühne hinzog. Die Kinderstatisten hielten sich irgendwo im Hintergrund bereit, um zum gegebenen Zeitpunkt aus dem Getreidefeld aufzutauchen. Hinter allem hing bedrohlich die von Jan und Luc verfertigte Monsterkulisse mit den Pest- und Kriegsmotiven. Ein Wink des Regisseurs, und das Spiel begann.

Die nichtöffentlich schon so oft geprobte Anfangsszene des Stückes lief wie am Schnürchen ab. Der kriegsblinde Leierkastenmann deklamierte mit verdrehten Augen sein Klagelied vom 'letzten Glöckchen'. Dazu entlockte er seinem Kasten mithilfe einer Kurbel wimmernde Begleittöne. Derweil zog der Kornbauer sensenschwingend durchs Getreide. Zwischendurch setzte er sein Werkzeug ab, um es, wie während der früheren Proben oft geübt, mit einem Stein zu schleifen oder sich auf die Rückseite der Klinge aufzustützen und sich den Schweiß von der Stirn zu wischen. Dann mähte er bedächtig und gewissenhaft weiter.

Irgendwann tauchten die Kinder aus dem Korn auf und überbrachten Paavo einen Brotzeitkorb. Sie trugen heute alle kurze graue Hosen und weiße Hemdchen.

Pierrot hatte die kleinen Statisten nach einem mühseligen und unwürdigen Tauziehen und gegen den erbitterten Widerstand von Jakob aus dem Kinderopernensemble loseisen können. Die gehäuften letzten AUSFÄLLE ganzer Kindergruppen im Ghetto hatten zu einer erheblichen Verschärfung der Konkurrenzsituation geführt und das Klima weiter verschlechtert. Dazu kam, daß die Gewinner im täglichen Kampf um Ersatzmitspieler nie wissen konnten, wie lang ihr Glück währte.

Während Paavo kauend Brotzeit mimte und die Kinder mit ihrem leeren Korb wieder abzogen, begann Sven, seinen Weltabschiedsmonolog mit immer unruhigeren, beschwörenden Gesten auszugestalten. In kniender Haltung pustete er den Blütenstaub einer Mohnblume in die Luft und präsentierte, langsam seinen Strohumhang öffnend, dessen bemalte Innenseite den neugierigen Blicken der Öffentlichkeit, während er unermüdlich weiter deklamierte.

Paavo ergriff wieder seine Sense. Da brach der große Kriegssturm los.

Ein Mann kam mit einer riesigen Handglocke angelaufen und schwenkte sie wild und lärmig hin und her. Dies war ein Ersatz für den Trommelrhythmus, nach dem Pierrot, zusammen mit einem bestimmten historischen Wappen, so lange vergeblich in der Ghettobibliothek gesucht hatte. Noch gestern hatte er in einer plötzlichen Anwandlung beim Kulturausschuß die Genehmigung einer noch viel effektvolleren Variante beantragt: nämlich dröhnendes Glockengeläut direkt aus dem Turm der Garnisonskirche, erwirkt durch den legendären Türmer. Aber dies war ihm aus guten Gründen verwehrt worden.

Bald mischten sich aufgeregte Lautsprecherkommentare in den Glockenlärm des Kriegsboten. Spruchbänder mit Nachrichtenfetzen wurden vorbeigetragen. Eine Riesengestalt in dunklem Bärenfell und mit Schellen trat auf und verkündete durch ein Megaphon den Vernichtungskrieg des Demiurgen Ascha gegen das Reich der Großen Vögel: 'Unser ruhmreicher und allmächtiger Herrscher hat geruht, die Zahl 12 und 'noir' zu treffen, und schwarz bedeutet Krieg', rief die Gestalt mit dunkler, rauchiger Stimme.

Das Bärenmonstrum umarmte daraufhin den Kornbauern, daß ihm die Knochen krachten. Dann riß es ihm den Strohhut vom Kopf und knutschte ihm ausgiebig das Gesicht ab. Schließlich ließ es von ihm ab und trat mit Zahnradbewegungen und abgehackten Worten rückwärts von der Bühne ab.

Das Bärenmonstrum war in Wirklichkeit eine Dame. Eine noch nicht lange im Ghetto untergebrachte, außerordentlich hoch- und breitgewachsene ehemalige Chorsängerin namens Nana. Paavo Krohnen war höchstens eine Woche vor seiner Entführung in die Kommandantur unversehens eng an sie geraten. Jedermann wußte von ihrer besonderen Vorliebe für zarte, kleinwüchsige Männer. Vergeistigt, wie sie sie nannte. Die beiden hatten sich vielleicht zwei-, dreimal heimlich nachts im Kartoffelschälraum der Zentralküche in der Nähe des Klubhauses getroffen. Danach war es Paavo irgendwie gelungen, ihr zu entkommen. Er war wie erstarrt gewesen, ihr hier wieder begegnen zu müssen. Sie war in seiner Abwesenheit als Ersatz für ihren plötzlich AUSGEFALLENEN männlichen Vorgänger eingesetzt worden oder hatte sich angeboten oder gar aufgedrängt, um so wieder in Paavos Nähe zu gelangen.

Für Paavo war Nanas erneute Umarmung eine schwere Anfechtung. Er hatte panische Angst, in dieser Enge sein Spiel nicht mehr durchzustehen, zu versagen und damit das Ensemble ins Unglück zu stürzen.

Wieder spürte er dieses Kribbeln in der Nase und die Tränen in den Augen, bestürzend peinlich diesmal in einer ähnlich breiten Öffentlichkeit wie damals ganz früher, als er einmal deswegen die Vorstellung hatte abbrechen müssen. Jetzt kam dazu, daß er sich in den Fängen einer Walküre befand, die seine Tränen womöglich auch noch als Ausdruck der Beglückung und Herzensrührung mißdeutete und sich dadurch in ihrem Tun noch weiter angefeuert fühlte.

Paavo wußte später nicht mehr, was ihm die Kraft gegeben hatte, die Szene noch bis zu Ende zu spielen. Möglicherweise das Bewußtsein, daß sein erster Abgang ohnehin bald bevorstand und er sich dann bis zu seinem nächsten Auftritt, dem großen Abdankungsmonolog, hinter der Bühne vor Nana in Sicherheit bringen konnte.

Das war nach Nanas Abgang und beim Abebben des Kriegsankündigungstaumels der Fall, als der Leierkastenmann nach endgültiger Loslösung von seinem Kasten vor allem dem Kornbauern gegenüber in die Offensive zu treten hatte und diesen damit zum Rückzug zwang, womit die erste Szene des ersten Aktes endet.

Dabei entledigte sich Sven zuerst mit großer Gebärde seines Mantelumhangs, setzte sich eine Papiermütze auf den Kopf und ergriff ein Holzschwert. Auf einem langen Stock Steckenpferd reitend, schrie er laut gegen die immer noch dröhnende Handglocke an.

'Friedensglocken wären besser... aber lieber Kriegsglocken als eine einzige daraus gegossene Kanonenkugel mehr', so rezitierte er.

Dann streckte er die Brust der Sensenspitze des Kornbauern entgegen, haschte nach ihr und versuchte sie zu küssen. Der Kornbauer aber riß sein Werkzeug an sich und hatte an dieser Stelle fluchtartig die Bühne zu verlassen. Als nächstes sollte nahtlos die Liebesszene zwischen Leierkastenmann und Singendem Brautschleier folgen. Die große zweite Szene des ersten Akts.

Paavo kam nach hinten, also zwischen die Rückwand der Kulisse und der Steintreppe zur Garnisonskirche. Dort warteten alle auf ihren Auftritt, und auch die Technik hielt sich dort auf. Monika und Sven sollten sich gleich über eine kleine Seitenöffnung auf die Bühne begeben. Aber dazu kam es nicht mehr.

Als Paavo hinten anlangte, tobte eine fürchterliche Auseinandersetzung zwischen Monika und Philipp. Du eitler Gockel, schrie Monika Philipp so laut ins Gesicht, daß Paavo sicher war, daß das Publikum es gehört hatte.

Philipp dagegen wußte seine Stimme zu beherrschen. Umso wirkungsvoller seine eiskalt vorgetragenen Beschimpfungen. Analphabetin..., Offiziersgöre..., hysterische alte Jungfer..., steigerte er sich in genau bemessenen Abständen.

Paavo fand bald heraus, daß es um die Besetzung der Nebenrollen in der Rouletteszene im folgenden Akt ging, vor allem der Musikanten und Haremsdamen, von denen Monika inzwischen auch eine zu spielen hatte und die Philipp ihr wohl streitig zu machen versuchte.

Sven bemühte sich immer verzweifelter, seine Partnerin für ihren gemeinsamen Auftritt loszureißen. Aber Monika und Philipp gerieten sich immer wüster in die Haare.

Du kannst froh sein, hier im Ghetto zu sein, kam Philipp jetzt in Fahrt. Draußen bekämst du diese Jugendlichenrollen nie mehr... nur noch die von alten Schrullen... vielleicht noch mit einem jungen Liebhaber dazu, haha...

Daraufhin drosch Monika blind mit ihren Fäusten auf Philipp ein. Es kostete die Anwesenden viel Anstrengung, die beiden Streitenden zu trennen.

Man war zwar erleichtert, daß dieses häßliche Intermezzo, wenn auch wahrscheinlich nicht den Ohren, so doch den Augen der Öffentlichkeit verborgen geblieben war. Aber es war allen zutiefst peinlich, daß das Spiel hier unterbrochen werden mußte. Monika konnte in diesem Zustand unmöglich eine Liebesszene spielen. Paavo erfüllte diese unfreiwillige Pause mit Angst, obwohl er froh war, sie nicht selbst, wie eben vorhin um ein Haar, verschuldet zu haben.

Dank Pierrots energischem Eingreifen versöhnten sich die beiden bald. Man verstand nur zu gut. Die enorme Spannung in dieser Probenphase, zusätzlich zu allen Einschränkungen und Bedrohungen hier, war Gift und begünstigte nur solche überflüssigen Streitereien. Auch verblaßten die gegenseitig zugefügten Kränkungen rasch im Vergleich zu dem, worunter man hier sonst litt. Schließlich mußte jede Minute genutzt werden, in der sich die Goliaths immer noch so rätselhaft im Hintergrund aufhielten.

Irgendwann, vielleicht noch am selben Tag, kam es endlich zum langersehnten Auftritt zwischen den beiden.

Monika hatte sich inzwischen wieder erholt. Sie strahlte vor Zuversicht und erschien auch in einem Aufzug, mit dem sie ihrer neuen Hochstimmung Ausdruck verlieh. Da ihr weißer Schleier während des Handgemenges mit Philipp einen tiefen Riß erhalten hatte, trug sie als Notbehelf eine schneeweiße Perücke unter ihrer schwarzen Baskenmütze, was sich zusammen mit ihrer großen Brille über der Stupsnase ziemlich grotesk machte.

Sie spielte jetzt ihre Rolle voll aus, umwarb mit gelegentlichen Küßchen den noch von der Kriegsankündigungsszene verausgabten und trostbedürftigen Leierkastenmann.

Die Zuschauermenge, froh, die beiden endlich auf der Bühne zu sehen, war sichtlich ergriffen. Als ein kleines Mädchen, unweit von Jan und Luc, mit seinen Patschhändchen mittenhinein zu klatschen begann, wurde es von den Großen zischend zurechtgewiesen.

Paavo beobachtete die Szene von vorn, da Nana gerade nicht in der Nähe war.

Monika übertraf sich selbst. Sie fegte, hingerissen von ihrem eigenen Spiel, wie ein Feuerball um Sven und weckte seine Lebensgeister. Vieles ging über Pierrots Regieanweisungen hinaus. Aber der Spielleiter ließ es gewähren. Ja, er genoß es anscheinend. Jedenfalls bis es, als Monika auf Svens entblößtem Bauch herumzuküssen begann, ins Vulgäre abglitt.

Pierrot hatte die ganze Zeit mit höchster Konzentration das Spiel verfolgt. Er wechselte wiederholt den Standort. Einmal stieg er seitlich auf die Bühne, dann wieder nach unten in das Zuschauergewühl, dann wieder hinauf. Heute führte er kein Textbuch mit sich. Er stand mit verschränkten Armen und aufmerksam geneigtem Kopf da.

Da Pierrot trotz dieser etwas peinlichen Stelle nicht schon wieder unterbrechen wollte, beließ er es bei einem mißbilligenden Kopfschütteln. Es war später noch genügend Zeit, es in der 'Kritik' im Anschluß an die Probe loszuwerden.

Nach dem Abklingen der anfänglichen Ekstase verinnerlichte sich das Zusammentreffen zwischen Monika und Sven ins Lyrische. In stiller Umarmung besannen sich beide auf ihr gemeinsames Schicksal und beteuerten einander, daß der neu ausgebrochene Krieg die lang ersehnte Erlösung bringen werde, der sie vereint entgegengehen könnten: 'Liebesekstase magst verstummen, verschluckt von der Finsternis, schwarz gegen rot, noir gegen rouge... unsere letzte

Erfüllung...', lauteten die Schlußworte, die Monika mit immer noch vor Sinnlichkeit vibrierender Stimme vortrug.

Nicht nur Monika gewann sichtlich im Verlauf dieser Szene. Auch Sven vermochte die Zuschauer mitzureißen. Auf das Spiel beider färbte offenbar das Bewußtsein ihrer wirklichen Lage ab. Es nahm, ganz im Sinne des Festspielautors, immer kraftvollere und überzeugendere Dimensionen an. Bei Sven kam noch etwas Besonderes hinzu. Sein Geheimnis mit Shirin, Gedanken an das letzte Zusammensein, Sehnsucht nach ihr, Zukunftsträume, vielleicht auch der Wunsch nach wirklicher gemeinsamer Erlösung von hier, was, zusammengenommen, ihn um ein Vielfaches beflügelte. Auch Monika ließ sich, sofern sie dies von Sven wußte, daran teilhatte und jetzt auch spürte, davon in ihrem Spiel mittragen. Der kräfteraubende Streit mit Philipp schien völlig vergessen. Shirin wiederum war für Sven so gegenwärtig, daß er im Publikum gar nicht Ausschau nach ihr hielt.

Nach Beendigung dieser Szene lösten sich die Liebenden aus ihrer Umarmung und gingen auseinander. Heute noch für alle sichtbar. Denn es war noch kein Vorhang vorhanden.

Hier sollte sich gleich die dritte und letzte Szene dieses Aktes anschließen. Die mit größter Spannung, ja Angst erwartete, der Öffentlichkeit so lange vorenthaltene und schon zur Stadtlegende gewordene Schlüsselszene des ganzen Stückes. Paavos großer Abdankungsmonolog.

Man hatte zuletzt während Paavos Abwesenheit nur eine kurze Stellprobe abgehalten. Dort hatte Pierrot den Kornbauern markiert. Ungünstigerweise hatte diese Probe in einem Raum über dem Klubhaus stattgefunden, dicht neben der Redaktion des 'Tausendfüßlers'. Das noch so kurze Auftauchen eines jeden Zaungastes dort hatte panische Angst erzeugt. Man hatte die Probe so schnell wie möglich zum Abschluß gebracht.

In der Tat breitete sich schon vor Beginn größte Nervosität aus. Im Ensemble wie auch im Publikum. Paavo merkte es besonders, als er die Bühne bestieg und dem Publikum ins Angesicht sah. Dieses wirkte auf ihn wie eine zähflüssig brodelnde Masse, unter deren Oberfläche dicke Blasen treiben. Er selber war der einzige, der ruhig blieb. Wahrscheinlich, weil er jetzt allein das Spiel in der Hand hatte.

Gerade als er beginnen wollte, stürzte hinter ihm mit lautem Krach Jans und Lucs Pest- und Kriegskulisse zu Boden. Voller Entsetzen, so als wäre in dieser technischen Panne ein böses Omen zu sehen, sprang alles hoch und rannte hin, um das Bild wieder aufzurichten. Dabei kam man einander derart ins Gehege, daß alles durcheinanderkam und so viel, zu viel Zeit verloren ging oder vielleicht auch gewonnen wurde angesichts der sich steigernden spannungsvollen Angst.

Es war die zweite Unterbrechung, die sich wieder bedenklich lange hinauszog.

Als es schließlich so weit war, gab Pierrot Paavo das Zeichen. Paavo stand jetzt, wie es sein sollte, allein auf der Bühne. Trotzdem war ihm so, als füllte er den leeren Raum um sich herum.

Er trat ein paar Schritte vor, pflanzte seine Sense vor sich auf, stützte sich wieder einmal auf die stumpfe Seite der Klinge auf und begann mit seinem Monolog.

In großer Pose trug er seine Abschiedsrede vor. Er begann, sich rasch so sicher zu fühlen wie noch nie bisher beim Probieren dieser Szene, ja, wie überhaupt noch nie in seinem Spiel im Ghetto hier. Es war geradezu ein unendlicher Kontrast zu seiner Verzweiflung und Verzagtheit vorher in Nanas Armen. Ihm war, als übertrüge sich seine Sicherheit auf das Publikum, als vermöchte er diesem etwas von dessen Angst zu nehmen und gäbe ihm gleichzeitig die Kraft, mit seinem Spiel frei mitzugehen. Er gab und bekam zurück, gab dann um so mehr und bekam um so mehr zurück. Es war ein fortlaufend sich steigernder Wechsel zwischen überzeugendem und überzeugtem Spiel. Er fühlte sich davon bald wie in einem euphorischen Taumel mitgerissen.

Ihm gelang, wie er fand, immer meisterhafter das von ihm verlangte Schillern zwischen Trotz und Resignation, zwischen Aufbegehren und Überdruß. So, wie er und Pierrot dies oft während der früheren Proben durchgearbeitet hatten. Paavo war stolz, so einiges von den vorangegangenen Pleiten dieser ersten Kostümprobe ausgleichen zu können.

Die Kraft, von der er sich durchdrungen fühlte, stand freilich im Widerspruch zum refrainartig wiederholten Kern seiner Ansprache: 'Was verlangt man von mir altem Mann, der, seitdem die Welt besteht, pflichtgetreu sein Handwerk ausübt?'

Doch dann hatte er sich laut Text immer tiefer in die Verbitterung und Resignation angesichts des neuen Vernichtungskrieges gegen das Reich der Großen Vögel hineinzusteigern.

'Schon wieder Krieg? Nach dem siegreichen Hochgebirgsfeldzug? Für den ich längst nicht alles abgearbeitet habe. Das Korn wird überreif...'

Beim Wort 'Korn' stand einer in der vordersten Zuschauerreihe abrupt auf und gestikulierte wild, als wollte er etwas rufen. Er wurde jedoch sofort von seinem Nebenmann am Arm gepackt und wieder herabgedrückt.

'Die Perfektion, die Hast, das vollautomatische Getriebe moderner Unterwerfung...', so fuhr Paavo fort, 'haben mich längst überholt... Ich kleiner Flurbereiniger... Ich mit meinen müden Knochen... meiner schartigen Sense... kann unmöglich Schritt halten... mache mich nur lächerlich... Ich hab' meine Schuldigkeit getan.'

Hier versagte Paavo plötzlich die Stimme. Sie brach in tonloses Flüstern ab.

Paavo räusperte sich so heftig und so lange, bis sich seine Stimme wieder fing. Aber sie blieb schwach im Vergleich zur bebenden Energie am Anfang.

Dann riß er sich zusammen und sammelte seine Kräfte zu einem neuen titanischen Aufschwung.

'Und außerdem', so fuhr er in gewohnter Lautstärke fort, 'der Demiurg hat mich von seinem neuesten Übergriff gegen das Reich der Großen Vögel nicht unterrichtet. Er macht die Rechnung ohne den Wirt... Er hat mich vor aller Welt bloßgestellt...'

Dabei umklammerte er leidenschaftlich seine Sense.

'Ich muß ihm und der Menschheit eine Lehre erteilen. Ich mache Schluß', rief er plötzlich laut. 'Ich ziehe einen faustdicken Strich zwischen ihr und mir... einen Schicksalsgraben'.

Er zeichnete mit dem Ende des Sensenschafts eine Demarkationslinie quer über die Bühne zwischen Getreidefeld und Publikum.

'Einen Schicksalsgraben', wiederholte er, jetzt mit Blick in die Zuschauermenge. 'Mein Abgang und euer ewiger Beginn'.

Wenige Augenblicke später stellte er sich, fast schwebend, auf die Zehenspitzen und hob mit einer leichten Drehung seines Körpers sein Werkzeug in die Höhe. Er holte zu einem ungeheuerlichen Schwung aus, der angesichts seiner kleinen Statur phänomenal wirkte. Dann senkte er plötzlich die Arme. Er holte ein zweites, ein drittes Mal aus, ohne daß er sein Gerät zum Wurf freigab, so als erwartete er etwas Besonderes. Endlich ließ er los. Die Sense flog in hohem Bogen nach hinten ins künstliche Getreidefeld.

In unserem Text schließt an dieser Stelle der erste Akt, ganz unten an der Seite und ohne die Bezeichnung 'Ende'. Da die Manuskriptseiten nicht numeriert sind, ist es durchaus möglich, daß hier ein Stück fehlt, verloren gegangen oder absichtlich beiseite geschafft worden ist.

Nun war es also geschehen. Die ominöse Abdankungsszene war zum ersten Mal der Öffentlichkeit vorgestellt worden. Was würde jetzt geschehen? Die Folgen, vor denen alles gezittert hatte? Besonders nach den Vorerfahrungen der ersten öffentlichen Probe?

An sich hatte man entweder mit dem endlichen Eingreifen der Goliaths gerechnet oder aber mit einem öffentlichen Aufruhr: mit Tumulten, Auswüchsen, Chaos. Aber was Paavo beschrieb, war maßlos und fremd.

Ich fragte mehrfach nach.

Doch, doch, sagte er. Was soll schon anderes passieren, wenn die Abdankung aktenkundig wird?

Sie saßen demnach erst noch alle manierlich nebeneinander da unten auf dem Platz, die Menschen in ihrer so unterschiedlichen Aufmachung. Aber dann erhoben sich alle, und es wogte durcheinander. Groß und klein, alt und jung, gerade und krumm. Die Strohhüte und Kopftücher, die grellfarbenen Schals, die Sträflingshosen, die Pelzmäntel, Lumpen und Krücken und der ganze falsche Schmuck dazu, wie Paavo sagte. Auch die bekannten Gesichter: Gregor, Carmen, Inga und Mario mit ihrem Teddy, Luc und Jan, die alte Frau auf dem Klappsessel, der glatzköpfige Herr, der seinerzeit für die vor der Bühne als Skelette tanzenden Kinder eine Lanze gebrochen hatte. Vielleicht auch Ui und Sina. Und auch der Dr. Sokol in seinem überlangen Ärztekittel und das Fräulein im weißen Häubchen.

Und dann?

Ja, und dann verschmolz alles zu einem gigantischen Reigen aus wilden Tänzen mit lauten, jubelnden Gesängen. Vielleicht ein, zwei Minuten so, bis sie alle ihre letzten Kräfte herausgetanzt und herausgesungen hatten.

Und?

Dann stürzte alles wie mit einem Schlag zu Boden. Der Gesang ging in Lachen über. Man wälzte sich und rang nach Luft. Das Lachen erstarb, und es wurde wieder still. Die Menschen lagen schlaff auf dem Boden, als wäre die Spannung aus ihren Körpern gewichen. Langsam entflocht man sich wieder zurück in die gewohnte regungslose Vielfalt und Buntheit des Sitzens und Liegens.

Es wurde aus Paavos Wiedergabe auch nie deutlich, ob und wie lange auch dies zu einer Unterbrechung der Probe geführt hatte. Aber dann beschrieb er wieder nüchtern und glaubwürdig den Fortgang. Den sich anschließenden zweiten Akt.

Der Aufbau des Bühnenbildes verlief im Unterschied zur ersten öffentlichen Probe stockend, mit allerlei Verzögerungen, Fehlern und Reibereien.

Der Landkartensaal des Demiurgen. Die komplizierte Glühlampenanlage. Es dauerte. Es ging schief. Pierrot fluchte und wünschte sich lauthals Magnus herbei.

Endlich funktionierte es.

Aber dann kam der Roulettetisch nicht. Meuterei unter den Technikern, die noch nicht die ihnen zugesagten Extrabezugsscheine für Brot erhalten hatten. Der Streit wurde beigelegt. Dann kam der Tisch. Aber es war der falsche. Ein ähnlich kurios aussehender Billardtisch aus einem anderen Stück, aber nicht der Roulettetisch der Generäle. Man merkte es erst, als die Herren mit verbundenen Augen um ihn herum saßen, nach ihren Chips tasteten und stattdessen lauter numerierte Billardkugeln erwischten. Großes Gelächter, von dem sich peinlicherweise auch der Croupier auf der Bühne anstecken ließ. Dadurch noch größeres Gelächter. Nächste Unterbrechung.

Dann endlich konnte es losgehen.

Das Publikum wurde mit einer besonders gelungenen Darstellung entschädigt. Die Clownerien, der musikalische Klamauk, die Zoten um den Harem des Demiurgen. Es hätte nicht besser sein können. Die Zuschauer waren begeistert.

Es folgte sofort die zweite Szene des zweiten Akts. Dasselbe Bild, nur ohne Roulettetisch, aber mit Demiurgenthron auf dem Gerüst. Darauf Philipp. Jetzt in dem von Joos verfertigten Ganzkörper-Overall aus Stanniol, der den Demiurgen als das angekündigte gesichtslose Spiegelbild der Welt darstellen sollte. Nur die Maske um den Kopf fehlte noch. Unter dem Demiurgen, im Gerüst eingeklemmt, wieder der Sklavereiminister Romuald auf seinem Stühlchen. Und, seitlich am Gerüst an einem dicken Nagel hängend, wieder die herrenlose Sense.

Es folgte die bereits bekannte, die Abdankung des Todes besiegelnde Lichterszene. Die Technik, wider Erwarten, perfekt. Auch sonst lief alles glatt und rund bis zum Schluß der Szene: die große Kehrtwende des ursprünglich empörten und verunsicherten Demiurgen: 'Es lebe die Unsterblichkeit des Menschen'. Das war bekannt.

Für die folgende, dritte Szene wurden die Landkarten mit schwarzen Tüchern verhängt. Romuald war abgetreten. Der Demiurg saß allein auf seinem Thron. Sein Overall erschien ohne den Lichterglanz von vorhin grau und matt. Das sollte auch so sein.

Jetzt trat von links der Militärarzt Dr. Paracelsus auf. Dieser bis zum Hals in hochdekorierter Uniform, mit Offiziersmütze und kolossalen schwarzen Reitstiefeln. Er stelzte zum Podest, wo er dicht neben der Sense stehenblieb. Am Demiurgen vorbei und zum Publikum gewandt, salutierte er und kündigte eine wichtige Meldung an. Als 'ärztlicher Abgesandter des Heeres', wie er sagte.

'Doktor Paracelsus?,' parierte der Demiurg, ohne zur Seite zu blicken.

'Der bin ich', antwortete der.

Alle, die nicht wußten, daß Simon diese Militärmarionette spielte, erkannten ihn spätestens jetzt. Das charakteristisch Verkrümmte, Gnomenhafte an ihm, das zu dieser seiner Rolle bestens paßte.

'Unser Krieg feiert Hochkonjunktur', prahlte Paracelsus, weiter an seinem unerreichbar erhöhten Adressaten vorbeischauend. Wie in der Regie vorgeschrieben, streckte er bei diesen Worten den Arm nach der Sense aus, zog ihn jedoch blitzartig zurück, als hätte er sich daran verbrannt.

'Schön', antwortete der Demiurg trocken.

'Nein, ihr macht euch keine Vorstellung. Eine völlig neue Situation. Eine Herausforderung sondergleichen'.

'Ich höre', sagte der Demiurg, mit seinem Overall raschelnd.

'Unsere Maschinerie hat alles bewirkt, zu Land, zu Wasser und in der Luft', führte der andere aus. 'Der Aschenregen für die nächsten zweitausend Jahre. Die sich selbst erhaltenden Bakterienschwärme. Die gekippten Meere und Gewässer. Die Bodenerosion. Der Himmel voll von Staub und Gasen. Auch die Menschen, ob Freund oder Feind, sind bis ins Mark verseucht, und... wie ihr schon wißt... nicht umzubringen... nicht... umzubringen... Allesamt verseucht... und kein einziger umzubringen... Sie kämpfen alle weiter... Täglich werden neue Waffen produziert, getestet und im Austausch exportiert. Waffen, die alles können, nur nicht morden'.

'Hmm.'

'Sie sind stumpf... gegen das Leben... Auch im Reich der Großen Vögel.'

'Hmm.'

'Aber, was neu ist und noch viel schlimmer... Unsere eigenen Leute lehnen sich dagegen auf.'

'Unsere Leute?'

'Sie meutern. Ganze Truppenteile laufen über zum Feind. Und immer mehr Ärzte schließen sich den Deserteuren an. Auch immer mehr Kranke und verseuchte Opfer. Ihr Ruf nach Erlösung vom Inferno des Leidens wird immer lauter... Das Leben wird zum größten Widersacher erklärt, zur höchsten Strafe und Verdammnis. Alle Werte und Maßstäbe kehren sich um. Unsere Ordnung bricht zusammen. Überall nur Chaos und Aufruhr... Und.... ich wage es gar nicht zu sagen... die Wut der Empörer richtet sich... gegen... Euch.'

'Gegen mich?'

'Ja. Ihr werdet verantwortlich gemacht für die Abdankung.'

Wieder wollte Paracelsus nach der Sense greifen und zog abermals zurück. Der Demiurg schien dies zu bemerken.

'Verantwortlich gemacht?', fragte dieser zurück. Dabei richtete er sich so abrupt auf, daß es Paavo, der die ganze Zeit von der Seite aus zugeschaut hatte, einen Stich versetzte.

Der Druck unter der Zuschauermenge stieg unerträglich an. Es war wie vor einem Erdbeben, wenn zwei zusammenstoßende unterirdische Gesteinsplatten sich immer gewaltsamer aneinander vorbeischieben.

'Ganze Scharen rücken heran,' fuhr Paracelsus mit seinem Bericht fort. 'Sie wollen euren Palast stürmen.'

'Und? Welche Gegenmaßnahmen?'

'Nun ja. Töten geht nicht mehr. Das ist die Crux. Deshalb hat das Gesundheitsministerium mich als Militärpsychiater beauftragt.'

'Und?'

'Ich habe regierungstreue Helfer ausschwärmen lassen. Sie verteilen ruhigstellende Medikamente. Versteckte Mengen hochwirksamer Mittel. Leicht jeder Nahrung beizumengen oder den vielbenötigten Pülverchen, Tropfen, Infusionen und Injektionen in unseren Lazaretten. Unsere letzte Rettung gegen die wachsende Übermacht...'

'Wieweit ist der Gegner schon vorgedrungen?'

'Der äußerste Verteidigungsgürtel ist durchbrochen. Aber unsere Leute haben sie bereits erreicht. Es braucht ein bißchen Zeit. Ein paar Stunden, und unsere medikamentösen Maßnahmen greifen...Ruhigstellung, das ist die absolut unfehlbare Methode. Ein psychisches Kompensat, kathartisch, therapeutisch, konfliktlösend...Ganz und gar die Erlösung, nach der sie alle schreien, haha.'

'Und wie lange hält sie vor?'

'Die Erlösung?'

'Nein. Die Ruhigstellung.'

'Beliebig bei entsprechender Dosierung. Besonders bei unseren überaus bewährten Langzeit- und Depotpräparaten. Unsere Reserven sind unerschöpflich.'

'Dann brauchen wir die Menschen nicht mehr zu fürchten?'

'Ein Wettlauf mit der Zeit. Wir werden ihn gewinnen.'

'Gut. Gut. Dann weiter so.'

Der Militärpsychiater verbeugte sich und trat ab.

Unten in der Zuschauermenge herrschte inzwischen eine solche Hochspannung, daß die nächste und vierte Szene, das dem Publikum schon gut bekannte Dreiergespräch zwischen Sklavereiminister, Militärpsychiater und Leierkastenmann als Abgesandtem des rebellierenden Volkes übersprungen wurde. Es hatte zwar dramaturgisch gerade den Sinn, den eigentlichen Höhepunkt des Geschehens hinauszuzögern. Aber das ging jetzt auf keinen Fall mehr. Das Publikum hätte es als Hohn empfunden, besonders, da es schon während der ersten öffentlichen Probe im Anschluß an den Klamauk der Rouletteszene zu oft mit diesem Gesprächsfüllsel bei Laune gehalten worden war.

Alles drängte jetzt immer rascher und dichter dem Ende zu.

Nach der ausgelassenen vierten Szene sitzt in der fünften der Demiurg allein auf seinem Podest. Aber nicht lange. Bald erscheint der Militärpsychiater wieder, diesmal allerdings in Zivil. Er trägt eine karierte Jacke und eine grotesk geblümte Fliege, und sein Haar glänzt von Pomade. Ohne Uniformmütze wirkt sein Gesicht gemütlich, fast humoristisch rund. Aber auf seinem Gesicht zeichnet sich keine gute Laune ab. Er hat sein auftrumpfendes Gehabe von vorhin abgelegt, schaut eher ernst und besorgt drein. In Zivil wirkt er überhaupt kleiner, fast zerknittert.

Auch die Unterredung zwischen ihm und dem Demiurgen verläuft anders als das letzte Mal. Der Demiurg befindet sich in einer kläglichen Verfassung. Offenbar hat sich die Lage inzwischen doch zu seinem Nachteil entwickelt, und er hat die ganze Tragweite der Abdankung des Todes durchschaut. Er wirkt jetzt wie am Ende, wie kurz vor seiner Entmachtung. Deshalb hat er Paracelsus zu einer Privatkonsultation gerufen. Er weiß nicht mehr, was er in dieser ausweglosen Lage tun soll.

Nachdem Paracelsus ihn von der Erfolglosigkeit seiner ärztlichen Maßnahmen gegen die Aufrührer unterrichtet hat, deutet dieser an, eine ganz andere Lösung zu haben. Er zögert jedoch, sie bekanntzugeben. Sie scheint mit großen Schwierigkeiten verbunden zu sein. Er hält damit so lange wie möglich zurück.

Beim fünften 'Was tun?' des Demiurgen rückt der Psychiater endlich damit heraus. Überaus langsam und stockend:

'Ich weiß, daß ER zur Rückkehr bereit ist. ER möchte euch wissen lassen, daß er sein Amt wieder antritt, wenn...'

'Wenn was?'

'Wenn ihr...'

'Wenn ich was?'

'Wie soll ich es sagen?'

'Sagt es.'

'Es ist schwierig.'

'Ich befehle, daß ihr es sagt.'

'Ich weiß nicht, ob ihr es könnt.'

'Was? Was auf dieser Welt soll ich nicht können?'

'Nun ja. Ich hab gesagt, ER kommt zurück... aber nur unter der Bedingung... nämlich...'

'Nämlich?'

'Nämlich... daß ihr... sein... erstes... Opfer... seid...', läßt Simon fast nicht mehr hörbar vernehmen.

Mit dieser Zuspitzung endet die uns erhaltene schriftliche Fassung der fünften Szene des zweiten Aktes und damit des Stückes überhaupt. Die einzige Stelle übrigens mit dieser direkten Benennung über das Pronomen ER. Und dies mit mehreren Überklebungen im Manuskript.

Gleichgültig, ob das Stück tatsächlich hier endete oder nicht, die Reaktion des Demiurgen auf das ungeheuerliche Ansinnen kam jedenfalls während dieser öffentlichen Probe nicht mehr zum Ausdruck.

Denn im selben Augenblick löste sich unten auf dem Platz endlich die so quälend lange festgehaltene Spannung. Immer mehr Menschen erhoben sich und schritten in Richtung Bühne.

Alle oben auf der Bühne blickten zuerst erschrocken zu ihnen, dann hilfesuchend zu Pierrot. Aber der rührte sich nicht.

Mag sein, daß sich die Herantretenden dadurch erst recht dazu ermutigt fühlten. Sie näherten sich langsam aber stetig der Bühne. Auch Kinder. Dann kletterten sie auf sie hoch und traten vor das Gerüst mit dem Demiurgen darauf. Dort blieben sie stehen.

Inzwischen war Simon abgetreten. Dies stand so im Textbuch. Seiner verängstigten Haltung nach hätte er dies womöglich auch ohne Anweisung getan.

Die Menschen, die vor dem Thron des Demiurgen standen, begannen durcheinanderzureden und wild zu gestikulieren.

Es ist mir aus Paavos Erzählung der Inhalt und die Bedeutung dieser Episode unklar geblieben. Gab es einen Sprechchor am Ende der fünften Szene, der in unserem Manuskript nicht mehr vorhanden ist? Waren die betreffenden Akteure zuerst unter das Publikum gemischt und von dort auf die Bühne dirigiert worden? Hatten sich diesem Zug vielleicht in einer Spontanaktion einige Zuschauer angeschlossen? Am wenigsten glaubhaft erscheint die Version, das Ganze sei einer der durch die allgemeine Erregung ausgelösten Volkstumulte gewesen.

Den Text, wer auch immer ihn da oben sprach, gab mir Paavo Krohnen in mehrfacher Wiederholung nach der Art einer Gebetsmühle wieder, so, wie er damals angeblich gesprochen wurde:

'Eure Maschinerie ist überallhin eingedrungen. Auch in unsere Herzen und Seelen. Wir sind dazu verdammt, in unversöhnlichem Haß zu leben, seitdem sich uns der XXX (Murmeln) verweigert hat. Erlöst uns vom Wahnsinn der Sünde und der Schuld und befreit uns von unseren fortdauernden Schmerzen, indem ihr uns den XXX (Murmeln) zurückbringt. Wir flehen euch an, leidenschaftlich und demütig. Wir werden kämpfen, wir werden nicht ruhen, bis daß unsere blutenden Wunden sich für immer geschlossen und wir den ersehnten Frieden gefunden haben. Eure Maschinerie ist überall eingedrungen. Auch in unsere Herzen und Seelen. Wir sind dazu verdammt... usw.'

Diese Worte wurden von Wiederholung zu Wiederholung immer lauter und hastiger gesprochen, bis sich alles nur noch überschlug. Die Akteure reckten die Arme höher und höher. Immer mehr Nachrückende und auch solche, die weiter hinten standen, schließlich fast alle unten auf dem Platz, stimmten in den Chor mit ein. Dessen wehklagender Ton steigerte sich allmählich zu einem Brüllen.

Irgendwann tauchten aus dem Bühnenhintergrund Romuald und Simon auf. Romuald bestieg von hinten das Gerüst des Demiurgen. Er stellte sich als der Sklavereiminister über die schreiende Menge und lachte sie hämisch aus. Unter maliziösem Grinsen formte er mit lautlosen Mundbewegungen die Worte der Bittsteller nach.

Als die Eindringlinge immer dichter den Demiurgenthron umlagerten und auf das Gerüst hinaufzusteigen drohten, rissen Romuald und Simon geistesgegenwärtig eines der großen schwarzen Tücher, mit denen nach Beendigung der

Lichterszene die Landkarten verhängt worden waren, von der Bühnenwand und hielten dieses schützend vor den Demiurgen.

Augenblicklich erstarb der Lärm. Wie von einem fürchterlichen Bann getroffen, erstarrte die Menge. Alle ließen die Arme sinken. Nach und nach drehten sie sich um und stiegen stumm und in der Haltung von Verlierern einer Schlacht von der Bühne hinunter und mischten sich unter die Zuschauer.

Auch oben auf der Bühne sah alles nach einer verlorenen Schlacht aus. Romuald und Simon hielten weiter starr das schwarze Tuch vor ihren Demiurgen. Auch die anderen standen regungslos, wie steife Puppen, da.

Als nächstes strebte alles unten auf dem Platz langsam zurück in die Straßen und Gassen, woher man gekommen war.

Erst als alle außer Sicht waren, begannen die vom Ensemble die Bühne abzuräumen.

Betäubt und wie in Trance schafften sie die Requisiten zur Seite, befreiten die Landkartenflächen von den restlichen schwarzen Tüchern und schlüpften aus ihren Kostümen.

Niemand sprach ein Wort. Pierrot brummte als einziger etwas Unverständliches vor sich hin. Eine stereotype Wiederholung irgendwelcher Silben, wie sie manchmal Kinder vortragen, melodisch und rhythmisch eingängig aber ohne Sinn oder nur mit einem, den die Kinder selbst verstehen.

Paavo fühlte sich elend, zerknirscht und niedergeschlagen. Er schwitzte und fror zugleich. Sein nagender Hunger kam ihm wieder zu Bewußtsein, und er litt heftige Schmerzen am ganzen Körper. Dazu kam, daß Nana, die die letzte Zeit wieder bedrängend dicht neben ihm auf der Erde gesessen hatte, jetzt ohne Bärenfell und Schellen ihm um so ungehinderter an die Haut ging. Es war wirklich unausstehlich. Konnte man in dieser verfluchten Stadt nicht auch tagsüber wenigstens einmal eine Minute allein sein? Eine Minute nur? Es war zum Schreien.

An die an sich vorgesehene allgemeine 'Kritik' am Ende jeder Probe dachte keiner mehr. Es drängte alle aus der Umzäunung dieses Platzes in die etwas weitere der Stadt hinaus.

Auf dem Platz und drumherum tauchten, wie zur beiläufigen Ablenkung, vereinzelte Gestalten auf. Hier eine Frau, die sich mit einer Gießkanne in der Hand aus einem der hochgelegenen Fenster beugte und ihren Busen in den leeren Blumenkasten vor sich versenkte. Dort ein Halbwüchsiger, der, etwas Verbotenes an sich drückend, um die Ecke huschte. Dann ein paar Schatten da und dort.

Pierrot, sonst schwer aus der Ruhe zu bringen, blickte ängstlich gespannt hoch. Dann rief er kaum hörbar und mit leidender Miene:

Abb. 18: unbekannt

Abb. 19: Margit Koretz (1933–1944)

Abb. 20: Berta Kohn (1931–1944)

Abb. 21: Doris Zdekanerová (1932–1944)

Schluß für heute...Schluß...Schluß...Schluß.

Mein Gott, was haben wir da angerichtet?, stieß Simon zwischen die Zähne, während er sich angewidert die Pomade aus dem Haar rieb.

Angerichtet? Wieso angerichtet?, meinte Philipp leise aber mit vorgestreckter Brust. Das war doch toll.

Ja...der Durchbruch. Wir haben den Durchbruch geschafft...und wir haben jetzt alle ein Pause verdient, ereiferte sich Romuald, während er Paavos Sense ergriff und mit ihr in der Luft herumfuchtelte.

Kinder..., rief Pierrot und schüttelte fassungslos den Kopf. Ich fürchte, das gibt eine lange Pause.

Wieso? Jetzt sind wir in der Offensive. Wir sind unsere Botschaft losgeworden. Damit ist bewiesen, daß wir die Stärkeren sind, die Auserwählten, der Baum, der fest bleibt, donnerte Philipp mit einer Energie, als könnte er gleich mit der nächsten Probe beginnen.

Wir sind hier nicht unter uns, rief Pierrot wütend. Dann wandte er sich abrupt zur Seite und verließ schnellen Schrittes die Bühne. Paavo folgte ihm nach.

Ich geh' mal schauen, wo Shirin steckt, sagte Sven und brach in eine andere Richtung auf.

Gerade die haben's nötig, brummte Pierrot zornig, als er und Paavo am Stadthaus vorbeigingen. Gerade die. Am Anfang haben sie mir die Hölle heiß gemacht mit ihrem Kleinmut, ihrem Defaitismus, von wegen 'zu gewagt' und daß ich euch alle ins Unglück stürzen würde mit meinem Stück. Und jetzt, wo's wirklich soweit ist, führen sie das große Mundwerk.

Die meinen das nicht immer so, versuchte Paavo zu beschwichtigen.

Vielleicht hätte ich damals auf sie hören sollen, stieß Pierrot in weinerlichem Ton hervor.

Ach, Unsinn.

Als Künstler sitzt man immer zwischen den Stühlen. Die einen sagen: 'Zu wenig', die anderen: 'Zu viel'. Wieder andere ändern ständig oder im falschen Augenblick ihre Meinung...Fest steht, daß wir jetzt gehörig was umstellen müssen.

Als Paavo dies hörte, versuchte er sich zu erinnern, für wann eigentlich die Generalprobe eingeplant gewesen war. Wenn überhaupt, mußte sie bald sein. Deshalb verstand er nicht, was Pierrot mit diesem 'umstellen' meinte, obwohl es auch ihm ein Rätsel war, wie unter den jetzigen Umständen noch eine Generalprobe zustande kommen sollte.

Es lag ihm auf den Lippen, Pierrot zu fragen. Doch er merkte immer deutlicher, wie unmöglich dies im Augenblick war, und er beschloß, es bleiben zu lassen.

XVII

Schon bald, nachdem sie sich vom Hauptplatz wegbegeben hatten, zerteilte sich auch sonst alles. Es bildeten sich größere und kleinere, voneinander getrennte Menschenansammlungen. Dadurch bekam die Stadt ein größeres Gesicht. So fühlte es sich jedenfalls für die an, die gelegentlich von einem Standort zum anderen wechselten oder zwischen den Gruppen pendelten wie zum Beispiel Paavo Krohnen.

Eines der Grüppchen strebte auf eine dunkle Nische an der Gletschergasse nahe beim Hauptplatz zu.

Einer von ihnen führte eine Klarinette mit sich. Er hieß Mai. Paavo hatte schon früher Kostproben von seinem mitreißenden Spiel bekommen. Das erste Mal sporadisch auf dem Hauptplatz an jenem sonnengrellen Morgen, als er sich auf dem Weg zur Probe im Hof der Neptunkaserne von den vielfachen Spontandarbietungen im Stadtzentrum hatte abhalten lassen. Seitdem hatte er Mais Art zu musizieren jedesmal aufmerksamer und dankbarer wahrgenommen. Er wußte auch, daß Mai zu denjenigen gehörte, die unermüdlich die Alten und Kranken in den Spitälern, Heimen und Privatwohnungen aufsuchte, um sie mit seinem Spiel zu erfreuen. Als er jetzt, zusammen mit Pierrot, diesen Mai wieder sah, schloß er sich dessen immer größer werdenden Gefolgschaft an. Pierrot dagegen zog es vor, eine andere Richtung einzuschlagen.

Mit Mais Instrument verhielt es sich wie mit dem alten Haustier, dem man Ähnlichkeiten mit seinem Herrn nachsagt. Die schlanke Form und dunkle Farbe des Blaszylinders mit den blitzenden Metallklappen wirkte ein wenig wie ein Abbild des langgewachsenen, schwarzgekleideten und schwarzhaarigen Spielers mit Nickelbrille. Mai selbst pflegte sein Instrument immer wieder zärtlich sein 'Französchen' zu nennen, was wahrscheinlich mit der Herkunft der Klarinette zu tun hatte.

Kaum hatte Mai in der rasch gemeinsam bezogenen Nische zu blasen begonnen, gleich, was und wie es war, war alles wie verzaubert. Einfach einmal Musik, die nicht verordnet war.

Auch der so eng mit seinem Instrument verwachsene Spieler lebte auf. Das zeigten seine Bewegungen und das wiederkehrende Zittern seines Kopfes und seiner Zottelhaare, während der Schallbecher seines Instrumentes frei hin- und herschwang. Auch die Augen schienen immer mehr Farbe zu versprühen.

Am Anfang hatte Mai lange den von ihm gesuchten Ton nicht gefunden, so als müßte er sein Instrument wieder von Neuem kennenlernen. Deswegen hatte er ein immer unglücklicheres Gesicht geschnitten. Das hinderte die anderen nicht daran, schon beim ersten Ton in Begeisterung auszubrechen.

Doch, Mai, du kannst es. Versuch es, hatte ihm ein Mädchen mit verknotetem Kopftuch zugerufen und in die Hände geklatscht.

Er hatte die ersten Solotakte des Mozart-Klarinettenkonzertes angespielt. Die Sequenzen wurden immer kürzer und leiser, bis sie völlig zerfielen. Aber dann schwenkte Mai blitzschnell um. Er sprang zu einer volksliedhaften Weise über, in die viele sogleich inbrünstig miteinstimmten. Paavo kannte sie nicht.

Alle tanzten mit ihrem Oberkörper dazu, gleich ob sie saßen oder standen. Auch Mais Französchen tanzte immer lebhafter vor seinem Gesicht, während es auch klanglich aufblühte und die Musik einen unerhörten Zug bekam.

'Er ist zu uns gekommen... Unser Licht, unser Schutz... Unser Schwert unter den Dornen im Tal... Er bewahrt uns... Mit ihm sind wir stark...', so lauteten Bruchstücke dieses Liedes, das Paavo von nun an im Ghetto noch einige Male zu hören bekam.

Sie sangen den Text diesmal nicht mit, sondern summten nur die Melodie. Denn diese sprudelte so heftig aus Mais Instrument, daß man ihr mit Worten nicht mehr nachkam. Es waren Klänge von gewaltiger Kraft und Unerbittlichkeit und zugleich von warmem Schmelz.

Paavo mußte in diesem Augenblick an die wiederholt von Romuald und am Ende der letzten Probe etwas unpassend von Philipp zitierte Losung denken: 'Ein Baum wie der unsrige bleibt fest' und an das, worauf diese Losung sich bezog: 'Der ist wie ein Baum, gepflanzt an den Wasserbächen, der seine Frucht bringt zu seiner Zeit, und seine Blätter verwelken nicht; und was er macht, das gerät wohl.'

Plötzlich sprang ein besonders leidenschaftlich mitsummender, bleicher alter Mann in die Höhe. Er rannte in das nächste Haus und kehrte von dort bald mit einem leeren Koffer und zwei kurzen Stöcken zurück. Dann stellte er sich breitbeinig und mit vorgestreckter Brust hin und trommelte mit beiden Stöcken im Takt zum Lied wild auf seinem Koffer herum. Es war hinreißend.

So tief sich Paavo Krohnen von alledem auch berühren ließ und selber mitsummte, entging ihm nicht, was sich in der Hausnische ihnen gegenüber abspielte. Sven und Shirin hatten sich dort gefunden. Im Zuge der zunehmenden Entfesselung in der ganzen Stadt hatten sie sich jetzt aus ihrem Versteck in die Halböffentlichkeit gewagt. Sie verharrten, auf einer Treppenstufe vor einem Hauseingang kauernd, in stiller Umarmung. Dann lösten sich ihre Glieder zu immer unbefangeneren Liebkosungen, so als fühlten sie sich von den hier Versammelten wie durch einen Vorhang geschützt vor den durch ihre Unsichtbarkeit noch gefährlicher und unberechenbarer gewordenen Hütern der öffentlichen Ordnung. Je unverhüllter ihre Zärtlichkeiten, desto heftiger brach auf ihren glücklichen Gesichtern auch der Schmerz durch, der hier für alle nachfühlbar war. Die Angst, die Bedrohung, die ununterbrochene Hetze, der einengende Zwang, die überall lauernde Gewalt.

Sven zog etwas aus seiner Tasche und streckte es Shirin entgegen. Es war ein kunstvoll aus Lehm modellierter siebenarmiger Leuchter in der Größe eines Schmuckstückes mit einer langen Schnur dadurch zum Umhängen.

Das ist für dich, hörte Paavo Sven sagen. Ein Talisman. Wer weiß, wie bald du ihn brauchen wirst.

Er hängte ihr das Kleinod um den Hals.

Shirins Gesicht leuchtete auf.

Oh... wie wunderschön. Wo hast du das her... Hast du das...?

Ihre Zähne blitzten. Sie schaute ihm fest in die Augen.

Ja. In Julias Werkstatt. Dort darf ich mich manchmal hinstehlen. Abends. Eine alte Leidenschaft von mir. Auch während der Schauspielschule habe ich solches gemacht.

Sven lachte kurz auf und zuckte verlegen mit den Achseln.

Das hab ich ja gar nicht gewußt... daß du das auch kannst... strahlte sie. Das mußt du mir unbedingt erzählen.

Ja... Aber wer weiß, wie bald du das brauchen wirst, wiederholte er mit ernstem Gesicht und streichelte ihre glühenden Wangen.

Es ist *unser* Talisman. Es wird schon alles gut werden. Es *muß* gut werden, so sagte sie.

Sven ließ sich an ihre Schulter fallen. Sie schüttelte ihre Mähne und drückte ihn lachend an sich.

Paavo versank für Augenblicke in einem Gefühl der Geborgenheit. Aber er wußte, daß die entfesselten Wogen ihn bald an andere Ufer spülen würden.

So war zur selben Zeit im Hof der Neptunkaserne schon fast eine offene Rebellion im Gange. Die Menschen dort waren so außer Rand und Band, daß sie nicht einmal die Abwesenheit der Blaubetreßten zu bemerken schienen und erst recht nicht nach den Gründen fragten. Sogar der Wachhabende vor dem Kasernentor war verschwunden. Sie führten sich wie Betrunkene auf, kreischten und randalierten. Einige tanzten auf der Ladefläche der beiden im Hof abgestellten Essenskübelwagen. Bei den sich mit den Gesängen mischenden Schreien war nicht auszumachen, was Lust und was Schmerz war. Zum ersten Mal seit der letzten Räumungsaktion sah man wieder Blinde und Krüppel. Es war wie eine kleine Prozession mit Krücken, Stöcken, gelben Armbinden und Augenklappen. Einige wurden in Wägelchen gezogen, andere hatten Arme oder Beine aus Leder. Sie erflehten Erlösung, lamentierten oder küßten einander im Rausch.

Besonders wild gebärdeten sich die Kinder. Jakob war mit ihnen hergekommen in der Absicht, an der Kinderoper weiterzuproben: den aufwendigen Schlußchor und dann nochmals das überaus heikle 'Himmelslied' des Traumulus davor. Doch der Lehrer stieß bei seinen Zöglingen erstmals auf eine Widerborstigkeit, die ihn erstarren ließ. Schon beim Betreten des Kasernenhofes hatten sie von nichts anderem geplärrt als von Pierrots Festspielstück. Vom Glanz der Lebenslichter auf den Landkartenkulissen und, im wohlverstandenen Zusammenhang damit, über den spektakulären Abgang des Sensenmannes am Ende des ersten Aktes.

Wir wollen nicht mehr mit dir proben. Wir wollen zurück auf den Platz schauen gehen, schleuderten sie ihm wie im Chor entgegen.

Dieser Schlachtruf beschränkte sich keineswegs auf die wenigen Hauptdarsteller der Kinderoper. Er zog sich durch sämtliche Reihen der kompletten, vorsorglichen Doppelbesetzung einschließlich Chöre und Instrumentalisten.

'Tirili... Tirili... die Puppe und die Mausefalle...', sang jetzt Jakob laut, aber brüchig dagegen an.

Es klang wie ein letzter, verzweifelter Versuch, die Kinder mit lockenden Zitaten dazu zu bewegen, sich doch aufzustellen und anzufangen.

Die Umworbenen aber riefen immer pampiger dagegen an:

'Pierri-li... Pierri-li.'

Wobei dies einmal erschreckend wie 'Papa-li'... 'Papa-li' klang.

Als die ersten unter ihnen Anstalten machten, den Hof zu verlassen, wieder zurück in Richtung Hauptplatz, bekam Jakob einen Wutanfall.

Dem werd ich's zeigen, schrie er mit sich überschlagender Stimme und stampfte mit den Füßen auf. Von so einem Windbeutel laßt ihr euch fangen.

Im selben Moment erblickte Jakob Paavo und zuckte zusammen.

Paavo merkte sofort, wie sehr Jakob sich schämte, in seiner Gegenwart die Beherrschung verloren und dazu auch noch verraten zu haben, wem sein Haßausbruch galt. Paavo wurde sich schmerzlich des Risses bewußt, der damit auch zwischen Jakob und ihn gekommen war. Ausgerechnet jetzt, da der Zusammenhalt zwischen allen Leidens- und Stammesgenossen hier so dringend geboten war wie nie zuvor.

Es war ein Chaos, ein Hexenkessel, ein lärmiger Wirbel, in dem man sein eigenes Wort nicht mehr verstand. Letztlich trauten sich die Kinder doch nicht aus dem Hof. Umso bösartiger steigerte sich ihr Widerstand darin. Wobei Paavo die Verweigerer und die, die weiter zu ihrem Lehrer hielten, nicht klar auseinanderzuhalten vermochte.

Diese traurige Verkehrung der Verhältnisse, dachte er. Jakob, das einstige Idol, der Vater, der Anführer des jugendlichen Aufbegehrens gegen die herrschende Macht, ist selbst zum Objekt, zur Zielscheibe der Rebellion geworden.

Plötzlich entdeckte Paavo an einer etwas anderen Stelle in der Menge Sina und Gregor.

Beide befanden sich in einem heftigen Disput miteinander. Sina fuchtelte wild mit einem Schriftstück vor Gregors Nase herum. Es war auch Gregor anzusehen, daß er sich von Sina massiv bedrängt fühlte. Paavo begab sich knapp in Hörweite zu den beiden.

Als er seinen Standort bezogen hatte, entdeckte er mit Schrecken etwa in derselben Entfernung zu den beiden auf der Gegenseite Ui. Wieder mit diesem himmelschreiend verschieden grünen Jackett und Pullover. Ui hielt mit angestrengt horchendem Gesichtsausdruck den Kopf in Sinas Richtung gereckt. Paavo hatte Ui schon lange nicht mehr gesehen. Ihm war jetzt weit unangenehmer zumute als bei allen Begegnungen mit Ui auf der Dachterrasse je zuvor.

Es war vor allem Sina, die redete. Paavo verstand außer dem häufig wiederholten Wort 'Brief' zuerst nichts. Wie er allmählich herausbekam und vor allem später genauer erfuhr, hatte Sina einen der vielen nicht abgeschickten Briefe von Pierrot an Maria entdeckt. Obwohl es die Spatzen von den Dächern pfiffen, hatte sie von dieser Beschäftigung ihres Mannes bisher keine Ahnung gehabt oder keine haben wollen und war daher zutiefst bestürzt: Über die Existenz solcher Briefe überhaupt und insbesondere über den Inhalt dieses einen. Er las sich offenbar wie ein Zwiegespräch mit jemandem, von dem man mindestens ein halbes Leben lang häufig und regelmäßig Post empfangen hat. Sina hielt zwar letzteres unter den Umständen des Ghettos für ausgeschlossen. Sie war auch geneigt, ihrem Mann solche, zu seiner sonstigen Schreiberei bestens passenden autistischen Ergüsse viel eher zuzutrauen als einen lebensgefährlichen, echten Briefwechsel durch die unterirdischen Gänge des Ghettos. Abgesehen davon, daß die so herausgeschleusten Briefe nie auf solchen Einzelbriefbögen verfaßt waren, wie Sina jetzt schäumend einen in der Hand hielt, sondern auf Toilettenpapierrollen. Trotzdem war sie für Augenblicke unsicher, ob nicht vielleicht doch schon lange eine rege Geheimkorrespondenz bestand. Denn Pierrot bezog sich in dem vorliegenden Schreiben wiederholt auf Marias heißes Verlangen nach einem Wiedersehen mit ihm. Er zitierte sogar den überaus delikaten Wortlaut ihrer angeblich mehrfachen brieflichen Anfragen und setzte dagegen als Antwort ein stürmisches 'ja' und 'nein' zugleich.

Jetzt schien Sina Gregor mit einem Ansinnen zu bedrängen, das schlimmste Rache und Vergeltung gegen ihren Mann beinhaltete.

Was, du willst nicht?, hörte Paavo irgendwann Sina zischen.

Und wenig später:

Dieses Schandstück willst du der Öffentlichkeit vorenthalten? Hältst es wohl heimlich mit diesem Weibsbild, diesem Luder, was?

Und gleich hinterher:

Muß ich dir das alles nochmals vorlesen?

Dann kam es zusammenhängender:

Hier, das ist eine Abschrift. Ich will den kompletten Text, in eurer nächsten Nummer, schwarz auf weiß, verstehst du?, rief sie schrill und netzte ihre Lippen aufdringlich mit der Zungenspitze.

Gregor schossen die Tränen ins Gesicht.

Tja, wenn nicht, dann werde ich eben den Ui bitten müssen, daß er...

Paavo versetzte es einen neuen Stich. Sina hatte offenbar den Verstand verloren. Sie konnte nicht wissen, was sie tat. Sie unterschätzte ganz offensichtlich die Gefahr, in der sich Pierrot befand und in die sie ihn und sich selbst und alle anderen weiter hineintrieb.

Auch der in der Nähe lauernde Ui hatte offenbar genau verstanden, daß Sina ihn jetzt ins Spiel gebracht hatte, wahrscheinlich, ohne ihn gesehen zu haben.

Denn im selben Augenblick trat er mit einem großen Schritt aus seinem Hinterhalt zu ihr hin. Er packte sie, seinen Unterkiefer vorstreckend, am Arm, machte eine abschätzige Handbewegung zu Gregor und bedeutete ihr mitzukommen. Paavo hatte den Eindruck, daß Ui ihn die ganze Zeit vorher gesehen hatte, zumal er Sina als nächstes in die Gegenrichtung mit sich zu ziehen versuchte.

Sina aber verharrte eine Weile auf ihrem Platz. Mit einem plötzlichen Anflug von Schuldbewußtsein auf ihrer Miene blickte sie Gregor ins Gesicht, der seinerseits seit Uis Dazwischentreten diesen und Sina entgeistert anstarrte. Dann kehrte in Sinas Ausdruck wieder etwas von ihrer alten Gleichmut zurück: das Schlaffe, Wässerige, selbstaufgebend Mütterliche.

Laß uns heute abend nochmals darüber reden, ja?, sagte sie überraschend warm und mit mitleidigem Unterton.

Gregors Gesicht öffnete sich zu einem fassungslosen Lächeln.

Dann ging Sina mit Ui weg. Sie folgte ihm bis etwa zum Eingangstor des Kasernenhofes, wo er stehenblieb und eindringlich auf sie einzureden begann.

Paavo fiel auf, daß Ui seine Reden immer wieder mit derselben Gebärde begleitete. Ein schwungvoller, großer Bogen mit dem ausgestreckten Arm. Es sah so aus, als wollte er damit das ganze hiesige Umfeld, etwa den Umkreis des Ghettos bezeichnen. Sina schien immer bereitwilliger darauf einzugehen. Sie nickte eifrig, und ihr Lächeln verkehrte sich zunehmend ins Maliziöse. Ui selbst schien die ganze Zeit an dem Brief, den Sina immer noch in der Hand hielt, keinerlei Interesse zu haben, so als kannte er ihn womöglich schon.

Dann trennten sie sich. Ui trat durchs Tor hinaus auf die Straße. Sina blieb kurz stehen. Dann kehrte sie in den Hof zurück, wo sie bald hinter einer Gruppe lärmender Halbwüchsiger verschwand. Auch von Gregor war inzwischen keine Spur mehr zu sehen.

Paavo war starr vor Schreck. Ihm ging auf einmal alles wieder auf, was er so lange erfolgreich aus seinem Bewußtsein verbannt hatte. Alles, was er seinerzeit von Robin Esp in jener Gartenenklave der Kommandantur zu hören bekommen hatte. Eine Schreckensmeldung nach der anderen baute sich vor seinen Augen in aller Schärfe wieder auf und fügte sich mit dem zuletzt Gehörten und Gesehenen zu einem Ganzen zusammen, dem er nicht mehr entrinnen konnte: Der hier in der Stadt offenbar immer noch nicht recht bekannte Vorausdatierungsskandal, dessen indirekter Zusammenhang mit Pierrots Stück und damit mit Pierrot selbst und dem ganzen Ensemble, die drohenden Folgen, die gerade wegen jenes Zusammenhanges umso unausweichlicher schienen. Es war Uis Auftreten in Verbindung mit jener blödsinnigen Entdeckung von Pierrots Brief durch Sina gewesen, welches wie ein Schlüsselreiz Paavo alles jäh und unverrückbar ins Bewußtsein zurückgebracht hatte. Er erinnerte sich jetzt auch an das ihm von Esp berichtete Interesse von Ui an Pierrots Briefen an Maria und an dessen absurde Konstruktion eines Zusammenhanges zwischen diesen Briefen und der Meldung der Vorausdatierungsangelegenheit an jene ausländische Ärztin. An sich eine belanglose, nebensächliche Lächerlichkeit in dem Ganzen. Aber diese artete jetzt in einer widerwärtigen Weise aus, da Sina inzwischen ausgerechnet einen dieser Briefe entdeckt hatte und mit ihm Amok lief.

Paavo überlegte nochmals, was Uis vorher kreisförmig die ganze Stadt umfassende Gebärde, wahrscheinlich im Zusammenhang mit jenem Brief, bedeutet hatte. Dann dachte er plötzlich an Robin Esps Postbüro und die vielen geplünderten Carepakete, als suchte er die Antwort auf seine Frage dort. Dann wieder kam ihm der glücklich geflohene Drucker Arno in den Sinn. Aber das war alles weit weg. Ui hingegen war nahe. Auf ihn konzentrierte sich jetzt Paavos ganze Angst. Er wurde zur Symbolfigur für alles Schreckliche, was im Ghetto bisher geschehen war und noch geschehen sollte. Paavo wußte zwar, daß er damit Ui maßlos überschätzte und seine Bedeutung unsinnig aufbauschte. Aber Ui war eine greif-

205

bare Figur für das alles. Ui trieb in diesen Minuten hier in der Nähe sein Unwesen. Er geisterte irgendwo in der Stadt umher, in der alle Bewohner wie in einer Falle festsaßen, alle am selben einen Pulverfaß, das mit Uis Mitwirkung jederzeit zu explodieren drohte.

Jetzt wurde Paavo klar, daß er die von Robin Esp erhaltene Botschaft kein zweites Mal aus seinem Bewußtsein verdrängen durfte, sondern sie so schnell wie möglich weitergeben mußte. Er beschloß, bei der allernächsten Gelegenheit mit Pierrot offen über all das zu sprechen, ja, diese Gelegenheit möglichst rasch aufzusuchen. Zuerst wollte er nur mit Pierrot sprechen, vielleicht auch, sobald ihre innere Verfassung es zuließ, mit Sina und dann erst, wenn überhaupt, mit den anderen aus dem Ensemble.

In der Zwischenzeit hatten sich etwas weiter hinten im Kasernenhof zwei kleine Sprechchöre formiert, die sich gegenseitig niederzuschreien versuchten.

'Das Korn wird überreif', brüllte die eine Seite.

'Es lebe die Unsterblichkeit des Menschen', die andere.

'Das Leben ist unser größter Widersacher, die größte Strafe und Verdammnis', fuhr die erste fort.

Die zweite wiederholte mit immer unverdeckterem Hohn: 'Es lebe die Unsterblichkeit des Menschen'.

Mit einer umso längeren Entgegnung stemmte sich die erste Seite dagegen:

'Eure Maschinerie ist überallhin eingedrungen', schrie es von dort. 'Auch in unsere Herzen und Seelen. Wir sind dazu verdammt, in unversöhnlichem Haß zu leben, seitdem ER sich uns verweigert hat. Erlöst uns vom Wahnsinn der Sünde und der Schuld und befreit uns von unseren fortdauernden Schmerzen, indem ihr IHN uns zurückbringt.'

Und wieder: 'Es lebe die Unsterblichkeit des Menschen'.

Man hatte sich die verschiedenen Textstellen aus dem Festspielstück offenbar gut gemerkt und sie zu diesem Potpourri zusammengefügt. Aber das jetzt war nicht mehr Spiel. Es war nicht einmal ein Nachäffen des Spiels, sondern blutiger Ernst im Gewand des vorgegebenen Textes. Das Korn war nicht mehr Korn. Die Unsterblichkeit und der Schrei nach Erlösung von derselben waren jetzt Wirklichkeit geworden.

Dies wurde Paavo an einem weiteren Umstand deutlich. Die Menschen hier hielten ihr Auftreten auch körperlich ganz anders durch als sonst. Keiner sank aus Entkräftung zu Boden, keine qualvollen Hungerkrämpfe, kein Blutspucken, keine dieser vielen kaum bemerkten AUSFÄLLE ohne direktes Zutun der Goliaths. Keiner der dünnen Fäden, an dem sie alle hingen, riß. Weder hier im Geschrei des Kasernenhofes noch an anderen Stellen in der Stadt zur selben Zeit.

Übermenschliche Kräfte schienen alles zusammenzuhalten, genährt vom wutgetriebenen, euphorischen Willen, durchzuhalten und schließlich durchzubrechen. So jedenfalls fühlte es Paavo.

Aber das war erst der Anfang. Die erste psychologische Generalmobilmachung in der Stadt.

Selbst die Sanftesten stimmten auf ihre gehobene oder auch abgehobene Weise in den Protest mit ein.

So tauchte unversehens auch Professor Iltis aus seiner philosophischen Versenkung irgendwo im Kasernenhof auf. Von einer Schar von Neugierigen umringt, bestieg er einen der beiden Essenskübelwagen. Er sah elend aus, aber wie von einem inneren Feuer durchglüht. Dabei wirkte er keineswegs so entrückt und in sich gekehrt wie sonst. Eher so, als wäre sein Interesse für die Belange der Menschen hier ein letztes Mal leidenschaftlich aufgeflammt.

Mit bewegten Worten knüpfte er an die eben verklungenen Zitate aus dem Festspielstück an. Er nannte Pierrots Stück ein 'bahnbrechendes Ereignis' und ein 'Jahrhundertwerk'. Dann kündigte er für die kommenden Abende eine ganze Reihe von Vorträgen an, in denen er die Grundgedanken des Stückes wissenschaftlich und historisch zu untermauern gedachte. Dabei umriß er aus dem Stegreif stichwortartig die einzelnen Vorträge. Neben Ausführungen zum Thema 'Ästhetik und Kritik der Wahrheit' oder 'Der Mensch am Scheideweg' skizzierte er den 'Bildlichen Ausdruck des danse macabre im Spätmittelalter'. Dabei verfiel Iltis immer heftiger ins Gestikulieren, so als stünde er bereits jetzt auf dem Podium im Vortragssaal des Klubhauses.

Paavo war vom Geschick und von der hingebungsvollen Leidenschaft dieses Mannes wieder einmal hingerissen. Umso schmerzlicher berührte es ihn, daß sich die anfänglich so sehr interessierten Zuhörer rasch wieder von Iltis abwandten und voller Ergötzen dem Chorgebrüll lauschten.

Inzwischen hatte sich ein dritter kleiner Chor aufgebaut. Dieser nahm es zum ersten Mal mit dem Wortlaut des Stückes nicht mehr so genau. Er fügte ein Wort ein, welches im Stück nicht vorkam.

Nun ja... ich hab gesagt, ER kehrt zurück... aber nur unter der Bedingung... nämlich... daß... DER GOUVERNEUR... sein... erstes... Opfer... sei, persiflierten sie den Militärpsychiater Dr. Paracelsus und johlten sich dabei die Seele aus dem Leib.

Das war gezielt. Denn das Wort 'Gouverneur' stand nicht nur nirgends im Text. Es war auch in 'Als ob' bisher noch niemandem über die Lippen gegangen, obwohl es den eigentlichen Hintergrund der brutalen Wirklichkeit hier wiedergab.

Der Gouverneur war der fernste aber höchste Machthaber in diesem Lande: der wegen seiner Blutrünstigkeit und Grausamkeit, seinem fanatischen Haß auf den 'Stamm' und seiner Kriegslüsternheit besonders berüchtigte, vom Dikator des Gesamtimperiums eingesetzte Militärverwalter der Republik mit Sitz im Präsidentenpalast über der Hauptstadt. Er war der Hauptverantwortliche auch für die vereinnahmende Lohnpolitik in diesem Lande, vor allem in der Rüstungsindustrie, durch die so viele Arbeitnehmer, wie zum Beispiel Ui, zu seinem willigen Werkzeug gemacht worden waren. Mit dieser neuen Ergänzung des Textes war das nächste Tabu in der Stadt gebrochen.

Sie wagten dies freilich nur im mehrstimmigen Verbund. Dafür schaute keiner von ihnen auch nur eine Sekunde verängstigt hoch. Sie schrien das Wort 'Gouverneur' im Gegenteil mit inbrünstigem Haß und voller Stolz auf ihren Mut mehrmals laut aus sich heraus. Dies brachte, wie jede Tollkühnheit, eine ungeheuere Befreiung mit sich. Eine Befreiung von der Unbegreifbarkeit einer hinter Mauern regierenden Unperson und damit auch eine Befreiung zu sich selbst. Insbesondere eine weitere Ermutigung, sich zu seiner Zugehörigkeit zum auserwählten 'Stamm' zu bekennen und danach zu handeln.

Noch mehr. Mit dem Satz: ER kehrt zurück unter der Bedingung, daß der GOUVERNEUR sein erstes Opfer sei, wurde eine neue Verbindung hergestellt zwischen dem mit dem Demiurgen gemeinten Gouverneur und dessen Untertanen über den im Stück personifizierten Tod. Hier im Ghetto wußte jedes Kind, daß der in Wirklichkeit gemeinte Herrscher freiwillig nie und nimmer abtreten würde als Bedingung für die Rückkehr eines menschenwürdigen Sterbens. Es war wahrscheinlich auch kein Zufall, daß der Poet genau an dieser Stelle des Stückes die Handlung hatte abbrechen lassen. Dahinter stand, inzwischen für alle erkennbar, pure Absicht, blanker Hohn. Es war der Gipfel der Hintergründigkeit. Denn darin steckte zwingend die Aufforderung an die Menschen hier, die begonnene Handlung selbst zu ihrem Ende zu bringen. Wobei als einziges übrigblieb: den wirklichen Henker eigenhändig zu beseitigen oder an dessen Beseitigung mitzuwirken.

Bisher war das natürlich nur Theorie und Wunschdenken. Das war jedem in der Stadt klar. Aber allein der neuartige Gedanke putschte die hier im Kasernenhof Versammelten zu immer schwelgerischerer Maßlosigkeit und Unvorsichtigkeit auf. Vielleicht war ihnen auch noch zu wenig klar, daß nicht die Wirklichkeit selbst, sondern nur ein spielerisches Abbild derselben auf einer Festspielbühne ihnen zu diesen Erkenntnissen verholfen hatte.

In einem anderen Fall fühlten sich die Aufbegehrenden zu einem doppeldeutigeren Verhalten gezwungen als das Volk im Kasernenhof. Und zwar, weil die Initiative zumindest scheinbar nicht von ihnen, sondern von einem der Unterdrücker ausging.

Das war im Westpark, wo sich ein plötzlich wie aus dem Nichts auftauchender Blaubetreßter einen bösen Spaß erlaubte. Er trieb sämtliche Häftlinge, die ihm vor die Füße liefen, zusammen und stellte sie, hopp hopp mit Stöckchen und vergnügt auf den Zehenspitzen wippend, in einer Reihe vor sich auf.

Stillgestanden, ihr Stinker, brüllte er. Das Wort 'Linksfüßler' brauchte er nicht, wahrscheinlich, weil er als Blaubetreßter selber einer war. Jetzt heißt es lachen, laut lachen, und ich gebe den Takt dazu an, verstanden?, so befahl er weiter.

Und letzteres tat er dann auch. Er hob sein Stöckchen und bestimmte mit seinen Schlägen Tempo, Lautstärke und Inbrunst ihrer Lustigkeit. Sie gaben sich überaus gefügig dabei oder taten vielmehr so. Denn je länger, desto mehr stellte sich heraus, daß die Hauptbelustigung nicht auf seiner, sondern auf ihrer Seite stand. Der Ton, die Inbrunst, die Rauheit und Schärfe aus ihren Kehlen zeigten dem anderen immer unmißverständlicher an, daß nicht er, sondern sie die Führung hatten. Die anfangs ausladend herrischen Bewegungen seines Taktstöckchens verkehrten sich ins Tölpische und verkümmerten zusehends. Und je fröhlicher ihre Gesichter, desto länger das seinige. Andererseits mußten sie umso strenger für den Anschein sorgen, er sei der Tonangebende und nicht sie. Ein Umkippen der Sache hätte seinen Gesichtsverlust und damit eine Katastrophe bewirkt. Das machte für sie das Spiel doppelt gefährlich und amüsant zugleich. Deshalb zogen sie es auch so lange hin, bis es dem anderen endlich gelang, sich notdürftig aus der selbstgedrehten Schlinge zu ziehen.

Der größte Trubel freilich herrschte in schon fast gewohnter Weise auf dem Hauptplatz.

Dort war Pierrot persönlich in Aktion. Wieder im Zentrum des Geschehens. Er probte. Aber anders. Paavo sah es von weitem.

Pierrot war so beschäftigt, daß es Paavo unmöglich schien, jetzt so zu ihm hinzugehen, wie er sich dies vorhin vorgenommen hatte.

Es war ein überraschend neuartiges Spiel. Wie sich immer deutlicher zeigte, bestand es in einer völlig freien Improvisation, in der jeder, der wollte, mitwirken durfte. Diese bestand darin, daß alle ihre durch das bisherige Stück entfachten Gedanken mit einbringen und zusammen mit Pierrot als dem Poeten und Regisseur zugleich spielerisch umsetzen und damit am konspirativen Faden weiterspinnen konnten. Paavo erinnerte sich an Pierrots Ankündigung nach der letzten Probe, daß sie 'jetzt gehörig was umstellen' müßten. Was für ein glänzender Ausweg aus dem Dilemma des bisher immer noch offenen Stückendes.

Man agierte und spielte, ungebunden phantasierend auf der Bühne. Wer einen neuen Einfall hatte, gesellte sich einfach hinzu und führte diesen Einfall, ohne ihn lange zu begründen, aus. Vom eigentlichen Ensemble war kaum einer anwesend.

Es kreiste alles um das eine, während der letzten Probe eben noch angeschnittene Motiv: Die verlangte Opferung des Demiurgen oder vielmehr dessen, der damit gemeint war. Grundeinfach und eigentlich gar nicht neu, solange nicht an die Frage der konkreten Umsetzung in die Tat gerührt wurde. Aber da das Tabu nun einmal gebrochen war, mußte jetzt – auf der Ebene des Spiels, versteht sich – unausweichlich dem im einzelnen nachgegangen werden.

Natürlich durfte die Kluft zwischen Spiel und Wirklichkeit nicht zu groß werden. Deshalb begann das Spiel erst einmal mit dem angeblichen Verschwinden und der Unauffindbarkeit des Demiurgen. Damit gewann man Zeit.

Der Demiurg..., der Gouver– äh..., der Demiurg Ascha...Wo zum Teufel steckt er?, rief ein Männlein mit einem blauen Kaftan um den Kopf. Es hatte die – inzwischen etwas abgewandelte – Rolle des Sklavereiministers übernommen.

Er radebrechte seinen Text mit größter Mühe aber mindestens ebenso großem Eifer und mit grotesk fremdländischem Akzent. Paavo erkannte ihn als einen der Mitbewohner, mit denen er sich sprachlich bisher nie hatte verständigen können, die aber bei der ersten öffentlichen Vorstellung der Landkartenszene mit überaus bewegter Körpersprache ihr Verständnis und ihre Begeisterung zum Ausdruck gebracht hatten.

Vielleicht weiß es der Gesundheitsminister, der kennt doch das Befinden eines jeden von uns, brummte jetzt ein anderer und verneigte sich tief.

Pierrot schmunzelte und wartete neugierig ab.

Der Demiurg...der Demiurg Ascha..., rief das Männlein mit dem Kaftan abermals.

Als nächstes rief jemand dazwischen:

Wir brauchen Krieg und Frieden. Die können uns helfen, den Demiurgen zu finden.

Krieg und Frieden? Eine gute Idee.

Die Rolle des Friedens übernahm ein dünner, lispelnder Greis. Der Krieg hingegen wurde von einem jungen, etwas gar gutmütig und freundlich dreinblickenden Mädchen dargestellt.

Beides waren wichtige Figuren. Sie lenkten vom unauffindbaren Demiurgen ab und ersetzten ihn gleichzeitig bis zu einem gewissen Grad. Denn beide waren sie die Hauptgegenspieler in seinem Wirken: der Friede als der konstant Unterlegene, der jetzt im Zuge der Entmachtung des Demiurgen die Oberhand gewann. Beide konnten sie nur Gegner des Todes sein. Der Friede per se, der Krieg, weil der Tod durch seine Abdankung auf lange Sicht dem Frieden zum Sieg verhalf. Das Ganze war ein verzwicktes, abstraktes und absurdes Arrangement, das Verwirrung, Amusement, vielleicht auch neue Erhellungen brachte und den Zusammenhalt unter den Mitspielern stärkte. Wobei der Tod nicht nur weiter unbenannt blieb, sondern gar nicht mehr real existierte. Es gab ihn nur noch indirekt über die beiden anderen Figuren, das heißt, über deren abstrakte Beziehung zu ihm.

Plötzlich entdeckte Paavo Inga und Mario. Sie kamen ziemlich nahe an ihm vorbei, begaben sich dann jedoch rasch zur Bühne und kletterten hinauf. Sie hatten heute ihr Stofftier nicht dabei.

Dürfen wir auch mitspielen?, fragte Mario.

Ja, ja, rief eine junge Frau. Krieg und Frieden haben doch auch Kinder. Oder nicht?

Es blieb eine Weile still.

Krieg und Frieden Kinder?, fragte Pierrot kopfschüttelnd und strich Mario übers Haar.

Der Krieg jedenfalls. Der pflanzt sich fort. Und dann frißt er seine Kinder, rief der weibliche Krieg fast triumphierend.

Armer Mario, stieß der Friede hervor.

Wetten, daß ich Kinder hab?, fuhr der Krieg fort. Lassen wir abstimmen. Wer ist dafür?

Wofür? Daß der Krieg seine Kinder frißt?

Ja, krächzte der Krieg und zeigte auffordernd auf den um die Bühne gescharten Halbkreis aus Zuschauern und Mitwirkenden zugleich.

Wieso?, rief die junge Frau, die sich wieder nach unten vor die Bühne begeben hatte, dem Krieg zu. Du kannst dich eh nicht mehr lange halten. Der Demiurg ist erledigt seit dieser verfluchten Abdankung und bald du mit ihm. Er muß die Kriegführung einstellen.

Ja, eine völlig überflüssige Figur, der Krieg, radebrechte der neue Sklavereiminister mit dem blauen Kaftan.

Ich überflüssig, erledigt?, rief der Krieg entrüstet. Solange mein Meister lebt, halte ich die Stellung. Ich werde ihn würdig vertreten.

Das den Krieg spielende Mädchen schien sich plötzlich über sich selbst zu erschrecken: Über den allzu großen Eifer, mit dem es sich für das Böse des Krieges verwendete, wo doch im gesamten Ghetto die Zeichen auf Sturm standen gegen den Demiurgen als Symbol für Krieg und Unterdrückung. Und das Mädchen gehörte schließlich dazu.

Der Friede merkte dies.

Laß uns lieber das Gemeinsame suchen, lispelte er zum Krieg gewandt. Laß uns ein Bündnis schließen gegen unseren Feind.

Unseren? Er ist dein Feind.

Deiner auch. Jetzt, da er dabei ist, dich brotlos zu machen. Ohne Demiurg kein Krieg. Merk dir das.

Oh, rief plötzlich eine Stimme von unten. Der Friede? Ein Bündnis mit dem Krieg? Damit gräbt er sich sein eigenes Wasser ab.

Das ist sein Beruf, johlte der Krieg.

Inga und Mario begannen wild um Pierrot herumzuhüpfen.

Ein Bündnis, lispelte der Friede unbeirrt.

Wir drehen uns im Kreis, rief Pierrot jetzt dazwischen und winkte ab. Da muß mehr Zug hinein...Pfiff und Pfeffer...oder besser gesagt: Hefe, damit die Sache bald aufgeht...Wir haben nicht mehr viel Zeit.

Er schaute sich etwas ängstlich um.

Neue Leute, neue Ideen, meinte die Frau von vorhin.

Ich stelle mich gern als Frisör zur Verfügung, rief plötzlich ein ganz Neuer. Es war ein älterer, rundlich aussehender Mann, der sich über die Lagerzeit einen gewissen Humor bewahrt zu haben schien. Er war etwa gleichzeitig mit Inga und Mario aus dem Hof der Neptunkaserne gekommen und hatte seitdem still dabeigesessen.

Alles schwieg betreten.

Frisör? Was für ein Frisör?, fragte der Friede nach einer Weile, sich an seine Glatze fassend.

Das ist mein Beruf gewesen. Damals, als die Menschen noch etwas auf dem Kopfe hatten, antwortete der andere. Bin zwar aus der Übung...gebe ich zu. Ist schon lange her. Aber ein bißchen neuer Zuschnitt für Krieg und Frieden tät nichts schaden, meine ich. Der Herr hat doch gesagt 'Hefe', oder nicht?

Pierrot runzelte die Stirn. Er merkte, daß ihm die Fäden aus der Hand glitten. Vielleicht auch nicht. Ein interessanter Gedanke jedenfalls. Mal sehen, wohin das führt, dachte er und ließ die Neulinge gewähren.

Dann verschob sich alles rasch wieder in eine andere Richtung. Bald waren nicht nur die alten Figuren durch immer mehr neue in den Hintergrund gedrängt. Auch Handlung und Motive drehten immer weiter ab. Der Frisör vergriff sich nicht, wie angekündigt, an den Haaren oder der Glatze von Krieg und Frieden, sondern spielte schlicht seine eigene Vergangenheit nach. Er ließ den Barbier wiederaufleben, der er einst gewesen und der in seiner Erinnerung versunken war. Er hantierte fiktiv mit Schere, Kamm, Bürste und Rasiermesser und sang und plapperte, genau wie damals, den Figaro aus voller Kehle. Bald gesellten sich andere von unten dazu. Zuerst ein ehemaliger Schiffskapitän und ein Pilot. Dann ein Konditor, der mit dem Hersagen seiner einst bewährtesten Rezepte zu erfreuen wußte. Dagegen wiederum lief ein ehemaliger Richter Sturm, der in seinem früheren Leben einmal den Vorsitz in einem Verfahren gegen einen anderen Konditor gehabt hatte usw.

Je tiefer sie sich alle in ihre Vergangenheit zurückbegaben, desto farbiger leuchteten ihre Wangen und desto mehr alter Glanz trat in ihre Augen. Nur die Frauen hielten sich zurück, zumal ihr ehemaliges, mehrheitlich häusliches Wirken nicht viel hergab.

Als weitere Steigerung ließ Pierrot die Originalkostüme für sein Stück aus der Kleiderkammer der Theater-Schneiderei holen: Paavos Leinenhosen und Strohhut, Simons Uniform und Stiefel und Romualds Ministeranzug sowie Monikas weißes Schleierkostüm und alles, was dort noch an Hüten, Mützen und Perücken aufzutreiben war. Svens Mantelumhang war seltsamerweise nicht auffindbar, und Philipps allzu kostbaren Demiurgen-Overall befahl Pierrot liegenzulassen.

Es war seltsam mitanzusehen, wie Konditor, Frisör, Richter, Schiffskapitän und Pilot in der Verkleidung des Sklavereiministers, Militärpsychiaters und Kornbauern auf der Bühne tollten. Dazu im fliegenden Rollenwechsel. Jeder spielte mal jeden, womit der Bezug zum eigenen wirklichen Leben bald verlorenging. Man zog die Kostüme an und aus, gab sie weiter, begab sich von der Bühne herunter, andere kamen dafür hinauf. Teilweise spielte man auch unten weiter. Es wurden immer dichtere und immer verworrenere Fäden zwischen unten und oben, zwischen Zuschauer und Darsteller, Theater und Wirklichkeit gesponnen. Es wirkte alles sehr wunderlich, komisch und unheimlich in diesem verstaubten Glanz.

Irgendwann sonderte sich unten vor der Bühne eine Gruppe ab und begann, offenbar angeregt durch die Rezepte des Konditors, ein Eßgelage zu mimen.

Ihre Schlemmereien beschränkten sich nicht auf Back- und Zuckerwaren. Man kaprizierte sich auf alles, worauf man seit Ewigkeiten hier hatte verzichten müssen. Wo die Erinnerung versagte, halfen die Schaufensterauslagen auf der gegenüberliegenden Seite des Hauptplatzes nach. Die Berge von Obst und Gemüse, die baumelnden Schinken-, Speck- und Wurstwaren, Fisch und Geflügel zwischen Kaffee, Tee und Spirituosen. Man schnippelte und rührte, würzte, schmeckte ab und garnierte, man kaute, schmatzte und schlürfte, reichte in seiner Phantasie Kristallschüsseln, Pokale und silberne Löffel herum, gab Toasts und Trinksprüche aus, in kauernder oder auch liegender Haltung wie die alten Römer. Zwischendurch erhob sich einer, trug etwas weg, brachte Neues herbei. Dann erschien ein anderer, etwas spät, mit einem wirklichen im Ghetto gebräuchlichen Gong, dem an einer Schnur hängenden rostigen Kreissägeblatt und dem Holzscheit, mit dem er laut dagegen hämmerte.

Die auf der Bühne und um sie herum ließen sich durch all das nicht beirren. Sie hatten inzwischen ihre Maskerade ausgedehnt. Sie spielten nicht mehr nur ihren ehemaligen Beruf, ihre Stellung, ihr Ansehen. Sie waren noch weiter zurückgegangen in ihr Leben. Jugend und Kindheit, glückliche Tage in Elternhaus und Familienkreis, Freundschaften, erste Liebe, Hochzeit, Geburten. Und alles in immer vielfältigerer, bunterer Kostümierung. Man tauschte nicht nur das Vorhandene aus und nahm die verschiedensten Kombinationen von Kopfbedeckungen, Ober- und Unterteilen vor: etwa Paavos Strohhut mit Simons Militärstiefeln, Romualds Anzughose mit Monikas Brautschleier und allen möglichen Mützen, Hüten und Perücken in einem. Man ging erneut die Kleiderkammer plündern. Mit Nachschub zum Teil aus anderen Theaterstücken oder Opern. Man stülpte Neues über bereits Getragenes, oft mehrfach. Bald kannte keiner keinen mehr, nicht einmal sich selbst.

Als das unsinnig grelle, derbe, aufgesetzte Treiben auf seinem Höhepunkt war, erhob sich Pierrot irgendwann mitsamt seinen vielfach übergezogenen Kopfbedeckungen und Kostümteilen und verließ die Bühne.

Die anderen machten ohne ihn weiter, schienen im Trubel seinen Weggang nicht zu bemerken.

Pierrot begab sich in die Nähe des Stadthauses und hockte sich auf den Bürgersteig, so daß seine übereinandergeschichtete Kleiderfracht in ihren Nähten krachte. Wieder begann er mit seinem Finger auf den Knien herumzumalen. Ein Spinnennetz.

Paavo wollte sich gerade zu Pierrot hinbegeben. Da stand dieser wieder auf. Er drehte sich noch einmal um und schaute schmunzelnd dem kleinen Mario nach, welcher gerade in Krankenschwesterntracht und mit einem riesigen, rosabefederten Damenhut auf dem Kopf in rasendem Tempo einen Kinderwagen über die Bühne schob. Pierrot schien kurz zu überlegen, ob er nochmals zurückkehren sollte. Dann wandte er sich ab und begab sich, drastisch hinkend, ziemlich genau in Richtung Neptunkaserne, in deren Hof vorhin Sina mit seinem Brief getobt hatte. Paavo war gespannt, ob Pierrot wirklich dorthin gehen würde und folgte ihm nach. Er verlor ihn jedoch im immer dichteren Gewühl bald aus den Augen.

Nicht nur auf den Straßen und Plätzen war der Teufel los, sondern auch darunter. Die Zugänge zum unterirdischen Gangsystem der Festungsstadt waren zum ersten Mal alle geöffnet, und es herrschte ein dichtes Gedränge davor und darin.

Paavo war seit seiner Einlieferung wiederholt flüchtig auf diese ihm schon vorher bekannte Wirklichkeit des Ghettos aufmerksam geworden. Er hatte zwischendurch manchmal daran denken müssen. Aber jetzt war er ganz überraschend selbst dort hineingeraten, ja, unmerklich hineinglitten. Er wußte nachträglich nicht mehr, wie und unter welchen Umständen es passiert war. Es geschah einfach, ohne daß er Zeit zum Nachdenken gehabt hätte, im allgemeinen Sog. Irgendwann plötzlich fand er sich, zusammen mit vielen anderen, selbst im unterirdischen Gewölbe.

Sonst immer hermetisch abgeriegelt und nur von wenigen Eingeweihten, hauptsächlich nachts, benutzt, war das unter der Stadt vielfach verzweigte Labyrinth aus kilometerlangen feuchten Gängen, Nischen und Grundwassergruben jetzt zum freien Tummelplatz geworden. Zum einen für den üblichen Transfer: Tauschgeschäfte, Schiebereien, Schmuggel. Aber diesmal nicht nur mit illegalen Nahrungsmitteln, Kleidern, Medikamenten und Briefpost. Es müssen diesmal auch Waffen in die Stadt gebracht worden sein, in großen Mengen. Paavo bemerkte nichts davon. Aber es muß so gewesen sein, wenn man die spätere Entwicklung bedenkt. Alles mit perfekter Tarnung und beispiellosem Mut. Es war auch nur möglich gewesen, weil selbst jetzt keinerlei Autorität einschritt. Das Fernbleiben aller irgendwie zu den Goliaths Zählenden wurde zum immer größeren Rätsel. Blaubetreßte hatte man in der Stadt schon lange kaum mehr gesehen. Es war schleierhaft, was das alles zu bedeuten hatte.

Dies verleitete jetzt die Menschen zu immer hemmungsloserem Vordringen in das unterirdische System. Es blieb nicht bei der Abwicklung des Gewohnten, beim materiellen Austausch, wenngleich in größeren Mengen, vielleicht auch mit neuer Qualität. Man strebte nach noch mehr. Viele erhofften sich heute einen Ausbruch durch die legendären, versteckten Ausgänge ganz am Ende, am Fuße des Walls. Doch in diesen Massen war dies unmöglich, besonders tagsüber. Schmugglergeschäfte ja, vielleicht auch vereinzelt Menschenhandel. Zu besonderen Zeiten. Womöglich auch mit Wissen und unter Billigung bestechlicher Bewacher. Aber für alles andere war der Befestigungsgürtel um die Stadt zu dicht. Das mußten alle spätestens jetzt schmerzlich erfahren. Auch Paavo, obwohl es in Anbetracht ihrer Endgültigkeit auch eine befreiende Einsicht war nach den vielen, leise gehegten Hoffnungen. Aber gerade, weil diese Gänge alle irgendwo ein Ende hatten, drängte es die Kreatur dort umso heftiger zur Entladung dessen, was oben bei Tageslicht oder direkt unter dem Nachthimmel zu lange unterdrückt worden war: Verzweiflung, Wut, immer mehr in animalische Gier umschlagende Bedürfnisse. Die Enge, die Dunkelheit, die weitgehende Schallisolierung dort unten leistete ausgezeichneten Vorschub. Besonders, weil die Abschirmung nicht vollständig war, ein Rest an Durchläßigkeit blieb. Die vielfachen dumpfen Geräusche, die schattenhaften Silhouetten, sie erhitzten die Phantasie all derer, die in der Nähe lauerten. Sie senkten die eigene Hemmschwelle und reizten zur Nachahmung.

Paavo deutete das von ihm dort Erlebte nur an. Das, was er mit den eigenen Augen in der Finsternis gesehen, gehört, gerochen oder am eigenen Leib gefühlt zu haben glaubte. Die aus dem Dunst und dem amorphen Spektakel erwachsenden grauenvollen Formen und Gestalten unterirdischer Massenentfesselung. Er weigerte sich, darin bloß Fieberträume zu erblicken. Es war zu hart, zu greifbar, in seiner verschlungenen Gegensätzlichkeit zwischen Grausen, Lust und Abscheu. Er war schließlich selbst ein Teil des Geschehens. Es geschah auch an ihm und mit ihm. Den stärksten Beweis sah er darin, daß ihn die Wogen irgendwann an diejenige Schwelle trieben, an der er das Bewußtsein verlor.

Er wußte auch nicht mehr, wie er von dort heil herausgekommen war. Er las es in den Gesichtern der anderen oben, daß es ihnen nicht anders erging. Jedermann rückte, kaum war er wieder oben, stumm wie ein Grab, sich selber zurecht, sein Antlitz und seine Kleidung. Bis es ihn vielleicht abermals zurück in die Unterwelt trieb. Je häufiger jemand zwischen oben und unten wechselte, desto quälender wurde ihm die Schwierigkeit bewußt zu unterscheiden, welche dieser beiden Welten die eigentliche war.

Insgesamt war Paavo Krohnen von diesem unterirdischen Kanalsystem enttäuscht. Nicht nur, weil die Ausgänge nicht frei benutzbar waren. Er hatte das Gewölbe überhaupt, schon als er das erste Mal von ihnen gehört hatte, vor seiner Einweisung hierhin, mit gewissen romantischen Vorstellungen belegt. Zuerst als Wolfsschlucht oder Felsbuchten der klassischen Walpurgisnacht, dann, etwas nüchterner, als Ritterverlies oder antike Waffenkammer zum Umhertummeln und zur Besichtigung ihrer ehrwürdigen Relikte. Aber nicht als das, was ihm begegnet war. Nicht als diesen gemeinen, häßlichen, banalen Pfuhl. Was freilich nichts daran änderte, daß Paavo sich mindestens noch ein zweites Mal freiwillig hinunterbegab.

Auch in der Stadt oben flaute das Treiben nicht ab. Aber es begann sich alles ein bißchen gleichmäßiger zu verteilen. Die bisher mehr oder weniger voneinander getrennten Gruppen auf den verschiedenen Plätzen kamen einander näher. Einige schoben sich ineinander: räumlich wie auch in der Art ihres Treibens. Mag sein, daß dies denen, die dem unterirdischen Schrecken entkommen waren, nur so vorkam. Vor allem, wenn sie jetzt vereinzelten Gesichtern begegneten, die ihnen noch kürzlich unten das Grausen beigebracht hatten, sich jetzt aber, als würden sie niemandem ein Haar krümmen, an vergleichsweise harmlosen Sprechchören, Diskussionsrunden oder fiktiven Eßgelagen beteiligten oder irgendwo still dabei saßen.

Der Klarinettist Mai war inzwischen mit einem Teil seiner Zuhörerschaft von der Gletschergasse in den Innenhof der Neptunkaserne gezogen. Dort begleitete er mit seinen 'Französchen' den zu einem kleinen Haufen zusammengeschmolzenen Rest der Sprechchöre. Denn ein großer Teil der vorher im Kasernenhof

Versammelten, auch der Kinder, beteiligte sich inzwischen auf dem Hauptplatz an den Maskeraden auf der Bühne.

Einzig völlig aufgelöst hatte sich der von dem einen Blaubetreßten dirigierte Lachchor.

Auch Pierrot traf Paavo plötzlich im Kasernenhof an. Er sah ihn wild gestikulierend vor Sina stehen, die ebenfalls immer noch oder wieder hier war. Von den vielen Kostümen, die er vorher auf dem Hauptplatz übereinandergetragen hatte, wehte nur Monikas Brautschleier von seinen Schultern herab. Auf dem Kopf trug er Paavos breitkrempigen Strohhut. Alles andere hatte er neben sich hingelegt. Sina hielt die Fäuste in die Hüfte gestemmt und starrte Pierrot mit bitterer Miene an.

Paavo überlegte, ob er hingehen sollte. Er zögerte jedoch, da Sina dabeiwar. Er wollte unbedingt wissen, worüber die beiden sprachen und vermied es daher, von ihnen gesehen zu werden. Wieder konnte er die Worte nicht verstehen. Aber die Mimik und Gestik sagte alles. Es konnte nur um diesen Brief gehen.

Wie Paavo später erfuhr, drohte Sina Pierrot jetzt, möglichst viele Abschriften des Briefes im Ghetto in Umlauf zu bringen. Damit wurde für Paavo endgültig klar, was Uis wiederholte, große, kreisförmige Gebärde vorher am Kasernentor bedeutet hatte. Sie hatte wirklich den Umkreis der ganzen Stadt bezeichnet und damit den Horizont umfaßt, innerhalb dessen Sinas erbeuteter Brief bekannt gemacht werden sollte, nachdem Gregor eine Veröffentlichung in seiner Zeitschrift verweigert hatte. Ui hatte also Sina zu dieser Maßnahme angestiftet.

Man konnte es ihr ansehen, daß sie irgendeinen Trumpf in der Hand hatte. Sie wurde immer ruhiger und vergnügter, während sie sich freiredete, wohingegen sich Pierrots Augen langsam in glühende Kohlen verwandelten. Bei seiner skurilen Bekleidung ein überaus seltsames Bild. Bald schlug das Pendel wieder auf die andere Seite. Pierrot brachte es anscheinend fertig, seine Gattin mit einer Gegendrohung in Rage zu versetzen und in dem Maße wieder Glätte in seine eigenen Züge zurückzubringen. So ging es eine Weile hin und her.

Dann plötzlich wurde Paavos Sicht auf die beiden verdeckt. Ein Haufen verdreckter, kaum bekleideter Gestalten mit verquollenen Gesichtern und verräterisch niedergeschlagenem Blick hatte sich vor sie geschoben. Es war offensichtlich den unterirdischen Gängen entstiegenes Volk.

Paavo war unsicher, ob er hineilen und Sina und Pierrot schützend zur Seite zerren sollte. Aber zugleich hoffte und glaubte er fest, daß ihnen hier oben nichts geschehen würde, und er blieb stehen. Eine der Entscheidungen, die er später bereute, als Versäumnis hinstellte, sich selber Feigheit und mangelnde Entschlußkraft vorwarf. Zu seiner Erleichterung kamen bald mehrere Kinder angelaufen. Allerdings andere als vorhin. Sie wirkten entspannter, geordneter und fröhlicher. Mit ihnen trat ihr Lehrer Jakob auf, ebenfalls erkennbar ruhiger. Ein überraschender Lichtblick nach geraumer Zeit, jedenfalls die Kinder, so, als verspräche sich die Lage zu entspannen. Aber das täuschte. Die Kinder waren bald wieder verschwunden. Aber auch Sina und Pierrot sah Paavo in dem dichten Getümmel im Hof nicht mehr.

Bald geschah das, was die Zerteilung beendete, welche das Gesicht der Stadt eine Zeitlang größer und vielfältiger hatte erscheinen lassen. Es war auf dem Hauptplatz. Aber es entging niemandem in der ganzen Stadt.

Dicht an der Kaufhausfassade tauchte ein ganz neuartiger Zug von Menschen auf. Niemand wußte, woher er gekommen und warum er vorher nicht gesehen worden war. Es waren noch viel mehr zu Skeletten abgemagerte Gestalten, als Paavo sie hier je gesehen hatte. Erbärmlich schmutzig, barfuß und mit Verbänden an Armen und Beinen schlurften sie über den Platz. Sie trugen nicht die Lumpen, die man hier so häufig sah, sondern weißgrau gestreifte Sträflingskleider. Auch Kinder waren dabei. Sie hielten einander an der Hand fest.

Es konnte sich nur um ein Versehen handeln. Diese Sträflingskleider paßten nicht in das Bild von 'Als ob'. Waren es Gefangene aus einem fremden Lager auf dem Fußmarsch anderswohin? Ein verirrter Zug, der nicht im gebotenen Bogen die Stadt umgangen hatte?

Alles blickte erschrocken hoch. Man schaute ständig zwischen diesem neuartigen Elend und dem bis eben tobenden Kleiderkarneval auf der Bühne hin und her. Doch auch die dort oben hielten augenblicklich inne und starrten ihre fremden Brüder und Schwestern mit offenen Mündern an.

Aber das war nicht alles. Jetzt traten auch noch uniformierte Bewacher des Zuges auf. Es waren keine Blaubetreßte, sondern Hünen in schwarz und in langschaftigen, eisenbeschlagenen Stiefeln und mit Stahlhelmen. Sie hielten Maschinenpistolen im Anschlag.

Es war für Paavo wie ein Schlag vor den Kopf. So, als wäre jetzt auf einmal ein langer Traum zu Ende gegangen. Alles, was nach seiner Zwangsverladung aus dem letzten Straflager hierhin geschehen war, schien wie weggezaubert. Der chronische Ausnahmezustand, die ganze cremefarbene Kosmetik, die Muster- und Vorzeigelüge des 'Lazaretts', gegen die er und seine Freunde eine Zeitlang bescheiden hatten ankämpfen dürfen, das heißt, anschreiben und anspielen dürfen. Paavo glaubte jetzt stattdessen dieselben schreienden Befehle zu hören und dieselben Tritte, Gewehrkolbenschläge und Hundezähne am eigenen Leib zu spüren wie bei seiner Verladung hierher oder auch bei seinem Transport in das erste Straflager. Er meinte sogar in einem dieser schwarzen, bewaffneten Ungeheuer, einem besonders hochgewachsenen mit ebenfalls schwarzen Wollhandschuhen, einen seiner früheren Peiniger wiederzuerkennen. Und er hatte panische Angst, daß die stehengebliebene Zeit wieder in Bewegung geraten war, alles weiter seinen Lauf nehmen würde, vorprogrammiert durch die Maschinerie des Terrors. Der Gang unter die legendären Duschen mit der nachfolgenden ordnungsgemäßen Eintragung seiner Nummer 25 225 T in eine der hunderttausende von Stamm-Listen des Gouverneurs.

Es müssen dies Gedanken eines Sekundenbruchteils gewesen sein. Gedanken, von denen Paavo wußte, daß sie hier jeden in etwa gleicher Weise beherrschten, obwohl er, wahrscheinlich wie alle hier, der Überzeugung war, daß dies einmalig und unverwechselbar seine Gedanken waren, weil sich hier jeder selbst am nächsten war.

Es dauerte nicht lange, und das Szenarium löste sich wieder auf. Der Zug verschwand mitsamt seinen Bewachern so schnell, wie er aufgetaucht war.

Was war es gewesen? Ein rascher Rückzug nach erkanntem Irrtum? Oder war es eine höllische Halluzination überempfindsam gewordener Gemüter? Oder aber eine Überstürzung der Verhältnisse, denen die hier kurzbeinig Gewordenen nicht mehr nachkamen?

Eines war gewiß. Ob der Zug wieder aus der Stadt war oder nur auf dem üblichen Weg ins Zeughaus, um die Neuankömmlinge einzukleiden, und selbst dann, wenn dieser Zug nur das Gebilde einer die Wirklichkeit vorwegnehmenden Phantasie gewesen war, so war es eine bitterernste Warnung. Ein kurzes Aufleuchten der Wahrheit hinter dem sich in dieser Enklave verkörpernden trügerischen Schein. Ein nicht mehr wegzuwischendes böses Zeichen.

Für Paavo bekamen die rätselhaften Veränderungen und Verschiebungen der letzten Zeit einen neuen Sinn. Das Zurückweichen der Blaubetreßten, das immer Längerwerden der Leine, an der man die Insassen dieses Lazaretts tanzen ließ, das übermütige Aufbegehren, die Übergriffe, die diese sich mehr und mehr ungestraft leisten konnten: Dahinter standen nicht mehr einzelne Personen, nicht mehr besondere Beschützer, launische und gnädige Zufallsgönner etwa nach der Art jenes legendären 'Pferdegesichts'. Er sah darin jetzt viel umfassender die Stille vor dem Sturm, dessen erster Vorbote hier eben erschienen war. Die von Robin Esp angekündigte Katastrophe begann für ihn greifbar zu werden.

An eines mußte Paavo besonders denken: Pierrots Festspielstück. Er wollte nicht glauben, daß es damit jetzt zu Ende gehen sollte oder gar endgültig vorbei war.

XVIII

Es war klar. Diesem Chaos konnten die Goliaths nicht länger tatenlos zusehen. Sie mußten eingreifen.

Ihre erste Maßnahme bestand darin, die Lautsprecher wieder in Betrieb zu nehmen und sie dann stunden-, ja tagelang auf Hochtouren laufen zu lassen.

Es war ein ohrenbetäubender Lärm. Marschmusik, dazwischen wieder diese abgestandenen ideologischen Sprachhülsen, dann zynisch hineingeflochtene Volksweisen und Sakrales aus dem Kulturschaffen des 'Stammes'. Das Ganze ein kreischendes Potpourri, das sich unter Zischen, Knistern und Husten der Lautsprecheranlage entlud.

Paavo Krohnen hatte im Ghetto inzwischen eine neue Beschäftigung zugewiesen bekommen: die Verteilung des Essens im Innenhof der Jupiterkaserne für alte Männer, und zwar mit Philipp an seiner Seite. Iltis hatte sehr bald nach seiner Vortragsimprovisation im Hof der Neptunkaserne einen schweren Krankheitsrückfall erlitten, und es wurde überall in der Stadt die immer lauter werdende Vermutung geäußert, er würde sich davon nicht mehr erholen. Der Arbeitseinsatzausschuß hatte sich bald nach einem dauerhaften Ersatz für ihn als Essensverteiler umgeschaut. Sein Auge war dabei besonders auf die Mitglieder von Pierrots Festspielensemble gefallen. Ein deutliches Zeichen, daß dessen Daseinsberechtigung inzwischen ernsthaft in Zweifel gezogen wurde. Seitens der Ghettoselbstverwaltung entsprach diese Zuweisung der bewährten Strategie, eine Zwangsmaßnahme vorzutäuschen, wo in Wirklichkeit Schutz vor Schlimmerem oder Aufschub gemeint war. Die Wahl des Ausschusses fiel hierbei gezielt auf die im Festspielstück am stärksten exponierten Personen: auf Paavo Krohnen und Philipp, den Demiurgen.

Während der letzten wirren Tage vor diesem Wechsel hatte Paavo verzweifelt nach Pierrot gesucht, hatte aber immer nur Sina allein angetroffen. Pierrot schien sich in Luft aufgelöst zu haben. Mit Sina allein wollte Paavo auf keinen Fall sprechen. Er suchte sie jedoch wiederholt auf, um sich bei ihr nach dem Verbleib ihres Mannes zu erkundigen. Dem geht es gut, sagte sie jedesmal geheimnisvoll. Viel zu gut. Besser, als er es je verdient hat.

Sina schien also Pierrots Aufenthaltsort zu kennen, aber damit nicht herausrücken zu wollen. Paavo kam bei bestem Willen nicht dahinter, warum. Er wunderte und ärgerte sich nur über ihre störrische und abweisende Haltung und suchte nach allen möglichen Gründen. Stand das Bestreben dahinter, ihren gehaßten Mann möglichst vom allgemeinen Geschehen in der Stadt fernzuhalten, oder hatte sie etwas Besonderes zu verbergen? Irgendwann gab es Paavo auf und ging nicht mehr zu Sina hin.

Paavo und Philipp empfanden ihre neue Tätigkeit im Essenshof am Anfang als sehr ungewohnt, fanden sich jedoch angenehm rasch hinein. Vor allem genossen sie die damit verbundenen Selbstversorgungsvorteile, die vorher Iltis zugute gekommen waren und die auch Paavo von seinen früheren zwangsweisen Kartoffelzüchtungen in jenem anderen Lager her kannte. Besonders Philipp bekannte gleich nach der ersten Essensausteilung Paavo, wie froh er um seine Abordnung hierhin sei, nachdem er in letzter Zeit so 'verdammt oft' der Versuchung einer 'Sauerei' erlegen wäre, vor allem nachts, wo er regelrechte Beutezüge auf gehortete Brotreste unter den Kopfkissen von Schlafenden unternommen hätte.

Beide standen wieder einmal auf demselben Kübelwagen in der Hofmitte, auf dem Paavo seinerzeit Iltis seine pantomimischen Alleindarbietungen hatte vollführen sehen. Es war die zweite reguläre Essensausgabe nach dem vorangegangenen Chaos, in dem es einfach nichts mehr gegeben hatte. Da in der Stadt im Augenblick weniger Ausgabestellen in Betrieb waren, beschränkte sich die hiesige Ausgabe jetzt nicht mehr auf die männlichen Bewohner der Kaserne, sondern bezog alles ein, was kam. Die Essensverteilung stand jetzt unmittelbar bevor.

Schwitzend und mit im Munde zusammenlaufendem Wasser schufteten sie sich beide damit ab, mit rudergroßen Kellen in mehreren Aluminiumkübeln das Dickflüssige vom Grund gleichmäßig nach oben zu verteilen. Sie mußten sich beeilen, weil bereits die ersten, mit Bezugsmarken, Blechnapf und Besteck ausgerüsteten Essensempfänger herandrängten. Das waren die ersten Vorboten des jedesmal mörderischen Existenzkampfes aller gegen alle, in dem Paavo und Philipp die Schiedsrichter und Aufpasser zugleich zu spielen hatten. Dazu kam das unerträgliche Geschmetter aus den Lautsprechern sowie die maßlos gereizte und aufgebrachte Stimmung im Zuge der ganzen Unruhe in der Stadt.

Innerhalb weniger Minuten war der Hof voll. Ein fürchterliches Drängeln und Rangeln ging los. Dazu ein Lärm wie auf einem Basar.

Was sagst du?, waren die häufigsten Worte, die Paavo und Philipp einander zuschrien, weil sie bei ihrem Bemühen um eine Koordinierung ihrer Tätigkeit auf eine reibungslose Verständigung angewiesen waren.

221

Abb. 22: Ferdinand Bloch, Essensschlange im Kavalier

Abb. 23: Otto Ungar, Alter Mann mit Eßschüssel

Du Freßmaul, brüllte Philipp mit langgezogenen Silben einer mit einem Sacküberwurf gekleideten Gestalt zu, die ihr Gesicht hinter einer tiefgezogenen dunklen Mütze verborgen hielt. Sie hatte eben den Inhalt ihres gefüllten Napfes mit einem Satz in den Schlund gekippt und war eben dabei, ihr Gefäß für eine zweite, verbotene Portion hastig in den Kübel zu tauchen.

Duu Freeß-maul, brüllte Philipp noch lauter und riß der Gestalt die von Brühe braungelb verklebte und triefende Mütze vom Gesicht.

Paavo stockte der Atem, als er in dieser Gestalt jetzt Dr. Sokols sogenannte Selektionsassistentin Lea, das ältliche Fräulein mit dem faltigen, eingefallenen Gesicht, heute ohne weißes Häubchen, wiedererkannte. Diese starrte ihrerseits die beiden mit vertiertem Blick an. Auch Philipp verstummte und sah beklommen zur Seite. Lea ließ vor Schreck ihren halbvollen Napf fallen. Mit spitzen Ellenbogen hackte sie sich einen Weg aus der Menge und entschwand mit einem langgezogenen Klagelaut.

Zurück, zurück, zwei Meter zurück, sonst gibt's nichts mehr, kreischten Philipp und Paavo in die Menge und stampften zornig mit den Füßen auf. Doch alles drängte immer wilder heran. Einer etwas weiter hinten wurde dabei erdrückt. Es blieben auch andere auf der Strecke, erschreckend viele. Sie kippten still um, bevor sie vielleicht auch erdrückt worden wären und blieben dann unter den trampelnden Füßen der anderen liegen. Die allgemeine Entkräftung nach dem zu langen Wegfall der öffentlichen Speisungen forderte ihre Tribute. Dazu noch diese Hitze und der Gestank. Wobei paradoxerweise letzterer auch aus den Kübeln stammte, für dessen Inhalt man sein Leben riskierte. Beim Ausschöpfen in Hunderte von Näpfen verteilte und verbreitete er sich in ätzenden Schwaden über den ganzen Hof.

Philipp und Paavo wußten bald nicht mehr, wie sie die Dämme halten sollten. Kurze gegenseitige Blicke von Zeit zu Zeit halfen ihnen dabei nur wenig.

Paavo kam mit Philipp in diesem unfreiwilligen Zwiegespann ungleich besser zurecht als während der ganzen vorangegangenen Probenarbeit. Philipp wirkte längst nicht mehr so angespannt wie früher. Er schien frei von jenem unangenehmen Hang zu Gockelallüren, die ihm besonders Monika während jenes skandalösen Streits hinter der Bühne vorgeworfen hatte. Paavo hatte Philipp seit jener letzten Probe auf dem Hauptplatz aus den Augen verloren. Er wußte nicht, was in der Zwischenzeit mit ihm geschehen war. Dann waren sie überraschend in diese Beschäftigung zusammengeschirrt worden. Sie hatten sich in der Zentralküche nahe beim Zeughaus zum ersten Mal wieder getroffen, um von dort zusammen die vollen Kübel abzuholen. Dort war ihm Philipp schon irgendwie verändert vorgekommen. Viel ruhiger und umgänglicher. Als die beiden ihre Zentnerlast auf den Wagen hochgehievt hatten und dann, nach Luft japsend, ein paar Sekunden innehalten mußten, hatte sich Philipp durch eine ungeschickte Handbewegung an der Deichsel des Transportkarrens einen dicken Spreißel in den Daumen gezogen. Paavo hatte ihm beim Entfernen geholfen, und Philipp hatte ihm dabei einen neuartig weichen und schutzlosen, fast flehenden Blick zugeworfen, den Paavo nicht wieder vergessen konnte. Er meinte sogar Philipps narbiges Kinn mit dem Grübchen unterhalb des leichten Überbisses zittern gesehen zu haben. Und dann hatte Philipp nur 'Freund' gesagt und müde gelächelt. Am darauffolgenden Tag hatte er Paavo eine kostbare halbe Flasche Rasierwasser überbracht. Von jemandem, der nicht genannt werden will, hatte er gesagt. Paavo hatte nach einigem Rätseln, wer der Spender sein könnte, ob etwa Nana oder sonst wer, an Philipps geziertem Verhalten immer deutlicher gemerkt, daß der, der nicht genannt werden wollte, niemand anders war als Philipp selbst. Damit war das Eis endgültig gebrochen.

He, ist das nicht Sven?, rief plötzlich Philipp laut und zeigte voller Erregung zum Hofeingang.

Tatsächlich kam von dort der strohbedeckte Mantelumhang des Leierkastenmannes hereingeweht. Sven in seiner Bühnengarderobe hier im Essenshof, dazu so lange nach der letzten ordentlichen Probe? Noch auffallender war der ungewohnt rasche, etwas stelzende Gang und die viel zu große Statur desjenigen, der sich dem Essenswagen näherte.

Jetzt stutzte auch Paavo. Der Weg vom Eingang bis zum Essenswagen war so lang, daß die, die in der Essensschlange standen, Zeit hatten, auf den Ankömmling aufmerksam zu werden und sich nach ihm umzudrehen. Svens Erscheinung mit oder ohne Mantelkostüm hatte sich bei allen schon viel zu lange und zu tief eingeprägt. Besonders über die Charakteristik seines Spiels: die reizvolle Mischung aus leidenschaftlichem Ernst und lausbubenhafter Leichtigkeit. Aber das hier war etwas anderes.

Als sich die Gestalt schon ziemlich dem Wagen genähert hatte, schien sie plötzlich auf Paavo zu blicken. Jählings blieb sie stehen. Dann wich sie nach rückwärts aus und begab sich in einem großen Bogen bis nahe an die Vorderfront der Kaserne. Sich auf Zehenspitzen zu einer Größe erhebend, die geradezu absurd von der von Sven abwich, riß sie sich den Strohumhang vom Leib und warf ihn weit von sich. Darunter kam eine schwarze Uniform zum Vorschein.

Sie war zwar ein wenig anders als die der Bewacher, die vor Tagen den Elendszug begleitet hatten. Von feinerem Schnitt und feinerem Tuch, aber gerade deswegen umso fürchterlicher. Herausstechend vor allem die straffe Eleganz, das schärfere Schwarz des kräftigen, aber sanfteren Garnstoffes, der Zuschnitt am Kragen, an den Schultern, am Revers der Ärmel, wahrscheinlich auch an den Hosenbeinen, die von denselben langschaftigen Stiefeln bedeckt waren wie bei den

Schergen vom letzten Mal. Erst recht anders war die zusätzliche Ausstaffierung. Koppel und diagonal über der Brust verlaufende Leibriemen, falls es nicht vorn herabhängende silberfarbene Kordeln gewesen waren. Das wußte Paavo nicht mehr. Dann die vielen Rangabzeichen, der Kragenspiegel, die Aufschläge, Epauletten und Fransen und die buntfarbenen Biesen an Schultern, Hosen und an der steifen Mütze.

Was die Menschen noch mehr in Panik versetzte als diese Aufmachung, war die jetzt endlich den Blicken zugängliche Visage. Groß, schön, kalt und grausam. Fahlblonde Haare, schräge Augenschlitze, etwas wulstige Lippen. Eine überaus bekannte, berüchtigte Erscheinung.

Die Menge stob mit unterdrücktem Schrei auseinander. Auch Paavo und Philipp sprangen von ihrem Essenswagen herunter. Alles rannte blind aus dem Hof.

XIX

Paavo eilte zum Hauptplatz. Dieser war wie leergefegt. Nur die Lautsprecher brüllten sinnlos weiter.

Mit zugehaltenen Ohren flüchtete Paavo auf die Rückseite der verwaisten Bühne. Er wollte, wie so oft zur Beruhigung in gespannten Augenblicken, seine aus dem Besitz seines Vaters stammende Kaffeemühle aus dem Versteck unter dem Bühnengerüst hervorholen. Als er sich durch das Gestänge zwängte, erblickte er auf der Steintreppe zum Portal der Garnisonskirche, direkt unter der Flagge des Imperiums, plötzlich Pierrot.

Dieser kauerte auf derselben Stufe, auf der er selber das letzte Mal gesessen hatte. Er zeichnete mit dem Zeigefinger wieder Spinnennetze auf den Knien. Sein Gesicht war mit einer dicken Schicht teils graubrauner, teils schwarzer Schminke bekleistert.

Paavo fühlte das Blut im Halse pochen.

Pierrot! Auf welchem Planeten hast du dich herumgetrieben? Hab' dich seit Tagen wie eine Stecknadel im Heu gesucht, rief Paavo nach Luft ringend.

Pierrot schaute mühsam unter den heruntergeklappten, ebenfalls künstlich geschwärzten Augenlidern hervor.

Wie siehst du denn aus?, fragte Paavo.

Meinst du mein Make up?. . . aus dem Boudoir meines tapferen Schneiderleins Simon?. . . Ja, zurzeit ist ein bißchen Tarnung angesagt.

Pierrot sagte dies in einem so fremden Ton. Paavo setzte alles daran, die Entfernung zwischen ihm und Pierrot zu überbrücken.

Der Gouverneur ist hier, sagte er, als er merkte, daß Pierrot durch nichts aus seiner Lethargie herauszubewegen war.

Der Gouverneur?

Pierrot winkte belustigt ab, schien jedoch langsam wach zu werden.

Doch. . . Nein, ich weiß nicht. . . Doch. Er ist's.

Paavo blickte kurz zur Seite. Da entdeckte er zu seinem Schrecken plötzlich Jakob. Dieser stand ein paar Schritte weiter an der Seite zwischen Bühnengerüst und Steintreppe starr wie ein Gespenst da. Seine schwarze Baskenmütze hing unheilvoll schief über seinem Kopf.

Jetzt schaute auch Pierrot erschrocken hoch.

Jakob blickte die beiden mit einem Gesicht an, als wollte er vor ihnen ausspucken. Dann schlug er, maßlos überzogen und unnatürlich, die Absätze zusammen, verneigte sich mit haßerfüllter Miene fast bis zum Boden, drehte sich um und entschwand.

Paavo und Pierrot blickten ihm sprachlos nach.

Paavo zog, wie in einem blitzartigen Reflex, ein dickes, fest verschnürtes Papierpäckchen aus der Rocktasche und öffnete es. Darin befand sich ein ansehnlich großes und frisches Stück Brot. Es war eine der von Paavo aus der Zentralküche ergatterten Geheimrationen.

Pierrots Augen wurden immer größer.

Paavo war erleichtert, daß es ihm gelungen war, sich und den anderen von der schrecklichen Begegnung mit Jakob so rasch auf etwas Angenehmes abzulenken.

Er brach ein Stück von dem Brot ab und reichte es Pierrot. Dieser riß es sofort an sich und verschlang es mit einem Satz.

Wo hast du das her?, fragte Pierrot, würgend und mampfend.

Hier. Kannst alles haben. Hab' genug davon.

Pierrot schaute zuerst ungläubig und zögernd. Dann griff er hastig nach dem ganzen Klumpen.

Bist unter die Reichen gegangen. . . oder unter die Mächtigen?, fragte er, bevor er den nächsten Happen in den Mund schob.

Ich hab' Küchendienst. Wußtest du das nicht?

Pierrot biß wild auf dem Klumpen herum, schmatzte und stöhnte lustvoll.

Ja, ich bin ganz offensichtlich nicht mehr auf dem laufenden, gurgelte er und schaute Paavo groß von der Seite an.

Philipp ist auch mit von der Partie, erläuterte Paavo weiter.

Was? Der Demiurg. . . in der Küche?. . . zusammen mit meinem Sensenmann?

Ja. Beim Essenausteilen, im Hof der Jupiterkaserne.

Pierrot schwieg. Er war sichtlich verwirrt. Aber aus seinen auseinandertretenden Augen blitzte ungebrochen sein alter Kampfgeist.

So so, der Gouverneur, flötete Pierrot plötzlich mit alter Lustigkeit, spitzte den Mund und schwankte mit hochgerecktem Kopf mit dem Oberkörper.

Er *muß* es sein, Pierrot. Du würdest ihn auch sofort erkennen. Das Gesicht, die ganze Erscheinung. Genau wie auf den Zeitungsfotos oder auf den Plakaten. Er war es sicher. Ganz abgesehen vom Getakel auf seiner Uniform.

Und wie ist er hierhergekommen? In seiner schwarzen Limousine mit Staatswappen? Mit Trommlern, Schalmeien, Fanfaren und Reitereskorte?

Nein.

Wie? Allein?

Ja.

Haha. Und wie ist er dann gekommen?

Wahrscheinlich durch die unterirdischen Gänge, entgegnete Paavo trokken... inkognito... direkt in die Kommandantur... und von da aus auf Schleichwegen ins Stadtzentrum.

Aha. Dann hätte er sich auch gleich in einem Sarg einschleusen lassen können. Das wäre noch origineller gewesen... und passender.

Sehr witzig.

Und du hast ihn selbst gesehen?, bohrte Pierrot, doch sichtlich unruhiger werdend, nach.

Ja. Im Essenshof. Ganz plötzlich tauchte er auf. Die Leute haben Panik gekriegt. Sie sind alle fortgerannt. Ich auch.

Das ist kein Beweis.

Paavo schwieg gekränkt.

Jetzt hörte man wieder die Marschmusik, die Siegesparolen und Volkslieder aus den rauschenden und knisternden Lautsprechern.

Paavo merkte, wie schwer es ihm fiel, Pierrot als nächstes von der Aufmachung zu berichten, in der der Uniformierte erschienen war. Svens Mantelkostüm aus seinem, Pierrots, Festspielstück. Und dann die triumphierende Geste, mit der jener demonstrativ den Umhang von sich geschleudert hatte. Das Ganze kam ihm inzwischen selber nicht mehr ganz glaubhaft vor. Aber er berichtete Zug um Zug.

Pierrot hörte gespannt zu. Nach einer Weile erkundigte er sich nach Sven.

Paavo wurde plötzlich klar, wie lange er selber Sven nicht mehr gesehen hatte und daß er die naheliegende und schreckliche Frage, warum der Uniformierte ausgerechnet Svens Kostüm getragen hatte, bei sich unterdrückt hatte. Er erinnerte sich wieder, wie Sven damals vor dem Hauseingang am Oleanderweg unter den Klarinettenklängen von Mai Shirin den von ihm verfertigten Talisman um den Hals gehängt hatte, bevor sie beide seinen Blicken entschwunden waren. Was war in der Zwischenzeit geschehen? Er erinnerte sich auch, daß Pierrot beim letzten improvisierenden Spiel auf der Bühne Svens Mantelkostüm vergeblich in der Kleiderkammer gesucht hatte.

Weißt du das nicht mehr?, fragte er Pierrot erstaunt.

Pierrot antwortete nicht.

Hielt Svens Mantelkostüm inzwischen nur noch als Relikt seines inzwischen verschwundenen Besitzers her? Sozusagen eine Trophäe, der vom Henker höhnisch hochgehaltene Skalp? Und dies als Auftakt für die Ergreifung der nächsten Opfer? Mit dem Poeten an der Spitze? Dann mußte Paavo wieder an

229

das überraschende Auftauchen von Jakob denken, an dessen fürchterliche Blicke und wie er sich gleich danach davongemacht hatte. Aber er fühlte sich nicht in der Lage, diese Begegnung anzusprechen, die mit dem vergleichsweise fernen Gouverneur ja, aber nicht die mit Jakob. Und er spürte, daß auch Pierrot so dachte.

Beide schwiegen eine Weile.

Dann durchbrach Pierrot die Stille.

Ist das nicht toll? Der Hofnarr bekommt Staatsbesuch, rief er fast schallend.

Und dann, nach einer Pause, wieder leiser:

Wenn's bloß einer wär...

Paavo stutzte.

Auch jetzt bei der Wiedergabe dieser Sätze mir gegenüber stutzte Paavo.

Er versuchte als nächstes seine Antwort oder Gegenfrage auf Pierrots letzte Bemerkung zu formulieren. Aber ich merkte, daß er wieder einmal große Mühe damit hatte.

Lange hatte Paavo Krohnen frei und flüssig erzählt. Ich hatte mich bisher im festen Glauben befunden, er hätte die Mauern um seine Erinnerung endgültig eingerissen. Aber es zeigte sich, daß dem nicht so war.

Aus Paavos nachfolgenden Worten entnahm ich eben noch sein Bemühen, Pierrots Zweifel an der Identität dieses geheimnisvollen Besuchers in der Stadt zu zerstreuen. Seine wiederholte Beteuerung, es könne dies nur der Gouverneur gewesen sein: dessen Aussehen, das freche, herrenhafte Auftreten, die charakteristische, in der Öffentlichkeit wohlbekannte, gesichtslose, sinnlich-rohe Henkersfresse. Henkersfresse?, habe Pierrot noch einmal zurückgefragt. Die haben sie doch alle. Einer wie der andere. Alle sehen sie gleich aus, diese Gruselkabinettfiguren aus Falschgold, diese Vogelscheuchen in Uniform. Dann wieder Paavos Entgegnung darauf. Aber schon in der Art, wie Paavo sie mir gegenüber wiedergab, zeigte sich wachsende Unsicherheit, eine innere Abwehr, die ich längst überwunden glaubte und erst zu spät durchschaute. Paavo redete immer leiser und abgerissener. Er suchte mit seinen Blicken Halt an der weißen, bilderlosen Wand neben dem Tisch in der Hotel-Lounge in Helsinki, in der wir diesmal saßen. Dazu lächelte er seltsam fremd. Seine Reden glitten ins immer Künstlichere und Angestrengtere ab.

Schon bei der wiederholten Bezeichnung 'Gouverneur' war mir wieder der Namenswirrwarr aufgestoßen, mit dem Paavo Krohnen die ganze Zeit alle und alles damals verdeckte, bewußt oder unbewußt. Die 'Goliaths', der 'Stamm', die 'Stadt' und all die Pseudonyme sogar für seine engsten Weggefährten.

Ich hatte das alles die ganze Zeit akzeptiert, verstanden, heruntergeschluckt. Aber jetzt plötzlich ertrug ich das Versteckspiel nicht mehr. Es war für mich in einen zu scharfen Widerspruch geraten zu Paavo Krohnens sonst so packender Art der Darstellung, an deren Objektivität, jedenfalls was die großen Linien betraf, ich nie zweifelte und die in mir auch den immer leidenschaftlicheren Wunsch geweckt hatte, die vielen überaus lebendigen Menschen dort mit richtigem Namen zu kennen.

Ich beschloß, Paavos Zögern und Stocken für ein erneutes Nachhaken meinerseits zu nutzen.

Wie hieß der Pierrot eigentlich richtig?, so fragte ich ganz direkt.

Wer...?, fragte er noch zurück. Dann begriff er. Sein mir eben noch freundlich zugewandtes Gesicht erstarrte. Die sonst toten Augen unter den schneeweißen Brauen und den tief gesenkten Lidern flackerten mich ungut aber schwach an.

Qualvolle Sekunden später erhob sich Paavo abrupt von seinem Platz und verließ abgewandten Hauptes den Raum, in dem die ganzen letzten Gespräche stattgefunden hatten.

Es folgte für mich eine Reihe beschwerlicher Tage. Ein aus mehreren Vorstößen bestehender Canossagang. Ich redete mit Engelszungen durchs Telefon so lange auf ihn ein, bis ich ihn wieder einigermaßen versöhnt, bis sich das niedergetretene Pflänzchen seines Vertrauens wieder halbwegs aufgerichtet hatte. Schließlich erklärte er sich zu einer Fortsetzung unserer Gespräche bereit.

Unser Treffen verzögerte sich jedoch nochmals um zwei Tage.

Die Ursache war ein Ozonsmog-Alarm auf höchster Stufe gewesen, der ganz Helsinki auf den Kopf stellte: Fahrverbot, zeitweise Ausgangssperre, ein erschreckender Anstieg physischer Kollapse vor allem bei Alten und Kranken, überfüllte Krankenhäuser, wachsende allgemeine Panik. Ich hatte meinen Aufenthalt in der Stadt ohnehin um eine weitere Woche verlängert. Während der kritischsten Tage hatte ich mich bewußt geschont und mich häuslich von allem abgeschirmt. Paavo Krohnen offensichtlich auch. Bei unseren Telefonaten schien ihn die allgemeine Fieberstimmung und die aufgeputschte Berichterstattung in den Medien noch weniger zu berühren als mich. Ich mußte an die stoische Ruhe denken, mit der er seinerzeit auch der Ölkatastrophe vor der belgischen Küste begegnet war.

Geduld...Geduld..., rief er wiederholt durchs Telefon. Und einmal, wie in Brüssel, sogar wörtlich: Ja, ja...Wo man hinschaut...nichts als Kadaver...nichts als Kadaver.

Endlich konnten wir einen Termin vereinbaren.

Paavo Krohnen wollte am folgenden Vormittag im 'Konstmuseet i Ateneum' eine Ausstellung seines Lieblingsmalers Tyko Konstantin Sallinen besuchen, die zu Ende ging. Deshalb verabredeten wir uns für die Mittagszeit im ebenfalls im

Stadtzentrum gelegenen Kansallisteatteri, wo unsere allererste Begegnung stattgefunden hatte.

Es war ein für die Jahreszeit immer noch ungewöhnlich warmer, klarer Tag. Die schräg auf die großzügige Anlage der Stadt fallende Septembersonne tauchte die Bucht, die Häuser und die weißen Säulen der Kathedrale in ein scharfes Licht. Die Sonne hatte schon in der Frühe nach langer Zeit zum ersten Mal die über der Stadt hängende Dunstglocke aufgelöst.

Ich hatte bei meinem tagelang aufgestauten Bewegungsdrang zeitig meine Pension in der Nähe des Hafenbeckens von Sandvika verlassen. Ich flanierte auf dem Boulevard und auf der Esplanade, um dann über den Botanischen Garten zum Theater zu gelangen.

Etwas abgeschlagen von dem langen Rundgang begab ich mich über die Pforte in den mir vom ersten Mal bekannten Raum hinter der Glastüre. Krohnen saß genau im selben tiefen Ledersessel wie damals. Ich war etwas aufgeregt. Doch er erhob sich gleich und reichte mir ruhig und freundlich die Hand. Dann wies er mich wieder zu jenem großen Tisch in der Nähe. Sogleich setzten wir uns an ihn.

Ich legte meine Mappe auf den Schoß. Plötzlich öffnete sich hinter uns die Glastüre, und eine Schar Kinder in Begleitung einer kleinen, jungen Frau trat herein. Kinder im Schulalter, der Älteste vielleicht zwölf. Sie sahen alle erbarmungswürdig aus, blaß, abgemagert, und in minderwertiger Kleidung. In ihren großen Augen saßen Angst, Zerrüttung und Schmerz. Sie schienen alle von weither zu kommen. Einige hatten Verletzungen im Gesicht oder an den Händen und trugen Verbände. Ein Junge, vielleicht acht, neun Jahre alt, wurde von einem größeren Mädchen in einem Rollstuhl geschoben. Ihm fehlte ein Bein, er hatte keine Prothese, nicht einmal eine schützende Decke über dem Stumpf. Die die Kinder begleitende, kleine Frau sah selbst fast wie ein Kind aus. Sie hatte ein liebes Gesicht unter dem kurzen, dunklen Pagenschnitt und war mit einem knielangen, überaus eleganten, türkisfarbenen Kostüm bekleidet.

Hilfesuchend blickte ich zu Paavo Krohnen.

Hallo Annie, rief dieser, zur jungen Frau gewandt und lächelte. Es war das erste Mal, daß ich Krohnen so von Herzen lächeln sah. Annie lächelte zurück und rief im Vorbeigehen mit heller Stimme seinen Namen.

Paavo wartete, bis alle durch die vordere Türe wieder hinausgegangen waren.

Das ist Annie Aström, sagte er. Eine unserer Regieassistentinnen. Sie hat wieder eine Führung mit Flüchtlingskindern... Waisen... aus einem Heim hier in der Nähe.

Paavo zeigte zum Fenster hinaus.

Flüchtlingskinder?

Ja. Die Aktion 'Sonnenschein' hat das vermittelt. Dann und wann kommen die Kinder. Es sind immer wieder andere. Das ist zu ihrer Ablenkung. Um sie ein bißchen aufzubauen bei dem, was sie durchgemacht haben... die Raketenangriffe, Vergewaltigungen, Exekution der Eltern. In Colombo, Beirut, Baku, Hermannstadt oder noch näher... Wir zeigen ihnen das Theater von seiner Innenseite: Bühnentechnik, Garderobe, Schneiderei, Schminkraum und so. Das interessiert sie sehr.

Paavo bemerkte offensichtlich, daß ich schockiert war.

Wir sollten vielleicht das schöne Wetter nutzen und uns draußen auf eine Bank setzen, sagte er.

Erlöst stand ich auf und klemmte meine Mappe unter den Arm.

Wir sind froh, daß Annie das übernommen hat, erläuterte Paavo weiter, als wir das Theatergebäude verließen. Wenn die Kinder nicht herkommen, besucht sie sie im Heim. Dort probt sie auch ein bißchen mit ihnen und schneidert Kostüme. Sie macht das mit Hingabe, mit Leib und Seele, als fühlte sie sich den Kindern verpflichtet... oder mitschuldig... Wenn sie nicht wäre, müßten wir es machen. Ich weiß nicht, ob ich das könnte.

Paavo schnitt ein trauriges, fast schmerzliches Gesicht. Für Sekunden schien ihn seine Gleichmut zu verlassen, über die ich mich die ganze Zeit seit dem Auftreten der Kinder gewundert hatte.

Während wir die große Busstation in der Nähe des Hauptbahnhofes in Richtung 'Ateneum' passierten, versuchte ich das Erlebnis mit den Kindern aus meinem Gedächtnis zu verbannen. Ich wollte den Kopf frei haben für die Fortsetzung unseres Gespräches nach dieser langen Unterbrechung. Aber ich mußte unweigerlich an die vielen anderen Kinder denken, von denen mir Paavo erzählt hatte, im Ghetto. Kinder, die auch Theater spielten, die schrieben, malten und Musik machten. Ich dachte an die Bilder an der Treppe zum Probenkeller oder an den Ausstellungsständen im Westpark, an die 'Tausendfüßler'-Redaktion, und auch daran, daß Paavo selbst als Vierjähriger sterbende Kinder im Film hatte spielen müssen. Das war eine Brücke zurück zu dem, worüber ich gleich mit ihm sprechen wollte.

Wir gingen um das Museum auf dessen Rückseite und betraten dort die Grünanlage. In einem Schattenplätzchen etwas weiter weg stand eine Bank. Wir begaben uns zu ihr hin und ließen uns auf ihr nieder.

Wieder stellte ich meine Mappe auf den Schoß, öffnete sie und nahm einen Teil meiner Notizsammlung heraus. Aber irgendwie kam ich noch nicht zurecht. Etwas umständlich nestelte ich an meinen Papieren.

Sie wollten mich doch weiter befragen, bemerkte Paavo etwas brüsk aber nicht unfreundlich. Ich spürte, daß dies nicht vorwurfsvoll oder gar abschätzig gemeint war, sondern Paavos trockener, herber Art entsprach.

Bald kam er mir mit einem Stichwort zuhilfe, für das ich ihm dankbar war. Er steckte offensichtlich tiefer im Gang der damaligen Ereignisse, als ich es ihm in diesem Augenblick zugetraut hatte. Langsam gelang es mir, mich wieder in die Szene zwischen Paavo und Pierrot hineinzuversetzen. Zuerst noch als statisches Bild. Dann gerieten auch die Figuren in Bewegung und wurden mit neuem Leben erfüllt.

Irgendwann war es für die beiden, Pierrot und Paavo, an der Zeit, sich aufzuraffen und sich zu überlegen, was als nächstes zu tun sei.

Wohin sich begeben? Untertauchen? Oder im Gegenteil erst recht in die Offensive gehen? Gegen alle Vernunft eine Wiederaufnahme der Proben vorantreiben? Vielleicht doch auf die ursprünglich geplante Generalprobe hinarbeiten, um das Stück rechtzeitig, wie vorgesehen, beim Kommissionsbesuch als Festspielstück zur Uraufführung gelangen zu lassen? Paavo sprach damit Pierrot gegenüber einen Gedanken aus, den ernsthaft zu denken er lange nicht mehr gewagt hatte.

Generalprobe?, fragte Pierrot, traurig den Kopf schüttelnd.

Ich weiß, sagte Paavo resigniert. Ich weiß... Aber man darf nichts unversucht lassen.

Wenn's nur die Goliaths wären..., entgegnete Pierrot. Aber mittlerweile ist's ja die ganze Stadt... Nichts mehr ist berechenbar... nichts mehr ist das, was es einmal gewesen ist.

Der beste Schutz gegen bissige Hunde ist, keine Angst zu zeigen, argumentierte Paavo als nächstes. Wir ermutigen sie nur, mit ihren Militärs einzugreifen und ihre Panzer in der Stadt auffahren zu lassen, wenn wir nicht selbstsicher genug auftreten.

Pierrot schwieg.

Mein lieber Cvok, platzte Paavo heraus, so als wollte er ein letztes Mal das Steuer an sich reißen. Es ist fünf Minuten vor zwölf. Die ganze Stadt steht Kopf. Der Hauptstachel ist dein Stück. Ganz egal, was da sonst noch darum herumkreist. Die Machthaber sind empfindlich getroffen worden. Sie können nur noch um sich schlagen. Wenn wir nicht handeln, egal wie, sind wir verloren. Die Goliaths warten nicht mehr lange. Sie haben willige Helfer hier, wie du weißt. Und die Mitläufer werden nicht weniger, eher mehr. Sie sind mitten unter uns, unsichtbar und unhörbar, wie stille Wasser.

Plötzlich nannten sie beide wie in Gedankenübertragung laut den Namen Jakob.

Jakob. Ja, Jakob.

Paavo war froh über diese Übereinstimmung und erleichert, daß es beiden gelungen war, das Eis zu brechen.

Dennoch blickten sie kurz um sich, als wollten sie sich vergewissern, daß Jakob nicht in der Nähe war.

Was hat der eigentlich gegen dich?, fragte Paavo. Ich meine, gleich so heftig... so absolut und endgültig...

Jakob, ach Jakob. Ich weiß nicht. Laß ihn.

Das Spiel ist noch nicht verloren, fuhr Paavo, sich nach einer Pause einen erneuten Ruck gebend, fort. Unsere Stadt hat viele Schlupfwinkel und Löcher. Die Menschen drin sind aufgebracht, aufgewühlt und zu allem bereit. Sie haben nichts zu verlieren, haben ihre Lage durchschaut, dank deines Stücks. Und das Monstrum von Gouverneur hier ist ein Fremder, der das Terrain nicht kennt... Wie hast du mal gesagt? Tausende von Ameisen, die am Hosenbein des Riesen hochkrabbeln... Keiner weiß letztlich, wie die Sache ausgeht. Wir sollten nicht vergessen. Der Stamm läßt sich nicht so schnell unterkriegen. Ein Baum –

Paavo wagte nicht weiter zu sprechen.

Dein Stück hat schon seinen Sinn gehabt, fuhr er nach einer kurzen Pause fort. Daran sollten wir festhalten.

Ich bin überzeugt, daß es nicht nur das Stück ist, wandte Pierrot ein.

Aber man spricht in der Öffentlichkeit von nichts anderem. Das Thema Nummer eins ist und bleibt das Stück. Ganze Sprechchöre in der Stadt haben daraus zitiert. Ich hab es selbst gehört.

Das ist auch das einzige, was sie sich trauen, erwiderte Pierrot. Ein Theaterstück ist harmlos und unverfänglich. Die Wirklichkeit wird zum Spiel.

Und das Spiel zur Wirklichkeit, parierte Paavo.

Ja, schon. Aber für die Mehrheit ist das erste das Wichtigere. Die meisten sehen vor allem das Spielerische. Und das bedeutet: sich all das trauen, was man sich sonst nicht traut, wie im Traum. Und das haben sie weidlich getan. Anfangs war ich hier einsam und allein der Hofnarr. Inzwischen reden mir die anderen alles laut nach. Sie haben sich ebenfalls zu Hofnarren gemacht.

Nicht zu Hofnarren, sondern zu Kämpfern, eiferte sich Paavo immer mehr. Sie stehen hinter dir. Das haben sie auch schon mal laut gesagt. Auf dem Platz. Während der Probe. Erinnerst du dich? 'Was wären wir ohne den Cvok... Er ist unser Held', haben sie gerufen. Sie haben über das Spiel den vollen Ernst der Lage erkannt.

Ja, und jetzt bin ich schuld an dem ganzen Aufruhr. Daß jetzt die oberste Goliathspitze hier aufkreuzt und droht, geht auch auf mein Konto, jedenfalls hauptsächlich. Das kann niemandem angenehm sein. Das kann die Volksmeinung im Nu umschwenken lassen.

Paavo konnte dem nur zustimmen. Ihm fiel ein, daß zu all dem auch noch die Machenschaften von Ui dazukamen, über die er mit Pierrot schon so lange hatte reden wollen.

Gerade wollte er ansetzen, etwas zu sagen.

Da kam ihm Pierrot leise, aber mit entwaffnender Eindringlichkeit dazwischen.

Ich glaube, wir sollten jetzt gehen, sagte er. Ein bißchen unsere Leute einsammeln...nach dem Stand der Dinge sehen...sehen, was es vielleicht doch anzukurbeln gibt...in unserer Sache, mit meinem Text und so...

Pierrot verschluckte sich bei diesen Worten vor Hast.

Und als erstes diese dämliche Schminke abmachen, fügte er hinzu und lachte fast herzlich.

Paavo schaute ihn verwundert an.

Er wagte es allerdings nicht, diese letzte Absichtsbekundung als Hinweis auf eine vielleicht doch zustandekommende Generalprobe aufzufassen.

XX

Paavo Krohnen brauchte lange Zeit, bis er es fertigbrachte, seinen Bericht fort-
zusetzen. Verstört und mit leeren Mundbewegungen bohrte er in seinen Erinnerungen. Es war so quälend, daß ich bereits Anstalten machte, mein Notizbündel
in meine Schreibmappe wegzupacken.

Doch da ging plötzlich ein erlöstes Leuchten über sein Gesicht.

Ja, ich erinnere mich, rief er begeistert.

Dann hielt er noch einmal kurz inne.

Doch, es war derselbe Fahnenaufmarsch wie bei dieser Fidelio-Inszenierung,
die ich vor... vor Jahren irgendwo gesehen habe... ich glaube... in London, in
Covent Garden... Da fiel mir das alles wieder ein..., so sagte er schließlich.

Fidelio?

Ja, beim Geschwindigkeitsmarsch vor der Rachearie des Don Pizzarro... da
trampelte ein Zug fahnenschwingender Soldaten über die Bühne... mit tollen
Fahnen... wie im Sturmwind... Da blitzte es in mir auf. Mir wurde schlecht. Es
waren genau solche Fahnen wie damals bei dem großen Aufmarsch in der Stadt,
als... ja... riesige, bunte Fahnen... Zum ersten Mal nach Jahrzehnten habe ich
mich daran erinnert. Aber ich mußte rasch den Zuschauerraum verlassen... mußte
mich in der Toilette übergeben.

Paavo legte nochmals eine Pause ein. Ich merkte, daß ich ihm noch mehr
Zeit lassen mußte.

Als er sich wieder gefaßt hatte, beschrieb er mir mit selbstquälerischem Genuß
die genaue Größe, Form und Farben der Fahnen, ihre Flugbahn beim Schwingen
und die Art, wie sich dabei ihr Stoff entfaltete. Ich wußte lange nicht, welche
Fahnen er meinte, ob die auf der Opernbühne oder die wirklichen in der Stadt.

Je mehr er sich hineinredete, desto unbeschwerter floß es ihm wieder von
den Lippen. Es war, als vermöchte er die Bilder seiner Erinnerung wieder in
genügendem Abstand vor sich zu halten.

Dieser Aufmarsch kündigte auf dem Hauptplatz hohen Besuch an, so sagte er
wieder mit kräftiger Stimme. Zusammen mit dieser öden Marschmusik aus den

Lautsprechern und dem geräuschvollen Herannahen der Trommler und Schalmeienbläser.

Als Fahnenschwinger waren Blaubetreßte abgestellt worden. Ich konnte es mir nach Paavos Bericht immer plastischer vorstellen: Wie sie in vollem Wichs schnaubend ihre einstudierten Pirouetten drehten, sich unter ihrer Last wanden und bogen, plump und wenig aufeinander abgestimmt, dafür mit umso zünftigerer Begeisterung. Man war, nachdem die Blaubetreßten schon so lange nicht mehr in Erscheinung getreten waren, des Anblicks ihrer Operettenuniformen entwöhnt, so daß diese zusammen mit den Farben der Fahnen doppelt grell in die Augen stachen. Diese Fahnen zeigten nicht das Schreckensemblem des Imperiums, sondern Paavo bisher unbekannte Wappen. Ein aufdringlich gelbgestreiftes Muster, in violett, rot oder grün eingefaßt, Sportfarben, Vereinsembleme, irgend etwas, was er zum erstenmal sah.

Die Gassen und Straßen um den Hauptplatz waren mit Gaffenden vollgestopft. Sie hielten die Bannmeile vor dem Fahnenfeld streng ein. Aber ihre Gesichter drückten etwas anderes aus als sonst bei Spektakeln dieser Art. Nicht die übliche Schicksalsergebenheit, die aufgesetzte Festfröhlichkeit oder gar strahlende Dankbarkeit der Untertanen. Sie blickten finster und entschlossen, wie über ihr eigenes Elend hinweg oder gar, als stemmten sie sich dagegen an.

Einzig gespenstisch leer auf dem Platz war am Anfang die Festspielbühne. Ohne Kulissen und Requisiten wirkte sie wie abgeschminkt. Nur ganz hinten unter dem nackten Gerippe des Stangengerüstes standen einsam ein paar Farbtöpfe. Die Flagge des Imperiums prangte wieder in voller Größe vor der Garnisonskirche.

Paavo und Pierrot kamen gerade von ihrer ergebnislosen Suche nach den Mitgliedern des Ensembles zurück zum Hauptplatz. Nicht eine bekannte Seele hatten sie angetroffen. Wen sie sonst ansprachen, wandte ängstlich sein Gesicht ab und ging den Fragenden aus dem Weg. Seit dem Paukenschlag im Hof der Jupiterkaserne herrschte überall eine panikartige Stimmung. Er wurde je länger, desto fieberhafter als Vorbote für ein noch viel einschneidenderes, schicksalshaftes Ereignis gedeutet, das man fest auf dem Hauptplatz erwartete. Dementsprechend setzte bald aus allen Richtungen ein immer größerer Sog dorthin ein, von dem auch Paavo und Pierrot miterfaßt wurden.

Schon vor dem Hauptplatz war das Gedränge so groß, daß man kaum weiterkam. Irgendwann gelangten sie beide über den Dünengang direkt zum Stadthaus.

Paavo blieb noch eine Weile am Eingang zur Ghettobank stehen. Pierrot jedoch bestieg sogleich die leere Bühne und ließ sich auf deren Vorderrand nieder, der ihm einen guten Rundblick gestattete. Nach und nach gesellten sich auch andere zu ihm. Auch Paavo fühlte sich bald vom Lärm der nahenden Trommler und Bläser auf die Bühne getrieben und begab sich nach oben.

Man war an diesem Aussichtsplatz von der bunten Kraftmeierei der Fahnenschwinger so gefangen, amüsiert und angewidert zugleich, daß man das Eigentliche, dem sie galt, gar nicht bemerkte. Nämlich das plötzliche Auftreten der angekündigten Person.

Paavo erschrak, als er diese von der Bühne aus genau an der Stelle vor der Ghettobank entdeckte, an der er selbst eben noch gestanden hatte. Jene Person wurde eskortiert durch zwei höhere Offiziere. Diese waren, als wäre dies beabsichtigt, von deutlich kleinerer Statur. Ihre ebenfalls schwarzen Uniformen waren einfacher im Schnitt und mit weniger Rangabzeichen versehen. Einer von ihnen hatte ein auffallend langes Gesicht mit vorstehenden Zähnen, ganz nach der Art eines Pferdes, wie Paavo sofort bemerkte. Der Schwarze in der Mitte wirkte weniger forsch und offensiv als während seines letzten Auftretens im Essenshof der Jupiterkaserne. Statt Svens Umhang trug er heute einen kurzen aber weiten und faltenreichen schwarzen Überwurf, der zwingend an einen Domino erinnerte. Das Gesicht wirkte noch konturloser. Trotzdem zeichneten sich auf diesem bei näherem Hinsehen Mißmut sowie Spuren von Sorge und Unsicherheit ab.

Bald nach dem Auftauchen des Schwarzen stellten die Schwinger ihre Schau ein. Sie rollten die Fahnen zusammen und verzogen sich mit den Trommlern und Bläsern in den Hintergrund. Auch das Marschmusikgeschepper aus den Lautsprechern verstummte.

Dann kam überraschend Bewegung in den Platz.

Wie aus einem bröckelnden Felsen löste sich eine größere Gruppe aus der Menge, die bisher den Zugang zum Dünengang nahe bei der Ghettobank versperrt gehalten hatte. Es waren verschiedenartige Gestalten. Einige waren alt und spindeldürr. Andere waren erstaunlich gut gekleidet, mit glänzenden Lederjacken und anständig sitzenden Hosen. Wieder andere trugen Blindenarmbinden, schwarze Brillen oder Augenklappen und tasteten sich mit einem Stock voran. Paavo erblickte in deren Erscheinen ein beruhigendes Zeichen, daß in letzter Zeit die sogenannten Räumungsaktionen ins Stocken geraten waren und anscheinend nicht mehr richtig griffen. Die Gruppe bewegte sich geschlossen in Richtung Stadthaus zum Schwarzen hin. Irgendwann, noch in einigem Abstand zu ihm, blieben alle stehen. Die Blinden schlugen mit ihren Stöcken leer in die Luft.

Bald näherte sich aus einer anderen Richtung ein zweiter Zug. Auch in diesem befanden sich Auffällige in etwas größerer Ansammlung als sonst bisher in der Stadt: Invalide, mit Krücken oder Prothesen, oder ohne Hilfsmittel kriechend. Dieser Zug kam aus dem Karminweg direkt neben der Kaufhausfassade.

Immer mehr solche Prozessionen lösten sich aus der Masse, bewegten sich wie im Sternmarsch langsam und gleichmäßig auf den Schwarzen zu und machten alle im etwa gleichen Abstand vor ihm Halt.

Abb. 24: Leo Haas, Blinde in Terezín

Abb. 25: Otto Ungar, Nach Ankunft eines Transports

Abb. 26: Josef Novák (1931–1944)

Je länger Paavo hinsah, desto unzweifelhafter entdeckte er bei einigen der Heranrückenden kleine Gegenstände aus Metall unter der Jacke oder dem Überwurf blitzen. Er traute seinen Augen nicht. Aber er war sich immer sicherer, daß es sich um die Waffen handelte, die seinerzeit durch die unterirdischen Gänge geschleust worden waren, die er selber jedoch nie gesehen hatte: Pistolen, Handgranaten oder ähnliche Feuerwaffen. Er bekam Angst und schaute prüfend in die Gesichter der auf der Bühne neben ihm Stehenden oder Sitzenden, um zu sehen, ob auch sie Angst hatten, entdeckte jedoch in ihnen keinerlei Regung dieser Art. Alles verfolgte aufmerksam und vergnügt die Einkreisung des Domino, als wäre es ein Fußballspiel oder ein Stierkampf.

Bald entdeckte Paavo unter den Leuten auf der Bühne die alten Ensemblemitglieder wieder. Sie hatten sich dort nach und nach eingefunden und saßen alle in Pierrots Nähe: Monika, Simon, Romuald und Philipp. Nur Sven fehlte. Sie waren sichtlich erleichtert über die Rückkehr des Poeten, der so lange verschollen gewesen war. Rasch aber vorsichtig hatten sie sich in dessen Nähe begeben. Ein kurzer, intensiver Austausch von Blicken, ein verstohlener Händedruck. Auch Pierrot freute sich sichtlich. Aber man war angesichts der vielen Unbekannten hier vorsichtig mit der Bekundung von Wiedersehensfreude. Die meisten waren so vermummt, daß man unter ihnen weder Freund noch Feind erkennen konnte.

Pierrot schien es wenig zu kümmern, daß hier so viele Unbekannte waren. Es war wie ein Wunder, wie er es fertigbrachte. Während des unheimlichen Gedränges unten, wieder ohne jedwelche Anzeichen eines Einschreitens seitens der Behörden, versammelte er oben immer mehr Menschen um sich, nicht nur aus dem Ensemble, und leitete sie zu einem neuen Spiel an. Ohne ihnen Ziel und Inhalt oder auch nur ihre Rollen zu verraten, wies er den einzelnen ihre Position zu. Sie hatten, alle irgendwo auf der Bühne still stehend, kniend, sitzend oder gar liegend, in den unmöglichsten, anstrengendsten Stellungen zu verharren. Dies schienen sie, ohne mit der Wimper zu zucken, ja, sogar gerne zu tun.

Inzwischen schwoll unten auf dem Platz der Lärm an. Je weiter vom Schwarzen entfernt, desto größer wurde er. Dem Stimmengewirr besonders in der Nähe der Bühne nach waren immer deutlicher Fragen und ein allgemeines Rätselraten über die Herkunft und Identität des Schwarzen zu entnehmen. Von 'Gouverneur' sprach keiner. Es schien vor allem für die etwas weiter von ihm Entfernten nicht sicher, wer er war, ob wirklich der Ranghöchste im Staat oder nur ein Abgeordneter. Von 'Demiurg' war erst recht nicht die Rede. Jedenfalls noch nicht.

Der hat uns den Takt zum Lachen angegeben, raunte einer.

Und als ein anderer fragte: Was für ein Takt zum Lachen denn?, da gab der erste die Episode des Lachchors im Westpark wieder.

Und?

Ja, und der da ist der Dirigent gewesen. Ich erkenne ihn wieder.

Ach was, murmelte wieder ein anderer dazwischen. Der hat uns doch hinter den Fenstergardinen der Villa beim Lampionaufhängen zugeschaut.

Was für ein Lampionaufhängen? Wovon redest du?

Hierauf antwortete der andere nichts mehr.

Irgendwann drang aus dem Tohuwabohu ein scharfes, aber leises Kinderstimmchen, so daß nicht auszumachen war, woher es kam:

Jetzt ist der Papa Domino wirklich da, so sagte es.

Auch die zuletzt von einem der Blinden geäußerte Vermutung, es handle sich beim Schwarzen um einen ganz gewöhnlichen Greifer und AUSFALLS-Gehilfen hier in der Stadt, ging rasch unter.

Irgendwann plötzlich hob der Schwarze die Hände zum Zeichen, daß er sprechen wollte.

Man blickte gebannt hin. Augenblicklich wurde es still.

Dann fing er an. Seine Stimme war bis zur Bühne mühelos vernehmbar. Doch was er sagte, war unverständlich, das heißt, konnte nur auf einem Irrtum beruhen, seitens der Hörer oder vielleicht auch des Sprechers. Denn da war wiederholt von 'Dank' die Rede, immer wieder von 'Dank'. Paavo hörte es genau. 'Dank' sagte der andere. 'Dank für Ihren unermüdlichen Opfermut und Fleiß, für Ihre Geduld und Treue', hieß es einmal wörtlich. Und das Ganze bald ein zweites Mal: 'Ich danke Ihnen für Ihren unermüdlichen Opfermut und Fleiß, für Ihre Geduld und Treue.' Es stimmte also doch. Der Schwarze dankte den Insassen des Ghettos.

Denn schließlich, so hieß es ebenfalls bald, wirkten die Menschen hier alle an der großen, allgemeinen Erneuerung mit.

Die Ansprache schloß mit dem allbekannten Standardsatz:

Sind wir doch schließlich der Inbegriff.

Auf dem Platz herrschte immer gespanntere Stille. Paavo konnte es nicht glauben: Dankesworte von einem Goliath an das Gesindel ausgesonderter Linksfüßler? Dazu von nicht irgend einem Goliath, sondern einem Ranghohen, vielleicht dem Ranghöchsten? Man konnte nicht umhin, diese Worte als schmeichelhaft und wohltuend zu empfinden, als Balsam in diesen harten Zeiten, ungeachtet der Warnungen, die die Instanz des Verstandes aussprach. Und je höher angebunden der Tribun war, desto mehr Gewicht kam dem Gesagten zu. Gerade deshalb war man vielleicht umso mehr geneigt, die letzten Zweifel zu zerstreuen, daß es der Gouverneur persönlich sei.

Beflügelt durch die Wirkung seiner Worte, holte der Schwarze zu einer weiteren Rede aus. Er sprach jetzt von Belohnung, großzügiger Belohnung. 'Dies alles will belohnt werden', sagte er.

Wenn das mit dem 'Dank' wirklich stimmte, dann war wohl auch das richtig, so befand Paavo. Er hatte zwar eben noch beschlossen, das alles nicht zu glauben. Aber die magische Anziehungskraft dieser letzten Worte war zu stark.

Da jetzt niemand anderes sprach, ließ sich auch die Artikulation des Schwarzen immer schärfer vernehmen. Was anfangs vielleicht wie ein fremdländischer Akzent geklungen hatte, erwies sich rasch als Sprachfehler: ein Verschlucken von Lauten, ein unbeholfenes und gespanntes Zischeln und Nuscheln, dazwischen sogar die Neigung zu stottern. Bedauernswerte Beeinträchtigungen, die im fatalen Gegensatz zu der Bravour standen, mit der der Gesichtslose seine Gegner zu verblüffen und mundtot zu machen verstand.

Das nächste, was der Schwarze verlauten ließ, hörte sich wie 'vielseitigere und reichlichere Kost hier in unserem Lazarett' an. Jedenfalls zog der Schwarze gleichzeitig aus einer Falte seines Überwurfs etwas in Silberpapier Verpacktes heraus. Es sah aus wie Schokoladenriegel oder Zuckerkringel. Mit der großen Gebärde eines mit Geschenken Vollbeladenen schleuderte er es in die Menge.

Während sich das Volk gierig nach dem ausgeworfenen Köder bückte, zeigte der Schwarze herrisch zum Schaufenster der Kaufhausfassade. Paavo glaubte etwas von 'demnächst neu eintreffenden Lieferungen' zu verstehen, von 'beschlossener Sache' und von der 'Anhebung von Niveau und Qualität in unserem Lazarett...'

Die neueste Entscheidung des zuständigen Rates, schnarrte es in immer schärfer werdendem Ton.

Hier ging plötzlich ein Raunen durch die Menge. Die Gesichter verfinsterten sich.

Ha. Schaufensterauslagen. Die kennen wir, rief, wieder weit weg, womöglich außer Hörweite des Schwarzen, ein fast zum Skelett Abgemagerter und raufte zornig seinen übriggebliebenen Haarschopf. Es war einer von denen, bei denen Paavo vorhin eine Waffe unter den Kleidern hatte aufblitzen gesehen.

Der Schwarze tat dies mit einer kleinen Handbewegung ab, so als hätte er die letzte Bemerkung doch gehört. Dann versicherte er eine 'gleichmäßige Verteilung der Ware'. Im selben Atemzug stellte er die Eröffnung eines Basars in Aussicht: mit kostenlosem Rum-, Cognac- und Kaffeeausschank, gespendeter Winterkleidung, Rauchwaren, Süßigkeiten und ofenwarmem Gebäck. So verstand es jedenfalls Paavo.

Die Menge wurde augenblicklich wieder still.

Mit immer festerer Stimme gab der Schwarze die nächsten Beschlüsse bekannt: Eine Lockerung des 'Medikamentenverbots'... 'Wie sich das für ein gut geführtes Lazarett gehört', die 'Verbesserung der unzumutbaren hygienischen Verhältnisse', wozu unter anderem die 'überfällige Installierung einer neuen Wasserleitung' gehörte. 'Also eine durchaus dauerhafte Einrichtung', wie der Schwarze bekräftigen zu wollen schien.

Zwischen jeder Aufzählung legte der Redner eine kurze Pause ein, gerade mit genügend Zeit zum Klatschen oder Jubeln. Aber die Angesprochenen jubelten und klatschten nicht. Sie standen nur mit stumm geweiteten Augen da. Der Schwarze schien dies nicht gewohnt zu sein. Er wirkte plötzlich seltsam verunsichert. So als stünde er vielleicht unter dem Druck, die Menge rasch überzeugen zu müssen. Er setzte jedenfalls seine Ankündigungen mit einer sich steigernden Hektik fort.

Das nächste, was er aussprach, klang wie 'geistige Güter'. Er rief es fast schrill aus. Auch das angespannte Zischeln und Nuscheln nahm weiter bedenklich überhand.

Wieder entnahm er den Falten seines Überwurfs etwas, das er ebenfalls zu verteilen sich anschickte. Es waren bunte Ansichtskarten mit Abbildungen schöner, ferner Länder. Er warf sie wieder mit der Geste des großzügig Schenkenden in die Menge.

'Ist Freiheit kein geistiges Gut?', oder: 'das geistige Gut der Freiheit' oder so ähnlich lauteten die nächsten Worte in einem Ton, als wollte der Schwarze die Menge herausfordern. Was ihm auch vortrefflich gelang. Denn: 'Freiheit!, riefen jetzt mehrere Stimmen wie im Chor zurück.

Man glaubte unten ein allseitiges Recken der Hälse zu sehen. Ein fassungslos leichtes Atmen von Menschen in freier Luft, die eben kurz ihre Gefängniszellen verlassen durften. Es war ein wunderbarer Gesang, sagte mir Paavo jetzt mit versonnenem Lächeln. Ein wirklich wunderbarer Gesang. Von allen zusammen.

Offenbar unter diesem Eindruck hielt der Schwarze kurz inne, so als besänne er sich auf etwas oder als überdenke er seine Taktik.

Tatsächlich nahm Paavo ab da einen anderen Ton und einen anderen Inhalt des vom Schwarzen Geäußerten wahr. Es wurde immer frecher und anzüglicher, was dieser von sich gab, so frech, daß es, aus dem Mund eines Gouverneurs, schon fast wieder glaubhaft klang.

Wieder erklang das abgedroschene Dankes- und Lobesgesäusel, nur diesmal schärfer und anzüglicher als am Anfang. Von 'pflichtbewußtem und mannhaftem Durchhaltewillen der ganzen Stadt zum Ruhme unseres Staates und Imperiums' war die Rede. Zumal der 'internationale Aufbau' seine 'Tribute' fordere: 'Tugend, Ordnung und Disziplin'. Die letzten Worte erdröhnten mit einem künstlichen Pathos, der die höhnische Absicht offenkundig machte.

Es war perfide, dieses Gemisch aus Hohn und Rattenfängerei. Noch schlimmer wurde es, als das Ganze auch noch einen servilen Beiklang bekam. Die Worte 'bitte' und 'Geduld' ertönten, zuerst einzeln, dann in verführerischer Kombination: 'Ich muß um etwas Geduld bitten...' oder neckisch diminutiv: 'Ich muß um ein klein wenig Geduld bitten'. Dies im Zusammenhang mit angeblichen Verhandlungen, die im Gange seien, mit den maßgeblichen Stellen der 'Gesamtzuständigkeit'. Und, ob der Schwarze es wirklich sagte oder ob es aus dem, was er tat, hervorging oder ob es nur Wunschdenken oder Angstdenken der Hörer war oder eine Mischung aus beidem, er vermittelte als nächstes, völlig unglaublich und unerhört, unter Bezugnahme auf die Ansichtskarten mit den Traumreiseländerabbildungen und auf die vielbesungene 'Freiheit', daß eine Generalamnestie in Aussicht stehe. Jawohl, eine Generalamnestie in der ganzen Stadt und eine Auflösung des Lazaretts. Das größte Geschenk des Imperiums an den 'Stamm'. Und als es dann auch noch so klang wie: Aber ich sehe zu meiner großen Freude, ich sehe es Ihren Mienen an, daß Sie alle den guten Willen haben, sich überzeugen zu lassen von der Richtigkeit der Sache, da mußte Paavo Krohnen wieder einmal auf all diese angesprochenen Mienen einen raschen, prüfenden Blick werfen. Am liebsten hätte er auch seine eigene Miene betrachtet. Aber was sich da allgemein abzeichnete, war keine Spur von Überzeugung und Gewißheit. Vielmehr ein Wechselbad von Verwunderung, Angst, Hoffnung, Zorn, Belustigung, Skepsis und Mißtrauen. Einfach grenzenlose Verwirrung.

Paavo rätselte zum einen daran herum, was der Grund für diese Pseudoversprechen im höhnischen und zugleich so schleimig-servilen Ton war. Ob dies wirklich ein Schwächeeingeständnis war auf dem Hintergrund der jüngsten Ereignisse im Zusammenhang mit dem Vorausdatierungsskandal? Paavo weigerte sich, dies zu glauben, obwohl er heftig gegen die Versuchung ankämpfen mußte, es doch für wahr zu halten. Dann dachte er an eine Machtprobe oder an eine Werbemaßnahme zur Rückgewinnung der Abtrünnigen. Schließlich blieb er bei der Überzeugung stehen, daß das Ganze nur ein großangelegtes, grausames Spiel war, eine Gegenmaßnahme gegen das Aufbegehren der Ghettobewohnerschaft und damit ein weiterer Vorbote für weit Schlimmeres, das folgen sollte.

Aber noch viel mehr als all diese Fragen quälte Paavo die Art, wie die Ghettobewohner selbst mit dieser ungewissen Situation umgingen.

Sie schrien nicht gegen ihre Verhöhnung durch den Schwarzen laut an. Sie setzten nicht Hohn gegen Hohn. Und sie trieben nicht die begonnene Einkreisung des Schwarzen voran, indem sie endlich die mitgebrachten Waffen aus dem Gewand zogen, um so die ihnen aufgetragene Opferung des Demiurgen Ascha zu vollbringen. Daß sie ganz im Gegenteil so unschlüssig, ja wie gelähmt stehenblieben, erfüllte Paavo mit schrecklicher Angst. Denn er wußte nicht, was es für ihn und für die anderen, vor allem für den Poeten Pierrot bedeutete, wenn sich das Volk nicht gegen den Schwarzen entschied. Denn so lange es sich nicht zu dieser Entscheidung durchringen konnte, bezog dies auch die Möglichkeit einer konkreten und aktiven, womöglich handgreiflichen Entscheidung *gegen* ihren Poeten ein.

Auch Pierrot selbst schien dies zu merken. In seinem Gesicht war dieselbe Angst zu lesen. Es machte ihn rasend, daß das ursprünglich durch ihn so heftig in Bewegung geratene Volk jetzt plötzlich dermaßen stagnierte. Dies entsprach seiner eigenen Voraussage.

Er mußte unbedingt etwas unternehmen, um das Volk vor den Verführungskünsten des Schwarzen zu bewahren. Er mußte es so rasch wie möglich dazu bewegen, den Universalfeind im Sinne seiner eigenen Forderung endgültig auszuschalten. Denn der Poet wußte nur zu genau: Entweder er oder der Demiurg. Einer von beiden hatte abzudanken. Einer hatte im Zuge der Abdankung des Todes bzw. dessen Rückkehr zu weichen. Das Volk war lediglich das Werkzeug dieses Opfervollzuges. So verhielt es sich jedenfalls im Augenblick.

Hier, du, schnell, rief er einem Vemummten neben sich zu. Du bist der blinde Bettler.

Mit Leierkasten?, fragte der andere.

Dieser hatte bisher weisungsgemäß etwa in der Bühnenmitte in gebückter Haltung und mit vorgestrecktem Handteller gesessen, ohne zu wissen warum. Jetzt durchzuckte es ihn plötzlich wie eine zum Leben erweckte Puppe.

Ohne Leierkasten, antwortete Pierrot.

Und du ein Mönch, befahl Pierrot einem anderen. Ein singender Mönch. Sing irgend etwas... etwas Geistliches.

Dann verteilte er wahllos Frauenrollen. Gleichgültig, ob die Empfänger Frauen waren, die schon irgendwo bereitstanden oder -saßen, oder nicht. Abgesehen davon, daß in Anbetracht der Vermummung der Leute das Geschlecht ohnehin kaum auszumachen war.

Bei Monika, der einzigen erkennbaren Frau, zögerte er.

Du bist die Himmelskönigin... Nein, warte... eine Meerjungfrau... nein... eine Sphinx. Ja, eine Sphinx, sagte er.

Eine Sphinx soll die Goliaths zur Strecke bringen?, fragte Monika, Pierrot entgeistert durch ihre übergroße Brille anstarrend.

Du wirst schon sehen. Du weißt doch, was eine Sphinx ist, oder?... Dann mach mal... Eine Sphinx.

Die weiteren Rollen verteilte Pierrot im Laufschritt. Paavo war beeindruckt von der Entschlossenheit, mit der der Poet seine Arrangements traf, auch wenn ihm selbst deren tieferer Sinn vorerst verschlossen blieb.

Paavo bekam, ehe er sich's versah, die Rolle des Erzengels Michael zugewiesen. Simon, Romuald und Philipp wurden zu drei mohammedanischen Heiligen

247

ernannt. Für die Meerjungfrau fand sich ein buckliges Weiblein, für die Himmelskönigin und die Hexe zwei stimmbrüchige Jünglinge.

Jetzt geht's aber rund, raunte Romuald seinen beiden mohammedanischen Mitheiligen zu, als sie sich alle wie vorgeschrieben zu bewegen begannen.

Irre... richtig irre..., rief Philipp außer sich vor Begeisterung.

Und Simon, mit einem entschieden fröhlicheren Grimassieren als sonst: Ja, es kommt Zug in die Sache... Zug... Zug...

Wer schließlich Luzifer darstellte, war nicht recht auszumachen. Die betreffende Gestalt war von vermummenden Tüchern zugewickelt und wirkte trotzdem unangenehm aufdringlich und vereinnahmend. Besonders die unübersehbar große Kinnlade hinter den Tüchern. Für Paavo war es unbedingt mehr als ein bloßer Verdacht, daß es Ui war, der sich geschickt unter die Mitspieler gemischt hatte. Obwohl seine Kleidung heute nicht grün war.

In der Zwischenzeit blieb auch der Schwarze unten nicht untätig. Mit seiner wohldosierten Mischung aus Süßholzraspeln, anzüglichem Köderauswerfen und Geduldsappellen erhielt er sich die Aufmerksamkeit der Menge. Die Gesichter, selbst die der Blinden, wandten sich immer verwirrter zwischen ihm und der Bühne hin und her.

Auch Pierrot selbst ließ sich in seiner Begeisterung zu immer ungehemmteren und kühneren Aktionen hinreißen. Er bezog immer mehr Fabelwesen in den Reigen mit ein: Zwitterfiguren zwischen Himmel und Hölle. Ein bißchen nach der Art, wie Paavo sie in Miniatur an jenen Ausstellungsständen im Westpark gesehen hatte, an denen seine erste Begegnung mit Pierrot stattgefunden hatte.

Die Spieler fanden intuitiv rasch in ihre Aufgabe hinein, ohne daß es langer Erläuterungen seitens des Spielleiters bedurfte. Die allseitige Euphorie, das Gefühl von Stärke und Zusammenhalt drückten sich unter den Spielern oben immer stärker und vielseitiger aus. Man tobte, schrie und sang, und es wurden Sieges- und Jubelrufe laut.

Als nächstes tauchten von unten plötzlich Jan und Luc auf. Paavo hatte sie schon lange vermißt. Sie trugen beide, jeder an einem Ende, ihre selbstgemalte Riesenkulisse mit dem Schreckensbild für den ersten Akt des Festspielstückes. Sie hielten sie wie eine Trophäe in die Höhe, während sie federnden Schrittes zur Bühne vorstießen. Dann bestiegen sie dieselbe.

Hinter ihnen drängten viele andere Kinder nach, auch kleine. Auch Inga, Mario und Carmen kamen. Sie halfen den Kleinsten beim Hochkrabbeln auf die Bühnenbretter. Gregor, der etwas später kam, führte gleich drei Winzlinge, die wohl erst kürzlich das Laufen gelernt hatten, an der Hand. Es waren erbarmungswürdig ausgezehrte Geschöpfe, jedoch gespenstisch agil und fröhlich.

Inzwischen befestigten Jan und Luc die Kulisse am hinteren Bühnenrand. Sie steckten die seitlich daran genagelten Stützleisten notdürftig zwischen Gerüststangen, so daß das Bild schief und wackelig zu stehen kam. Dann holten sie aus ihrer Rocktasche dicke schwarze Kohlestifte und fuhren mit diesen quer über die Papierfläche, so weit die Arme reichten. Dann kamen die anderen Kinder dazu. Alle griffen sie mit bloßen Händen in die Farbtöpfe unter dem Bühnengerüst und überschmierten das Bild mit allem, was an Ölfarbenresten vorhanden war. In immer wilderem Taumel und mit verhaltenen Lustschreien kleisterten, kleckerten und klatschten sie mit vereinten Kräften Jans und Lucs einstiges Werk mit der fetten Brühe zu. Es waren die Farben, die sowohl Joos als auch Luc und Jan in sorgfältiger Auswahl zu den Graugrünbrauntönen der früheren Kulissen aufeinander abgestimmt hatten und die auch für die fröhlichen, grellen und bunten Motive aller anderen Malereien in der Stadt verwendet worden waren: Krapplack, Zinnoberrot, Ultramarin, Pariserblau, Permanentgrün, Chromoxidgrün, Ocker, Siena gebrannt, Vandyckbraun, Kadmiumgelb und andere mehr. Für sich genommen oder in dosierter Mischung enthielten diese Farben ihr besonderes Charakteristikum. In dieser blinden Verquacksalberung von allem mit allem aber summierten sie sich zu einem widerlichen, schmutzigen Schwarz, unter dem das gesamte Panorama der früheren Kulisse versank. Die Düsterkeit der in ihrer Schieflage noch gespenstischer wirkenden khakifarbenen Monsterfiguren, Schlingpflanzengewächs- und Waffenabbildungen aus dem ersten Akt des Festspielstücks verdichteten sich bald zu totaler Finsternis. Zum ersten Mal allerdings mit den Mitteln, die sonst der Aufhellung, der Schönfärberei, der Vertuschung und Übertünchung gedient hatten. Ihre wahllose Häufung ergab physikalisch genau das, was in dieser Stadt sonst Objekt der Übertünchung war: abgrundtiefe Schwärze. Es war eine wie zufällig von Kinderhand bewirkte Konvergenz von aufgesetztem Frohsinn mit nackter Todeswirklichkeit über dasselbe Medium.

Es war ganz seltsam, wie sich alles fügte. Gleich, ob die vielen Zufälle ein neues Muster erstehen ließen oder ob die Muster in Pierrots Kopf vorher schon feststanden, und er nur wie ein Magnet die Elemente dieser Muster, die Menschen und deren Rollen darin, an sich zog, um die Muster zu verwirklichen, so begann das Geschehen jetzt Sinn zu ergeben. Dazu einen, der logisch an die abgebrochene Handlung des Festspielstückes anknüpfte. Nicht nur die kaleidoskopische Vielfalt der Figuren auf der Bühne verschmolz zu einer Einheit. Auch deren Spiel wurde immer mehr identisch mit dem Charakter der im Hintergrund überschwärzten Kulisse.

Sie alle, von der erhabensten Himmelsgestalt bis zum letzten Dämon, begannen sich in ihren Bewegungen, im Ausdruck ihrer Mienen, ja, im Tonfall ihrer Reden und Gesänge immer zwingender aneinander anzugleichen. Die Kinder faßten es am raschesten auf. Sie brauchten nur jenen Totentanz, den sie seinerzeit am Fuß der Bühne verboten aufgeführt hatten, wieder aufzunehmen. Ihre damalige Antwort auf die Weigerung des Todes in Gestalt des Kornbauern, die Lichter ausgehen zu lassen. Jetzt freilich nur gründlicher und unerbittlicher durchgestaltet und mit neuartigen Details geschmückt.

Man zog wie damals die Backen zu Totenschädeln ein und bewegte sich wie Skelette oder, was neu war, wie Schwerverstümmelte. Wieder mimte man sensenschwingende Reiter zu Pferd. Diesmal mit fiktivem Stundenglas oder Silberbecher in der Hand und einer Krone auf dem blanken Schädel. Einer nach dem anderen fiel in diesen Reigen ein, bis jeder restlos darin aufging.

Je länger dies geschah, desto selbstverständlicher war man sich auch über die tiefere Bedeutung einig: Das Ganze war eine verzweifelte Beschwörung. Sie richtete sich in erster Linie an den abgedankten Tod, den man mit Hilfe dieses jahrhundertalten, ihm geltenden oder gar von ihm selbst vollzogenen Tanzritus zur ersehnten Rückkehr in sein Amt bewegen wollte.

Es war ein seltsames Paradox. Einerseits war klar: Dies hier war die Beerdigung des ursprünglichen, vom Kulturausschuß ausgewählten und von den Machthabern genehmigten Festspielstückes aus der Feder des Ghettopoeten Pierrot. Andererseits war es eine konsequente Weiterführung, ja, eine Steigerung und Vollendung. Paavos Traum von einem Zustandekommen der Uraufführung oder auch nur der Generalprobe war ausgeträumt und zugleich doch verwirklicht. Dies hier *war* die Uraufführung oder Generalprobe. Nur die Umstände ihres Zustandekommens waren grundlegend verändert. Und zwar vorwiegend bewirkt durch das Stück selbst. Die Fronten in der Stadt verliefen anders. Nicht mehr scharf zwischen Ghettobewohnerschaft und Goliaths, sondern mitten durch die Bewohnerschaft, die sich aufteilte in standhaft Bleibende und potentielle Überläufer.

Es war eine Generalprobe von schrecklich ungewissem Ausgang. Sie war eine letzte, verzweifelte Kampfmaßnahme zur Rückgewinnung aller ursprünglichen Anhänger der Grundidee des Stückes. Ein weiterer Unterschied war der, daß Paavo Krohnen jetzt nicht mehr den Tod spielte, sondern sich als Erzengel Michael in die Stimmen derjenigen einreihte, die um die Rückkehr des Todes warben. Sofern das Festspielstück in seiner ursprünglichen Gestalt alle diese Veränderungen heraufbeschworen hatte und diese Veränderungen wiederum die Wiederaufnahme des Stücks in einer anderen Dimension, lag also die jetzige Form in der urspünglichen mit angelegt.

Habt ihr damals wirklich den *Tod* angerufen, wörtlich, mit richtigem Namen?, konnte ich nicht lassen, Paavo Krohnen zu fragen.

Das weiß ich nicht, antwortete er.

Er wußte es anscheinend wirklich nicht. Aber er gab zu verstehen, daß man zu dem Zeitpunkt einer lauten Nennung oder gar Anrufung dieses Namens erheblich näher gerückt war.

Man gab sein Letztes. Einige auf der Bühne zappelten oder zuckten sogar liegend weiter, wenn sie vor Entkräftung zu Boden gegangen waren.

Auch die Aufmerksamkeit unten richtete sich jetzt zunehmend auf das Geschehen oben. Es zeichnete sich ein Erfolg für die Spieler ab. Selbst der Schwarze konnte nicht umhin, dorthin zu schauen.

Wahnsinn...Wahnsinn..., rief unten einer mit ausgebreiteten Armen zur Bühne gewandt, der eben noch hündisch an den Lippen des Schwarzen gehangen hatte.

Auch mehrere andere taten Freudenausrufe, wie sie bisher nur oben auf der Bühne vernehmbar gewesen waren.

Wieder griff der Schwarze hastig in eine Vertiefung seines Überwurfs, aus der er vorher seine verschiedenen Geschenkemüsterchen hervorgezaubert hatte. Jetzt hielt er einen länglichen, dunklen Gegenstand, etwa in der Form eines Sprechfunkgerätes oder Telefonhörers, in der Hand. Er hob ihn etwa in Gesichtshöhe hoch und machte den Anschein, hineinsprechen zu wollen.

Diesmal weigerte sich Paavo hinzuhören und hinzusehen. Er ertrug diese wechselseitige Steigerung von Hohn, Falschheit und Menschenverachtung nicht mehr. Deshalb beschloß er, sich auf eine Wiedergabe durch andere zu beschränken, die sich in diesen schrecklichen Augenblicken in seiner Nähe befanden, auf eine Übermittlung durch deren Worte oder auch nur Blicke. Demnach jedenfalls stand jetzt die in Aussicht gestellte Erfüllung aller Wünsche und Träume durch den allgütigen schwarzen Landesvater unmittelbar bevor: Die Lebensmittel- und Medikamentenlieferung, die Verbesserung der sanitären Verhältnisse, die neue Wasserleitung, und dann als universaler Höhepunkt der aufgebundene Bär der Generalamnestie in mehreren, vom Wohlverhalten der Landeskinder abhängigen Teilschritten. Das alles sollte jetzt Wirklichkeit werden. Aber es war keine. Paavo wußte das. Und trotzdem merkte er, wie in ihm und allen anderen jeder Widerstand gegen diese Lüge kläglich in sich zusammenbrach. Ihr Inhalt war einfach zu schön, zu traumhaft, zu einlullend, um ihm nicht glauben zu können.

Inzwischen wandten sich viele von denen, die unten voller Faszination den Totentanz auf der Bühne verfolgt oder sich gar mit ersten eigenen Bewegungen in ihn eingereiht hatten, wieder zurück zum Schwarzen. Aber es waren offenbar nicht genug. Und es geschah auch nicht so schnell und eindeutig, wie sich dies einem grenzenlos sich aufopfernden Landesvater gegenüber gehört. Diese törichten Landeskinder, die nicht wissen, wie leichtfertig und rasch man sich die Gunst des schwarzen Landesvaters verscherzen kann.

Anfangs machte die Ungeduld und Ungehaltenheit des letzteren noch einen gewissen erzieherischen Anschein. Aber dann wurde es bitterernst. Der Landesvater drohte, seine sämtlichen Versprechungen wieder zurückzuziehen. Paavo vernahm zum ersten Mal wieder eine unmißverständlich klare Mitteilung: ohne Falschheit, ohne Hohn, ohne gespielte Unterwürfigkeit. Der Schwarze war wieder ganz er selbst. Die von ihm jetzt gesprochenen Worte klangen so gestochen scharf wie noch nie seit seinem Auftreten auf dem Platze hier. Sie enthielten wieder die altvertrauten Inhalte aus dem Mund aller Goliaths: die bitteren Beleidigungen und Drohungen, die Schmähungen und Beschimpfungen. Nur die Diktion hob sich von der alltäglich bekannten vielleicht ein wenig feiner ab. Von 'entweder - oder' war die Rede, von einer sofortigen 'Brechung des Widerstandes', einer 'Niederschlagung des offenen Aufruhrs und Aushebung aller Widerstandsnester' und von der 'unverzüglichen Rückkehr zu Ruhe und Ordnung'.

Die Stimme des Schwarzen wurde immer lauter und schärfer. Das Zischeln und Nuscheln nivellierte sich. Und als einer ganz vorn, in der Nähe des Schwarzen, es wagte, offen gegen dessen Worte aufzubegehren, griffen sich die beiden Adjutanten jenen sofort heraus. Sie übergaben ihn fünf dienstfeifrig herbeieilenden Blaubetreßten, die ihn niederknüppelten und wegschleiften.

Noch reichte der Arm der Ordnungskräfte nicht bis zur Bühne oder schien es zumindest nicht. Deshalb ging man jetzt dort oben aufs Ganze.

Die, die vorhin auf der Bühne zu Boden gesunken waren, richteten sich mit letzten Kräften wieder auf. Alle zusammen begannen jetzt ein Schauspiel, das dem Redner unten immer größere Schwierigkeiten bereiten sollte, die ihm geltende Aufmerksamkeit aufrechtzuerhalten. Mit dem Rücken zum Publikum und die hocherhobenen, bei den Kindern schwarzverschmierten Hände an die ebenfalls schwarz überschmierte Kulisse gelegt, schaukelten alle im Takt mit dem ganzen Körper ekstatisch hin und her. Dazu stießen sie markerschütternde Schreie aus.

Unter den anderweitig erklingenden Stimmen stachen die einiger Jugendlicher am schärfsten heraus.

Hier muß ein fataler Irrtum vorliegen, wiederholte eine immer wieder.

Laßt uns die Zeit vordrehen und mit der Zukunft beginnen, eine andere.

Jetzt oder nie, eine dritte.

Dies alles führte zu einschneidenden Konsequenzen.

Der Schwarze verstummte plötzlich. Wenige Augenblicke später gellte eine Trillerpfeife über den Platz. Es war ein schriller, anhaltender Ton, der in den Ohren schmerzte. Er gellte ein zweites, dann ein drittes Mal.

Alles drehte sich jetzt schnell zum Schwarzen und seinen beiden Adjutanten um. Eine gespenstische Stille trat ein. Auch oben auf der Bühne bewegte sich nichts mehr. Alles starrte entsetzt in dieselbe Richtung auf dem Platz.

Dann fing unten irgendeiner an zu reden.

Er stellte fast unterwürfig eine Frage, das Wie und Wann der Lebensmittellieferungen, die Menge und den Verteilungsmodus betreffend.

Der Schwarze blickte stumm und mit starrer Miene über den Fragenden hinweg. Dies hinderte diesen nicht, mit einem vorwurfsvollen Fingerzeig auf die Kaufhausfassade, seine Fragen zu wiederholen.

Als sich die beiden Adjutanten anschickten, den Unbelehrbaren kurz und bündig vom Platz zu entfernen, geschah etwas Unerwartetes.

Paavo sah ihn plötzlich irgendwo im Hintergrund auftauchen. Es war wie ein Lichtblick in diesen lähmenden Sekunden. Der Arzt Dr. Sokol.

An sich war dieser in der ganzen Stadt immer noch gefürchtet wegen seiner Handlangerdienste bei den Räumungsaktionen. Aber jetzt kam er allein. Und er kam anders als sonst.

Dicht hinter ihm folgte Jakob. Aber dieser schlich mehr als daß er ging, so als wollte er vom Arzt nicht gesehen werden.

Sokol arbeitete sich in seinem grotesk übergroßen Kittel unter größten Anstrengungen, keuchend und hustend, durch die Menge in die Nähe des Schwarzen vor. Breitbeinig und mit geballter Faust pflanzte er sich vor diesen auf. Man sah es seiner Mundstellung an, daß von seiner Seite eine gewichtige Äußerung bevorstand.

Und der Tod? Was ist mit dem Tod? Mit der Opferung des Demiurgen Ascha, auf daß der Tod zu uns zurückkehre?, so lautete zumindest sinngemäß die Frage, die Sokol dem Schwarzen stellte.

Vielleicht sprach er das Wort 'Tod' nicht direkt aus. Die Bezeichnung 'Demiurg', die beim anfänglichen Rätselraten um die Identität des Schwarzen peinlich umgangen worden war, gebrauchte er mit Bestimmtheit. Dies zusammen mit der zumindest sinngemäßen Benennung des Todes verfehlte ihre Wirkung nicht. Es ließ die Herzen auf dem Platz höher schlagen. Neue Hoffnungen flammten auf. Es war ein großartiger Moment, dieser Mut, diese Kühnheit, diese Treffsicherheit des Arztes mitten ins Schwarze. Es fühlte sich für die oben auf der Bühne an wie die Vorwegnahme der geforderten Rückkehr des Todes oder gar wie der Beginn seiner Rückkehr auf Raten. Aber war es das wirklich? In die Hoffnung mischten sich zugleich tiefe Angst und Skepsis. Der Schwarze, der bisher jede Bewegung des Arztes mit teils verächtlich amüsiertem, teils wohlwollend duldendem Blick verfolgt hatte, erblaßte, als er dies hörte. In Sokols sonst so traurig würdevoller Miene lag etwas Kämpferisches, das Paavo bei ihm noch nie gesehen hatte.

Ein herausforderndes, aufbegehrendes Blitzen in den Augen und ein Zug von Verbissenheit um den Mund. Der Arzt war wie umgewandelt.

Was hat das mit den Beschlüssen des Rates zu tun?, fragte überraschend Jakob, der immer noch dicht hinter dem Arzt stand.

Sokol drehte sich um. Jakob fuhr unter Sokols Blicken zusammen. Paavo verstand nicht, woher Jakob etwas von diesen angeblichen Beschlüssen wußte, wo er doch gerade erst zusammen mit Sokol gekommen war. Er mußte sie vorher gekannt haben.

Das spielt keine Rolle, rief ein anderer. Der springende Punkt ist die Frage als solche. Und er nickte Sokol heftig zu.

Der springende Punkt... genau..., meinte ein dritter.

Der Arzt hat die entscheidende Frage gestellt... die entscheidende Frage, kam es jetzt von mehreren Seiten.

Auch die auf der Bühne wagten sich jetzt langsam wieder vor. Paavo selbst schwieg. Er litt jedoch unter seinem Schweigen. Schließlich zählte jetzt jede einzelne Stimme. Zumindest im nachhinein kreidete sich Paavo seine Zurückhaltung an. Er machte sich die bittersten Vorwürfe, in diesem entscheidenden Moment nicht irgendeinen letzten verzweifelten Anlauf für die Abwendung des Schlimmsten unternommen zu haben.

Wenn Paavos Bericht hier wieder ins Stocken und auf Abwege geriet, dann weniger wegen der später aufgebauten Mauern um seine Erinnerung. Paavo scheint während der folgenden dramatischsten Minuten vom Geschehen selber abgeschnitten gewesen zu sein, mit allen seinen Sinnen, sei es nach einem Eintauchen in völlige Bewußtlosigkeit, sei es im Zustand vorübergehender Geistesverwirrung. In beiden Fällen schoben sich abgründige Visionen vor die Wirklichkeit. Es war für ihn die äußerste Maßnahme eines Schutzes vor der unerträglichen Wahrheit.

Das letzte, was Paavo noch genau hörte, war der die Katastrophe einleitende Satz. Eine Aneinanderreihung von Worten von unvorstellbarer Zerstörungskraft. Der Stimme nach war es der Schwarze gewesen, der diesen Satz als erster aussprach. Noch schrecklicher als sein Inhalt war die Tatsache, daß immer mehr Menschen auf dem Platz ihn laut nachsprachen.

Der da ist der Demiurg, der falsche Monarch... der, der mit seinem Gaukelspiel die Abdankung verschuldet hat, so lautete der Satz.

Paavo hörte nur noch, daß diese Worte, woher überall sie auch kamen, alle in dieselbe Richtung gingen: dorthin, wo er Pierrot zuletzt gesehen hatte. Und er hörte, wie sie mit brutaler Gewalt auf ihn einprasselten. Paavo glaubte unter den Stimmen, die die Worte aussprachen, mit Sicherheit einige von denjenigen zu

254

erkennen, die eben noch kühn gegen den Schwarzen aufbegehrt hatten, nachdem Sokol die provozierende Frage nach dem Tod gestellt hatte. Paavo hörte aus ihnen ferner eindeutig Uis Stimme heraus, gleich, wo dieser sich gerade befand. Auch andere unangenehme Stimmen vernahm er. Nur die von Jakob hörte er nicht.

Der da ist der Demiurg, der falsche Monarch, der Schuldige, schrien sie bald alle wie im Chor.

Paavo hörte bald das Gesagte nur noch, ohne dessen Inhalt zu verstehen. Wahrscheinlich wegen der immer unerträglicheren Zuspitzung der ergehenden Verlautbarungen.

Es lief inzwischen auf die Forderung hinaus:

Erst wenn der Kopf *dieses* Menschen fällt, kann der Tod wieder für uns alle seines Amtes walten.

Und dann noch schärfer:

Die Erfüllung sämtlicher vorher vom Schwarzen gemachter Versprechungen, der Amnestie, der Lebensmittel, der Medikamente und der Hygieneverbesserung, wurde von der physischen Auslöschung des Ghettopoeten und Stückeschreibers Pierrot abhängig gemacht.

Paavo entnahm es dem Stimmenchaos, das um ihn tobte, als es ihm bereits schwarz vor den Augen geworden war. Bald löste sich alles in ein amorphes, rohes Beifallsgebrüll auf. Dieses breitete sich immer tiefer auch in die Reihen der Menschen oben auf der Bühne aus.

Das Spiel war endgültig verloren.

Paavo fühlte ein heftiges Brennen und Tränen in den Augen. Um die Schmerzen zu vertreiben, bohrte er mit den Knöcheln seiner Finger in den Augenhöhlen. Dann begann sich alles um ihn herum zu drehen. Er mußte sich an einen Eckpfosten der Bühne anlehnen. Um sein Gleichgewicht zu halten, setzte er einen Fuß vor den anderen, richtete sich abwechselnd auf und bückte sich wieder. Dazu kam ein mörderischer Husten, der ihn von oben bis unten durchschüttelte und Unmengen von Schleim zusammen mit Speiseresten aus seinem Rachen schleuderte. Immer größere Atemnot bedrängte ihn, ein Pochen in den Armen, dazu schmerzhafte Verkrampfungen in Rücken und Beinen.

Für Paavo fühlte es sich wie ein doppeltes Umkippen an. Sein körperliches und seelisches Umkippen zusätzlich zum geistigen, moralischen, politischen Umkippen der ganzen Wirklichkeit um ihn herum. Zusammen eine Gesamtumdrehung um 360 Grad, also ein Rückfall in die alte Stellung zurück. Damit mußte er sich eingestehen, daß er sich entgegen aller Einbildung und allem Selbstbetrug immer schon in dieser Wirklichkeit befunden hatte. Neu war nur, daß er sich durch das Bewußtsein des Umkippens dieser jetzt stellen, der allgemeinen und seiner eigenen aufgedeckten Lüge ins Gesicht sehen mußte.

Jedesmal, wenn die Worte 'Demiurg', 'falscher Monarch', 'Schuldige' usw. erklangen, mußte Paavo trotz seiner Atemnot die Luft anhalten. Dazu kamen bedrängende Zwangsvorstellungen. Der vergebliche Versuch, sich das Gesicht seiner Mutter vorzustellen. Die Qualen des wiederholten Mißlingens. Dann erstarrten seine Hände. Alles an ihm fühlte sich wie taub an. Ein seltsam fauliger Geschmack im Mund stellte sich ein. Die Knie knickten ihm weg. Als er sich auf dem Boden wiederfand, versuchte er zu kriechen. Er fühlte, wie ihn jemand an den Schultern packte, ihn aufzurichten versuchte und wieder losließ.

Eine Zeitlang hörte er nur noch ein an- und abschwellendes Pfeifen und Rauschen nach der Art eines Langwellensenders. Plötzlich konnte er sich das vorher vergeblich Heraufbeschworene hell und klar vorstellen. Das Gesicht der Mutter. Dieses freilich, wie alles Nachfolgende, in ein fremdartig bläuliches, künstliches Licht getaucht. Als nächstes erschienen mehrere kleine und große Masken vor seinen Augen. Sie kreisten und wirbelten in gespenstischem Reigen. Schließlich verschmolzen sie zu einer einzigen großen Maske, die erschreckend wie Pierrots Gesicht aussah. Dieses Maskengesicht wurde rasch schwarz und schwärzer, besonders oben an der Stirn, so als wäre dort etwas hingeschlagen oder hindurchgebrochen. Dann wurde es erneut finstere Nacht um ihn.

Paavo hörte jetzt wieder nur noch Stimmen. Sie nannten seinen Namen. Nicht laut und aufgeregt, sondern ruhig und gedämpft, fast schwebend. Sie redeten über ihn wie über einen längst Verstorbenen, überaus respektvoll, ein bißchen wehmütig, dann plötzlich pathetisch wie bei einer Grabrede.

Eine Stimme kam ihm besonders bekannt vor. Eine kräftige, freundliche Frauenstimme. Es war immer eindeutiger die seiner einstigen Bedrängerin Nana. Ihr Klang ängstigte ihn zuerst. Bald aber mischten sich in sie immer wohltuendere Untertöne, die ihm ein Gefühl von Geborgenheit gaben. Er war davon angenehm berührt und verwundert. Vielleicht fühlte er sich auch ein wenig geschmerzt, daß er jener, die sich jetzt als Retterin zu entpuppen schien, so viel Haß und Widerstand und Unrecht hatte entgegenschlagen lassen.

Bald verstummten die Stimmen. Plötzlich sah Paavo vor sich ein großes, dunkles Loch mit etwas Weißem darüber. Aus dem Loch tauchte eine schwarzverschmierte und farbverkrustete Hand auf. Sie winkte ihm zu. Dazu rief eine verführerisch sanfte Stimme – eine andere als die von Nana –:

Komm, komm. Es ist wunderschön hier. Komm.

Paavo fühlte sich wie erlöst zu dem Loch hingleiten. Je mehr er jedoch nachgab und sich dem Abgrund näherte, desto stärker zerrte ihn eine entgegengesetzte Kraft wieder vom Loch weg.

Du hast das Festspielstück, Pierrots Stück, noch nicht zu Ende gespielt, hörte er diese Gegenkraft sagen. Du mußt es zu Ende spielen. Wenn nötig, allein. Aber du mußt.

Ach, laß mich, rief er dieser Stimme zu. Es ist so schön. Laß mich.

Nein, rief die Gegenkraft. Nein, und abermals nein. Du mußt durchhalten.

Er rief nochmals etwas dagegen, angenehm betäubt von der ihm freundlich zuwinkenden Hand. Aber es war belanglos, was er sagte, seine Stimme zählte nicht. Die ihn aufmunternde und vom Loch zurückziehende Kraft wurde immer stärker. Sie stieß ihn immer heftiger von dem Loch weg zu sich selbst zurück.

Bald fand er sich wieder an der Stelle, an der er zusammengeknickt und langsam weggeglitten war. Das Loch und die winkende Hand waren verschwunden. Die Stimme war verstummt.

Im nachhinein wurde ihm immer deutlicher bewußt, daß er es gar nicht selbst gewesen war, der der winkenden Hand widerstanden hatte. Vielmehr war er ein Spielball zweier widerstreitender Kräfte gewesen. Ja, ihm war manchmal so, als hätte irgendwann die winkende Hand nicht nur nachgegeben, sondern sogar energisch abgewinkt, sein Begehren nach Ruhe und Erlösung schändlich abgewiesen. Eine niederschmetternde Erkenntnis, auch wenn er bis heute nie sicher war, wie es wirklich gewesen war.

Jetzt schlug er die Augen auf. Er lag oder kauerte dicht neben dem Bühnenrand. Seine Glieder fühlten sich schwer wie Blei an. Er war unfähig, sich auch nur einen Millimeter zu bewegen. Niemand kümmerte sich um ihn. Alles richtete seine Aufmerksamkeit auf die gegenüberliegende Seite der Bühne.

Alles um Paavo herum, die Bühne, der Platz, die Gebäude um diesen, kam ihm überdimensional groß vor. Entsprechend weit entfernt war das andere Ende der Bühne. Trotzdem konnte er dort alles überscharf erkennen. Aber wieder war alles in dieses fremdartig bläuliche, künstliche Licht von vorher getaucht, so daß Paavo bis zuletzt nicht wußte, ob er wieder wach war oder immer noch oder wieder träumte.

Mitten in einer Ansammlung entsetzter und bestürzter Gestalten lag Pierrot blutüberströmt auf der Bühne. Sein Kopf war in Sinas Schoß gebettet. Neben ihm kniete Mario und weinte verzweifelt. Seine rechte schwarzrotverschmierte und blutverkrustete Hand hielt er von sich weggestreckt wie einen im doppelten Sinn beschmutzten Fremdkörper, den es abzuschütteln galt. Hinter Mario stand Jakob mit leerem Gesichtsausdruck. Er trug zum ersten Mal keine Brille. Seiner gebückten, leicht nach vorn gereckten Haltung nach schien er Mario in seine Arme nehmen zu wollen, brachte dies jedoch nicht fertig.

Erst etwas später und weit abseits entdeckte Paavo die Mitspieler aus seinem Ensemble. Sie ließen die Köpfe tief hängen und schienen ihre ebenfalls dunkel

257

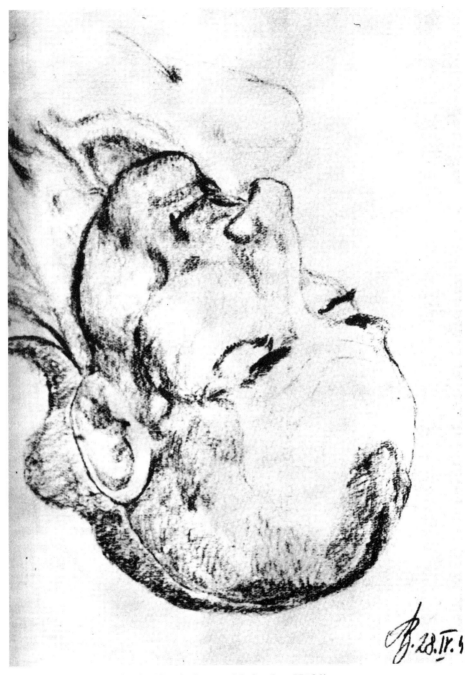

Abb. 27: Alois Bučánek, Kopf eines schlafenden Häftlings

Abb. 28: Raja Engländer (geb. 1929)

verschmierten Hände ganz ähnlich wie Mario von sich weggestreckt zu halten. Ihre Blicke schweiften verloren zwischen Jakob und Pierrot hin und her.

Zwischendurch kam es Paavo so vor, als befände er sich selber doch inmitten seiner Leute, genau so unglücklich und betroffen über sich selbst wie sie. Aber dann sah er plötzlich von hinten eine vermummte Gestalt, die in Wirklichkeit zu Pierrot gewandt stand, so daß er, Paavo, sich also hinter dieser Gestalt befinden mußte. Diese war zudem, wie man auch knapp von hinten erkennen konnte, die einzige noch vermummte Gestalt. Dazu die einzige, deren Haltung keinerlei Rührung, keinerlei innere Bewegung, verriet. Die Brust vorgewölbt, die Arme verschränkt, blickte sie triumphierend zum Geschehen um Pierrot. Es war für Paavo so klar wie noch nie, daß es Ui war.

Pierrot bewegte lautlos die Lippen. Sina hob behutsam seinen Kopf etwas höher, um Pierrot besser verstehen zu können.

Bitte nicht... bitte nicht..., flehte sie immer wieder und schüttelte ihren Kopf. Das *kann* niemand im Ernst gewollt haben.

Ich... ich bin doch kein Prunkstück... bin nie eines gewesen..., waren Pierrots erste verständlichen Worte.

Und wenn schon, sagte sie etwas ruhiger und schüttelte erneut den Kopf.

Ich... weiß... gar nicht..., hauchte er kaum hörbar.

Umso stärker hefteten sich ihre Blicke an ihn. Aber sie sagte nichts.

In meiner Kommode liegt noch ein Stück Seife, preßte er nach einer Weile hervor.

Sie nickte innig, schien den Sinn dieser Äußerung besser zu verstehen als Paavo.

Dann flüsterte er etwas Unverständliches.

Ja, ganz bestimmt werde ich das tun, sagte sie plötzlich laut. Beide. Janina und Patricia.

Paavo hörte diese Namen zum ersten Mal.

Sie werden stolz sein auf ihren... sagte sie mit brechender Stimme, so daß man das letzte Wort nicht mehr verstand. Plötzlich ging Paavo mit Schrecken auf, wie unbeteiligt und sachlich er in seiner eigenen verzweifelten Lage das Geschehen bisher verfolgt hatte. Jetzt erst schien er wirklich zu begreifen, was passiert war. Umso rascher jedoch flüchtete er sich in seine Verblüffung und Ergriffenheit über Sinas völlig neuartige, zärtliche Hinwendung zu ihrem Mann. Ihm war zum Weinen zumute. Aber er merkte, daß er nicht mehr weinen konnte. Das ihm so sehr vertraute Kribbeln in der Nase und der nachfolgende Tränenstoß, der ihm in der Öffentlichkeit so viele Qualen bereitet hatte, sie waren weg. Und dieses Unvermögen, dieses Versiegen fühlte sich noch viel schrecklicher an als das Gegenteil früher. Es war der Ausdruck von Trostlosigkit, schlimmer als jeder Schmerz und jede Scham über den öffentlichen Ausdruck dieses Schmerzes. Paavo sehnte sich im Augenblick geradezu nach diesem Kribbeln und diesen Tränen. Außerdem war es grauenvoll, daß er sich immer noch nicht von der Stelle rühren und keinen Laut von sich geben konnte.

Pierrot und Sina sprachen jetzt leise und zärtlich miteinander. Paavo konnte nur wenige Wort verstehen.

Ein von ihr wiederholt ausgesprochenes war 'Maria'.

Ich weiß, du wärst jetzt viel glücklicher, wenn... konnte Paavo irgendwann auffangen.

Pierrot antwortete mit einer Verkleinerungs- oder Koseform von 'Sina', die Paavo aus Pierrots Munde noch nie gehört hatte. Es klang wie Sinetta oder Sinotschka.

Paavo fühlte sich bei aller Zerknirschung von wohltuender Tröstung erfüllt.

Die letzten Worte, die er von Pierrot vernahm, lauteten: Und vergiß bitte nicht, meine Uhr richtig zu stellen.

Sina hatte, ungeachtet des auf ihre Ärmel, auf ihren Rock und in die Ritzen zwischen den Bühnenbrettern tropfenden Blutes, Pierrot fest in die Arme genommen. Auch Mario hatte sich, ruhiger geworden, näherzutreten getraut. Pierrot konnte ihm mit seinen jetzt besonders klein wirkenden Augen fester ins Gesicht blicken als seiner in einem ungünstigen Winkel dicht über ihn gebeugten Gattin.

Einzig Ui blieb regungslos in seiner Vermummung und seiner grausam triumphierenden Haltung stehen.

Für Paavo wies die schamlose Art von Uis Präsenz hier diesen endgültig aus als einen Repräsentanten der Falschheit und der Lüge, mit der hier die Wahrheit, das Leben und, mit dem Leben eng verbunden, der Tod fortdauernd gebeugt, mit Füßen getreten und in die Unsichtbarkeit verbannt worden war und die jetzt einen erneuten schändlichen Sieg davontrug. Der Verlierer war der oben auf der Bühne Dahingestreckte, der es gewagt hatte, das Recht des Menschen auf Wahrheit zurückzufordern und für die Wiederherstellung von dessen Würde einzustehen. Dieser Störenfried durfte nicht weiterexistieren. Er hatte keinen Platz in einer Welt, in der die Unwahrheit das Zepter führte. Seine Opferung war die unabdingbare Voraussetzung für das Weiterbestehen der Unwahrheit. Das hatte der Betreffende immer gewußt und prophetisch vorausgesagt. Es gehörte sozusagen zu seiner in künstlerischer Verkleidung verkündeten und gelebten Grunderkenntnis dazu: Die Abdankung der Wahrheit und damit die Abdankung des Todes beinhaltete, daß nicht nur an dessen Existenz, sondern auch an dessen Nichtexistenz als Folge der Abdankung nicht gerührt werden durfte. Wer trotzdem diese Abdankung zum Thema machte, hatte zur Strafe selber abzudanken. Das war zwar nur möglich über den offiziellen, unbeschönigten, sichtbaren, physischen Tod dieses einen Subjekts. Aber diese Maßnahme war sozusagen der Preis, den der Tod bereit war zu zahlen, um seine Abdankung endgültig und in Ruhe besiegeln zu können. Es war eine an den Abdankungsvorgang eingegangene Konzession.

Paavo wandte seinen Blick mit dem unendlichen Kraftaufwand einer Kopfbewegung auf die Seite. Er suchte nach Gregor, dessen Nähe er sich jetzt herbeiwünschte. Aber der war nicht da.

Dann geschah das Unwiderrufliche.

Mag sein, daß die allseitige Lähmung, das Entsetzen, die Scham, das Bewußtsein des Verlustes und der Schuld, die Ungewißheit und das hoffnungslose Feststecken zwischen allem den Ausschlag gab. Jedenfalls geriet jetzt alles in Bewegung. Paavo hatte beim Umdrehen eben noch ein kurzes, unauffälliges Handzeichen des Schwarzen bemerkt, an den er zuletzt gar nicht mehr gedacht hatte und der immer noch genau an derselben Stelle vor dem Stadthaus stand, eskortiert von seinen beiden Adjutanten. Daraufhin hatte man ein Prasseln von eisenbeschlagenen Stiefeln gehört, die immer näher rückten. Die Menge war zurückgewichen. Eine ganze Staffel von Blaubetreßten stürmte jetzt die Bühne hoch, an Paavo vorbei. Sie schob alles, was sich ihr in den Weg stellte, beiseite. Dann umringte sie die Stelle, an der Pierrot lag. Was Paavo daraufhin zu hören bekam, war genau so schrecklich wie das, wovon er beim Herannahen der Blaubetreßten seine Blicke so entschieden abgewandt hatte.

Danach kehrte eine Stille ein, wie Paavo sie in dieser Stadt nur des Nachts kannte. Sie dauerte kurz.

Während die Blaubetreßten oben weiter im verdeckenden Halbkreis um Pierrot verharrten, zog der Schwarze wieder etwas aus seinem Dominoüberwurf. Es war diesmal nicht zu erkennen, was es war.

Alles blieb weiter still.

Nach einer Weile ließ der Schwarze mit einer wie meisterhaft einstudierten Gebärde den Gegenstand wieder sinken und steckte ihn rasch und verstohlen zurück in seine Tasche. Dann richtete er sich auf, fast bis auf die Zehenspitzen, ganz ähnlich wie damals im Essenshof mit Svens Umhang auf den Schultern. Schließlich machte er Anstalten, mit einer neuen Ansprache zu beginnen. Auch sein Gesicht hatte zum ersten Mal wieder die etwas schärferen Konturen wie bei seinem Auftreten im Kasernenhof.

Es war wie ein Film mit ausgestelltem Ton. Paavo konnte nur versuchen zu erraten, was das Ungeheuer von sich gab. Dies war angesichts der Unbewegtheit und Ausdruckslosigkeit von dessen Miene freilich unmöglich auszumachen.

Glücklicherweise. Denn Paavo wollte es gar nicht mehr wissen. Mag sein, daß wieder die Schmeicheleien und Lobphrasen von vorhin auf dem Programm standen oder daß das Volk mit weiteren Durchhalteappellen gefüttert wurde. Vielleicht waren es auch Drohungen und Beschimpfungen oder gar die Ankündigung schlimmster Sanktionen. Es spielte keine Rolle mehr. Denn eines war sicher. Grausame Versprechen und böswillige Lockungen mit geheimsten Wünschen nach der Art von vorhin konnten es nicht mehr sein, jedenfalls nicht solche, die in irgendeiner Weise ernstzunehmen gewesen wären.

Stumm und gesenkten Hauptes wich alles auf dem Platz immer weiter zurück. Die Menge löste sich langsam auf. Nach und nach verschwanden alle in den Straßen und Gassen, aus denen sie vorher geströmt waren. Bald war der Platz leer.

Der Schwarze blieb noch eine Weile stehen. Dann begab auch er sich weg. Aber die Art, wie er ging, war anders, als wie er gekommen war. Er ging nicht, er stelzte. Dabei stieß er seine Brust rhythmisch vorwärts und gaffte in den Himmel.

Die beiden hinter ihm hertrabenden Adjutanten waren etwa um denselben Winkel nach vorn gekrümmt.

XXI

25 225 T. . . zur Requisitenkammer. . . 25 225 T. . . zur Requisitenkammer.

Dieser Ruf aus allen Lautsprechern der Umgebung und das Prasseln des Regens gaben Paavo Krohnen die letzte Gewißheit, daß er wieder bei vollem Bewußtsein war. Er war zudem bis auf die Haut durchnäßt.

So heftig hatte es seit Paavos Einlieferung ins Ghetto noch nie geregnet. Der Himmel entlud sich in Bächen. Es war, als durchbrächen diese die Dämme des Verbots und der Lüge und ergössen sich mit rücksichtsloser Wucht über die ganze Stadt.

Plötzlich fühlte Paavo, wie ihn jemand von hinten an der Schulter berührte. Er drehte sich um und erblickte Joos, den Maler.

Joos nickte ihm mit überaus ernster Miene zu. Er deutete stumm nach vorn und stieß ihn nochmals an die Schulter. Joos wirkte noch kahler und hohläugiger als das letzte Mal und überaus gehetzt. Paavo hatte ihn lange nicht mehr gesehen.

25 225 T. . . zur Requisitenkammer. . . 25 225 T. . . zur Requisitenkammer.

Paavo schnellte hoch. Er sah vor sich nur eine dichte Regenwand, die ihm höchstens für ein paar Meter die Sicht freigab. Alles war grau in grau. Nichts mehr von dem bläulichen, künstlich wirkenden Licht von vorhin.

Was ist passiert? Wo sind wir? Warum muß ich zur Requisitenkammer?, hörte sich Paavo, zu Joos gewandt, sagen, während er die ersten angestrengten Schritte nach vorn tat.

Doch Joos schwieg beharrlich und trieb Paavo weiter zur Eile an.

Sie rutschten über das regenbespülte Kopfsteinpflaster.

In dessen Ritzen rann eine dicke Brühe aus Dreck und Blut. Viele Menschen rannten durch die Straßen. Man sah sie nur schattenhaft durch den Regen. Sie hatten angst- und haßverzerrte Gesichter. Es herrschte große Unruhe. Alles schien nur noch den verzweifelten Drang zu haben, irgendwie durchzukommen. Ein gehetztes Aufbäumen mit letzter Kraft. Einige Gestalten waren mit Eisenstangen oder Fahrradketten bewaffnet. Sie hielten sie in ihren Händen oder unter den Kleidern versteckt. Paavo glaubte durch die Schreie und Flüche hindurch vereinzelte Schüsse und entfernte Sirenen zu hören.

Während sie sich durch die Moosgasse zur Requisitenkammer am Südende der Stadt voranarbeiteten, unternahm Paavo einen erneuten Versuch, mit Joos zu sprechen.

Was hab ich denn die ganze Zeit getan?, fragte er. Wo bin ich gewesen? Und die anderen?

Wieder erfolgte keine Antwort.

Paavo wurde immer unsicherer, ob er vorher tatsächlich das Bewußtsein verloren hatte. Er fragte sich, ob nicht etwas geschehen war, er selbst etwas getan hatte, das er jetzt nicht mehr gutheißen konnte, nie wirklich hätte gutheißen können, weil es gegen seine Überzeugung geschehen war, er sich blind dazu hatte hinreißen lassen. Er dachte an den Stein, der Pierrot getroffen hatte. Dann sah er den verzweifelten kleinen Mario vor sich, Jakob, das Pierrot umzingelnde Volk, das seinen eigenen Propheten und Lehrer verraten und umgebracht hatte. Er sah, davon losgelöst, Uis triumphierende, herrische Pose. Dann war dieser Ui in seiner Vorstellung plötzlich wieder er selbst.

Traum und Vision gingen immer zwingender in Wirklichkeit über. Paavo fühlte sich von entsetzlichen Selbstvorwürfen gequält. Eine unerträgliche Gewißheit seiner Schuld überkam ihn. Wobei das Schlimmste war, daß er diese Schuld nicht zu fassen bekam, weil er sich an nichts Genaues erinnern konnte oder wollte. Seine Rolle bei dem Ganzen. Uis Rolle, falls Uis Undurchschaubarkeit nicht von Anfang an stellvertretend für seine eigene gestanden hatte. Er sollte es nie herausfinden. Die ganzen kommenden Jahrzehnte lang nicht. Er fühlte nur, daß seine Schuld auf jeden Fall und mindestens darin bestand, Pierrot überlebt zu haben. Sein schlechtes Gewissen allein deswegen sollte eine lebenslange Strafe sein. Das war das einzige, was er wußte.

Paavo hörte Stimmen und erblickte durch die Regenwand hindurch die Konturen zweier Menschen.

Die nächste Dusche, rief einer der beiden mit gekünstelter Fröhlichkeit und zeigte nach oben.

Noch eine echte Dusche, rief der andere.

Echt, haha.

Eine Dusche, aus der wirklich Wasser herauskommt.

Aus den Stimmen war die kürzlich ausgestandene Todesangst derjenigen herauszuhören, die nach ihrer Ankunft hier in den Duschraum mußten und noch nicht wußten, was in 'Als ob' anders war als in den sonstigen Lagern.

Immer noch auf dem Moosweg sahen Paavo und Joos ein Kind regungslos und mit triefenden Haarsträhnen in der Stirn auf dem Pflaster liegen. Dicht neben dem Kind schwamm ein Stückchen Brot in einer Pfütze. Aus einem Fenster oben drang eine Stimme.

Streck die Hand aus, da, nach rechts, rief die Stimme.

Das Kind rührte sich nicht.

Sieh doch, heb den Kopf, neben dir liegt ein Stück Brot, rief es wieder von oben.

Das Kind bewegte sich immer noch nicht. Die Stimme oben wiederholte ein paarmal ihre Aufforderung. Dann verstummte sie. Der Rufende oben hatte anscheinend begriffen. Das Fenster wurde rasch geschlossen.

Paavo war froh, daß er das tote Kind nicht kannte. Er konnte sich später nicht mehr erinnern, ob sie es aufgehoben und irgendwohin weggetragen hatten oder nicht. Er wußte nur noch, daß es nicht nur Regentropfen gewesen waren, die in diesem Augenblick über Joos' sonst so steinernes Gesicht geronnen waren.

Als sie die Quellgasse vor dem am südlichsten gelegenen Häuserblock überquert hatten, schlug ihnen ein gespenstischer Hauch des grimmig fröhlichen Aufbegehrens aus früheren Zeiten entgegen.

'Er ist zu uns gekommen... unser Licht, unser Schutz... unser Schwert unter den Dornen im Tal...'

Ein Grüppchen sang aus vollem Halse das inzwischen oft gesungene Lied von Mais Französchen-Klarinette.

Auch der Ausdruck auf den Gesichtern und die tanzenden und wiegenden Bewegungen der Menschen waren ähnlich wie damals. Man hielt sich gegenseitig an den Händen fest oder umarmte sich.

Eines der Paare fiel Paavo sofort auf. Einen Augenblick lang glaubte er fest, daß es Sven und Shirin war. Seine jungenhafte Unbeschwertheit und ihre bezaubernde Kraft. Er wollte zu ihnen laufen. Doch dann war alles wieder anders. Er wußte später nicht mehr, ob die Regenwand sie verschluckt hatte oder ob es doch ein fremdes Paar gewesen war.

Gleichzeitig stellte er mit Verwunderung fest, daß auch Joos verschwunden war. Er selbst stand jetzt genau vor dem Haus, in dem sich die Requisitenkammer befand.

Ihm schien, als hätte der Regen ein wenig nachgelassen. Aber er merkte bald, daß er sich nur an dessen Heftigkeit gewöhnt hatte, die unvermindert fortdauerte.

Paavo betrat das Haus und begab sich durch einen dunklen Flur zum hintersten Raum, vor dem ein Uniformierter stand. Kein Blaubeträter. Er hatte seit seinem Aufbruch vom Hauptplatz keinen mehr gesehen. Die Uniform von diesem da war von derselben Art wie die des Schwarzen und seiner beiden Adjutanten oder auch wie die der Bewacher jenes Sträflingszuges auf dem Hauptplatz. Er trug auch dieselbe Art schwarzer Stiefel. Fortan sollten die Goliaths nur noch in dieser Aufmachung auftreten.

Der Uniformierte hielt eine Liste in der Hand und starrte kalt durch Paavo hindurch, als dieser sich ihm näherte.

Nummer?, schnauzte er, bevor Paavo Zeit hatte, sie aus freien Stücken zu nennen.

25 225 T.

Die Mundwinkel herabgezogen und den Bauch vorgestreckt, strich der Uniformierte mit dem Finger die Liste entlang nach unten.

25 225 T, schnauzte er wieder. Musikzubehör. Da. Los, hinein.

Er drehte sich um, öffnete die Türe und stieß Paavo grob in den Raum.

Während die Türe wieder in ihr Schloß fiel, flog Paavo gegen eine Reihe muffig riechender, bunter Kleider auf Haken: Mäntel, Röcke, Pluderhosen, Überwürfe aus Leinen, Plastik oder Wollstoff. Einige waren mit Gold- oder Silberfasern durchwirkt, andere mit Flitterkram beklebt, mit dunklen Borten verziert oder grell gemustert.

Paavo entwand sich dem stinkenden Gewirr und arbeitete sich ein paar Schritte weiter.

Dort waren Kisten, Körbe und Kartons gestapelt. Ganz hinten am Fenster standen Notenpulte aus Holz, dazwischen Milchkannen, Kinderwagen, eine grünangestrichene Hundehütte mit Gummiknochen darin, mehrere Vogelhäuschen. Eine der Kisten war voll von grotesken Nachbildungen von Ärzteinstrumenten: monströse Spritzen, Reflexhämmer und Stethoskope. In einer anderen lagen Waffeleisen, Brezenständer, Plastikbrotlaibe, dazwischen künstliche giftfarbene Bonbons und sonnen-, mond- und sternförmige Riesenlutscher. Paavo erkannte in all dem das Zubehör für die Kinderoper. Er erinnerte sich, es mehrmals während der Proben oder Aufführungen dort gesehen zu haben. Aus anderen Körben ragten einige der bekannten Schaufensterattrappen der Kaufhausfassade: Kunstwürste, Schinken, Käselaibe, Torten und Früchte, zum Teil ineinander verhakt. Einige darunter waren beschädigt, zerborsten oder wie angeknabbert, andere sonnengebleicht, oder ihre Farben verwaschen. Am Fenster standen neben den Notenpulten die Kisten mit den Musikinstrumenten aus Plastik. Auch diese waren bisher immer bei der Kinderoper benutzt worden.

Paavo kannte diese Kammer schon. Er wußte auch von der Platznot, die die kürzliche Verlegung der ganzen Theaterkostümbestände von der Schneiderei am anderen Stadtende hierhin notwendig gemacht hatte. Nur wußte er nicht mehr, wann er das letzte Mal hier gewesen war. Er wunderte sich über die Zielstrebigkeit, mit der er auf die Kisten mit den Instrumenten zusteuerte. Vielleicht war er schon heute oder gestern hier gewesen, vielleicht auch früher, mit einem ähnlichen Auftrag.

Wieder diese quälenden Gewissensbisse, die niederdrückenden Schuldgefühle und Selbstvorwürfe, denen er sich wehrlos ausgesetzt fühlte, die ihn fast zerrissen. Gedanken an Pierrot, an Sina, auch an Gregor.

Wie durch eine unsichtbare Kraft dorthin gelenkt, griff er in die Musikinstrumentenkiste.

Er merkte erst jetzt richtig, daß er allein im Raum war.

Er zerrte drei zwischen Trommeln und Schellen vergrabene Saxophonattrappen aus goldglänzendem Kunststoff heraus und klemmte sie unter den Arm. Mit der anderen Hand packte er eines der Notenpulte. Er wußte nachher nicht mehr, wie lange er sich noch in dem Raum aufgehalten hatte oder ob er vielleicht noch ein paar weitere Male hergekommen war. Jedenfalls war er irgendwann wieder draußen und ging den Weg zurück, den er gekommen war.

Jetzt war der Regen wirklich schwächer geworden. Vielleicht regnete es gar nicht mehr. Die Singgruppe, welcher Paavo in der Quellgasse erneut zu begegnen hoffte, war nicht mehr da. Auch das tote Kind auf dem Pflaster unter dem Fenster war verschwunden wie auch das Stückchen Brot neben ihm. Die Menschen in den Straßen wirkten auf den ersten Blick ruhiger. Dennoch fühlte Paavo überall unter der Oberfläche eine Fieberhitze schwelen, die auch ihn heftig durchschüttelte.

Statt der Eisenstangen und Fahrradketten sah er jetzt leer geballte Fäuste. Es war, als hätten die aufgerissenen Münder ihre Schreie und Flüche heruntergeschluckt.

Irgend etwas hatte sich in der Zwischenzeit verändert. Paavo beschleunigte seine Schritte zum Hauptplatz.

Dort bot sich ein völlig neuartiges Bild. Der Platz war voll von Schwarzuniformierten. Sie waren alle mit Gewehren und um den Leib geschnallten Magazinen ausgerüstet und trugen Stahlhelme. Von allen Seiten hielten sie die Bühne umstellt. Hinter der Garnisonskirche hörte man Motorengeräusche und das Rasseln von Panzerketten.

Auf der Bühne selbst rannten Menschen hin und her. Paavo kannte sie nicht. Sie waren intensiv mit irgendwelchen Vorbereitungen beschäftigt, offenbar unter allergrößtem Druck. Aus ihren Gesichtern sprach große Angst. Gegenstände wurden in Eile herangeschleppt, auf der Bühne herumgeschoben oder irgendwo abgestellt. Requisiten, Möbel, viele Notenpulte in elegantem Design. Lucs und Jans schwarzübermalte, inzwischen getrocknete Kulisse war gerade auf die Bühne gelegt worden. Mehrere der Beschäftigten knieten auf ihr und übermalten sie noch einmal. Diesmal aus neuen, vollen Farbtöpfen. Auch ihre Hände waren diesmal nicht schwarzverschmiert und farbverkrustet. Sie arbeiteten manierlich mit Pinseln und brachten fröhliche, bunte Motive aufs Papier: Vögel, Schmetterlinge, lachende Sonnen, pinkfarbene Berge und Seen. Überall herrschten der hektische Glanz und die Farbigkeit, die in früheren Zeiten das Gesicht der Stadt geprägt hatte.

So, wie man heute die Toten vor der Aufbahrung schminkt, sagte Paavo, wie schon einmal ganz am Anfang seines Berichtes.

Nichts von dem, was auf der Bühne stand, war, wie sonst, kümmerlich aus irgendwelchen Resten und Bauabfällen zusammengebastelt. Das meiste entstammte den Beständen der ausländischen Stiftungen. Einige wenige, etwas älter aussehende, prunkvolle Möbelstücke – ein Schrank, zwei dunkle Kommoden, eine Standuhr – sahen aus wie Raubgut aus den Depots in der Hauptstadt. Alles andere blitzte und glitzerte in Chrom, Kristall und lichten Farben. Das schäbig zerkratzte Notenpult, das Paavo mit sich führte, konnte nur falsch sein.

Wie Paavo bald erfuhr, wurde ein großes, neues Festival vorbereitet. Alles andere für den Kommissionsbesuch war kurzfristig abgeblasen worden. Das jetzige Festival stand unter der direkten Befehlsgewalt der Kommandantur. Es war das einzige in der Stadt. Alles konzentrierte sich darauf. Ein riesiges Musical mit Chor, Orchester und Ballett, mit noch nie dagewesenem Pomp und Flitter. Laut Ankündigung sollte der Kommandant persönlich die Hauptrolle übernehmen. Sie sollte eine Art Anti-Demiurg zu Pierrots ehemaligem Festspielstück sein, ein gütiger Himmelsvater in schneeweißem Gewand, von Lichtern umstrahlt und von Orgelklängen umrauscht. Das Textbuch dazu war angeblich vom Gouverneur persönlich aus der Hauptstadt überbracht worden. Die Regie wurde von der Kommandantur aus über die Lautsprecher geführt.

Inzwischen wurden die Notenpulte und Stühle in kreisförmiger Anordnung auf die Bühne gestellt. Auf dieselben verteilte man Noten und Textbücher. Dann kamen die Musikinstrumente. Sowohl echte für das Orchester im Hintergrund als auch Attrappen von der Art, wie Paavo selbst welche bei sich hatte aber sie sich nicht hinaufzutragen getraute. Zur Krönung wurde die Bühne üppig mit blumengemusterten Stoffen behängt und mit Girlanden überzogen, in ähnlichen Farbtönen wie die eben neuerstellte, riesige Hintergrundkulisse.

Paavo suchte das ganze Terrain nach seinen Freunden ab. Er entdeckte jedoch niemanden, weder aus seinem Ensemble noch sonst ein bekanntes Gesicht.

Die Lautsprecher waren wieder voll in Betrieb. Nummern wurden ausgerufen. Schrille Befehle ergingen, wirr und bruchstückhaft. Jeder Arbeitsgang auf der Bühne wurde von den Lautsprechern aus dirigiert, obwohl kaum etwas davon zu verstehen war. Es war wie ein Wunder, daß alles wie am Schnürchen lief. Man rannte und räumte, putzte und schmückte und setzte sein schönstes Lächeln auf.

Dazwischen wurden immer wieder, wie zur Mahnung, dieselben Andeutungen drastischer Sanktionen im Fall von Säumigkeit oder Ungehorsam wiederholt. Vom 'Kahlen Berg' war die Rede und von der Siedlung 'Sanctissima mater'. Jeder wußte, was das bedeutete.

Die Transporte dorthin gehen schnell..., so hieß es.

Und:

Es führt kein Weg von dort zurück...

Paavo spürte, wie teuer es ihm zu stehen käme, wenn er noch länger in seiner Passivität vor dem Bühnenrand verharrte. Dazu mit diesem auffällig falschen alten Notenpult in seiner Hand. Er wartete, vor Angst schwitzend, auf die Ausrufung seiner Nummer.

Der Regen hatte offenbar schon lange aufgehört. Anders wäre das eifrige Bemalen der neuen Kulisse und der sonstigen Flächen gar nicht möglich gewesen so wie auch das Aufstellen der vielen empfindlichen Musikinstrumente, der Bücher und Noten.

Am Himmel hing bleiern eine Wolkendecke. Auch die Erde war, nachdem sie die lang entbehrten Wassermassen verschluckt hatte, wieder so rasch getrocknet, daß Paavo zu zweifeln begann, ob es überhaupt je geregnet hatte.

Plötzlich verspürte er einen schmerzhaften Schlag in den Rücken. Es war der Gewehrkolben eines der Schergen. Paavo wußte, daß er sich auf keinen Fall umdrehen durfte. Er strauchelte nach vorne, sich an die Gegenstände in seiner Hand klammernd, und landete wie von selbst am Bühnenrand.

Aus den Lautsprechern dröhnte plötzlich Marschmusik. Die alten, rostigen Konserven. Nur daß es diesmal ohne das übliche Rauschen und Knistern abging. Die Anlage war in der Zwischenzeit anscheinend instand gesetzt worden.

Aus einer anderen Richtung plärrte ein mehrstimmiger Kinderchor:

Oh, wie schön, Papa Domino ist wieder da... was hast du uns diesmal mitgebracht?

Dann dröhnte aus den Lautsprechern mehrere Male dieselbe Baßstimme:

Hoch... hoch... lebe der Inbegriff.

Und:

Unser Sieg unter der Führung der ruhmreichen, unbezwingbaren Partei.

Schließlich ergingen die nächsten Befehle.

Auf die Plätze... Bereitmachen für die Probe... bereitmachen für die Probe..., kam es zuerst abgerissen.

Dann wurden wieder Nummern aufgerufen. Die von Paavo immer noch nicht.

Plötzlich ertönte eine neuartig sanfte und wohlklingende Stimme.

Wir schreiten nun zum Festival, säuselte sie. Ein neues, lebensbejahendes Festival... der Inbegriff... zur Ehre des Imperiums und seiner mächtigen Führung... Wir geben bekannt...

Der Inhalt der Bekanntgabe wurde von Schüssen und Sirenen übertönt. Einigen Wortfetzen war knapp zu entnehmen, daß es sich um eine Vorschau auf das Probenprogramm der nächsten Tage handelte.

Paavo glaubte gerade noch das Wort 'Gouverneur' verstanden zu haben, bevor die nächste Salve krachte. Dann hörte man Flugzeuglärm. Paavo sagte: Düsenjets. Er schien, jetzt am Ende seines Berichts, wieder langsam in die Gegenwart zurückzukehren.

Inzwischen war die von nassen Farben überquellende Kulisse aufgehängt worden. Paavo war jetzt bis an den Rand der Bühne vorgedrungen und legte seine Last ab, das Notenpult und die Saxophonattrappen. Oben saßen bereits die Musiker vor ihren Pulten. Paavo fiel auf, daß es wieder einmal viel mehr Streicher als Bläser waren. Das war in extremen Hungerzeiten im Ghetto schon manchmal so gewesen wegen der zum Blasen benötigten größeren Kraft. Heute war das Mißverhältnis besonders groß. Jetzt verstand Paavo auch, warum er beauftragt worden war, sozusagen zum Ausgleich, die Saxophonattrappen zu holen.

Kaum hatte Paavo die Instrumente und Pulte auf der Bühne abgelegt, kamen ein paar buntbemalte Gestalten in Clownkostümen angerannt und griffen begierig danach. Andere hielten bereits Falschgoldtrompeten und Zwergtrommeln in der Hand, wieder andere Spielzeuggeigen. Dann begannen sie alle, mit ihren Attrappen in der Luft fuchtelnd, im Kreis zu tanzen. Bisher unsichtbar gewesene Scheinwerfer gingen an. Alles ertrank in silbrigem und bonbonfarbenem Glanz, und alles ächzte fröhlich unter der Wucht von Plastik, Schaumgummi, Kostümen und Schminke. Und die Menschen lachten und lachten, alle mit demselben breiten Lachen des Mundes unter den angstgeweiteten Augen.

An dieser Stelle riß der Faden von Paavo Krohnens Erzählung endgültig.

Sie hatten alle wohl wirklich nicht mehr viel Zeit gehabt. Vielleicht hatten die Goliaths schon gleich losgeschlagen. Vielleicht hatten sie auch noch gewartet bis zum Abschluß des Festivals, als die internationale Kommission wieder abgereist war.

Erst aus seinem Massentransport zusammen mit anderen Bewohnern – diesmal in mehreren Güterzügen nach einem Fußmarsch aus dem Ghetto zum nächsten Bahnhof – vermochte Paavo Krohnen später einige spärliche Erinnerungen zusammenzutragen. Keine Erklärungen für irgend etwas, was geschehen war. Nur bruchstückhafte Erinnerungen, schräge, aus dem Zusammenhang gerissene Bilder, vielleicht auch Schlußfolgerungen, die letzten Augenblicke in der Stadt betreffend. Etwa daraus, daß er während der Fahrt und danach seinen Rollentext mit Pierrots Handschrift unter dem Hemd hinter dem Hosengürtel verborgen hielt.

Er muß ihn im letzten Moment aus seinem Quartier im Renommiertenhaus gerettet haben. Augenblicke, bevor sie alle zum Sammelplatz bei der 'Spedition' getrieben wurden. Ob er dabei einer eigenen Eingebung gefolgt war? Oder hatte er es einem Unbekannten zu verdanken, der ihm noch zugeraunt hatte, er, Paavo, solle um Gotteswillen dieses unersetzliche Dokument aus der Stadt herausschleusen, für die Nachwelt?

Niemand weiß es.

Auch über den rätselhaften Erhalt des Gesamtmanuskripts kursieren nur Vermutungen. Einer Überlieferung zufolge hatte Philipp es an sich genommen, nicht zuletzt auch im Glauben, es könne sozusagen als Talisman ihn retten. Minuten vor seinem letzten Gang sollen Freunde es ihm entrissen haben. Auf welchen Wegen es dann in die Hände jener langjährigen Verwalterin gelangte, bleibt unbekannt.

Das Schicksal der meisten anderen um Paavo und Pierrot ist ungewiß geblieben. Monika hatte man gezwungen, an den Dreharbeiten desjenigen öffentlichen Propagandafilms mitzuwirken, deren Vorarbeiten Paavo ein einziges Mal, vor Beginn der ersten öffentlichen Probe auf dem Hauptplatz, mitbekommen hatte. Monika hatte Kinder beim Kauen von Butterbroten vor den laufenden Kameras zu beaufsichtigen, während hinter ihnen die Bewacher mit dem Gewehr im Anschlag standen. Sie hatte besonders darauf zu achten, daß die Kinder beim Essen andauernd fröhlich lachten. Immerhin hatte der Kameramann, selbst ein Häftling, es mit Hilfe absichtlicher Fehlaufnahmen fertiggebracht, die Szene mehrfach zu wiederholen, so daß die Kinder sich einmal wirklich sattessen konnten. Nicht nur die Kinder, auch die anderen hatten nach Beendigung ihrer Mitwirkung an den Dreharbeiten unverzüglich zu verschwinden. Der Film wurde nie fertig.

Von den übrigen Freunden und Schicksalsgenossen fehlt jede Spur.

Sein eigenes Überleben hat Paavo Krohnen am tiefsten und nachhaltigsten beschäftigt. Noch wichtiger als die Symbolik des auch in seinem individuellen Fall abdankenden Todes im Festspielstück war ein Erlebnis ganz am Schluß: Sein Abschied von der kleinen, blondgelockten Carmen aus der 'Tausendfüßler'-Gruppe.

Als er am Tag vor seinem Abtransport von dem ihrigen erfuhr, suchte er sie auf, um sie zu trösten. Doch als er ihr begegnete, drehte sich alles um. Ihn verließ der Mut, und sie war die Starke wie nie zuvor.

Halte an dich, Paavo, hatte sie ihm nachgerufen, als er nach einer letzten Umarmung wankend von ihr fortgegangen war, ohne sich noch einmal umzusehen.

Halte an dich und tu dir selber nicht leid. Dies hatte ihm die entscheidende Kraft gegeben zum Überleben. Das wußte er. Sie hingegen starb auf dem Transport.

Er, der Schwächere, war dem Inferno entkommen. Sie dagegen hatte es getroffen.

Diese starken Menschen, die immer nur anderen helfen können und nie sich selbst, sagte Paavo immer wieder.

Ich vergesse nicht den Ausdruck, mit dem er das sagte. Es war, als blickte er in eine Tiefe, die nur ihm und seinesgleichen zugänglich war: Ich sah Staunen, Schmerz und Dankbarkeit auf seinem Gesicht, vor allem letzteres. Mir wurde so deutlich wie nie zuvor, daß er die Hölle, in die er damals geraten war, mit einer Intensität wechselhaftester Gefühle durchlebt hatte, die im gewöhnlichen Alltag verloren geht und die er sich in den Jahrzehnten danach als Erinnerung zu bewahren verstand.

XXII

Das Ende von Paavos Bericht und das Heranrücken meines Reiseziels zwangen auch mich, in die Gegenwart zurückzufinden.

Ich hatte mich schon lange zum letztenmal von meiner Fensterluke an meinen Platz zurückbegeben. Ich konnte diesen anstrengenden Wechsel der Landschaft nicht mehr ertragen. Die Steppe, die verfallenen Dörfer und die langen Metallzäune dazwischen, dann plötzlich das liebliche und fruchtbare Hügelland mit den bläulich schimmernden Bergen im Hintergund, dann wieder Müllhalden und Fabrikruinen.

'Unsere Maschinerie hat alles bewirkt, zu Land, zu Wasser und in der Luft... Die gekippten Meere und Gewässer. Die Bodenerosion. Der Himmel voll von Staub und Gasen. Auch die Menschen, ob Freund oder Feind, sind bis ins Mark verseucht... Aber... nicht umzubringen...'

Vor mir saß gebückt der kahlköpfige Gelehrte, der mich so sehr an Professor Iltis erinnerte. Er war immer noch in seinen Bücherkostbarkeiten vergraben, ungeachtet der heftigen Stöße von unten, welche das nur noch von ein paar Fäden zusammengehaltene Exemplar in seiner Hand vollends auseinanderzureißen drohten. Auch das vor ihm turnende, ungefähr sechs- und achtjährige Kinderpaar schien ihn weiterhin nicht zu kümmern.

Wir sind gleich da, Kinder. Kommt. Wir müssen uns bereitmachen, rief deren Mutter. Die mädchenhaft junge Frau, die mir von Anfang an durch ihre Anmut und Frische und ihr volles, dunkles Haar aufgefallen war.

Unwillig räumten die Kinder ihren Platz und setzten sich auf die freigebliebene Fläche der Holzbank zwischen Mama und dem Reisegepäck.

Mir schien, als wäre es während der letzten Minuten noch dunkler im Gefährt geworden. So, als hätten sich immer mehr Gebäude der Vorstadt vor die Fenster und Luken geschoben und die letzte Helligkeit draußen geraubt. Neugierig begab ich mich zu meinem alten Standplatz und spähte hinaus. Als der Bus gerade in eine Kurve fuhr, konnte ich die Umrisse des roten Backsteinwalls um die

274

Festungsstadt erkennen. Dahinter einen einsam ragenden Turm. Entweder die Garnisonskirche oder der Campanile des Stadthauses.

Ich fühlte eine ungeheure Erregung in mir hochsteigen. Wir waren da. Die Stadt. Die ehemalige Festungsstadt. Jetzt eine normal bewohnte Stadt, mit den bereits erwähnten kleinen Läden, mit einer Schule, einer Klinik, mit Spielplätzen auf dem Grundriß verschwundener Gebäude, mit mehreren baulich unveränderten, neu belegten Kasernen und dem Hotel im Hause der einstigen Ghettokommandantur.

Wir fuhren direkt auf die 'Moosgasse' zu, wie sie damals geheißen hatte. Die heute dichtbefahrene Durchgangsstraße war immer noch ohne Hinweise und Gedenktafeln.

Ich wußte, daß mir nicht dasselbe widerfahren würde wie meinem Kollegen letztes Jahr, der in der Stadt selbst vergeblich nach einem neuen Stadtplan gesucht hatte. Er war damals mit seinem Privatwagen zuerst blind durch die Stadt gefahren und war danach den Hinweisschildern zur vorgelagerten Gedenkstätte des kleinen Sondergefängnisses gefolgt, in der festen Annahme, dies sei die Ghettostadt. Nach langem Umherirren auf dem eindeutig viel zu kleinen Gelände dort und dem Nachblättern in irgendwelchen unverständlichen Begleitbroschüren hatte er sich zurück zum Parkplatz begeben und hatte dort den Parkwächter gefragt. Der hatte nach langem und mehrfachem Drängen und einem guten Trinkgeld zurück zur Stadt gezeigt:

Ghetto... Ghetto... da..., hatte er gesagt.

Das sollte jetzt alles anders werden. Deswegen fuhr ich ja auch hin. Die Vorbereitung der ersten großen Gedenkfeier. Das erste offizielle Treffen der Überlebenden aus allen Erdteilen, sofern sie kommen konnten oder wollten. Ein wichtiger Neubeginn. Nur mit der Gefahr, daß durch die Anwesenheit auch vieler Nichtbetroffener, Sympathisanten, Zaungäste und Sensationslustiger, alles wieder ins andere Extrem ging. Ich befürchtete, daß mit rührseligem und unwahrhaftem Getue neue Unwahrheit erzeugt würde, wodurch die einstigen Opfer bis zu einem gewissen Grad wieder zu neuen Opfern gemacht würden.

Neben dem bereits Erwähnten - den diversen Festreden, den Konzertveranstaltungen und der Neueröffnung eines Ghettomuseums durch den Präsidenten - war auch die Enthüllung eines Denkmals für die Opfer und Leidenden vorgesehen. Da ich bei der Feier selbst nicht anwesend sein würde, nur den derzeitigen Stand ihrer Vorbereitung für meinen Fernseh- und Zeitungsbericht festzuhalten hatte, würde mir der Anblick dieser Skulptur erspart bleiben. Worüber ich froh war. Denn diese Darstellungen sind mir immer schon zuwider gewesen wegen ihrer Häßlichkeit, auch wenn sich die Künstler gern darauf hinausreden, die Helden mit der unverfälschten Wiedergabe ihres Leidens ehren zu wollen, das nun einmal nicht schön sei. Aber auf die Verewigung dieses Leidens in Stein verzichte ich gerne zugunsten bewegterer Formen der Vergegenwärtigung.

Ich wollte die Stadt noch in ihrem alten Alltagsgewand sehen, wenn vielleicht auch bereits im Übergang zu einem veränderten. Das Museum und das Denkmal waren als Wahrzeichen einer neuen, besseren Phase in der Geschichte dieser Stadt gedacht. Wobei ich mir jetzt nicht vorstellen wollte, wie lange diese Phase währen würde. Am wichtigsten war mir, das, was ich bisher in Notizbüchern, auf Fotos und vor allem in meinem Herzen trug, endlich an Ort und Stelle nachzuvollziehen. Ich wollte mit meinem selbstgezeichneten Stadtplan sämtliche Straßen und Plätze, Quadrat für Quadrat und Haus für Haus, abschreiten und alles noch Fehlende nachtragen. Die mir aus Paavos Erzählung bekannten Stätten wollte ich mir genauer ansehen, sofern sie auffindbar waren. Voran natürlich der Hauptplatz, das Zentrum des Geschehens, auf dem die Festspielbühne gestanden hatte. Direkt vor der Garnisonskirche, auf deren Treppenstufen unter dem rosettenverzierten Portal einst Paavo und Pierrot gesessen und beide wie Zwillingsbrüder ihre Spinnennetze gezeichnet hatten. Ich wollte an all den Orten verweilen, an denen sich die zahllosen Menschen, gegen die sich die Verfolgung besonders gerichtet hatte, bis zum Schluß ihren Stolz, ihr Auserwählungsbewußtsein bewahrt und diesem in ihrer offensiven Weise geistigen Ausdruck verliehen hatten.

Je liebevoller ich mir das alles ausmalte und mir selbst in meinen elegischen Betrachtungen gefiel, desto mehr weigerte ich mich, der billigen, aufgeblasenen Schablone der Rührseligkeit und des Bedauerns vielleicht eines dieser baldigen Festredner zu verfallen. Dazu hatte ich weiß Gott keinen Grund. Ich bin ein schlichter Berichterstatter, ein Zuschauer, im Grunde einer der vielen Voyeure. Auch, wenn ich in meinem Bericht von Anfang an versucht habe, diesen Eindruck zu vermeiden, auch vor mir selbst. Aber ich stehe nun einmal auf der anderen Seite. Ich gehöre der Mehrheit an, die schwieg und wegsah, solange das Vergessen und Verleugnen Gesetz war, und die erst marktschreierisch auf die Straßen trat, nachdem sich das Blatt gewendet hatte.

Wir alle sind Verweigerer. Verweigerer, jeder auf seine Art. Verweigerer der Wahrheit. Oder auch, selten, Verweigerer der Lüge, wie Paavo Krohnen einer gewesen war, als er dort weilte, wo die Vertuschung, die Lüge, die Schönfärberei eine Orgie feierte, die der Verweigerung des Todes gleichkam.

Wer dies überlebt, kann die Verweigerung der Lüge nicht durchhalten. Er muß, wenn er nicht ganz verstummen will, leise in den Chor der Wahrheitsverweigerer mit einstimmen. Das ist unser aller Los.

Deshalb trug im Augenblick unserer Ankunft auch für mich diese Stadt so wenig wie für Paavo Krohnen einen Namen.

Wir waren zwar am Ziel angelangt. Aber noch war die beschwerliche Reise nicht zu Ende.

DANKSAGUNG

Obwohl der Schauplatz dieses Buches viele an einen bekannten Ort erinnern wird, bestand niemals die Absicht einer vollständigen Wiedergabe der historischen Wirklichkeit. Der vorliegende Bericht beruht zwar auf der wahren Begebenheit, daß in dem betreffenden Ghetto eine Oper (Libretto: Petr Kien) komponiert und bis zur Generalprobe einstudiert aber dort nie aufgeführt wurde. Auch den beschriebenen Zeugen, der in dem Stück tatsächlich den abdankenden Tod darstellte und als einziger im Ensemble überlebte, gibt es. Trotzdem wurde die Realität von damals bewußt verändert, um tiefere Zusammenhänge aufzuzeigen.

Für das lebendige Zeugnis – vor allem von Karel Berman und Franz Fischer, aber auch der anderen mit ihren unersetzlichen Beiträgen – sei hier tiefster Dank ausgesprochen.

Foto auf dem Vorsatz: Claudia Cavalcanti

Gedruckt auf alterungsbeständigem Werkdruckpapier entpsrechend
ANSI Z3948   DIN ISO 9706

Redaktion: Monika Neder

Die Deutsche Bibliothek – CIP-Einheitsaufnahme

Mann, Frido
TEREZÍN oder Der Führer schenkt den Juden eine Stadt : Eine Parabel /
Frido Mann . – Münster ; Hamburg : Lit, 1994, 2. Aufl. 1995
   ISBN 3–89473–641–0

NE: GT

© LIT Verlag   Dieckstr. 73   48145 Münster   Tel. 0251–23 50 91
                Hallerplatz 5 20146 Hamburg   Tel. 040–44 64 46

Als ob

Ich kenn ein kleines Städtchen, / Ein Städtchen ganz tiptop, /
Ich nenn es nicht beim Namen, / Ich nenns die
Stadt Als-ob. // Nicht alle Leute dürfen / In diese Stadt hinein, / Es müssen Auserwählte / Der Als-ob-Rasse sein. // Die leben dort
ihr Leben, / Als obs ein Leben wär, / Und freun sich mit Gerüchten, / Als obs die
Wahrheit wär. // Die Menschen auf den Straßen, / Die laufen im Galopp – / Wenn man auch
nichts zu tun hat, / Tut man doch so als ob. // Es gibt auch ein Kaffeehaus / Gleich dem Café de l'Eur⟨
/ Und bei Musikbegleitung / Fühlt man sich dort als ob. // Und mancher ist mit manchem / Auch man⟨
grob – / Daheim war er kein Großer, / Hier macht er so als ob. // Des Morgens und des Abends / Trink⟨
Samstag, ja am Samstag, / Da gibts Als-ob-Haché. // Man stellt sich an um Suppe, / Als ob da etwas
Als Als-ob-Vitamin. // Man legt sich auf den Boden, / Als ob das wär ein Bett, / Und denkt an seine
das schwere Schicksal, / Als ob es nicht so schwer, / Und spricht von schönrer Zukunft, / Als obs sch⟨